KB268953

欽定
四庫全書

協紀辨方書

협기변방서

제2부 용사의기 用事宜忌

圖書出版 明文堂

역자 서문(序文)

　　인간이 천지(天地)의 주인이 되었던 것은 단계적으로 여러 가지 원인을 들 수 있으나 그 가운데서도 **수(數)**를 사용할 줄 알았다는 것을 빼놓을 수 없다. 수(數)를 사용할 줄 알면서 주인 자리는 물론 신(神)의 영역까지도 넘보기에 이르렀다.

　　이는 역(易)에, "주재자리(主宰者理), 유행자기(流行者氣), 대대자수(待對者數)"라 하니, 리(理)라는 기능공(技能工)이 있었기 때문에 기(氣)라는 천지만유(天地萬有)의 자료로써 우주공간의 모든 것을 발생시킬 수 있었고, 수(數)라는 용사자(用事者)가 있어 이기(理氣)의 공로를 인증(認證 ; 認定)하고 필요를 결재(決裁)하였다.

　　그러므로 천하의 지식(知識)은 수(數)를 벗어날 수 없고, 수(數)로써 넘치거나 모자람 없이 균형을 잡아나갈 수 있으며, 성패 간에 승부에서도 수(數)로써만이 경계를 지어준다.

　　수(數)는 과학이다. 동양철학에서는 수를 사용하는 학문이 점학(占學)과 택일학(擇日學)을 들 수 있는데, 이들은 수라는 요술과 같은 기능으로 인간이 하고자 하는 행사에서 올바른 선택을 할 수 있도록 수리(數理)로써 공헌하고 있다. 그러므로 "선택은 점(占)이요 점(占)은 인간의 행불행(幸不幸)을 결정지어 주는 마지막 수단"인 것이다.

　　동양철학의 날짜 선택(擇日)에서 주로 사용하는 지식도구(知識道具)는 신살(神煞)이다. 신살이란 천도운행(天道運行)에서 나타나는 사계절 기후(氣候)의 고허왕상(孤虛旺相)이 연년(年年)이 다르고, 월일시(月日時) 중에서도 각각이며, 24방향에서도 강약(强弱)과 길흉화복은 역시 같을 수 없다.

　　이렇게 음양(陰陽)이 바뀌고 오행(五行)의 강약이 변하면서 나타난

왕상휴수(旺相休囚)를 이미 배열하고 있는 연월일시(年月日時)의 육십갑자(六十甲子)와 대조 분석하여 왕상(旺相)한 것을 길신(吉神)이라 하고 휴수(休囚)되어 무력한 것을 흉살(凶煞)이라 하면서 이용법(利用法)에서 신살(神煞)이라 규정하고 있다.

《협기변방서》는 이렇게 제시한 신살(神煞)의 성격과 쓰임은 물론, 민용(民用)에서 쉽고 편리하게 사용할 수 있도록 수정하고 편집하여 놓은 **동양철학(東洋哲學) 최고(最高)의 양서(良書)**이다.

사고전서(四庫全書)에 실려 있는 《협기변방서》의 내용을 보면, 당시에도 중국의 천문 역법(曆法) 학자들의 저서가 이미 많이 있었으나 책임 있는 기관의 검증되지 않은 저서들이므로 민용(民用)에서 많은 오류를 범하고 있었다. 그러므로 민가(民家)에서 올바른 선택을 할 수 있도록 돕기 위하여 강희 왕조에 이르러 어명(御命)으로 적극 증보 수정하였고. 이를 이어받은 역대 왕조에서도 관계되는 수많은 석학(碩學)들로 하여금 점검하고 수정하여 공포한 책이기 때문에 그러하다.

그러나 《협기변방서》는 오래된 옛 서적이므로 내용을 보면 권 12의 공규(公規)1의 「사전(祀典)」, 「춘우경(春牛經)」, 「세시(歲時)」, 「기사(紀事)」, 「24절(節) 기후(氣候)」에서 나타나는 기후현상, 특히 「일전과궁(日躔過宮)」, 「일월(日月) 출입의 주야시각(晝夜時刻)과 방위」, 「몽영한(朦影限)」 등 많은 부분이 오늘날의 수학적 계산에서도 부족함이 있을 뿐만 아니라, 이미 사용하지 않는 풍습과 제도 같은 것은 당시에는 중요하였으나, 지금은 사용치 않으므로 필자도 일부 원문만을 수록하였다.

2018년 4월 이정(里程) 김동규(金東奎) 식(識)

欽定四庫全書 協紀辨方書

協紀辨方書　序言 一

有關五行神煞舊合法則之書籍, 清代有二部名著 敍述得最為明晰合理. 一部是康熙五十二年「大內蒙養齋開蹋」, 命和碩莊親王率同翰林何國宗、梅珏成等編列《禦製算法律呂諸書》, 後由曹震奎所著之《曆事明原》, 以及大學士李光地重加改訂, 後由康熙親自禦批定名為《星曆考原》, 並在乾隆四年八月二十六日至乾隆五年八月初七日, 又命和碩莊親王允祿為總理, 和碩莊親王弘晝為武英殿監理, 以刑部左侍郎張照為總裁, 會同欽天監監正、時憲科博士、天文生……等三十八人, 重新再校正《星曆考原》一書.

康熙為一國之君, 何以會關心此一民間吉凶神煞之小事？由於康熙二十二年有「一葉鍾龍」者誣告王府動土一案, 以致震驚朝野.

「陰陽選擇書籍浩繁, 吉凶禍福多相矛盾, 且事屬渺茫, 難以憑信. 若各據一書偏執己見, 捏造大言, 恣相告訐, 將來必致誣訟繁興, 作何立法, 永興無弊. 著九卿詹事科道會同確議……」.

至乾隆年間, 又發現康熙年所校訂之《星曆考原》仍有疏忽之處.

乾隆五年六月十五日, 大學士鄂爾泰之奏本「交與奏事郎中張文彬等轉奏本日奉旨大學士九卿定議具奏, 其翰詹科道內如有通曉算書者, 亦著入議」等語. 至乾隆六年十二月校訂製版均已完成, 定書名曰《協紀辨方書》.

協紀辨方之主旨為「協乎五紀, 辨乎五方, 以順天地之性. 包括所有一切祿命法、鬥數、神數、堪輿、神煞、曆學、節氣……」等之推理.

以九卿科道同議之典籍, 審議必當謹慎, 故凡對祿命法及堪輿方面有研究之人士皆宜備此書, 方可有所依據.

《協紀辨方書》原文沒有標點, 圖表文字模糊.

衲山林人士, 自問對五行學理所知亦屬簡陋, 修訂此一巨著, 疏忽之處, 想必也在所難免, 敬祈同道不吝賜教, 以匡不逮為禱.

협기변방서 서언(序言)

　신살(神煞)은 오행(五行)의 옛 법칙에 부합하는 서적이어야 관련이 있다. 청대(淸代)에 2부(部)의 명저(名著)가 있었는데, 서술(敍述)이 가장 명석(明晢)하고 합리적이었다.

　1부(部)는 강희(康熙) 52년 「대내몽양재개경(大內蒙養齋開局)」이니 화석(和碩) 장친왕(莊親王 ; 강희제의 열여섯째 아들)에게 명하여 한림(翰林) 하국종(何國宗)의 인술 하에 머각성(梅珏成) 등이 함께하여 편열(編列)하였는데, 《어제산법률려제서(御製算法律呂諸書)》가 그것이다.

　2부는 후에 조진규(曹震圭)의 저서 《역사명원(曆事明原)》을 가지고 대학사(大學士) 이광지(李光地)에 이르러 거듭 개정(改訂) 증보하였고, 그 후에 이것을 강희제(康熙帝)가 친히 열람하여(親自御批) 책명으로 결정하였으니 《성력고원(星曆考原)》이 그것이다.

　아울러 건륭(乾隆) 4년 8월 26일부터 건륭 5년 8월 초 7일에 이르러 또 다시 명(命)하니 화석(和碩) 장친왕(莊親王) 윤록(允祿)은 총리(總理), 화석(和碩) 화친왕(和親王 ; 건륭의 다섯째 아우) 홍주(弘晝)는 무영전 감리(武英殿監理), 형부좌시랑(刑部左侍郎) 장조(張照)는 총재(總裁)로서, 흠천감(欽天監 ; 明·淸나라 때 천문을 관측하고, 曆數를 정하고, 길흉을 점치며, 禁忌를 판별하는 등의 일을 맡아 하던 관청) 감정(監正)과 회동하여 시헌과(時憲科) 박사(博士)를 비롯하여 천문생(天文生 ; 천문학을 전문으로 하는 사람)……등 38인(人)이 거듭 새롭게 재교정하여 《성력고원》 일서(一書)가 탄생하였다.

　강희제(康熙帝)가 한 나라의 임금(君)으로서 어찌하여 한갓 민간에서 사용하는 길흉(吉凶) 신살(神煞) 같은 작은일(小事)에 관심을 갖

게 되었는지는, 강희 22년에 일엽종룡(一葉鍾龍)이란 자가 왕실에서 동티(動土 ; 예부터 금기시되어 온 행위를 하여 귀신을 노하게 하였을 때 받는 재앙의 하나. 한자어로 動土라고 한다)가 났다고 무고하여(誣告王府動土一案) 조야를 뒤흔드는 놀라운 사건이 있었는데, 그 사건 때문이었던 것 같다.

"음양선택(陰陽選擇) 서적이 넓고 크고 번거로워(浩繁) 길흉화복도 여러 가지 형태로 모순(多相矛盾)이 많고, 또 사속(事屬)도 묘망(渺茫)하므로 믿고 따르기가 매우 어려웠다. 만약 각 사람이 한 서적에 대해 편견을 가지고 고집하여(偏執) 날조(捏造) 장담(大言)하며 방자하게 고알(告訐 ; 남의 은미한 과실을 들춰내어 관청에 고해바침)한다면 훗날 반드시 무고한 송사가 번다하게 일어나게(誣訟繁興) 될 것이므로 어떻게든 입법(立法)을 해두어야 영원히 폐단을 없앨(永興無弊) 것이므로 구경(九卿)이 첨사(詹事)하여 과도회동(科道會同)하고 의론(議論)을 확정지은 것이다……."

또 건륭 연간에 이르러 강희 때의 《성력고원》이 소홀했던 곳을 다시 발현하여 교정하였으니, 건륭 5년 6월 15일 대학사 악이태(鄂爾泰 ; 淸의 大臣)의 주본(奏本 ; 임금에게 올리는 글월)이 있으므로, "친교가 있는 낭중(郎中) 장문빈(張文彬) 등으로 하여금 그날 임금께 상주하고(轉奏本日), 임금의 명을 받아(奉旨) 대학사 구경(九卿)이 확정한 것을 그 상태에서 다시 의론하고 구주(具奏 ; 일이나 상황을 자세히 아뢰다)하였다. 한첨(翰詹)의 과도(科道) 안에서도 환히 깨달아 아는(通曉) 산서자(算書者)가 있어 역시 입의(入議)하였고 저술을 더할 수 있었다."

이어 건륭 6년 12월에 이르러 교정 제판(製版)을 균일하게 완성하여 확정하였으니 책명을 《협기변방서》로 정하였다.

협기변방(協紀辨方)으로 한 취지는, "협(協)이란 오기(五紀)이며, 변(辨)은 오방(五方)이니, 천지(天地)의 성정(性情)에 순응한 것이므로 일체(一切) 만유(萬有)의 녹명(祿命)을 법(法)으로 포괄시킨 것이다. 그러므로 녹명법(祿命法)·두수(斗數)·신수(神數)·감여(堪輿)·신살(神煞)·역학(曆學)·절기(節氣)……」등을 다 포함하여 추리(推理)할 수 있음이다.

구경(九卿)이 과도(科道)에서 동의(同議)한 전적(典籍)이니 반드시 심의(審議)는 바르고 근신(謹愼)하였음이 당연하다. 그러므로 범사(凡事)에서 녹명법(祿命法)을 대(對)하고 감여(堪輿) 방면을 연구하는 인사에 미쳐서도 모두 이 책 《협기변방서》를 구비하여 이에 의거하는 것이 마땅하다.

그러나 그 《협기변방서》의 원문은 없어지고 문장의 표점(標點 ; 주요 내용 및 특징)만 있는 곳이 많아 도표와 문자가 모호(模糊)한 바가 많았기 때문에 전문 산림인사(山林人士)들도 오행(五行)의 학리(學理)를 대조하고 자문해 가며 소지(所知)케 하였다.

그러므로 역시 간단하고 비루(簡陋)함이 없지 않겠으나, 이 거대한 저서를 수정(修訂)함에서 어쩔 수 없이 소홀한 곳이 있을 것이라는 생각을 하면, 책망은 면키 어렵겠으나 존경하는 동호인들의 아낌없는 가르침과 미치지 못하였던 바를 바로잡아 줌을 기원하는 바이다.

중화민국 성상학회(星相學會)
명리연구위원회 주임위원 양상윤(梁湘潤)

흠정欽定 사고전서四庫全書

건륭제

「사고전서」는 중국 역사상 최대의 총서이며, 세계사적으로도 유례가 없는 방대한 총서로 꼽힌다. 당시 중국에서는 유서(類書)의 편집이 성행하였는데, 유서, 즉 오늘날의 백과사전을 편찬하는 일은 역대 왕조마다 개인적으로 또는 국가적으로 이뤄졌다.

청(淸)의 건륭제(乾隆帝 ; 1736~1795 재위)는 문화의 보호 육성이라는 명목 하에 적극적인 학술부흥책을 펼쳐 한족 지식인들을 회유하기에 힘썼다.

청나라 때에도 《고금도서집성(古今圖書集成)》이 있었으나, 유서(類書)는 원문을 모두 싣는 것이 아니기 때문에, 이를 미흡하다고 생각한 건륭제는 1741년 천하의 서(書)를 수집한다는 조서(詔書)를 내려 1772년 사고전서관(四庫全書館)이라 하여 편찬소가 개설되었고, 1781년 「사고전서」의 첫 한 벌이 완성되었다.

그 후 궁정에 4벌(열하의 문진각, 북경의 문원각, 자금성 안 문연각, 봉천의 문소각), 민간에 열람시키는 3벌(양주의 문희각, 진강의 문종각, 항주의 문란각) 등 7벌이 만들어져 각기 7개의 사고전서관에 소장되었다. 수록된 책은 3,458종, 7만 9582권, 3만 6,304책, 약 230만 쪽으로 글자 수는 약 8억 자이다.

「사고전서」는 경(經)·사(史)·자(子)·집(集) 4부(部)로 이루어져 있으며, 수록된 내용은 선진(先秦)에서 청 건륭 연간 이전에 쓰인 중요한 고적(古籍)은 물론 고대 중국의 모든 학술영역을 포함하고 있다.

第二部 用事宜忌

실제「사고전서」
는 중국 역사상 수많
은 문헌들을 보존하
는 데 크게 기여했다.
그러나「사 고 전
서」의 편찬이 청대
학문을 융성케 하는
데는 별로 역할을 하
지 못했는데, 소위
「문자옥(文字獄)」
으로 불리는 강희제

사고전서와 남북칠각(南北七閣) 판화

로부터 건륭제에 이르는 시기의 광범위한 사상탄압으로 말미암아 자유
로운 사상 전개와 교류가 불가능했기 때문이었다.

건륭제는 귀중한 자료를 보호한다는 명분하에 국가적으로 엄청난
분량의 서적들을 수집하게 했으며, 이 서적들 가운데 반청(反淸)주의적
이거나 청나라를 비판할 소지가 있다고 여겨진 서적들은 금서로 지정
하여 곧바로 소각 처리하였다. 즉 자료를 보전하는 동시에 자료를 파괴
하는 이중적인 면모가「사고전서」에 있었던 것이다.

「사고전서」편찬과정에서 목판 2,800여 종이 파괴되고 책 수만 권
이 소각 처리되었으며, 책 400여 종은 부분적으로 개서(改書)하거나 전
면 수정된 곳도 있다. 수록된 책은 모두 8행 22자로 고쳐 썼고, 분류와 제
요(提要)를 붙였으며, 편집에 참여한 학자가 3,600여 명에 달하였다.

목차

협기변방서 協紀辨方書 제2부 용사의기 用事宜忌

제3장 일신입성(日神立成)

제4장 시신입성(時神立成)

권 10 • 의기宜忌

제1장 주요 길신지의(吉神之宜)

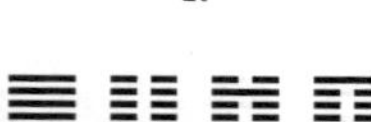

第二部 用事宜忌

第二部 用事宜忌

권 11 • 用事의 각 事情에 대응한 宜忌神煞

第二部 用事宜忌

제5장. 농목(農牧) 장사(葬事)

권 12 공규公規 1. • 고대 제사예의祭祀禮儀

第二部 用事宜忌

권 14 年表 1 • 갑자지 계유甲子至癸酉

권 15 年表 2 • 갑술지계미 甲戌至癸未

제1장 갑술순(甲戌旬)

권 16 年表 3 • 갑신지계사 甲申至癸巳

제1장. 갑신순(甲申旬)

권 17 年表 4. 갑오지계묘甲午至癸卯

제1장. 갑오순(甲午旬)

권 18 年表 5 • 갑진지계축甲辰至癸丑

제1장. 갑진순(甲辰旬)

권 19 年表 6・갑인지계해甲寅至癸亥

제1장. 갑인순(甲寅旬)

권 20 월표 1・正月月表

제1장 월표(月表) 개설(概說)

권 21 월표 2 · 二月 월표

권 22 월표 3 · 三月月表

권 23 월표 4 • 四月月表

제1장 四月

흠정欽定 협기변방서協紀辨方書

欽定 四庫全書

協紀辨方書

卷 9

입성立成 · 신살총표神煞總表

제1장. 연신(年神) 입성(立成)

1. 입성(立成) 총론

이상으로 신살(神煞)의 기(起)하는 바를 따라 의례(義例)가 구비되었다. 그러나 각각의 일편(一篇)으로는 그 조리(條理)를 다 한눈으로 알아볼 수 없기도 하거니와 또 연신(年神) 방위(方位)와 《통서(通書)》, 《시헌서(時憲書)》의 취용(取用)이 각각 부동(不同)이기도 하고, 월가(月家)의 길흉신(吉凶神), 또 합건제(合建除) 등 제가(諸家)의 경중(輕重), 총신(叢辰) 들의 차례가 의례(義例)로서는 미진하기 때문이다.

이에 《시헌서(時憲書)》 및 〈월표(月表)〉 소용(所用)의 길흉신(吉凶神)을 따로 편집하여 입성(立成)함으로써 《만년서(萬年書)》 외(外)로 세월일시(歲月日時)의 길흉(吉凶) 신살(神煞)을 표(表)로 만들어 이류상종(以類相從)하였으니 그 뜻과 그 예(例)를 명쾌히 알 수 있게 하였다.

2. 연신종세간기자(年神從歲干起者)

歲干	甲	乙	丙	丁	戊	己	庚	辛	壬	癸
歲德	甲	庚	丙	壬	戊	甲	庚	丙	壬	戊
歲德合	己	乙	辛	丁	癸	己	乙	辛	丁	癸
歲祿	寅	卯	巳	午	巳	午	申	酉	亥	子
陽貴	未	申	酉	亥	丑	子	丑	寅	卯	巳
陰貴	丑	子	亥	酉	未	申	未	午	巳	卯
金神	午未	辰	寅卯	寅卯	申酉	午未	辰	寅卯	寅卯	申酉
				午未					午未	
	申酉	巳	子丑	戌亥	子丑	申酉	巳	子丑	戌亥	子丑

3. 연신종세간취납갑괘변자(年神從歲干取納甲卦變者)

歲干	甲	乙	丙	丁	戊	己	庚	辛	壬	癸
破敗五鬼	巽	艮	坤	震	離	坎	兌	乾	巽	艮
陰府太歲	艮	兌	坎	乾	坤	艮	兌	坎	乾	坤
	巽	乾	坤	震	坤	乾	兌	艮	乾	坤
浮天空亡	離	坎	巽	震	坤	乾	兌	艮	乾	坤
	壬	癸	辛	庚	乙	甲	丁	丙	甲	乙

4. 연신수세방순행자(年神隨歲方順行者)

歲支	子	丑	寅	卯	辰	巳	午	未	申	酉	戌	亥
奏書	乾	乾	艮	艮	艮	巽	巽	巽	坤	坤	坤	乾
歲支	子	丑	寅	卯	辰	巳	午	未	申	酉	戌	亥
博士	巽	巽	坤	坤	坤	乾	乾	乾	艮	艮	灵	巽
力士	艮	艮	巽	巽	巽	坤	坤	坤	乾	乾	乾	艮
蠶室	坤	坤	乾	乾	乾	艮	艮	艮	巽	巽	巽	坤
蠶官	未	未	戌	戌	戌	丑	丑	丑	辰	辰	辰	未
蠶命	申	申	亥	亥	亥	寅	寅	寅	巳	巳	巳	申
大將軍	酉	酉	子	子	子	卯	卯	卯	午	午	午	酉

5. 연신수세지순행자(年神隨歲支順行者)

歲支	子	丑	寅	卯	辰	巳	午	未	申	酉	戌	亥
太歲	子	丑	寅	卯	辰	巳	午	未	申	酉	戌	亥
太陽	丑	寅	卯	辰	巳	午	未	申	酉	戌	亥	子
喪門	寅	卯	辰	巳	午	未	申	酉	戌	亥	子	丑
太陰	卯	辰	巳	午	未	申	酉	戌	亥	子	丑	寅
官符蓄官	辰	巳	午	未	申	酉	戌	亥	子	丑	寅	卯
枝德死符 小耗	巳	午	未	申	酉	戌	亥	子	丑	寅	卯	辰
歲破 大耗	午	未	申	酉	戌	亥	子	丑	寅	卯	辰	巳
龍德	未	申	酉	戌	亥	子	丑	寅	卯	辰	巳	午
白虎	申	酉	戌	亥	子	丑	寅	卯	辰	巳	午	未
福德	酉	戌	亥	子	丑	寅	卯	辰	巳	午	未	申
弔客太陰	戌	亥	子	丑	寅	卯	辰	巳	午	未	申	酉
病符	亥	子	丑	寅	卯	辰	巳	午	未	申	酉	戌
巡山羅喉	癸	艮	甲	乙	巽	丙	丁	坤	庚	辛	乾	壬

6. 연신수세지퇴행자(年神隨歲支退行者)

歲支	子	丑	寅	卯	辰	巳	午	未	申	酉	戌	亥
神后	子	亥	戌	酉	申	未	午	巳	辰	卯	寅	丑
功曹	寅	丑	子	亥	戌	酉	申	未	午	巳	辰	卯
天罡	辰	卯	寅	丑	子	亥	戌	酉	申	未	午	巳
勝光	午	巳	辰	卯	寅	丑	子	亥	戌	酉	申	未
傳送	申	未	午	巳	辰	卯	寅	丑	子	亥	戌	酉
河魁	戌	酉	申	未	午	巳	辰	卯	寅	丑	子	亥
六害	未	午	巳	辰	卯	寅	丑	子	亥	戌	酉	申
五鬼	辰	卯	寅	丑	子	亥	戌	酉	申	未	午	巳

7. 연신종세지삼합자(年神從歲支三合者)

歲支	子	丑	寅	卯	辰	巳	午	未	申	酉	戌	亥
歲馬	寅	亥	申	巳	寅	亥	申	巳	寅	亥	申	巳
歲刑	卯	戌	巳	子	辰	申	午	丑	寅	酉	未	亥
三合前方	艮寅	乾亥	坤申	巽巳	艮寅	乾亥	坤申	巽巳	艮寅	乾亥	坤曰	巽巳
	甲卯	壬子	庚酉	丙午	甲卯	壬子	庚酉	丙午	甲卯	壬子	庚酉	丙午
	乙辰	癸丑	辛戌	丁未	乙辰	癸丑	辛戌	丁未	乙辰	癸丑	辛戌	丁未
三合後方	坤申	巽巳	艮寅	乾亥	坤申	巽巳	艮寅	乾亥	坤申	巽巳	艮寅	乾亥
	庚酉	丙午	甲卯	壬子	庚酉	丙午	甲卯	壬子	庚酉	丙午	甲卯	壬子
	辛戌	丁未	乙辰	癸丑	辛戌	丁未	乙辰	癸丑	辛戌	丁未	乙辰	癸丑
劫煞	巳	寅	亥	申	巳	寅	亥	申	巳	寅	亥	申
災煞	午	卯	子	酉	午	卯	子	酉	午	卯	子	酉
歲煞	未	辰	丑	戌	未	辰	丑	戌	未	辰	丑	戌
伏兵	丙	甲	壬	庚	丙	甲	壬	庚	丙	甲	壬	庚
大禍	丁	乙	癸	辛	丁	乙	癸	辛	丁	乙	癸	辛
坐煞	丙丁	甲乙	壬癸	庚辛	丙丁	甲乙	壬癸	庚辛	丙丁	甲乙	壬癸	庚辛
向煞	壬癸	庚辛	丙丁	甲乙	壬癸	庚辛	丙丁	曰乙	壬癸	庚辛	丙丁	甲乙
天官符	亥	申	巳	寅	亥	申	巳	冥	亥	申	巳	寅
大煞	子	酉	午	卯	子	酉	午	卯	子	酉	午	卯
黃幡	辰	丑	戌	未	辰	丑	戌	未	辰	丑	戌	未
豹尾	戌	未	辰	丑	戌	未	辰	丑	戌	未	辰	丑
灸退	卯	子	酉	午	卯	子	酉	午	卯	子	酉	午

8. 연신수세지순행일방자(年神隨歲支順行一方者)

歲支	子	丑	寅	卯	辰	巳	午	未	申	酉	戌	亥
飛廉	申	酉	戌	巳	午	未	寅	卯	辰	亥	子	丑

9. 연신종세지취납갑괘변자(年神從歲支三合者)

歲支	子	丑	寅	卯	辰	巳	午	未	申	酉	戌	亥
貪狼	震庚	艮	艮	乾	兌丁	兌丁	巽	坤	坤	離壬	坎癸	坎癸
	亥未	丙	丙	甲	巳丑	巳丑	辛	乙	乙	寅戌	申辰	申辰
巨門	兌丁	巽	巽	離壬	震庚	震庚	艮	坎癸	坎癸	乾	坤	坤
	巳丑	辛	辛	寅戌	亥未	亥未	丙	申辰	申辰	甲	乙	乙
武曲	巽	兌丁	兌丁	坤	艮	艮	震庚	乾	乾	坎癸	離壬	離壬
	辛	巳丑	巳丑	乙	丙	丙	亥未	甲	甲	申辰	寅戌	寅戌
文曲	坤	離壬	離壬	巽	坎癸	坎癸	乾	震庚	震庚	艮	兌丁	兌丁
	乙	寅戌	寅戌	辛	申辰	申辰	甲	亥未	亥未	丙戌	巳丑	巳丑
獨火	艮	震	震	坎	巽	巽	兌	離	離	坤	乾	乾

10. 연신종삼원기자(年神從三元起者)

三元紫白				上 元				中 元				下 元			
				一白	六白	八白	九紫	一白	六白	八白	九紫	一白	六白	八白	九紫
甲子 癸酉 壬午 辛卯 庚子 己酉 戊午 年				中	坎	震	巽	坤	兌	離	坎	艮	巽	乾	兌
己丑 甲戌 癸未 壬辰 辛丑 庚戌 己未 年				乾	坤	巽	中	震	艮	坎	坤	離	中	兌	艮
丙寅 乙亥 甲申 癸巳 壬寅 辛亥 庚申 年				兌	震	中	乾	巽	離	坤	震	坎	乾	艮	離
丁卯 丙子 乙酉 甲午 癸卯 壬子 辛酉 年				艮	巽	乾	兌	中	坎	震	巽	坤	兌	離	坎
戊辰 丁丑 丙戌 乙未 甲辰 癸丑 壬戌 年				離	中	兌	艮	乾	坤	巽	中	震	艮	坎	坤
己巳 戊寅 丁亥 丙申 乙巳 甲寅 癸亥 年				坎	乾	艮	離	兌	震	中	乾	巽	離	坤	震
庚午 己卯 戊子 丁酉 丙午 乙卯 年				坤	兌	離	坎	艮	巽	乾	兌	中	坎	震	巽
辛未 庚辰 己丑 戊戌 丁未 丙辰 年				震	艮	坎	坤	離	中	兌	艮	乾	坤	巽	中

三元紫白	上元				中元				下元			
壬申 辛巳 庚寅 戊申 己亥 丁巳 年	巽	離	坤	震	坎	乾	艮	離	兌	震	中	乾

11. 연신종세납음기자(年神從歲納音起者)

年剋山家	子午年	寅申年	辰戌年
甲	水土山	離壬丙乙	乾亥兌丁
丙	乾亥兌丁	震艮巳	水土山
戊	冬至後剋 乾亥兌丁	離壬丙乙	水土山
庚	乾亥兌丁	離壬丙乙	震艮巳
壬	乾亥兌丁	冬至後剋 乾亥兌丁	水土山
	丑未年	卯酉年	巳亥年
乙	震艮巳	冬至後剋 乾亥兌丁	水土山
丁	水土山	離壬丙丁	震艮巳
己	乾亥兌丁	冬至後剋 乾亥兌丁	震艮巳
辛	水土山	冬至後剋 乾亥兌丁	離壬丙乙
癸	水土山	乾亥兌丁	震艮巳

제2장. 월신입성(月神立成)

1. 월신종세간기자(年神從歲干起者)

陰貴人	正	二	三	四	五	六	七	八	九	十	十一	十二
甲年	兌	乾	中	巽	震	坤	坎	離	艮	兌	乾	中
乙年	乾	中	巽	震	坤	坎	離	艮	兌	乾	中	坎
丙年	中	巽	震	坤	坎	離	艮	兌	乾	中	坎	離
丁年	震	坤	坎	離	艮	兌	乾	中	坎	離	艮	兌
戊庚年	坎	離	艮	兌	乾	中	坎	離	艮	兌	乾	中
己年	坤	坎	離	艮	兌	乾	中	坎	離	艮	兌	乾
辛年	離	艮	兌	乾	中	坎	離	艮	兌	乾	中	巽
壬年	艮	兌	乾	中	坎	離	艮	兌	乾	中	巽	震
癸年	乾	中	坎	離	艮	兌	乾	中	巽	震	坤	坎

陰貴人	正	二	三	四	五	六	七	八	九	十	十一	十二
甲年	兌	乾	中	巽	震	坤	坎	離	艮	兌	乾	中
乙年	乾	中	巽	震	坤	坎	離	艮	兌	乾	中	坎
丙年	中	巽	震	坤	坎	離	艮	兌	乾	中	坎	離
丁年	震	坤	坎	離	艮	兌	乾	中	坎	離	艮	兌
戊庚年	坎	離	艮	兌	乾	中	坎	離	艮	兌	乾	中
己年	坤	坎	離	艮	兌	乾	中	坎	離	艮	兌	乾
辛年	離	艮	兌	乾	中	坎	離	艮	兌	乾	中	巽
壬年	艮	兌	乾	中	坎	離	艮	兌	乾	中	巽	震
癸年	乾	中	坎	離	艮	兌	乾	中	巽	震	坤	坎

飛天祿	正	二	三	四	五	六	七	八	九	十	十一	十二
甲年	中	坎	離	艮	兌	乾	中	巽	震	坤	坎	離
乙年	乾	中	坎	離	艮	兌	乾	中	巽	震	坤	坎
丙戊年	艮	兌	乾	中	坎	離	艮	兌	乾	中	巽	震
丁己年	離	艮	兌	乾	中	坎	離	艮	兌	乾	中	巽
庚年	坤	坎	離	艮	兌	乾	中	坎	離	艮	兌	乾
辛年	震	坤	坎	離	艮	兌	乾	中	坎	離	艮	兌
壬年	中	巽	震	坤	坎	離	艮	兌	乾	中	坎	離
癸年	乾	中	巽	震	坤	坎	離	艮	兌	乾	中	坎

丙丁獨火	正	二	三	四	五	六	七	八	九	十	十一	十二
甲己年	中乾	中	巽中	震巽	坤震	坎坤	離坎	艮離	兌艮	乾兌	中乾	中
乙庚年	巽中	震巽	坤震	坎坤	離坎	艮離	兌艮	乾兌	中乾	中	巽中	震巽
丙辛年	坤震	坎坤	離坎	艮離	兌艮	乾兌	中乾	中	巽中	震巽	坤震	坎坤
丁壬年	離坎	艮離	兌艮	乾兌	中乾	中	巽中	震巽	坤震	坎坤	離坎	艮離
戊癸年	兌艮	乾兌	中乾	中	巽中	震巽	坤震	坎坤	離坎	艮離	兌艮	乾兌

2. 월신종삼원기자(月神從三元起者)

月紫白		正	二	三	四	五	六	七	八	九	十	十一	十二
子午卯酉年	一白	兌	艮	離	坎	坤	震	巽	中	乾	兌	艮	離
	六白	震	巽	中	乾	兌	艮	離	坎	坤	震	巽	中
	八白	中	乾	兌	艮	離	坎	坤	震	巽	中	乾	兌
	九紫	乾	兌	艮	離	坎	坤	震	巽	中	乾	兌	艮

		正	二	三	四	五	六	七	八	九	十	十一	十二
辰戌丑未年	一白	坎	坤	震	巽	中	乾	兌	艮	離	坎	坤	震
	六白	乾	兌	艮	離	坎	坤	震	巽	中	乾	兌	艮
	八白	艮	離	坎	坤	震	巽	中	乾	兌	艮	離	坎
	九紫	離	坎	坤	震	巽	中	乾	兌	艮	離	坎	坤
寅申巳亥年	一白	巽	中	乾	兌	艮	離	坎	坤	震	巽	中	乾
	六白	離	坎	坤	震	巽	中	乾	兌	艮	離	坎	坤
	八白	坤	震	巽	中	乾	兌	艮	離	坎	坤	震	巽
	九紫	震	巽	中	乾	兌	艮	離	坎	坤	震	巽	中

3. 월신종세지기자(月神從歲支起者)

飛天馬	正	二	三	四	五	六	七	八	九	十	十一	十二
甲子辰年	中	坎	離	艮	兌	乾	中	巽	震	坤	坎	離
巳酉丑年	中	巽	震	坤	坎	離	艮	兌	乾	中	坎	離
寅午戌年	坤	坎	離	艮	兌	乾	中	坎	離	艮	兌	乾
亥卯未年	艮	兌	乾	中	坎	離	艮	兌	乾	巽	震	坤

天官符	正	二	三	四	五	六	七	八	九	十	十一	十二
申子辰年		辰	甲	未	壬	丙	丑	庚	戌		庚	戌
	中	巽	震	坤	坎	離	艮	兌	乾	中	兌	乾
		巳	乙	申	癸	丁	寅	辛	亥		辛	亥
巳酉丑年	未	壬	丙	丑	庚	戌		庚	戌		辰	甲
	坤	坎	離	艮	兌	乾	中	兌	乾	中	巽	震
	申	癸	丁	寅	辛	亥		辛	亥		巳	乙

	正	二	三	四	五	六	七	八	九	十	十一	十二
寅午戌年	丑	庚	戌		庚	戌		辰	甲	未	壬	丙
	艮	兑	乾	中	兑	乾	中	巽	震	坤	坎	離
	寅	辛	亥		辛	亥		巳	乙	申	癸	丁
亥卯未年		庚	戌		辰	甲	未	壬	丙	丑	庚	戌
	中	兑	乾	中	巽	震	坤	坎	離	艮	兑	乾
		辛	亥		巳	乙	申	癸	丁	寅	辛	亥

地官符	正	二	三	四	五	六	七	八	九	十	十一	十二
子年	庚	戌		庚	戌		辰	甲	未	壬	丙	丑
	兑	乾	中	兑	乾	中	巽	震	坤	坎	離	艮
	辛	亥		辛	亥		巳	乙	申	癸	丁	寅
丑年	丑	庚	戌		庚	戌		辰	甲	未	壬	丙
	艮	兑	乾	中	兑	乾	中	巽	震	坤	坎	離
	寅	辛	亥		辛	亥		巳	乙	申	癸	丁
寅年	丙	丑	庚	戌		庚	戌		辰	甲	未	壬
	離	艮	兑	乾	中	兑	乾	中	巽	震	坤	坎
	丁	寅	辛	亥		辛	亥		巳	乙	申	癸
卯年	壬	丙	丑	庚	戌		庚	戌		辰	甲	未
	坎	離	艮	兑	乾	中	兑	乾	中	巽	震	坤
	癸	丁	寅	辛	亥		辛	亥		巳	乙	申
辰年	未	壬	丙	丑	庚	戌		庚	戌		辰	甲
	坤	坎	離	艮	兑	乾	中	兑	乾	中	巽	震
	申	癸	丁	寅	辛	亥		申	亥		巳	乙
巳年	甲	未	壬	丙	丑	庚	戌		庚	戌		辰
	震	坤	坎	離	艮	兑	乾	中	兑	乾	中	巽
	乙	申	癸	丁	寅	辛	亥		申	亥		巳
午年	辰	甲	未	壬	丙	丑	庚	戌		庚	戌	
	巽	震	坤	坎	離	艮	兑	乾	中	兑	乾	中
	巳	乙	申	癸	丁	寅	辛	亥		申	亥	

The left margin shows the vertical series title with the taiji emblem:

欽定四庫全書　協紀辨方書 

未年		辰	甲	未	壬	丙	丑	庚	戌		庚	戌
	中	巽	震	坤	坎	離	艮	兌	乾	中	兌	乾
		巳	乙	申	癸	丁	寅	辛	亥		申	亥
申年	戌		辰	甲	未	壬	丙	丑	庚			庚
	乾	中	巽	震	坤	坎	離	艮	兌		中	兌
	亥		巳	乙	申	癸	丁	寅	辛			申
酉年	庚	戌		辰	甲	未	壬	丙	丑	庚	戌	
	兌	乾	中	巽	震	坤	坎	離	艮	兌	乾	中
	申	亥		巳	乙	申	癸	丁	寅	辛	亥	
戌年		庚	戌		辰	甲	未	壬	丙	丑	庚	戌
	中	兌	乾	中	巽	震	坤	坎	離	艮	兌	乾
		申	亥		巳	乙	申	癸	丁	寅	辛	亥
亥年	戌		庚	戌		辰	甲	未	壬	丙	丑	庚
	乾	中	兌	乾	中	巽	震	坤	坎	離	艮	兌
	亥		申	亥		巳	乙	申	癸	丁	寅	辛

飛大煞打頭火	正	二	三	四	五	六	七	八	九	十	十一	十二
申子辰年	戌		辰	甲	未	壬	丙	丑	庚	戌		庚
	乾	中	巽	震	坤	坎	離	艮	兌	乾	中	兌
	亥		巳	乙	申	癸	丁	寅	辛	亥		辛
巳酉丑年	甲	未	壬	丙	丑	庚	戌		庚	戌		辰
	震	坤	坎	離	艮	兌	乾	中	兌	乾	中	巽
	乙	申	癸	丁	寅	辛	亥		辛	亥		巳
寅午戌年	丙	丑	庚	戌		庚	戌		辰	甲	未	壬
	離	艮	兌	乾	中	兌	乾	中	巽	震	坤	坎
	丁	寅	辛	亥		辛	亥		巳	乙	申	癸

亥卯未年												
	戌		庚	戌		辰	甲	未	壬	丙	丑	庚
	乾	中	兌	乾	中	巽	震	坤	坎	離	艮	兌
	亥		辛	亥		巳	乙	申	癸	丁	寅	辛

月游火	正	二	三	四	五	六	七	八	九	十	十一	十二
子丑年	艮	離	坎	坤	震	巽	中	乾	兌	艮	離	坎
寅年	震	巽	中	乾	兌	艮	離	坎	坤	震	巽	中
卯辰年	巽	中	乾	兌	艮	離	坎	坤	震	巽	中	乾
巳年	離	坎	坤	震	巽	中	乾	兌	艮	離	坎	坤
午未年	坤	震	巽	中	乾	兌	艮	離	坎	坤	震	巽
申年	兌	艮	離	坎	坤	震	巽	中	乾	兌	艮	離
酉戌年	乾	兌	艮	離	坎	坤	震	巽	中	乾	兌	艮
亥年	坎	坤	震	巽	中	乾	兌	艮	離	坎	坤	震

小月建		正	二	三	四	五	六	七	八	九	十	十一	十二
陽年			戌	庚	丑	丙	壬	未	甲	辰		戌	庚
		中	乾	兌	艮	離	坎	坤	震	巽	中	乾	兌
			亥	辛	寅	丁	癸	申	乙	巳		亥	辛
陰年		丙	壬	未	甲	辰		戌	戾	丑	丙	壬	未
		離	坎	坤	震	巽	中	乾	兌	艮	離	坎	坤
		丁	癸	申	乙	巳		亥	辛	寅	丁	癸	申

大月建		正	二	三	四	五	六	七	八	九	十	十一	十二
子午卯酉年		丑	庚	戌		辰	甲	未	壬	丙	丑	庚	戌
		艮	兌	乾	中	巽	震	坤	坎	離	艮	兌	乾
		寅	辛	亥		巳	乙	申	癸	丁	寅	辛	亥

	正	二	三	四	五	六	七	八	九	十	十一	十二
辰戌丑未年	中	辰 巽 巳	甲 震 乙	未 坤 申	壬 坎 癸	丙 離 丁	丑 艮 寅	庚 兌 辛	戌 乾 亥	中	辰 巽 巳	甲 震 乙
寅申巳亥年	未 坤 申	壬 坎 癸	丙 離 丁	丑 艮 寅	庚 兌 辛	戌 乾 亥	中	辰 巽 巳	甲 震 乙	未 坤 申	壬 坎 癸	丙 離 丁

4. 월신종월간기자(月神從月干起者)

陰府太歲	正	二	三	四	五	六	七	八	九	十	十一	十二
甲己年	坎 坤	乾 離	坤 震	巽 艮	乾 兌	坤 坎	離 乾	震 坤	艮 巽	兌 乾	坎 坤	乾 離
乙庚年	坤 震	巽 艮	乾 兌	坤 坎	離 乾	震 坤	艮 巽	兌 乾	坎 坤	乾 兌	坤 震	巽 艮
丙辛年	乾 兌	坤 坎	離 乾	震 坤	艮 巽	兌 乾	坎 坤	乾 兌	坤 震	巽 艮	乾 兌	坤 坎
丁壬年	離 乾	震 坤	艮 巽	兌 乾	坎 坤	乾 兌	坤 震	巽 艮	乾 兌	坤 震	離 乾	震 坤
戊癸年	艮 巽	兌 乾	坎 坤	乾 兌	坤 震	巽 艮	乾 兌	坤 坎	離 乾	震 坤	艮 巽	兌 乾

5. 월신종월납음기자(月神從月納音干起者)

月剋山家	正	二	三	四	五	六	七	八	九	十	十一	十二
甲己年	乾 兌	亥 丁	震 巳	艮 山			水	土 山	乾 兌	亥 丁	離 丙	壬 乙
乙庚年	乾 兌	亥 丁	震 巳	艮 山	離 丙	壬 乙			乾 兌	亥 丁	水	土 山

丙辛年			乾兌	亥丁	離丙	壬乙	震巳	艮山		水	土山
丁壬年			離丙	壬乙	水	土山	震巳	艮山			
戊癸年	震巳	艮山	離丙	壬乙		水	土山	震巳	艮山		

6. 월신종팔절구궁순역행자(月神從八節九宮順逆行者)

三奇	冬至			立春			春分			立夏		
	乙	丙	丁	乙	丙	丁	乙	丙	丁	乙	丙	丁
甲子己酉年	坎	坎	坤	艮	艮	離	震	震	巽	巽	巽	中
乙丑庚戌年	離	坎	坤	兌	艮	離	坤	震	巽	震	巽	中
丙寅辛亥年	艮	離	坎	乾	兌	艮	坎	坤	震	坤	震	巽
丁卯壬子年	兌	艮	離	中	乾	兌	離	坎	坤	坎	坤	震
戊辰癸丑年	乾	兌	艮	巽	中	乾	艮	離	坎	離	坎	坤
己巳甲寅年	乾	乾	兌	巽	巽	中	艮	艮	離	離	離	坎
庚午乙卯年	中	乾	兌	震	巽	中	兌	艮	離	艮	離	坎
辛未丙辰年	巽	中	乾	坤	震	巽	乾	兌	艮	兌	艮	離
壬申丁巳年	震	巽	中	坎	坤	震	中	乾	兌	乾	兌	艮
癸酉戊午年	坤	震	巽	離	坎	坤	巽	一	乾	中	乾	兌
甲戌己未年	坤	坤	震	離	離	坎	巽	巽	中	中	中	乾
乙亥庚申年	坎	坤	震	艮	離	坎	震	巽	中	巽	中	乾
丙子辛酉年	離	坎	坤	兌	艮	離	坤	震	巽	震	巽	中
丁丑壬戌年	艮	離	坎	乾	兌	艮	坎	坤	震	坤	震	巽
戊寅癸亥年	兌	艮	離	中	乾	兌	離	坎	坤	坎	坤	震
己卯年	兌	兌	艮	中	中	乾	離	坎	坎	坎	坎	坤

庚辰年	乾	兌	艮	巽	中	乾	艮	離	坎	離	坎	坤
辛巳年	中	乾	兌	震	巽	中	兌	艮	離	艮	離	坎
壬午年	巽	中	乾	坤	震	巽	乾	兌	艮	兌	艮	離
癸未年	震	巽	中	坎	坤	震	中	乾	兌	乾	兌	艮
甲申年	震	震	巽	坎	坎	坤	中	中	乾	乾	乾	兌
乙酉年	坤	震	巽	離	坎	坤	巽	中	乾	中	乾	兌
丙戌年	坎	坤	震	艮	離	坎	震	巽	中	巽	中	乾
丁亥年	離	坎	坤	兌	艮	離	坤	震	巽	震	巽	中
戊子年	艮	離	坎	乾	兌	艮	坎	坤	震	坤	震	巽
己丑年	艮	艮	離	乾	乾	兌	坎	坎	坤	坤	坤	震
庚寅年	兌	艮	離	中	乾	兌	離	坎	坤	坎	坤	震
辛卯年	乾	兌	艮	巽	中	乾	艮	離	坎	離	坎	坤
壬辰年	中	乾	巽	震	巽	中	兌	艮	離	艮	離	坎
癸巳年	巽	中	乾	坤	震	巽	乾	兌	艮	兌	艮	離
甲午年	巽	巽	中	坤	坤	震	中	乾	兌	兌	兌	艮
乙未年	震	巽	中	坎	坤	震	中	乾	兌	乾	兌	艮
丙申年	坤	震	巽	離	坎	坤	巽	中	乾	中	乾	兌
丁酉年	坎	坤	震	艮	離	坎	震	巽	中	巽	中	乾
戊戌年	離	坎	坤	兌	艮	離	坤	震	巽	震	巽	中
己亥年	離	離	坎	兌	兌	艮	坤	坤	震	震	震	巽
庚子年	艮	離	坎	乾	兌	艮	坎	坤	震	坤	震	巽
辛丑年	兌	艮	離	中	乾	兌	離	坎	坤	坎	坤	震
壬寅年	乾	兌	艮	巽	中	乾	艮	離	坎	離	坎	離

甲辰年	中	中	乾	震	震	巽	兑	兑	艮	艮	艮	離
乙巳年	巽	中	乾	坤	震	巽	乾	兑	艮	兑	艮	離
丙午年	震	巽	中	坎	坤	震	中	乾	兑	乾	兑	艮
丁未年	坤	震	巽	離	坎	坤	巽	中	乾	中	乾	兑
戊申年	坎	坤	震	艮	離	坎	震	巽	中	巽	中	乾

	夏至			立秋			秋分			立冬		
三奇	乙	丙	丁	乙	丙	丁	乙	丙	丁	乙	丙	丁
甲子己酉年	離	離	艮	坤	坤	坎	兑	兑	乾	乾	乾	中
乙丑庚戌年	坎	離	艮	震	坤	坎	艮	兑	乾	兑	乾	中
丙寅辛亥年	坤	坎	離	巽	震	坤	離	艮	兑	艮	兑	乾
丁卯壬子年	震	坤	坎	中	巽	震	坎	離	艮	離	艮	兑
戊辰癸丑年	巽	震	坤	乾	中	巽	坤	坎	離	坎	離	艮
己巳甲寅年	巽	巽	震	乾	乾	中	坤	坤	坎	坎	坎	離
庚午乙卯年	中	巽	震	兑	乾	中	震	坤	坎	坤	坎	離
辛未丙辰年	乾	中	巽	艮	兑	乾	巽	震	坤	震	坤	坎
壬申丁巳年	兑	乾	中	離	艮	兑	中	巽	震	巽	震	坤
癸酉戊午年	艮	兑	乾	坎	離	艮	乾	中	巽	中	巽	震
甲戌己未年	艮	艮	兑	坎	坎	離	乾	乾	中	中	中	巽
乙亥庚申年	離	艮	兑	坤	坎	離	兑	乾	中	乾	中	巽
丙子辛酉年	坎	離	艮	震	坤	坎	艮	兑	乾	兑	乾	中
丁丑壬戌年	坤	坎	離	巽	震	坤	離	艮	兑	艮	兑	乾
戊寅癸亥年	震	坤	坎	中	巽	震	坎	離	艮	離	艮	兑
己卯年	震	震	坤	中	中	巽	坎	坎	離	離	離	艮

庚辰年	巽	震	坤	乾	中	巽	坤	坎	離	坎	離	艮
辛巳年	中	巽	震	兌	乾	中	震	坤	坎	坤	坎	離
壬午年	乾	中	巽	艮	兌	乾	巽	震	坤	震	坤	坎
癸未年	兌	乾	中	離	艮	兌	中	巽	震	巽	震	坤
甲申年	兌	兌	乾	離	離	艮	中	中	巽	巽	巽	震
乙酉年	艮	兌	乾	坎	離	艮	乾	中	巽	中	巽	震
丙戌年	離	艮	艮	坤	坎	離	兌	乾	中	乾	中	巽
丁亥年	坎	離	艮	震	坤	坎	艮	兌	乾	兌	乾	中
戊子年	坤	坎	離	巽	震	坤	離	艮	兌	艮	兌	乾
己丑年	坤	坤	坎	巽	巽	震	離	離	艮	艮	艮	兌
庚寅年	震	坤	坎	中	巽	震	坎	離	艮	離	艮	兌
辛卯年	巽	震	坤	乾	中	巽	坤	坎	離	坎	離	艮
壬辰年	中	巽	震	兌	乾	中	震	坤	坎	坤	坎	離
癸巳年	乾	中	巽	艮	兌	乾	巽	震	坤	震	坤	坎
甲午年	乾	乾	中	艮	艮	兌	巽	巽	震	震	震	坤
乙未年	兌	乾	中	離	艮	兌	中	巽	震	巽	震	坤
丙申年	艮	兌	乾	坎	離	艮	乾	中	巽	中	巽	震
丁酉年	離	艮	兌	坤	坎	離	兌	乾	中	乾	中	巽
戊戌年	坎	離	艮	震	坤	坎	艮	兌	乾	兌	乾	中
己亥年	坎	坎	離	震	震	坤	艮	艮	兌	兌	兌	乾
庚子年	坤	坎	離	巽	震	坤	離	艮	兌	艮	兌	乾
辛丑年	震	坤	坎	中	巽	震	坎	離	艮	離	艮	兌
壬寅年	巽	震	坤	乾	中	巽	坤	坎	離	坎	離	艮
癸卯年	中	巽	震	兌	乾	中	震	坤	坎	坤	坎	離
甲辰年	中	中	巽	兌	兌	乾	震	震	坤	坤	坤	坎

乙巳年	乾	中	巽	艮	兌	乾	巽	震	坤	震	坤	坎
丙午年	兌	乾	中	離	艮	兌	中	巽	震	巽	震	坤
丁未年	艮	兌	乾	坎	離	艮	乾	中	巽	中	巽	震
戊申年	離	艮	兌	坤	坎	離	兌	乾	中	乾	中	巽

7. 월신취월건삼합자(月神取月建三合者)

	正	二	三	四	五	六	七	八	九	十	十一	十二
天道	南	西南	北	西	西北	東	北	東北	南	東	東南	西
天德	丁	坤	壬	辛	乾	甲	癸	艮	丙	乙	巽	庚
月德	丙	甲	壬	庚	丙	甲	壬	庚	丙	甲	壬	庚
天德合	壬		丁	丙		己	戊		辛	庚		乙
月德合	辛	己	丁	乙	辛	己	丁	乙	辛	己	丁	乙
月空	壬	庚	丙	申	壬	庚	丙	申	壬	庚	丙	甲
三合	午戌	未亥	子新	丑酉	寅戌	卯亥	子辰	丑巳	寅午	卯未	辰申	巳酉
五富	亥	寅	巳	申	亥	寅	巳	申	亥	寅	巳	申
臨日	午	亥	申	丑	戌	卯	子	巳	寅	未	辰	酉
驛馬天后	申	巳	寅	亥	申	巳	寅	亥	申	巳	寅	亥
劫煞	亥	申	巳	寅	亥	申	巳	寅	亥	申	巳	寅
災煞天火	子	酉	午	卯	子	酉	午	卯	子	酉	午	卯
月煞月虛	丑	戌	未	辰	丑	戌	未	辰	丑	戌	未	辰
大時大敗咸池	卯	子	酉	午	卯	子	酉	午	卯	子	酉	午
遊禍	巳	寅	亥	申	巳	寅	亥	申	巳	寅	亥	申
天吏致死	酉	午	卯	子	酉	午	卯	子	酉	午	卯	子
九空	辰	丑	戌	未	辰	丑	戌	未	辰	丑	戌	未
月刑	巳	子	辰	申	午	丑	寅	酉	未	亥	卯	戌

8. 월신수사서자(月神隨四序者)

	春	夏	秋	冬
大赦	戊寅	甲午	戊申	甲子
母倉	亥子土王后巳年	寅卯土王后巳年	辰戌丑未土王后巳年	申酉土王后巳年
四相	丙丁	戊己	壬癸	甲乙
時德	午	辰	子	寅
王日	寅	巳	申	亥
官日	卯	午	酉	子
守日	辰	未	戌	丑
相日	己	申	亥	寅
民日	午	酉	子	卯
四擊	戌	丑	辰	未
四忌 四窮	甲子 乙亥 八龍	丙子 丁亥 七鳥	庚子 辛亥 九虎	壬子 癸亥 六蛇
四耗	壬子	乙卯	戊午	辛酉
四廢	庚申辛酉	壬子癸亥	甲寅乙卯	丙午丁巳
五虛	巳酉丑	申子辰	亥卯未	寅午戌
八風	丁丑丁巳	甲辰甲申	丁未丁亥	甲戌甲寅

9. 월신수월건순행자(月神隨月建順行者)

	正	二	三	四	五	六	七	八	九	十	十一	十二
建 兵福 土符 小時	寅	卯	辰	巳	午	未	申	酉	戌	亥	子	丑
除 吉期 兵寶	卯	辰	巳	午	未	申	酉	戌	亥	子	丑	寅
滿 天巫 福德	辰	巳	午	未	申	酉	戌	亥	子	丑	寅	卯

平 陽月天罡 陰月河魁 死神	巳	午	未	申	酉	戌	亥	子	丑	寅	卯	辰
定 時陰 死氣	午	未	申	酉	戌	亥	子	丑	寅	卯	辰	巳
執 小耗	未	申	酉	戌	亥	子	丑	寅	卯	辰	巳	午
破 大耗	申	酉	戌	亥	子	丑	寅	卯	辰	巳	午	未
危	酉	戌	亥	子	丑	寅	卯	辰	巳	午	未	申
成 天喜 天醫	戌	亥	子	丑	寅	卯	辰	巳	午	未	申	酉
收 陽月河魁 陰月天罡	亥	子	丑	寅	卯	辰	巳	午	未	申	酉	戌
開 時陽 生氣	子	丑	寅	卯	辰	巳	午	未	申	酉	戌	亥
廢 血支	丑	寅	卯	辰	巳	午	未	申	酉	戌	亥	子

10. 월신수건왕취묘진자(月神隨建旺取墓辰者)

	正	二	三	四	五	六	七	八	九	十	十一	十二
五墓	乙未	乙未	戊辰	丙戌	丙戌	丙戌	辛丑	辛丑	戊辰	壬辰	壬辰	戊辰

11. 월신수월건삼합역행일방자(月神隨月建三合逆行一方者)

	正	二	三	四	五	六	七	八	九	十	十一	十二
九坎 九焦	辰	丑	戌	未	卯	子	酉	午	寅	亥	申	巳

12. 월신수사서행삼합자(月神隨四序行三合者)

	正	二	三	四	五	六	七	八	九	十	十一	十二
土符	丑	巳	酉	寅	午	戌	卯	未	亥	辰	申	子

13. 월신수사시행삼합납갑자(月神隨四時行三合納甲者)

	正	二	三	四	五	六	七	八	九	十	十一	十二
地囊	庚子 庚午	乙未 癸丑	甲子 壬午	己卯 己酉	甲辰 壬戌	丙辰 丙戌	丁巳 丁亥	丙寅 丙申	辛丑 辛未	戊寅 戊申	辛卯 辛酉	乙卯 癸酉

14. 월신수월건행납갑육진자(月神隨月建行納甲六辰者)

	正	二	三	四	五	六	七	八	九	十	十一	十二
陽德	戌	子	寅	辰	午	申	戌	子	寅	辰	午	申
陰德	酉	未	巳	卯	丑	亥	酉	未	巳	卯	丑	亥
天馬	午	申	戌	子	寅	辰	午	申	戌	子	寅	辰
兵禁	寅	子	戌	申	午	辰	寅	子	戌	申	午	辰

15. 월신수월건역행일방자(月神隨月建逆行一方者)

	正	二	三	四	五	六	七	八	九	十	十一	十二
大煞	戌	巳	午	未	寅	卯	辰	亥	子	丑	申	酉

16. 월신수월건삼합순행일방자(月神隨月建三合順行一方者)

	正	二	三	四	五	六	七	八	九	十	十一	十二
往亡	寅	巳	申	亥	卯	午	酉	子	辰	未	戌	丑

17. 월신수맹중계순행삼지자(月神隨孟仲季順行三支者)

	正	二	三	四	五	六	七	八	九	十	十一	十二
歸忌	丑	寅	子	丑	寅	子	丑	寅	子	丑	寅	子

18. 월신수월건음양순행육진자(月神隨月建陰陽順行六辰者)

	正	二	三	四	五	六	七	八	九	十	十一	十二
要安	寅	申	卯	酉	辰	戌	巳	亥	午	子	未	丑
玉宇	卯	酉	辰	戌	巳	亥	午	子	未	丑	申	寅
金堂	辰	戌	巳	亥	午	子	未	丑	申	寅	酉	卯
敬安	未	丑	申	寅	酉	卯	戌	辰	亥	巳	子	午
普護	申	寅	酉	卯	戌	辰	亥	巳	子	午	丑	未
福生	酉	卯	戌	辰	亥	巳	子	午	丑	申	寅	酉
聖心	亥	巳	子	午	丑	未	寅	申	卯	酉	辰	戌
益後	子	午	丑	未	寅	申	卯	酉	辰	戌	巳	亥
續世血忌	丑	未	寅	申	卯	卯	辰	戌	巳	亥	午	子

19. 월신수월장역행자(月神隨月將逆行者)

	正	二	三	四	五	六	七	八	九	十	十一	十二
六合	亥	戌	酉	申	未	午	巳	辰	卯	寅	丑	子
天願	乙亥	甲戌	乙酉	丙申	丁未	戊午	己巳	庚辰	辛卯	壬寅	癸丑	甲子
兵吉	子丑寅卯	亥子丑寅	戌亥子丑	酉戌亥子	申酉戌亥	未甲戌亥	午未申酉	巳午未申	辰巳午未	卯辰巳午	寅卯辰巳	丑寅卯辰
六儀（厭對招搖）	辰	卯	寅	丑	子	亥	戌	酉	申	未	午	巳
天合	寅	丑	子	亥	戌	酉	申	未	午	巳	辰	卯
月害	巳	辰	卯	寅	丑	子	亥	戌	酉	申	未	午
月厭	戌	酉	申	未	午	巳	辰	卯	寅	丑	子	亥
天賊	丑	子	亥	戌	酉	申	未	午	巳	辰	卯	寅

20. 월신수월건행음양육진자(月神隨月建行陰陽六辰者)

	正	二	三	四	五	六	七	八	九	十	十一	十二
青龍	子	寅	辰	午	申	戌	子	寅	辰	午	申	戌
明堂	丑	卯	巳	未	酉	亥	丑	卯	巳	未	酉	亥
天刑	寅	辰	午	申	戌	子	寅	辰	午	申	戌	子
朱雀	卯	巳	未	酉	亥	丑	卯	巳	未	酉	亥	丑
金匱	辰	午	申	戌	子	寅	辰	午	申	戌	子	寅
天德	巳	未	酉	亥	丑	卯	巳	未	酉	亥	丑	卯
白虎	午	申	戌	子	寅	辰	午	申	戌	子	寅	辰
玉堂	未	酉	亥	丑	卯	巳	未	酉	亥	丑	卯	巳
天牢	申	戌	子	寅	辰	午	申	戌	子	寅	辰	午
元武	酉	亥	丑	卯	巳	未	酉	亥	丑	卯	巳	未
司命	戌	子	寅	辰	午	申	戌	子	寅	辰	午	申
勾陳	亥	丑	卯	巳	未	酉	亥	丑	卯	巳	未	酉
解神	申	申	戌	戌	子	子	寅	寅	辰	辰	午	午

21. 월신취월건생비자(月神取月建生比者)

	正	二	三	四	五	六	七	八	九	十	十一	十二
月恩	丙	丁	庚	己	戊	辛	壬	癸	庚	乙	甲	辛
復日	甲	乙	戊	丙	丁	己	庚	辛	戊	壬	癸	己

22. 월신종염건기자(月神從厭建起者)

	正	二	三	四	五	六	七	八	九	十	十一	十二
不將	丙寅	乙丑	甲子	甲子	癸酉	壬申	壬申	戊辰	戊辰	己巳	丁卯	丙寅
	丁卯	丙寅	乙丑	甲戌	甲戌	壬戌	癸酉	辛未	庚午	庚午	己巳	丁卯
	丙子	乙亥	甲戌	乙亥	乙亥	癸酉	壬午	壬申	辛未	己卯	丁丑	丙子
	丁丑	丙子	乙亥	丙子	癸未	甲戌	癸未	戊午	庚辰	庚辰	己卯	丁丑
	己卯	丁丑	丙子	甲申	甲申	壬午	甲申	辛巳	辛巳	辛巳	庚辰	己卯
	丁亥	丙戌	丁丑	乙酉	乙酉	癸未	乙酉	壬午	壬午	壬午	辛巳	庚辰
	己丑	丁亥	乙酉	丙戌	丙戌	甲申	癸巳	癸未	癸未	庚寅	己丑	己丑
	庚寅	己丑	丙戌	丁亥	乙未	乙酉	甲午	甲申	辛卯	辛卯	庚寅	庚寅
	辛卯	庚寅	丁亥	戊子	丙申	甲午	乙未	壬辰	壬辰	壬辰	辛卯	辛卯
	己亥	己亥	己丑	丙申	戊戌	乙未	乙巳	癸巳	癸巳	癸巳	壬辰	庚子
	庚子	庚子	丁酉	丁酉	戊申	戊戌	戊申	甲午	癸卯	壬寅	辛丑	辛丑
	辛丑	庚戌	己亥	戊戌	癸亥	戊申	戊午	甲辰	戊午	癸卯	壬寅	丙辰
	辛亥		己酉	戊申		戊午		戊申			丁巳	

	正	二	三	四	五	六	七	八	九	十	十一	十二
大會	甲戌	乙酉			丙午		丁巳	庚辰	辛卯		壬子	癸亥
小會		己卯	戊辰	己巳	戊午				己酉	戊戌	己亥	戊子
行狼			甲申	乙未						庚寅	辛丑	
了戾			丙申	丁未						壬寅	癸丑	
孤辰			戊申 庚申 壬申	己未 辛未 癸未						甲寅 丙寅 戊寅	乙丑 丁丑 己丑	
單陰			戊辰									

純陽				己巳								
孤陽										戊戌		
純陰										己亥		
歲薄				丙午 戊午						壬子 戊子		
逐陣						丙午 戊午						壬子 戊子
陰陽交破				癸亥						丁巳		
陰陽擊衝					壬子						丙午	
陽破陰衝						癸丑						丁未
陰位			庚辰						甲戌			
陰道衝陽		己酉						己卯				
三陰	辛酉						乙卯					
陽錯	甲寅	乙卯	甲辰	丁巳 己巳		丁未 己未	庚申	辛酉	庚戌	癸亥		癸丑
陰錯	庚戌	辛酉	庚申	丁未 己未		丁巳 己巳	甲辰	乙卯	甲寅	癸丑		癸亥
陰陽俱錯					丙午							壬子
絕陰				戊辰				乙卯				
絕陽											戊戌	

제3장. 일신입성(日神立成)

1. 일신취일정간지자(日神取一定干支者)

天恩	甲子	乙丑	丙寅	丁卯	戊辰	己卯	庚辰	辛巳
	壬午	癸未	己酉	庚戌	辛亥	壬子	癸丑	
五合	寅卯							
除神五離	辛酉							
鳴吠	甲午	丙午	庚午	壬午	甲申	丙申	庚申	壬申
	乙酉	丁酉	己酉	辛酉	癸酉			
鳴吠對	丙子	庚子	壬子	甲寅	丙寅	庚寅	壬寅	乙卯
	丁卯	辛卯	癸卯					
寶日	丁丑	丙戌	甲午	庚子	壬寅	癸卯	乙巳	丁未
	戊申	己酉	辛亥	丙辰				
義日	甲子	丙寅	丁卯	己巳	辛未	壬申	癸酉	乙亥
	庚辰	辛丑	庚戌	戊午				
制日	乙丑	甲戌	壬午	戊子	庚寅	辛卯	癸巳	乙未
	丙申	丁酉	己亥	甲辰				
專日	戊辰	己丑	戊戌	丙午	壬子	甲寅	乙卯	丁巳
	己未	庚申	辛酉	癸亥				
伐日	庚午	丙子	戊寅	己卯	辛巳	癸未	甲申	乙酉
	丁亥	壬辰	癸丑	壬戌				
八專	甲寅	丁未	己未	庚申	癸丑			
觸水龍	丙子	癸未	癸丑					
無祿	甲辰	乙巳	丙申	丁亥	戊戌	己丑	庚辰	辛巳
	壬申	癸亥						
重日	己亥							

2. 일신안년취간지자(日神按年取干支者)

上 朔	甲年癸亥	乙年己巳	丙年乙亥
	丁年辛巳	戊年丁巳	己年癸巳
	庚年己亥	辛年乙巳	壬年辛亥
	癸年丁巳		

3. 일신안월취일수자(日神按月取日數者)

長 星	正月 七日	二月 四日	三月 一日	四月 九日
	五月 十五日	六月 十日	七月 八日	八月 二日, 五日
	九月 三日, 四日	十月 一日	十一月 十二日	十二月 九日
短 星	正月 二十一日	二月 十九日	三月 十六日	四月 二十五日
	五月 二十五日	六月 二十日	七月 二十二日	八月 十八, 十九日
	九月 十六, 十七日	十月 一日	十一月 二十二日	十二月 二十五日

4. 일신안월삭취일수자(日神按月朔取日數者)

反 支	子丑朔六日	寅卯朔五日	辰巳朔四日
	午未朔三日	申酉朔二日	戌亥朔一日

5. 일신안절기취일수자(日神按節氣取日數者)

四離	冬至 夏至 春分 秋分 各 前 一日
四絶	立春 立夏 立秋 立冬 各 前 一日

氣往亡	立春後　七日	驚蟄後　十四日	清明後　二十一日
	立夏後　八日	芒種後　十六日	小暑後　二十四日
	立秋後　九日	白露後　十八日	寒露後　二十七日
	立冬後　十日	大雪後　二十日	小雪後　三十日

第二部　用事宜忌

欽定四庫全書 協紀辨方書

제4장. 시신입성(時神立成)

1. 시신종일간기자(時神從日干起者)

日干	甲	乙	丙	丁	戊	己	庚	辛	壬	癸
日祿	寅	卯	巳	午	巳	午	申	酉	亥	子
天乙貴人	未丑	申自	酉亥	亥酉	丑未	子申	丑未	寅午	卯巳	巳卯
喜神	寅	戌	申	午	辰	寅	戌	申	午	辰
天官貴人	酉	申	子	亥	卯	寅	午	巳	未丑	辰戌
福星貴人	寅	丑亥	子戌	酉	申	未	午	巳	辰	卯
五不遇時	午	巳	辰	卯	寅	丑亥	子戌	酉	申	未
路空	辛酉	午未	辰巳	寅卯	子丑戌亥	辛酉	午未	辰巳	寅卯	子戌丑亥

2. 시신종일지기자(時神從日支起者)

日支	子	丑	寅	卯	辰	巳	午	未	申	酉	戌	亥
日建	子	丑	寅	卯	辰	巳	午	未	申	酉	戌	亥
日合	丑	子	亥	戌	酉	申	未	午	巳	辰	卯	寅
日馬	寅	亥	申	巳	寅	亥	申	巳	寅	亥	申	巳
日破	午	未	申	酉	戌	亥	子	丑	寅	卯	辰	巳
日害	未	午	巳	辰	卯	寅	丑	子	亥	戌	酉	申
日刑	卯	戌	巳	子	辰	申	午	丑	寅	酉	未	亥
青龍	申	戌	子	寅	辰	午	申	戌	子	寅	辰	午
明堂	酉	亥	丑	卯	巳	未	酉	亥	丑	卯	巳	未
天刑	戌	子	寅	辰	午	申	戌	子	寅	辰	午	申

朱雀	亥	丑	卯	巳	未	酉	亥	丑	卯	巳	未	酉
金匱	子	寅	辰	午	申	戌	子	寅	辰	午	申	戌
寶光	丑	卯	巳	未	酉	亥	丑	卯	巳	未	酉	亥
白虎	寅	辰	午	申	戌	子	寅	辰	午	申	戌	子
玉堂	卯	巳	未	酉	亥	丑	卯	巳	未	酉	亥	丑
天牢	辰	午	申	戌	子	寅	辰	午	申	戌	子	寅
玄武	巳	未	酉	亥	丑	卯	巳	未	酉	亥	丑	卯
司名	午	申	戌	子	寅	辰	午	申	戌	子	寅	辰
勾陳	未	酉	亥	丑	卯	巳	未	酉	亥	丑	卯	丑

3. 시신수월장자(時神隨月將者)

	雨水	春分	穀雨	小滿	夏至	大暑	立秋	秋分	霜降	小雪	冬至	大寒
四大吉時	甲丙庚壬	艮巽坤乾	癸乙丁辛	甲丙庚壬	艮巽坤乾	癸乙丁辛	甲丙庚壬	艮巽坤乾	癸乙丁辛	甲丙庚壬	艮巽坤乾	癸乙丁辛

4. 시신수월장급일간지자(時神隨月將及日干支者)

貴登天門時	雨水	春分	穀雨	小滿	夏至	大暑	處暑	秋分	霜降	小雪	冬至	大寒
甲日 旦 夕	卯 酉						酉	申 寅	未 丑	午 子	巳 亥	辰 戌
乙日 旦 夕	戌	酉			戌	酉	申	未 卯	午 寅	巳 丑	辰 子	卯 亥
丙日 旦 夕	亥	戌		戌	酉	申	未	午	巳 卯	辰 寅	丑	子
丁日 旦 夕	丑	子	酉 亥	申	未	午	巳	辰	卯		卯	寅
戊庚日 旦 夕	酉 卯	申 寅	未 丑	午 戌	巳 亥	辰 戌	卯 酉					
己日 旦 夕	寅	酉 丑	申 子	未 亥	午 戌	巳	辰	卯				卯

欽定四庫全書　協紀辨方書

	雨水	春分	穀雨	小滿	夏至	大暑	處暑	秋分	霜降	小雪	冬至	大寒
辛日 旦/夕	申	未 卯	午 寅	巳 丑	辰 子	卯 亥	戌	酉				
壬日 旦/夕	未	午	巳	辰 寅	卯 丑	寅 子	亥	戌	酉			申
癸日 旦/夕	巳	辰	卯	寅	 寅	 丑	 子		酉 亥	申 戌	未 酉	午 甲

九丑	雨水	春分	穀雨	小滿	夏至	大暑	處暑	秋分	霜降	小雪	冬至	大寒
戊子日	子	亥	戌	酉	申	未	午	巳	辰	卯	寅	丑
戊午日	午	巳	辰	卯	寅	丑	子	亥	戌	酉	申	未
壬子日	子	亥	戌	酉	申	未	午	巳	辰	卯	寅	丑
壬午日	午	巳	辰	卯	寅	丑	子	亥	戌	酉	申	未
乙卯日	酉	申	未	午	巳	辰	卯	寅	丑	子	亥	戌
己卯日	酉	申	未	午	巳	辰	卯	寅	丑	子	亥	戌
辛卯日	酉	申	未	午	巳	辰	卯	寅	丑	子	亥	戌
乙酉日	卯	寅	丑	子	亥	戌	酉	申	未	午	巳	辰
己酉日	卯	寅	丑	子	亥	戌	酉	申	未	午	巳	辰
辛酉日	卯	寅	丑	子	亥	戌	酉	申	未	午	巳	辰

5. 시신수일육순자(時神隨日六旬子)

旬空	甲子旬	戌 亥	甲戌旬	申 酉	甲申旬	午 未
	甲午旬	辰 巳	甲辰旬	寅 卯	甲寅旬	子 丑

欽定 四庫全書

協紀辨方書
卷 10

의기宜忌

제1장. 주요 길신지의(吉神之宜)

1. 의기(宜忌)

《역전(易傳)》에 이르기를, "효단(爻彖)은 만물의 정(情)으로 길흉을 말한다." 하였다. 그 정(情)의 변화에서 나타난 신살로 뜻과 의기를 앎이다. 그에 정(情)이 있다는 것은 곧 그에 힘이 있다는 것이고, 힘이 있다면 상승(相勝)함이 있다는 것이니 그 정을 따르므로 변화하는 것이라 하였다(爻象以情言 吉凶 以情遷神煞之有宜忌情也 有其情卽有其力 力有相勝 則其情隨之而變矣).

구력(舊曆)에 의기(宜忌)는 신살(神煞)의 명의(名義)와 많은 것이 불합(不合)한다. 또 뭇 길신(吉神)은 일의 마땅한 바(所宜之事)를 주재한다고 하지만, 일단 흉살(凶煞)을 만나면 경중(輕重)을 논하지도 않고 다 꺼리는 것으로 하니 더욱 마땅치 못한 것이다.

이제 그 정(情)의 애오(愛惡)와 그 힘(力)의 대소(大小) 분합(分合)을 상고(詳考)하고 정정(訂正)한 연후에 추피(趨避)에 마땅한 바를 취사득의(取捨得宜)케 하여 전민(前民)*의 이용(利用)뿐만 아니라 부양억음(扶陽抑陰)의 의도(意圖)로서 의기(宜忌)를 작(作)하는 바이다.

*전민(前民) ; 시장에 가게를 차려놓고 장사로 생업을 삼는 백성.
 전민(廛民).

2. 천덕(天德)·월덕(月德)·천덕합·월덕합

宜 ➡ 수치제사(修治祭祀), 기복(祈福), 구사(求嗣), 상책진표
장(上冊進表章 ; 상책수봉과 상표장은 同), 반조(頒詔), 담
은(覃恩), 사사(肆赦), 시은봉배(施恩封拜 ; 襲爵受封과 同),
조명공경(詔命公卿), 초현(招賢), 거정직(擧正直), 시은혜
(施恩惠), 휼고경(恤孤惸), 의정사(宜政事), 행혜애(行惠愛),
설원왕(雪冤枉), 완형옥(緩刑獄), 경사(慶賜), 상하(賞賀),
연회(宴會), 행행(行幸), 견사(遣使), 안무변경(按撫邊境),
선장훈병(選將訓兵), 출사(出師), 상관부임(上官赴任), 임
정친민(臨政親民), 결혼인(結婚姻), 납채문명(納采問名),
가취(嫁娶), 반이(搬移), 해제(解除), 구의료병(求醫療病),
재제(裁製), 영건궁실(營建宮室), 선성곽(繕城郭), 흥조동
토(興造動土), 수주상량(竪柱上梁), 수창고(修倉庫), 재종
(栽種), 목양(牧養), 납축(納畜), 안장(安葬).

忌 ➡ 전렵(畋獵), 취어(取魚).

안찰하면 ; 천덕(天德), 월덕(月德)은 바로 월건(月建) 삼합
(三合)의 왕기(旺氣)이다.
천덕합(天德合), 월덕합(月德合)은 왕기(旺氣)가 오합(五合)
을 한 것이니 다 상길(上吉)한 날이므로 의응(宜應)이 이러하

다. 전렵(畋獵)과 취어(取魚)만 꺼리는 것은 생기(生氣)가 손상될까 두렵기 때문이다. 구본(舊本)에는 천덕이 흥토공사(興土工事)에만 마땅하다 하여 궁실경영(宮室經營)과 성곽(城郭)을 보수하는 데 그쳤다. 월덕(月德)까지 함께 이르면 연락(宴樂)에까지 더욱 상길(上吉)이 된다.

천덕합(天德合)은 제사(祭祀), 기복(祈福), 담은(覃恩), 사사(赦肆), 완형옥(緩刑獄), 선장훈병(選將訓兵)에 마땅하고, 월덕(月德)과 합병하면 상책진표장(上冊進表章), 영건궁실(營建宮室)에 마땅하고, 명의(名義)에는 불합(不合)한다.

《명원(明原)》을 인용한 《오행론(五行論)》에 이르기를, "월덕합일(月德合日)은 백복(百福)을 병집(並集)한다." 하나 천덕(天德), 월덕(月德), 이덕(二德)과 천덕합(天德合)에는 미치지 못한다 하니 그 대의(大意)만을 대략 들고 말한 것이며, 의례(義例)에 있는 말은 아니다.

대저 왕자(王者)는 사신행정(事神行政)에 경상형위(慶賞刑威)를 직분에 따라 부여하고(與夫分職), 설관(設官)하여 도성(都城) 구획을 다스림에서는(體國經野) 궁실성곽(宮室城郭)을 튼튼히 하여 의복거처(衣服居處) 등에서 이른바 실가(室家)의 안전을 도모하여야 여러 종류의 복(錫兆庶之福)을 기대할 수 있는 것이다. 선택(選擇)의 본체는 천심이 아닌 게 없기 때문에 시령(時令)으로 행하게 된다(無非體天心而行時令). 그러므로 기례(起例)를 따라서 마땅치 못한 것은 멀리하여야 서명(庶名)과 일(事)에서 공정 타당하게 된다.

3. 월공(月空)

宜 ➡ 상표장(上表章).

《의례(義例)》를 보라.

4. 천은(天恩)

宜 ➡ 담은(覃恩), 사사(肆赦), 시은혜(施恩惠), 휼고경(恤孤惸), 포정사(布政事), 행혜애(行惠愛), 설원왕(雪冤枉), 완형옥(緩刑獄), 경사(慶賜), 상하(賞賀), 연회(宴會).

역마(驛馬), 천마(天馬), 건일(建日)과 병행하면 반소(頒詔), 정사(政事)에 마땅하다. 이는 수조(修造) 길신(吉辰)과 병행하면 흥작(興作) 공사(工事)에 더욱 길하다.

안찰하면 ; 구본(舊本)에 천은(天恩)은 상길일(上吉日)이라 하였으나, 담은(覃恩)과 경상(慶賞) 등사에 그치는 것이다. 대개 그 날은 모든 월령(月令)을 참여시키지 아니하였고, 천덕(天德), 월덕(月德), 천덕합(天德合), 월덕합(月德合) 등에서도 관계가 없고 일정한 간지(干支)로만 되었기 때문에 그 역량도 경미하다.

5. 천사(天赦)

宜 ➡ 제사(祭祀), 기복(祈福), 구사(求嗣), 상책진표장(上冊進

表章), 반소(頒詔), 담은(覃恩), 사사(肆赦), 시은(施恩), 봉배(封拜), 조명공경(詔命公卿), 초현(招賢), 거정직(擧正直), 시은혜(施恩惠), 휼고경(恤孤惸), 정사(宜政事), 행혜애(行惠愛), 설원왕(雪冤枉), 완형옥(緩刑獄), 경사(慶賜), 상하(賞賀), 연회(宴會), 행행(行幸), 견사(遣使), 안무변경(按撫邊境), 선장훈병(選將訓兵), 상관부임(上官赴任), 임정친민(臨政親民), 결혼인(結婚姻), 납채문명(納采問名), 가취(嫁娶), 반이(搬移), 해제(解除), 구의료병(求醫療病), 재제(裁製), 영건궁실(營建宮室), 선성곽(繕城郭), 흥조동토(興造動土), 수주상량(竪柱上樑), 수창고(修倉庫), 재종(栽種), 목양(牧養), 납축(納畜), 안장(安葬).

忌 ➡ 전렵(畋獵), 취어(取魚).

안찰하면 ; 천사는 천지합덕(天地合德)이며, 사시(四時)의 왕신(旺辰)이므로 그 역량이 심히 크다. 그러므로 천(天)·월(月) 이덕(二德)과 동급(同級)이다. 구본(舊本)에 담은(覃恩), 사사(肆赦), 완형옥(緩刑獄) 등에만 마땅한 것으로 되어 있으며, 출사(出師), 전렵(畋獵), 취어(取魚)에는 꺼리는 것으로 되어 있다.

6. 모창(母倉)

宜 ➡ 납재(納財), 재종(栽種), 목양(牧養), 납축(納畜).

월은(月恩), 사상(四相), 개일(開日)과 병용하면 창고수리

(倉庫受理)에도 마땅하다 하였다.

안찰하면 ; 구본(舊本)에 모창(母倉)은 상길일(上吉日)이지만, 납재(納財), 재종(栽種), 목양(牧養), 납축(納畜)에만 마땅하다 하였는데, 그 날은 사시(四時)의 휴기(休氣)에 매여 있기 때문이다.

모창은 춘월(春月), 해일(亥日)이 길하고, 자일(子日)은 다음(次之)이며, 하월(夏月)은 인일(寅日)이 길하고 묘일(卯日)은 다음이며, 동월(冬月)은 신일(申日)이 길하고 유일(酉日)은 다음이다. 대개 해(亥) 인(寅) 신(申)은 영성(令星)의 장생(長生)이며, 자(子) 묘(卯) 유(酉)는 영성(令星)의 패지(敗地)이기 때문이다. 추월(秋月)의 진술축미일(辰戌丑未日)과 토왕후(土旺後)의 사오일(巳午日)은 쇠(衰) 왕(旺)이 각각 다르므로 분변하기가 불가하다.

7. 천원(天願)

宜 ➡ 제사(祭祀), 기복(祈福), 구사(求嗣), 상책진표장(上冊進表章), 반조(頒詔), 담은(覃恩), 사사(肆赦), 시은봉배(施恩封拜), 조명공경(詔命公卿), 초현(招賢), 거정직(擧正直), 시은혜(施恩惠), 휼고경(恤孤惸), 정사(政事), 행혜애(行惠愛), 설원왕(雪冤枉), 완형옥(緩刑獄), 경사(慶賜), 상하(賞賀), 연회(宴會), 행행(行幸), 견사(遣使), 안무변경(按撫邊境), 선장훈병(選將訓兵), 상관부임(上官赴任), 임정친민(臨政親民), 결혼인(結婚姻), 납채문명(納采問名), 가취(嫁娶), 반

이(搬移), 해제(解除), 구의료병(求醫療病), 재제(裁製), 영건궁실(營建宮室), 선성곽(繕城郭), 흥조동토(興造動土), 수주상량(竪柱上樑), 수창고(修倉庫), 경락(經絡), 온양(醞釀), 개시(開市), 입권(立券), 교역(交易), 재종(栽種), 목양(牧養), 납축(納畜), 안장(安葬).

안찰하면 ; 천원(天願)은 태양에 영성(令星)을 가한 것이니 최대로 길하여 이덕(二德)과 동급이다. 이날 출사(出師)에 불용하는 것은 병음상(兵陰象)이기 때문이다. 병길(兵吉)은 태양(太陽) 후(後) 사신(四辰)이므로 태양일(太陽日)을 사용하지 않는다. 이날이 장사(葬事)에 마땅한 것은 태양일(太陽日)을 전취(專取)하였기 때문이다. 해제(解除)와 요병(療病)에도 불용하는 것은 요해(療解)는 취합하지 않는 것이기 때문이다. 어찌 이덕(二德)의 합은 취하는가? 저것은 바로 덕(德)의 합기(合氣)이지 양상(兩相)의 합(合)이 아니기 때문이다.

이덕(二德)은 바로 삼합(三合)의 전기(全氣)이므로 천간(天干)에서 발(發)하지만, 덕합(德合)은 그 기(氣)를 합하는 것이며, 천사(天赦), 천원(天願)은 간지(干支)를 모두 합한다는 뜻을 취한 것이다. 그 기(氣)는 순수하므로 역대(力大)하여 일(日)에서는 최길(最吉)하므로 능히 여러 흉살(凶殺)을 해소시킨다. 그러므로 특별히 표지(表之)한 것이다.

8. 월은(月恩) · 사상(四相) · 시덕(時德)

宜 ➡ 제사(祭祀), 기복(祈福), 구사(求嗣), 시은봉배(施恩封

拜), 거정직(擧正直), 경사(慶賜), 상하(賞賀), 연회(宴會), 행행(行幸), 견사(遣使), 상관부임(上官赴任), 임정친민(臨政親民), 결혼인(結婚姻), 납채문명(納采問名), 반이(搬移), 해제(解除), 구의료병(求醫療病), 재제(裁製), 영건궁실(營建宮室), 선성곽(繕城郭), 흥조동토(興造動土), 수주상량(竪柱上樑), 개창고(開倉庫), 납저(納財), 출화재(出貨財), 재종(栽種), 목양(牧養).

역마(驛馬), 천마(天馬)와 병용하면 조명공경(詔命公卿), 초현(招賢)에도 마땅하다 하였다.

안찰하면 ; 월은(月恩), 사상(四相), 시덕(時德)은 다 월건(月建)의 소생일(所生日)이기 때문에 의응(宜應)한다고 하였다.

월은(月恩)은 제사(祭祀), 상관부임(上官赴任), 결혼인(結婚姻), 반이(搬移), 수조동토(修造動土), 납재(納財)에 마땅하다 하고, 사상(四相)은 행행(行幸), 견사(遣使), 반이(搬移), 선성곽(繕城郭), 수조동토(修造動土), 재종(栽種), 목양(牧養)에 마땅하며,

시덕(時德)은 시은봉배(施恩封拜), 경사(慶賜), 상하(賞賀), 연회(宴會)에 마땅하다 하였으나, 그 뜻으로는 불륜(不倫)이다. 지금 살펴보니 월건(月建)의 소생(所生)은 상기(相氣)이므로 그 길함이 모창(母倉)보다도 크다. 아생자(我生者) 자손이니 그 길함도 복덕(福德)으로 나타냈다. 그 회통(會通)을 보아도 그 의례(義例)를 추측할 수 있는 것이다.

9. 양덕(陽德)·음덕(陰德)

宜 ➡ 시은혜(施恩惠), 휼고경(恤孤惸), 행혜애(行惠愛), 설원왕(雪冤枉), 완형옥(緩刑獄).

안찰하면 ; 양덕 음덕은 건곤(乾坤), 납갑(納甲)으로 천지생성지의(天地生成之義)에서 취하여 월(月)에 효의(爻義)를 배속한 것이므로 심히 간절한 것은 아니다.

구본(舊本)에 양덕(陽德)은 결혼인(結婚姻), 개시(開市), 교역(交易)에 마땅하고, 음덕(陰德)은 거정직(擧正直), 행혜애(行惠愛), 설원왕(雪冤枉), 완형옥(緩刑獄)에 마땅하다 하였는데, 역시 의례(義例)에는 없는 것이다. 지금 보면 천지(天地)에서 가장 큰 대덕(大德)은 만물의 생성(生成)이니, 시은(施恩), 행혜애(行惠愛) 등사가 명칭과 맞는 것이다.

10. 왕일(王日)

宜 ➡ 반조(頒詔), 담은(覃恩), 사사(肆赦), 시은봉배(施恩封拜), 소명공경(召命公卿), 초현(招賢), 거정직(擧正直), 시은혜(施恩惠), 휼고경(恤孤惸), 의정사(宜政事), 행혜애(行惠愛), 설원왕(雪冤枉), 완형옥(緩刑獄), 경사(慶賜), 상하(賞賀), 연회(宴會), 행행(行幸), 견사(遣使), 안무변경(按撫邊境), 선장훈병(選將訓兵), 상관부임(上官赴任), 임정친민(臨政親民), 재제(裁制).

11. 관일(官日)·수일(守日)·상일(相日)

宜 ➡ 습작수봉(襲爵受封), 상관부임(上官赴任), 임정친민(臨政親民).

수일(守日)은 안무변경(按撫邊境)에 마땅하다.

12. 민일(民日)

宜 ➡ 연회(宴會), 결혼인(結婚姻), 납채문명(納采問名), 진인구(進人口), 반이(搬移), 개시(開市), 입권(立券), 교역(交易), 납재(納財), 재종(栽種), 목양(牧養), 납축(納畜).

안찰하면 ; 《단경(壇經)》에 이르기를 ; 이상의 5일은 명장(命將), 등단(登壇), 배작(拜爵), 상관(上官)에 길일이다. 《통서(通書)》에 시은(施恩), 봉배(封拜), 상관부임(上官赴任), 임정친민(臨政親民)에 마땅하다 하였다. 지금 추측건대 이상 5일의 의(宜), 응(應)이 각기 다르다.

왕일(王日)은 임관지신(臨官之辰)이니 길(吉)함이 월건(月建)보다 크다 한 것은 사시(四時)의 수위(首位)에 거(居)하므로 길함이 천은(天恩)에서 감소되지 않으므로 의응(宜應)이 그렇다 하였다. 출사(出師)에서 불용(不用)인 것은 나의 욕구가 아니기 때문이고, 관일(官日)·수일(守日)·상일(相日)은 구설(舊說)이 가하다.

13. 삼합(三合)

宜 ➡ 경사(慶賜), 상하(賞賀), 연회(宴會), 결혼인(結婚姻), 납채문명(納采問名), 가취(嫁娶), 진인구(進人口), 재제(裁製), 수궁실(修宮室), 선성곽(繕城郭), 흥조동토(興造動土), 수주상량(竪柱上樑), 수창고(修倉庫), 경락(經絡), 온양(醞釀), 입권(立券), 교역(交易), 납재(納財), 안확애(安碓磑), 납축(納畜).

또한, 진술축미(辰戌丑未)일은 삼합(三合)의 묘고(墓庫)이니 마땅한 바가 전과 같고, 인신사해(寅申巳亥)일은 삼합의 장생지(長生地)이니 마땅한 바가 모창(母倉)과 같으며, 자오묘유(子午卯酉)일은 삼합의 제왕지(帝旺地)이므로 왕일(王日)과 같다.

안찰하면 ; 일(日)의 길함은 삼합(三合)보다 더한 것이 없는 것은, 천(天) 월(月) 이덕(二德)이 모두 삼합을 좇아서 취의(取義)하였고, 성(成) 정(定)이 길한 것도 역시 삼합을 연유로 소생하였기 때문이다. 삼합은 다 길하지만 대소(大小)의 다름은 있다. 건(建)이 국(局)의 시작이고, 정(定)이 국중(局中)이며, 성(成)이 국(局)의 종(終)이므로 삼합은 건(建)을 취하는 것이니, 삼합은 이틀(二日)만 있는 것에 그친다.

건(建)이 사생일(四生日)에 있는 것은 삼합에서 하나는 왕(旺)이고 하나는 묘(墓)가 된다.

건(建)이 사왕일(四旺日)에 있으면 삼합(三合)에서는 하나는 묘(墓)가 되고 하나는 생(生)이 된다.

건(建)이 사묘(四墓)에 있으면 삼합(三合)에서는 하나는 생(生)이고, 하나는 왕(旺)이 된다. 그에서 묘(墓)일이 된 것은 삼합을 취했을 때 길함이 족하고(吉足), 그에서 생왕일(生旺日)이 된 것은 토왕의 길함(土旺之吉)과 함께 취하는 것이 마땅하다. 그러므로 구역별로 다르다 한 것이다. 또 삼합은 곧 성(成) 정(定)일이기 때문에 취의(取義)에서 각기 다른 바가 있다. 그러므로 분속(分屬)한 각 조(條) 아래의 뜻이 겸취(兼取)이면 병견(竝見)하여도 불혐(不嫌)이다.

14. 임일(臨日)

宜 ➡ 상책진표장((上冊進表章), 상관부임(上官赴任), 임정친민(臨政親民), 진사송(陳詞訟)
《의례(義例)》를 보라.

15. 역마(驛馬 ; 천후天后)

宜 ➡ 행행(行幸), 견사(遣使), 반이(搬移).

천은(天恩)과 병행하면 반조(頒詔), 정사(政事)에 마땅하고, 월은(月恩), 사상(四相), 시덕(時德)과 병행하면 조명공경(詔命公卿), 초현(招賢)에 좋고, 또 천후(天后)를 병행하면 구의료병(求醫療病)에 마땅하다.

안찰하면 ; 역마(驛馬)나 천마(天馬)는 다 먼 여행(行遠)에서 취하는 것들이다. 구본(舊本)에 역마(驛馬)는 봉배관작(封拜官爵), 조명공경(詔命公卿), 출행(出行), 이사(移徙), 부임(赴任)에 마땅하고, 천마(天馬)는 반조(頒詔), 봉배(封拜), 초현(招賢)에 마땅하나, 정사(政事), 원행(遠行), 출정(出征)에는 그 뜻을 잃은 것이라 하였다.

이제 그 뜻을 확실하게 하고자 하니, 이날은 행행(行幸), 견사(遣使), 반이(搬移)에 마땅하나, 이에 담은길일(覃恩吉日)과 병행하였을 때는 반조(頒詔), 봉배(封拜), 조명공경(詔命公卿), 초현(招賢), 정사(政事), 서위윤협(庶爲允協), 천후견의례(天后見義例) 등 제반사에 길하다.

16. 천마(天馬)

宜 ➡ 행행(行幸), 견사(遣使), 반이(搬移).

천은(天恩)과 아우르면 반조(頒詔), 정사(政事)에 마땅하고, 월은(月恩), 사상(四相), 시덕(時德)과 함께하면 조명공경(詔命公卿), 초현(招賢)에 마땅하다.

17. 건일(建日 ; 병복兵福)

宜 ➡ 시은봉배(施恩封拜), 조명공경(詔命公卿), 초현(招賢), 거정직(擧正直), 행행(行幸), 견사(遣使), 상관부임(上官赴任), 임정친민(臨政親民).

천은(天恩)과 병행하였을 때는 반조(頒詔), 정사(政事)에 길하다.

안찰하면 ; 건일(建日)은 왕관(王官)과 같은 뜻인데, 구본(舊本)에 시은봉배(施恩封拜), 출행(出行)이 마땅한 바에 그친다고 하였다. 거정직의 봉배(擧正直之 封拜)와 견사의 행행(遣使之行幸)은 일이 같은 일례(一例)이므로 붙여놓았다. 조명공경(詔命公卿), 초현(招賢), 반조(頒詔)는 정사(政事)에 마땅하다는 뜻임을 역마(驛馬)에서 보였다. 위에서 베풀면 아래서 받는(上施下受)것이므로 상관부임(上官赴任), 임정친민(臨政親民)은 함께 마땅한 것들이다. 병복(兵福)은 《의례(義例)》를 보기 바란다.

18. 제일(除日 ; 길기吉期**, 병보**兵寶**)**

宜 ➡ 해제(解除), 목욕(沐浴), 정용(整容), 삭두(削頭), 정수족갑(整手足甲), 구의료병(求醫療病), 소사우(掃舍宇).

또한 길기(吉期)이기도 하니 시은봉배(施恩封拜), 거정직(擧正直), 행행(行幸), 견사(遣使), 상관부임(上官赴任), 임정친민(臨政親民)에도 마땅하다.

이날이 시월(十月)에 천마(天馬)와 함께하면 조명공경(詔命公卿), 초현(招賢)에 마땅하다(본시 驛馬는 吉期와는 함께할 수 없다).

또 병보(兵寶)이기도 하니 안무변경(按撫邊境), 선장훈병

(選將訓兵), 출사(出師)에 마땅하다

안찰하면 ; 구본(舊本)에 제일(除日)은 해제(解除), 구의료병(求醫療病), 소사우(掃舍宇)에 마땅하다.

19. 만일(滿日 ; 천무天巫, 복덕福德)

宜 ➡ 진인구(進人口), 재제(裁製), 수창고(修倉庫), 경락(經絡), 개시(開市), 입권(立券), 교역(交易), 개창고(開倉庫), 출화재(出貨財), 보원색혈(補垣塞穴).

안찰하면 ; 만(滿)은 풍예지의(豊豫之義)를 취하였으므로 마땅한 일이 이와 같다. 천무(天巫)가 《의례》를 만난(見義例) 것이고, 복덕(福德)의 뜻은 시덕(時德)과 같아서 구체적이고도 세미하다. 상책(上冊), 수사(數事)에 마땅하다. 구본(舊本)에는 연회(宴會)가 없지만 경상(慶賞)과 연회(宴會), 요병(療病)에는 마땅하지 않다.

20. 평일(平日)

宜 ➡ 수식원장(修飾垣墻), 평치도도(平治道塗).

뜻은 여러 평평(平平)함에서 취하였다.

21. 정일(定日 ; 시음時陰)

宜 ➡ 관대(冠帶).

또한 시음(時陰)은 운모(運謨), 산화(算畫), 계책(計策)에 마땅하다.

안찰하면 ; 정일(定日)은 삼합의 중(中)이다. 의(宜) 관대(冠帶)라 한 것은 그 성국(成局)을 취(取)한다는 것이다. 또 그 방(方)의 중(中)을 취하였다면 태양이 서쪽으로 기울지 아니한 것이다. 시음(時陰)은 자손의 화목과 회친우(會親友)에 마땅하다는 것과 뜻에서 불합(不合)이다 그러므로 산거(刪去)한 것이다.

22. 집일(執日)

宜 ➡ 포착(捕捉).

상강(霜降) 후 입춘(立春) 전은 전렵(畋獵)에 마땅하고, 우수(雨水) 후 입하(立夏) 전이면 취어(取魚)에 마땅하다.

의(義)는 제집(諸執)에서 취하였다.

23. 파일(破日)

宜 ➡ 구의료병(求醫療病), 파옥괴원(破屋壞垣).

제파(諸破)는 모두 같은 뜻으로 취하게 된다.

24. 위일(危日)

宜 ➡ 안무변경(按撫邊境), 선장훈병(選將訓兵), 안상(安床).

안찰하면 ; 위일(危日)은 편안함으로 취하였으므로 안상에 좋다 한다. 그러나 위(危)라는 뜻은 안전함이 안무(按撫)나 훈련(訓練)하는 일보다 더 중요할 수는 없다.

25. 성일(成日 ; 천희天喜, 천의天醫)

宜 ➡ 입학(入學), 안무변경(按撫邊境), 반이(搬移), 축제방(築堤防), 개시(開市).

또한 천희(天喜), 시은봉배(施恩封拜), 거정직(擧正直), 경사(慶賜), 상하(賞賀), 연회(宴會), 행행(行幸), 상관부임(上官赴任), 임정친민(臨政親民), 결혼인(結婚姻), 납채문명(納采問名), 가취(嫁娶)에 마땅하다.

5월에 천마(天馬)와 어우르면 조명공경(詔命公卿), 초현(招賢)에 마땅하다.

또 천의(天醫), 구의료병(求醫療病)에 마땅하다.

안찰하면 ; 성(成)은 합국지종(合局之終)이고, 개(開)는 생기(生氣)의 시작이므로 입학(入學)에 마땅하다. 중요한 것은 시작이 있으면 끝이 있어야 한다는 뜻으로 취한 것이다.

26. 수일(收日)

宜 ➡ 진인구(進人口), 납재(納財), 포착(捕捉), 납축(納畜).

상강(霜降) 후 입춘(立春) 전은 전렵(畋獵)에 마땅하고, 우수(雨水) 후 입하(立夏) 전은 취어(取魚)에 마땅하다.

월은(月恩)·사상(四相)·시덕(時德)과 어우르면 수창고(修倉庫)에도 마땅하다.

안찰하면 ; 모든 수일(收日)은 수조(修造)의 뜻은 없다. 그러므로 반드시 월은(月恩)·사상(四相)·시덕(時德)과 병행하였을 때만 창고수리(倉庫修理)가 가능하다. 개일(開日)은 수조(修造)에 길하다 하였으나, 수일(收日)을 득하지 아니하였어도 덕(德)이나 사원(赦願)이 합하면 수창고(修倉庫)에 마땅하다.

27. 개일(開日 ; 시양時陽, 생기生氣)

宜 ➡ 제사(祭祀), 기복(祈福), 구사(求嗣), 상책진표장(上冊進表章), 반조(頒詔), 담은(覃恩), 사사(肆赦), 시은봉배(施恩封拜), 조명공경(詔命公卿), 초현(招賢), 거정직(擧正直), 시은혜(施恩惠), 휼고경(恤孤惸), 정사(政事), 행혜애(行惠愛), 설원왕(雪冤枉), 완형옥(緩刑獄), 경사(慶賜), 상하(賞賀), 연회(宴會), 입학(入學), 행행(行幸), 견사(遣使), 상관부임(上官赴任), 임정친민(臨政親民), 반이(搬移), 해제(解除), 구의료병(求醫療病), 재제(裁製), 수궁실(修宮室), 선성곽(繕城郭), 흥조동토(興造動土), 수주상량(豎柱上梁), 개시(開市), 수치산실(修治産室), 개거천정(開渠穿井), 안확애(安碓磑), 재종(栽種), 목양(牧養).

忌 ➡ 벌목(伐木), 전렵(畋獵), 취어(取魚), 파토(破土), 안장(安葬), 계찬(啓攢).

안찰하면 ; 개일(開日)에서 일양(一陽)이 시생(始生)하므로 시양(時陽)이라 하였고 생기(生氣)라 하였다. 그러므로 최고로 길한 날이다.

28. 폐일(閉日)

宜 ➡ 축제방(築堤防), 보원색혈(補垣塞穴).

29. 병길(兵吉)

宜 ➡ 안무변경(按撫邊境), 선장훈병(選將訓兵), 출사(出仕).

《의례》를 보라.

30. 육합(六合)

宜 ➡ 연회(宴會), 결혼인(結婚姻), 가취(嫁娶), 진인구(進人口), 경락(經絡), 온양(醞釀), 개시(開市), 입권(立券), 교역(交易), 납재(納財), 납축(納畜), 안장(安葬).

만약 월은(月恩) · 사상(四相) · 시덕(時德)과 병행하였을 때는 수창고(修倉庫)도 길하다.

안찰하면 ; 육합의 길(吉)은 삼합에 못지않다.

31. 육의(六儀)

宜 ➡ 임정친민(臨政親民).

《의례》에 설명되어 있다.

32. 오부(五富)

宜 ➡ 경락(經絡), 온양(醞釀), 개시(開市), 입권(立券), 교역(交易), 납재(納財), 개창고(開倉庫), 출화재(出貨財), 재종(栽種), 목양(牧養), 납축(納畜).

월은(月恩)·사상(四相)·시덕(時德)과 병행하였을 때는 수창고(修倉庫)도 길하다.

33. 천창(天倉)

宜 ➡ 진인구(進人口), 납재(納財), 납축(納畜).

월은(月恩)·사상(四相)·시덕(時德)과 병행하였을 때는 수창고(修倉庫)도 길하다.

34. 부장(不將)

宜 ➡ 가취(嫁娶).

35. 요안(要安 ; 경안敬安)

宜 ➡ 안신(安神).

36. 옥우(玉宇)·금당(金堂)

宜 ➡ 수사우(修祠宇).

37. 보호(普護)·복생(福生)·성심(聖心)

宜 ➡ 제사(祭祀), 기복(祈福).

38. 익후(益後)·속세(續世)

宜 ➡ 제사(祭祀), 기복(祈福), 구사(求嗣).

39. 해신(解神)

宜 ➡ 상표장(上表章), 진사송(陳詞訟), 해제(解除), 목욕(沐浴), 정용(整容), 삭두(削頭), 정수족갑(整手足甲), 구의료병(求醫療病).

40. 제신(除神)

宜 ➡ 해제(解除), 목욕(沐浴), 정용(整容), 삭두(削頭), 정수족갑(整手足甲), 구의료병(求醫療病), 소사우(掃舍宇).

제일(除日)과 동일하다.

41. 오합(五合)

宜 ➡ 연회(宴會), 결혼인(結婚姻), 입권(立券), 교역(交易).

《의례》를 보라.

42. 보일(寶日)·의일(義日)·제일(制日)

길신(吉神)과 어우르면 안무변경(按撫邊境), 선장훈병(選將訓兵), 출사(出師)에 마땅하다.

43. 청룡·명당·금궤·보광·옥당·사명

길신(吉神)과 병행하면 마땅하나 흉신(凶神)과 병행되면 꺼릴 수 있다.

안찰하면 ; 육황도(六黃道) 위치에서 득하면 길하여 마땅치 않은 것이 없다 하였다. 구본(舊本)에도 수궁실(修宮室), 선성곽(繕城郭), 결혼인(結婚姻), 진인구(進人口)에 길한 것으로 하였으니, 《의례》에는 없더라도 추리는 가능하다. 지금 선시법(選時法)에서는 제사(諸事)에 다 마땅한 것처럼 되어 있으나, 구체적으로 전길(專吉)한 일을 가려놓은 것이 없다. 육흑도(六黑道) 역시 전기지사(專忌之事)가 없으므로 시례(時例)에 따라 판단하고 있다.

44. 명폐(鳴吠)

宜 ➡ 파토(破土), 안장(安葬).

45. 명폐대(鳴吠對)

宜 ➡ 파토(破土), 계찬(啓攢).

46. 해자일(亥子日)

宜 ➡ 목욕(沐浴)에 길하니 왕수(旺水)를 취한 것이다.

47. 오신일(午申日)

입동(立冬) 후에서 입춘(立春) 전은 벌목(伐木)에 마땅하다. 오(午)는 목(木)의 사지(死地)이고, 신(申)은 목(木)의 절지(絶地)이기 때문이다.

제2장. 주요 흉살지기(凶煞之忌)

1. 월건(月建 ; 소시小時, 토부土府)

忌 ➡ 기복(祈福), 구사(求嗣), 상책진표장(上冊進表章), 결혼인(結婚姻), 납채문명(納采問名), 해제(解除), 정용(整容), 체두(剃頭), 정수족갑(整手足甲), 구의료병(求醫療病), 영건궁실(營建宮室), 수궁실(修宮室), 선성곽(繕城郭), 흥조동토(興造動土), 수주상량(堅柱上樑), 수창고(修倉庫), 개창고(開倉庫), 출화재(出貨財), 수치산실(修治産室), 파옥괴원(破屋壞垣), 벌목(伐木), 재종(栽種), 파토(破土), 안장(安葬), 계찬(啓攢).

토부(土府)는 오로지 영건궁실(營建宮室)과 수궁실(修宮室), 선성곽(繕城郭), 축제방(築堤防), 흥조동토(興造動土), 수창고(修倉庫), 개거천정(開渠穿井), 안확애(安確磑), 보원(補垣), 수식원장(修飾垣墻), 평치도도(平治道塗), 재종(栽種), 파토(破土)에 꺼린(忌)다.

이들은 천덕(天德)·월덕(月德)·천덕합(天德合)·월덕합(月德合)·천사(天赦)·월은(月恩)·사상(四相)과 병행할지라도 꺼리며, 나머지는 불기(不忌)한다.

미월(未月) 기미일(己未日)은 양착(陽錯)이므로 덕(德)이나 덕합(德合)을 작하지 못한다(不作德合論).

　자오월(子午月)이 치월염(置月厭)하고, 진오유해월(辰午酉亥月)이 치월형(置月刑)이면 형염론(刑厭論)을 좇아야 한다.

　2월의 기묘일(己卯日), 3월의 무진일(戊辰日), 4월의 기사일(己巳日), 5월의 무오일(戊午日), 8월의 기유일(己酉日), 9월의 무술일(戊戌日), 10월의 기해일(己亥日), 11월의 무자일(戊子日)은 음양(陰陽) 소회일(小會日)이다.

　3월의 경진일(庚辰日), 9월의 갑술일(甲戌日)은 음위(陰位)이므로 제사개기(諸事皆忌)이니 모든 일에 꺼린다.

　안찰하면 ;《선택종경(選擇宗經)》에 이르기를, "건(建)·파(破)·평(平)·수(收)일은 민속에서 다 꺼리는데, 오직 파(破)일만은 최흉(最凶)하지만 건(建)일은 길다(吉多)이면 가용(可用)한다." 또 이르기를, "월건(月建)은 중신(衆神)의 주(主)이므로 길성(吉星)이 중첩하면 길하고 흉성(凶星)이 중첩하면 흉하다." 하였다.

2. 월파(月破 ; 대모大耗)

 忌 ➡ 기복(祈福), 구사(求嗣), 상책진표장(上冊進表章), 반조(頒詔), 담은(覃恩), 사사(肆赦), 시은봉배(施恩封拜), 조명공경(詔命公卿), 초현(招賢), 거정직(擧正直), 휼고경(恤孤惸), 선포정사(宣布政事), 행혜애(行惠愛), 선장훈병(選將訓兵), 출사(出師), 경사(慶賜), 상하(賞賀), 연회(宴會), 입학(入學), 행행(行幸), 상관부임(上官赴任), 임정친민(臨政

親民), 견사(遣使), 반이(搬移), 안상(安床), 안무변경(按撫邊境), 정용(整容), 체두(剃頭), 정수족갑(整手足甲), 재제(裁製), 수궁실(修宮室), 선성곽(繕城郭), 흥조동토(興造動土), 수주상량(豎柱上梁), 개시(開市), 수치산실(修治産室), 개거천정(開渠穿井), 재종(栽種), 목양(牧養), 안확애(安確磑), 개시(開市), 입권(立券), 교역(交易), 납재(納財), 경락(經絡), 온양(醞釀), 벌목(伐木), 파토(破土), 안장(安葬), 계찬(啓攢).

대모(大耗)는 개시(開市), 입권(立券), 교역(交易), 납재(納財), 개창고(開倉庫), 출화재(出貨財)에 꺼린다. 이들은 천덕(天德)·월덕(月德)·천덕합(天德合)·월덕합(月德合)·천사(天赦)·월은(月恩)·사상(四相)과 병행할지라도 듣지 아니하지만, 오직 그 외의 제사(祭祀), 담은(覃恩), 사사(肆赦), 시은혜(施恩惠), 휼고경(恤孤惸), 행혜애(行惠愛), 설원왕(雪冤枉), 완형옥(緩刑獄), 해제(解除), 입학(入學), 목욕(沐浴), 구의료병(求醫療病), 파옥괴원(破屋壞垣), 포착(捕捉), 전렵(畋獵), 취어(取魚)에서만은 병행하였을 때 불기(不忌)한다.

안찰하면 ; 월파(月破)는 월건(月建)의 충(衝)이니 월건(月建)의 기운(氣運)이 끊기므로 대기(大忌)한다. 이에서도 덕신(德神)이 임하여도 복(福)을 만들 수 없다.

만약 재살(災煞)인데 혹 월형(月刑)까지 겹친다면 흉(凶)이 더욱 극심하고, 재살(災煞)에 월염(月厭)이 겹치면 음기(陰氣)가 더욱 악독하게 된다.

3. 평일(平日 ; 사신死神)

忌 ➡ 기복(祈福), 구사(求嗣), 상책진표장(上冊進表章), 반조(頒詔), 담은(覃恩), 사사(肆赦), 시은봉배(施恩封拜), 조명공경(詔命公卿), 초현(招賢), 거정직(舉正直), 휼고경(恤孤惸), 선포정사(宣布政事), 행혜애(行惠愛), 선장훈병(選將訓兵), 출사(出師), 경사(慶賜), 상하(賞賀), 연회(宴會), 입학(入學), 행행(行幸), 상관부임(上官赴任), 임정친민(臨政親民), 반이(搬移), 안상(安床), 체두(剃頭), 정수족갑(整手足甲), 재제(裁製), 수궁실(修宮室), 선성곽(繕城郭), 흥조동토(興造動土), 수주상량(豎柱上梁), 개시(開市), 수치산실(修治産室), 개거천정(開渠穿井), 재종(栽種), 목양(牧養), 입권(立券), 교역(交易), 납재(納財), 경락(經絡), 온양(醞釀), 벌목(伐木), 파토(破土), 안장(安葬), 계찬(啓攢).

다만 불기(不忌)는 제사(祭祀), 담은(覃恩), 사사(肆赦), 시은혜(施恩惠), 휼고경(恤孤惸), 행혜애(行惠愛), 설원왕(雪冤枉), 완형옥(緩刑獄), 해제(解除), 입학(入學), 목욕(沐浴), 정용(整容), 안확애(安碓磑), 보원색혈(補垣塞穴), 파옥괴원(破屋壞垣), 수식원장(修飾垣墻), 평치도도(平治道塗), 벌목(伐木), 포착(捕捉), 전렵(畋獵), 취어(取魚)에는 꺼리지 아니한다.

또한 사신(死神)은 안무변경(按撫邊境), 선장훈병(選將訓兵), 출사(出師), 진인구(進人口), 해제(解除), 수치산실(修治産室), 재종(栽種), 목양(牧養), 납축(納畜)에 꺼린다.

인신사해(寅申巳亥) 월치(月値) 상일(相日)이면 해월(亥月)에 시덕(時德) 육합(六合)까지이니 단지 안무변경(按撫邊境), 선장훈병(選將訓兵), 출사(出師), 구의료병(求醫療病)을 꺼리는 데 그치고(止忌) 나머지는 불기(不忌)한다.

신월(申月)은 치월해(値月害)라도 천덕(天德)과 월덕(月德)이 합병하면 안무변경(按撫邊境), 선장훈병(選將訓兵), 출사(出師), 구의료병(求醫療病)에만 꺼리고 나머지는 불기(不忌)한다.

안찰하면 ; 평일(平日)은 월건(月建)의 음기(陰氣)가 이미 다 된 곳이므로 흉함이 월파(月破)의 다음 단계이다. 오직 그곳은 기가 다한(氣盡) 곳이므로 해저(解除)에 꺼리는 것이 많을 뿐이다. 구의료병(求醫療病)뿐만 아니라 벌목(伐木)은 불기(不忌)하고 정용(整容), 체두(剃頭), 정수족갑(整手足甲), 안확애(安確磑), 보원색혈(補垣塞穴), 수식원장(修飾垣墻)에도 불기(不忌)한다.

4. 수일(收日)

忌 ➡ 기복(祈福), 구사(求嗣), 상책진표장(上冊上冊進表章), 반조(頒詔), 담은(覃恩), 사사(肆赦), 시은봉배(施恩封拜), 조명공경(詔命公卿), 초현(招賢), 거정직(擧正直), 휼고경(恤孤惸), 선포정사(宣布政事), 행혜애(行惠愛), 선장훈병(選將訓兵), 출사(出師), 경사(慶賜), 상하(賞賀), 연회(宴會), 행행(行幸), 상관부임(上官赴任), 임정친민(臨政親民),

결혼인(結婚姻), 납채문명(納采問名), 가취(嫁娶), 반이(搬移), 안상(安床), 체두(剃頭), 정수족갑(整手足甲), 구의료병(求醫療病), 재제(裁製), 영건궁실(營建宮室), 수궁실(修宮室), 선성곽(繕城郭), 축제방(築堤防), 흥조동토(興造動土), 수주상량(竪柱上梁), 고주(鼓鑄), 경락(經絡), 개시(開市), 수치산실(修治産室), 개거천정(開渠穿井), 재종(栽種), 목양(牧養), 개시(開市), 입권(立券), 교역(交易), 납재(納財), 경락(經絡), 온양(醞釀), 재종(栽種), 벌목(伐木), 파토(破土), 안장(安葬), 계찬(啓攢).

제사(祭祀), 담은(覃恩), 사사(肆赦), 시은혜(施恩惠), 휼고경(恤孤惸), 행혜애(行惠愛), 설원왕(雪冤枉), 완형옥(緩刑獄), 해제(解除), 목욕(沐浴), 구의료병(求醫療病), 파옥괴원(破屋壞垣), 포착(捕捉), 전렵(畋獵), 취어(取魚), 재종(栽種), 목양(牧養), 납축(納畜)에는 불기(不忌)한다.

안찰하면 ; 수일(收日)은 월건(月建)의 양기(陽氣)가 이미 다 된 자리이다. 그러므로 꺼리는 바가 평일(平日)에서와 같다. 다만 불기(不忌)는 진인구(進人口), 수창고(修倉庫), 납재(納財), 납축(納畜)이 수일(收日)에서의 마땅한 바이다.

5. 만일(滿日 ; 천구天狗)

忌 ➡ 시은봉배(施恩封拜), 조명공경(詔命公卿), 초현(招賢), 거정직(擧正直), 상관부임(上官赴任), 임정친민(臨政親民),

결혼인(結婚姻), 납채문명(納采問名), 구의료병(求醫療病).

만약 인신월(寅申月)에서 치수일(值守日)하고, 자오묘유월(子午卯酉月)에서 치상일(值相日)인데, 천덕(天德)·월덕(月德)·천덕합(天德合)·월덕합(月德合)·월은(月恩)·사상(四相)과 병행하면 불기(不忌)한다.

천사(天赦)와 천원(天願)은 만일(滿日)에서 병행하지 않는다.

진술축미(辰戌丑未) 월(月)에서 치재살(值災煞)이면 재살론(災煞論)을 따라야 한다.

사해(巳亥) 월(月)에서 치월염(值月厭)이면 월염론(月厭論)을 따라야 한다.

신월(申月)에서는 만일(滿日)이 천구(天狗)이니, 제사에 꺼리므로(忌祭祀) 덕합(德合)을 병행하여도 구제가 되지 않는다.

안찰하면 ; 만(滿)은 영기(盈氣)이므로 꺼리는 바가 위와 같다. 인신월(寅申月)에서 치수일(值守日)하고 자오묘유월(子午卯酉月)에서 치상일(值相日)인데, 덕합(德合)·월은(月恩)·사상(四相)을 병행하면 왕기(旺氣)를 발하여 덕(德)이 더욱 빛나고 차서 악(惡)을 만들지 못하므로 불기(不忌)라 한 것이다.

진술축미(辰戌丑未) 월(月)에서 치긴일(值民日 ; 然值災煞)이면 재살(災煞)이라도 삼합(三合)이니 무기(無氣)한 신살(神煞)이 되므로 월은(月恩)·사상(四相)과 함께 다시 설기(洩氣)하므로 길함이 부족하게 된다.

자오(子午) 월(月)에서 치월염(值月厭)이면 전(轉)하여 서로 항거(相亢)하여 더욱 흉하게 되므로 위중론(危重論)을 따라야 한다.

구본(舊本)의 상책진표장(上冊進表章)이 그 날의 복덕(福德)과 만나면 병기(並忌)한다고 한 것은 자상모순(自相矛盾 ; 자가당착)이므로 고치는 바이다. 천구(天狗)는 《의례(義例)》를 보라.

6. 폐일(閉日 ; 혈지血支)

忌 ➡ 상책진표장(上冊進表章), 반조(頒詔), 시은봉배(施恩封拜), 조명공경(詔命公卿), 초현(招賢), 거정직(擧正直), 선포정사(宣布政事), 출사(出師), 경사(慶賜), 상하(賞賀), 연회(宴會), 행행(行幸), 견사(遣使), 상관부임(上官赴任), 임정친민(臨政親民), 결혼인(結婚姻), 납채문명(納采問名), 가취(嫁娶), 반이(搬移), 안상(安床), 구의료병(求醫療病), 재제(裁製), 영건궁실(營建宮室), 수궁실(修宮室), 흥조동토(興造動土), 수주상량(豎柱上梁), 개시(開市), 수치산실(修治産室), 출화재(出貨財), 개거천정(開渠穿井).

또한 혈지(血支)는 침자(針刺)에만 전기(專忌)한다.

자오묘유월(子午卯酉月)에 치왕일(値王日), 진술축미월(辰戌丑未月)에서 치관일(値官日)이 천리(天吏)와 천덕(天德)·월덕(月德)·천덕합(天德合)·월덕합(月德合)·천사(天赦)·천원(天願)을 병행하여도 범사(凡事)의 마땅한 바나 꺼리는 바를 완화시키지 못한다.

인신사해월(寅申巳亥月)이 치월살(値月煞)이면 월살론(月煞論)을 따라야 한다.

안찰하면 ; 폐일(閉日)은 본시 흉하지 않은 날이다. 앞에서 취한 여러 단계로 염식(斂息 ; 배워온 지식)한 뜻을 이해하기 바란다. 그러나 염식(斂息)은 바로 천지(天地) 자연 속에서 사용되는 것이므로 자오묘유월(子午卯酉月)의 왕일(王日)과 역시 진술축미월(辰戌丑未月)에서 치천리(値天吏)한 것 등을 길(吉)로 하였다.

7. 겁살(劫煞)

忌 ➡ 기복(祈福), 구사(求嗣), 상책진표장(上冊進表章), 반조(頒詔), 사사(肆赦), 시은봉배(施恩封拜), 조명공경(詔命公卿), 초현(招賢), 거정직(擧正直), 선포정사(宣布政事), 행혜애(行惠愛), 선장훈병(選將訓兵), 출사(出師), 경사(慶賜), 상하(賞賀), 연회(宴會), 행행(行幸), 상관부임(上官赴任), 임정친민(臨政親民), 견사(遣使), 반이(搬移), 안상(安床), 안무변경(按撫邊境), 정용(整容), 체두(剃頭), 정수족갑(整手足甲), 재제(裁製), 수궁실(修宮室), 선성곽(繕城郭), 흥조동토(興造動土), 수주상량(竪柱上梁), 개시(開市), 수치산실(修治産室), 개거천정(開渠穿井), 재종(栽種), 목양(牧養), 안확애(安碓磑), 입권(立券), 교역(交易), 납재(納財), 경락(經絡), 온양(醞釀), 벌목(伐木), 파토(破土), 안장(安葬), 계

찬(啓攢).

다만 제사(祭祀), 담은(覃恩), 사사(肆赦), 시은혜(施恩惠), 휼고경(恤孤惸), 행혜애(行惠愛), 설원왕(雪冤枉), 완형옥(緩刑獄), 입학(入學), 목욕(沐浴), 소사우(掃舍宇), 평치도도(平治道塗), 벌목(伐木), 포착(捕捉), 전렵(畋獵), 취어(取魚)는 불기(不忌)한다.

인신사해월(寅申巳亥月) 치수일(値收日)이면 월령(月令)의 장생(長生)이며, 인신월(寅申月)은 또 치육합(値六合)이니 안무변경(按撫邊境), 선장훈병(選將訓兵), 출사(出師), 구의료병(求醫療病)에 다 꺼리는 것에 그친다.

사해(巳亥) 월(月)도 치월해(値月害)이니 천덕(天德)·월덕(月德)과 어우르더라도 안무변경(按撫邊境), 선장훈병(選將訓兵), 출사(出師), 구의료병(求醫療病)에만 꺼리고 그 밖의 일은 불기한다.

진술축미월(辰戌丑未月)이 치제일(値除日), 상일(相日)이면 천덕(天德)·월덕(月德)·천덕합(天德合)·월덕합(月德合)과 어우르면 안무변경(按撫邊境), 선장훈병(選將訓兵), 출사(出師), 구의료병(求醫療病)에만 꺼리고 그 밖의 것은 불기(不忌)한다.

자오묘유월(子午卯酉月)에서 치집일(値執日)이면 본령(本令)의 진절지(眞絶地)이므로 월덕(月德)·월덕합(月德合)과 어우르더라도 꺼리는 바(所忌者)를 길(吉)로 바꿔주지 못하고 대흉(大凶)하다.

안찰하면 ; 삼살(三煞)은 삼합(三合)의 적대자(敵對者)인데, 겁살(劫煞)은 절지(絶地)이고, 재살(災煞)은 정충(正衝)이며, 월살(月煞)은 소진지(消盡地)이다. 그러므로 기(忌)하며 월파(月破)와 동급이다.

또 해제(解除), 구의료병(求醫療病), 파옥괴원(破屋壞垣)에서 꺼린다는 것은 오직 삼합(三合)이 월건(月建)에서 느슨(緩慢)하기 때문에 월파(月破) 같지 않으므로 해체가 불가하게 된 것이다.

8. 재살(災煞 ; 천화天火)

忌 ➡ 기복(祈福), 구사(求嗣), 상책진표장(上冊進表章), 반조(頒詔), 사사(肆赦), 시은봉배(施恩封拜), 조명공경(詔命公卿), 초현(招賢), 거정직(擧正直), 선포정사(宣布政事), 행혜애(行惠愛), 선장훈병(選將訓兵), 출사(出師), 경사(慶賜), 상하(賞賀), 연회(宴會), 행행(行幸), 상관부임(上官赴任), 임정친민(臨政親民), 견사(遣使), 반이(搬移), 안상(安床), 안무변경(按撫邊境), 정용(整容), 체두(剃頭), 정수족갑(整手足甲), 재제(裁製), 수궁실(修宮室), 선성곽(繕城郭), 흥조동토(興造動土), 수주상량(豎柱上梁), 개시(開市), 수치산실(修治産室), 개거천정(開渠穿井), 재종(栽種), 목양(牧養), 안확애(安碓磑), 입권(立券), 교역(交易), 납재(納財), 경락(經絡), 온양(醞釀), 벌목(伐木), 파토(破土), 안장(安葬), 계찬(啓攢).

다만 제사(祭祀), 담은(覃恩), 사사(肆赦), 시은혜(施恩惠), 휼고경(恤孤惸), 행혜애(行惠愛), 설원왕(雪冤枉), 완형옥(緩刑獄), 입학(入學), 목욕(沐浴), 소사우(掃舍宇), 평치도도(平治道塗), 벌목(伐木), 포착(捕捉), 전렵(畋獵), 취어(取魚)는 불기(不忌)한다.(위 겁살과 같음)

인신사해월(寅申巳亥月)이 치개일(値開日), 진술축미월(辰戌丑未月)이 치만일(値滿日)일 때는 천덕(天德)·천덕합(天德合)·월덕(月德)·월덕합(月德合)과 어우르는데, 천사(天赦)와 천원(天願)만은 득하지 않아야 재살(災煞)과 병합한다.

만약 인신사해월(寅申巳亥月)이 덕신(德神)과 어우르지 않더라도 뭇 소기자(所忌者)들로 마땅한(宜) 바를 만들지 못하고, 뭇 길한 자(宜者)들도 불길(不吉)함을 짓지 못하기 때문이다.

또 진술축미월(辰戌丑未月)도 덕신(德神)과 어우르지 않더라도 상례(常例)와 같을 뿐이다. 그러나 자오묘유월(子午卯酉月)에서는 치파일(値日破)이면 월파론(月破論)을 따라야 한다.

그러므로 안무변경(按撫邊境), 선장훈병(選將訓兵), 출사(出師), 구의료병(求醫療病)에 꺼리는 데 그치고, 그 밖에는 불기(不忌)한다.

안찰하면 ; 재살(災煞)은 삼합(三合)의 정충(正衝) 자리이다. 그러므로 흉함이 겁살(劫煞)에서와 같이 크다.

인신사해월(寅申巳亥月)의 개일(開日)에서와 같이 길(吉)하지만 덕신(德神)이 없고, 정충(正衝)을 구제하지 못하면 겁살

(劫煞)에서의 수일(收日)에 비유할 만큼 흉하다.

진술축미월(辰戌丑未月)이 치만일(值滿日) 겁살(劫煞)의 제일(除日)과 비교되므로 차흉(次凶)하다.

자오묘유월(子午卯酉月)은 치월파(值月破)이면 겁살(劫煞)에서의 집일(執日)처럼 대흉하다.

9. 월살(月煞 ; 월허月虛)

忌 ➡ 기복(祈福), 구사(求嗣), 상책진표장(上冊進表章), 반조(頒詔), 사사(肆赦), 시은봉배(施恩封拜), 조명공경(詔命公卿), 초현(招賢), 거정직(擧正直), 선포정사(宣布政事), 행혜애(行惠愛), 선장훈병(選將訓兵), 출사(出師), 경사(慶賜), 상하(賞賀), 연회(宴會), 행행(行幸), 상관부임(上官赴任), 임정친민(臨政親民), 견사(遣使), 반이(搬移), 안상(安床), 안무변경(按撫邊境), 정용(整容), 체두(剃頭), 정수족갑(整手足甲), 재제(裁製), 수궁실(修宮室), 선성곽(繕城郭), 흥조동토(興造動土), 수주상량(豎柱上梁), 수치산실(修治産室), 개거천정(開渠穿井), 재종(栽種), 목양(牧養), 안확애(安確磑), 개시(開市), 입권(立券), 교역(交易), 납재(納財), 경락(經絡), 온양(醞釀), 벌목(伐木), 파토(破土), 안장(安葬), 계찬(啓攢).

다만 제사(祭祀), 담은(覃恩), 사사(肆赦), 시은혜(施恩惠), 휼고경(恤孤惸), 행혜애(行惠愛), 설원왕(雪冤枉), 완형옥(緩

刑獄), 입학(入學), 목욕(沐浴), 소사우(掃舍宇), 평치도도(平治道塗), 벌목(伐木), 포착(捕捉), 전렵(畋獵), 취어(取魚)는 불기(不忌)한다.

월허(月虛)는 수창고(修倉庫), 개창고(開倉庫), 출화재(出貨財)에 꺼린다.

묘유월(卯酉月)이 치육합(值六合)인데 월덕(月德)·천원(天願)이 병합하면 안무변경(按撫邊境), 선장훈병(選將訓兵), 출사(出師), 구의료병(求醫療病)을 꺼리는 데 그치고 나머지는 불기(不忌)한다.

자오월(子午月)이 치월해(值月害)라도 월덕(月德)과 어우르면 의자(宜者)나 기자(忌者)를 바꿔 짓지 못하고 상례에 따른다.

인신사해월(寅申巳亥月)의 치폐일(值閉日), 진술축미월(辰戌丑未月)의 치평일(值平日)이 천덕(天德)·천덕합(天德合)·월덕(月德)·월덕합(月德合)과 병합하면 상례를 따르게 된다. 그러나 덕신(德神)과 병합이 없으면 제사개기(諸事皆忌)한다.

안찰하면 ; 월살(月煞)의 흉함도 겁살(劫煞)에서와 같다. 이에서 소치일(所值日)이라 한 것들은 길흉(吉凶) 간에 모두 한 등급 낮다고 생각하면 된다.

인신사해월(寅申巳亥月)에서 치폐일(值閉日)은 월건(月建)의 진일(盡日)이고, 진술축미월(辰戌丑未月)에서 치평일(值平日)은 월음(月陰)의 진일(盡日)이며, 월살(月煞) 자체는 삼합(三合)의 진일(盡日)이니 흉(凶)함이 또 흉(凶)을 만난 것이므로 겁살(劫煞)과 비교하여 못지않다고 하는 것이다.

자오묘유월(子午卯酉月)은 정확히 본월령(本月令)으로 절신(絶辰)이므로 역시 한 단계 아래 등급으로 처리한다.

10. 월형(月刑)

忌 ➡ 기복(祈福), 구사(求嗣), 상책진표장(上冊進表章), 반조(頒詔), 사사(肆赦), 시은봉배(施恩封拜), 조명공경(詔命公卿), 초현(招賢), 거정직(擧正直), 선포정사(宣布政事), 선장훈병(選將訓兵), 출사(出師), 경사(慶賜), 상하(賞賀), 연회(宴會), 행행(行幸), 상관부임(上官赴任), 임정친민(臨政親民), 결혼인(結婚姻), 납채문명(納采問名), 가취(嫁娶), 진인구(進人口), 견사(遣使), 반이(搬移), 안상(安床), 안무변경(按撫邊境), 정용(整容), 체두(剃頭), 구의료병(求醫療病), 정수족갑(整手足甲), 경락(經絡), 온양(醞釀), 재제(裁製), 수궁실(修宮室), 선성곽(繕城郭), 축제방(築堤防), 흥조동토(興造動土), 수주상량(豎柱上梁), 개창고(開倉庫), 출화재(出貨財), 수치산실(修治産室), 개거천정(開渠穿井), 고주(鼓鑄), 안확애(安確磑), 보원색혈((補垣塞穴), 파옥괴원(破屋壞垣), 개시(開市), 입권(立券), 교역(交易), 납재(納財), 재종(栽種), 목양(牧養), 벌목(伐木), 파토(破土), 안장(安葬), 계찬(啓攢).

그러나 제사(祭祀), 담은(覃恩), 사사(肆赦), 시은혜(施恩惠), 휼고경(恤孤惸), 행혜애(行惠愛), 설원왕(雪冤枉), 완형옥(緩

刑獄), 입학(入學), 목욕(沐浴), 소사우(掃舍宇), 평치도도(平治
道塗), 벌목(伐木), 포착(捕捉), 전렵(畋獵), 취어(取魚)는 불기
(不忌)한다.

사월(巳月)이 치평일(値平日)인데 상일(相日), 육합(六合)이
월덕(月德)·천덕합(天德合)·천원(天願)과 어우르면, 안무변
경(按撫邊境), 선장훈병(選將訓兵), 출사(出師), 구의료병(求
醫療病)을 꺼리는 데 그치고 나머지 다른 것은 불기(不忌)한
다.

인월(寅月)에서 치평일(値平日)인데 상일(相日)이거나, 진
유해월(辰酉亥月)에서 치건일(値建日)이거나, 축술월(丑戌月)
에서 치수일(値收日)일 때 천덕(天德)·천덕합(天德合)·월덕
(月德)·월덕합(月德合)이 병합하였으면 소기자(所忌者)는 의
(宜)를 짓지 못하고, 소의자(所宜者)는 기(忌)를 짓지 못한다.
이는 덕(德)과의 합병 자체를 못하므로 상례(常例)에서와 같은
것이 된다.

자월(子月) 치평일(値平日)은 천리(天吏), 묘월(卯月) 치수
일(値收日)은 대시(大時), 미신월(未申月) 치월파(値月破)는
덕(德)과 합병이 되지 않아 상례(常例)와 같을 뿐으로 제사개
기(諸事皆忌)가 된다.

오월(午月)의 치월염(値月厭)은 월염론(月厭論)을 따른다.

안찰하면 ; 월형(月刑)은 월건(月建)의 형상지지(刑傷之地)
이므로 소기(所忌)는 삼살(三煞)과 동일하고 그에 소치(所値)
한 것도 다 건(建)·파(破)·평(平)·수(收)일(日)이다. 오직
사월(巳月)의 치상일(値相日)만은 육합(六合)이니 길흉이 상

저(相抵 ; 비기다)하므로 덕(德)·원(願)과 병합하면 길(吉)로 변할 수 있으므로 오직 군사(軍事) 문제만 꺼리고 요병(療病)과 기타 일은 불기(不忌)한다.

11. 월해(月害)

忌 ➡ 기복(祈福), 구사(求嗣), 상책진표장(上冊進表章), 경사(慶賜), 상하(賞賀), 연회(宴會), 선장훈병(選將訓兵), 출사(出師), 결혼인(結婚姻), 납채문명(納采問名), 가취(嫁娶), 진인구(進人口), 구의료병(求醫療病), 수창고(修倉庫), 개창고(開倉庫), 경락(經絡), 온양(醞釀), 개시(開市), 입권(立券), 교역(交易), 납재(納財), 출화재(出貨財), 치산실(置産室), 목양(牧養), 납축(納畜), 파토(破土), 안장(安葬), 계찬(啓攢).

　묘유월(卯酉月) 치제일(値除日) 수일(收日), 축미월(丑未月) 치집일(値執日)인데, 대시(大時)가 천덕(天德)·월덕(月德)과 어우르면 안무변경(按撫邊境), 선장훈병(選將訓兵), 출사(出師), 구의료병(求醫療病)에는 기(忌)하고 그 밖에는 불기(不忌)한다. 이는 두 덕(二德)과 어우르지 못하므로 상례(常例)와 같기 때문이다.

　진술월(辰戌月)에 치폐일(値閉日) 관일(官日)이고 천리(天吏)가 천덕합(天德合)·월덕합(月德合)과 합병하면 뭇 소기자(所忌者)는 부주의(不註宜)하고 소의자(所宜者)는 부주기(不

註忌)이므로 덕(德)과의 합병이 되지 않으므로 상례와 같게 된다.

자오월(子午月)에 치월살(値月煞), 사해월(巳亥月)에 치겁살(値劫煞), 인월(寅月)에 치월형(値月刑), 신월(申月)에 치평일(値平日)이면 각각 중론(重論)을 따라야 한다.

안찰하면 ; 월해(月害)는 육합(六合)을 충(衝)하는 자리이므로 소기(所忌)는 겨우 육합(六合)에서의 소의(所宜)와 같은데, 육합(六合)은 형살(刑殺)과 비유할 수 없기 때문이다.

경사(慶賜), 상하(賞賀)는 연회지류(宴會之類)이고, 납채문명(納采問名), 가취(嫁娶)는 결혼인지류(結婚姻之類)이다.

12. 월염(月厭 ; 지화地火)

忌 ➡ 기복(祈福), 구사(求嗣), 상책진표장(上冊進表章), 반조(頒詔), 사사(肆赦), 시은봉배(施恩封拜), 조명공경(詔命公卿), 초현(招賢), 거정직(擧正直), 선포정사(宣布政事), 경사(慶賜), 상하(賞賀), 연회(宴會), 관대(冠帶), 행행(行幸), 견사(遣使), 안무변경(按撫邊境), 선장훈병(選將訓兵), 출사(出師), 상관부임(上官赴任), 임정친민(臨政親民), 결혼인(結婚姻), 납채문명(納采問名), 가취(嫁娶), 진인구(進人口), 반이(搬移), 안상(安床), 원회(遠廻), 해제(解除), 정용(整容), 체두(剃頭), 정수족갑(整手足甲), 구의료병(求醫療病), 재제(裁製), 수궁실(修宮室), 선성곽(繕城郭), 축제방(築堤防), 흥조동토(興造動土), 수주상량(豎柱上梁), 개창고(開

倉庫), 출화재(出貨財), 수치산실(修治産室), 개거천정(開渠穿井), 안확애(安碓磑), 보원색혈((補垣塞穴), 평치도도(平治道塗), 파옥괴원(破屋壞垣), 고주(鼓鑄), 경락(經絡), 온양(醞釀), 개시(開市), 입권(立券), 교역(交易), 납재(納財), 재종(栽種), 목양(牧養), 벌목(伐木), 파토(破土), 안장(安葬), 계찬(啓攢).

꺼리지 않는(不忌) 것은 제사(祭祀), 담은(覃恩), 사사(肆赦), 시은혜(施恩惠), 휼고경(恤孤惸), 행혜애(行惠愛), 설원왕(雪冤枉), 완형옥(緩刑獄), 해제(解除), 목욕(沐浴), 구의료병(求醫療病), 파옥괴원(破屋壞垣), 포착(捕捉), 전렵(畋獵), 취어(取魚)이다.

지화(地火)로는 재종(栽種), 수축원포(修築園圃)에 꺼린다.

인신월(寅申月)이 치성일(値成日), 축미월(丑未月)에서 치개일(値開日)일 때 천덕(天德)·천덕합(天德合)·월덕(月德)과 어우르면, 꺼리는 것이 행행(行幸), 견사(遣使), 안무변경(按撫邊境), 선장훈병(選將訓兵), 출사(出師), 구의료병(求醫療病), 상관부임(上官赴任), 임정친민(臨政親民), 결혼인(結婚姻), 납채문명(納采問名), 가취(嫁娶), 반이(搬移), 원회(遠廻), 재종(栽種)이며, 그 밖에는 불기(不忌)한다. 그러나 덕신(德神)과 합병이 아닐 때는 상례(常例)에서와 같다.

진술월(辰戌月)에서 치정일(値定日), 사해월(巳亥月)에서 치만일(値滿日)일 때 천덕(天德)·월덕(月德)·월덕합(月德合)과 어우르면 소기자(所忌者)는 부주의(不註宜)하고 소의자

(所宜者)는 부주기(不註忌)이니 덕(德)과의 합병이 되지 않아 상례로 돌아간다.

자오월(子午月)은 월염(月厭)과 회건(會建)하므로 천사(天赦)와의 병합(倂合)이 되지 않으므로 상례로 회귀(回歸)하여 제사개기(諸事皆忌)한다.

묘유월(卯酉月)은 치월파(值月破)이니 재살(災煞)이어서 비록 덕신(德神)과 어우르더라도 제사개기(諸事皆忌)한다.

正月 갑술(甲戌), 2월 을유(乙酉), 5월 병오(丙午), 8월 신묘(辛卯), 11월 임자(壬子), 12월 계해(癸亥)는 음양이 대회(大會)하는 날이어서 월덕(月德)과의 병합이라도 제사개기(諸事皆忌)한다.

2월 기묘(己卯), 3월 무진(戊辰), 4월 기사(己巳), 5월 무오(戊午), 8월 기유(己酉), 9월 무술(戊戌), 10월 기해(己亥), 11월 무자(戊子)는 음양(陰陽) 소회일(小會日)이며, 3월은 또 단음(單陰), 4월은 또 순양(純陽), 9월은 고양(孤陽), 10월은 순음(純陰)이므로 역시 제사개기(諸事皆忌)한다.

3월 경진(庚辰), 9월 갑술(甲戌)은 음위(陰位)이고, 4월 계해(癸亥), 10월 정사(丁巳)는 음양교파(陰陽交破), 5월 임자(壬子), 11월 병오(丙午)는 음양격충(陰陽擊衝), 6월 계축(癸丑), 12월 정미(丁未)는 양파음충(陽破陰衝), 2월 기유(己酉), 8월 기묘(己卯)는 음도충양(陰道衝陽)이므로 제사개기(諸事皆忌)한다.

4월 병오(丙午) 무오(戊午), 10월 임자(壬子) 무자(戊子)는 세박(歲薄)이고, 6월 병오(丙午) 무오(戊午), 12월 임자(壬子)

무자(戊子)는 축진(逐陳)이므로 월염(月厭)의 꺼리는 바를 따른다. 4월 병오(丙午), 6월 무오(戊午)는 역시 덕신(德神)과 천원(天願)의 길한 것도 따르지 않는 나쁜 날이다. 7월 을묘(乙卯)는 삼음(三陰)이므로 제사개기(諸事皆忌)한다.

정월(正月) 갑인(甲寅), 2월 을묘(乙卯), 3월 갑진(甲辰), 4월 정사(丁巳) 기사(己巳), 6월 정미(丁未) 기미(己未), 7월 경신(庚申), 8월 신유(辛酉), 9월 경술(庚戌), 10월 계해(癸亥), 12월 계축(癸丑)은 양착(陽錯)으로, 이는 4월의 己巳만 제하면 소회일(小會日)이니 제사개기(諸事皆忌) 외에 월건(月建)에서 오는 꺼리는 것을 더하여 더욱 꺼린다. 6월 己未일도 역시 덕신(德神)의 길함도 따르지 않는다 하였다.

또한 정월 경술(庚戌), 2월 신유(辛酉), 3월 경신(庚申), 4월 정미(丁未), 기미(己未), 6월 정사(丁巳), 기사(己巳), 7월 갑진(甲辰), 8월 을묘(乙卯), 9월 갑인(甲寅), 10월 계축(癸丑), 12월 계해(癸亥)는 음착(陰錯)으로(2월, 8월은 月破이며, 6월, 12월은 大會이기도 하여 제하면) 모두 제사개기(諸事皆忌)한다. 나머지는 월염(月厭)을 적용하면 된다.

6월 己巳일도 역시 덕신(德神)의 길함도 따르지 않는다 하였다. 5월 병오(丙午), 11월 임자(壬子)는 음양구착(陰陽俱錯)으로, 비록 치월덕(値月德)이라도 제사계기(諸事皆忌)에 따른다. 4월 무진(戊辰) 절음(絕陰), 10월 무술(戊戌) 절양(絕陽)들도 역시 덕신(德神)에 관계없이 모두 제사개기(諸事皆忌)한다.

안찰하면 ; 월염(月厭)은 음건(陰建)이며, 음(陰)의 자왕처

(自旺處)이며 양(陽)의 대(對)이기도 하므로 건파(建破)가 꺼리는 것을 모두 겸하여 더욱 꺼린다. 그러나 음(陰)은 양(陽)을 이길 수 없다고 하는 사람도 있지만, 그 흉함은 해제시키기가 쉽지 않다. 다만 인신월(寅申月)이 삼합(三合)이고 축미월(丑未月)은 생기(生氣)이니 이에서 다시 덕신과 병합하는 것은 길할 수 있음이다.

진술월(辰戌月)은 비록 삼합(三合)이라지만, 음양이 서로 침범하기 시작하고(始侵), 사해월(巳亥月) 치만일(値滿日)은 음양이 상핍(相逼)하고 행랑(行狼), 요려(了戾), 고신(孤辰)이므로 거의 없어진 허일(虛日)이므로 덕신(德神)과 병합한 연후에는 길흉상저(吉凶相抵)*를 따져 보고 불의(不宜) 불기(不忌)를 판단한다. 그렇지 않으면 상례로 처리해야 한다.

자오월(子午月)은 월염(月厭)이 건(建)과 회(會)이니 음양이 싸우는 곳이다. 5월 병오(丙午), 11월 임자(壬子)는 비록 치월덕(値月德)이라도 음양대회(陰陽大會)이므로 병(丙) 임(壬)으로 단지 건론(建論)만을 작(作)하고 덕론(德論)은 하지 아니한다. 오직 천사(天赦)만은 달리 생의(生意)가 있으므로 천사(天赦)와 병합한 것은 상례를 따라야 하고 그렇지 않으면 제사개기(諸事皆忌)한다.

묘유월(卯酉月)이 치재파(値災破)이면 충격이므로 덕신(德神)과 관계없이 제사개기(諸事皆忌)가 된다.

*길흉상저(吉凶相抵) ; 길흉이 서로 비기다, 상쇄하다, 맞먹다. 중화(中和)하다, 효과가 없게 하다.

13. 염대(厭對 ; 초요招搖)

忌 ➡ 가취(嫁娶), 초요(招搖), 취어(取魚), 승선도수(乘船渡水).

천덕(天德)·천덕합(天德合)·월덕(月德)·월덕합(月德合)·천사(天赦)와 병합하면 불기(不忌)한다(天願은 厭對에서 병합하지 않는다).

자오월(子午月)이 월파(月破)와 겸하면 더욱 흉하다.

안찰하면 ; 염대(厭對)는 초요살(招搖煞)이기도 하다. 모두 월염(月厭)의 충파(衝破)에서 취한 것이므로 꺼리는 바도 위와 같다. 덕신(德神)이나 천사(天赦)와 병합하였을 때는 음이 양을 따르므로(陰從陽) 불기(不忌)한다. 월파(月破)가 될 때는 덕신에 상관없이 더욱 꺼린다.

14. 대시(大時 ; 대패大敗, 함지咸池)

忌 ➡ 기복(祈福), 구사(求嗣), 상책진표장(上冊進表章), 반조(頒詔), 시은봉배(施恩封拜), 조명공경(詔命公卿), 초현(招賢), 거정직(擧正直), 상관부임(上官赴任), 임정친민(臨政親民), 관대(冠帶), 행행(行幸), 견사(遣使), 결혼인(結婚姻), 납채문명(納采問名), 가취(嫁娶), 진인구(進人口), 반이(搬移), 안상(安床), 해제(解除), 안무변경(按撫邊境), 선장훈병(選將訓兵), 출사(出師), 구의료병(求醫療病), 영건궁실(營建宮室), 수궁실(修宮室), 선성곽(繕城郭), 축제방

(築堤防), 흥조동토(興造動土), 수주상량(竪柱上樑), 개시(開市), 입권(立券), 교역(交易), 납재(納財), 수창고(修倉庫), 출화재(出貨財), 파토(破土), 재종(栽種), 목양(牧養), 납축(納畜).

또한 함지(咸池) 살(煞)은 취어(取魚), 승선도수(乘船渡水)에 꺼린다.

인신사해월(寅申巳亥月)에서 치제일(値除日), 관일(官日)이고, 진술월(辰戌月)에서 치집일(値執日), 육합(六合)이면 지기(止忌) 안무변경(按撫邊境), 선장훈병(選將訓兵), 출사(出師)에만 꺼리고, 그 밖에는 불기한다.

축미월(丑未月)에서 치집일(値執日), 육해(六害)이면 천월(天月) 이덕(二德)과 병합하면 역시 안무변경(按撫邊境), 선장훈병(選將訓兵), 출사(出師)에만 꺼리고 그 밖에는 불기한다.

자오묘유월(子午卯酉月)에서 치수일(値收日)하고, 월덕(月德)과 병합하면, 소기자(所忌者)는 부주의(不註宜)하고 소의자(所宜者)는 부주기(不註忌)하므로 덕합(德合)과 관계없이 상례를 따른다.

안찰하면 ; 대시(大時)는 대패(大敗)라는 이름도 가지고 있는데, 삼합(三合)의 패지(敗地)이므로 위와 같이 꺼린다.

15. 유화(遊禍)

忌 ➡ 기복(祈福), 구사(求嗣), 해제(解除), 구의료병(求醫療

病).

덕합(德合)과 천사(天赦)는 합병함을 오히려 꺼린(忌)다.
안찰하면 ; 유화일(遊禍日)은 삼합(三合)의 임관(臨官)이므
로 본시 흉하지 않다. 다만 과왕(過旺)함이 오히려 화(禍)가 된
다는 것이어서 기해(祈解), 의약(醫藥) 등의 일(事)만 꺼리는
데, 덕신(德神), 천사(天赦)와 합병하는 것이 도리어 불리하다
는 것이다.

16. 천리(天吏 ; 치사致死)

忌 ➡ 기복(祈福), 구사(求嗣), 상책진표장(上冊進表章), 시은
봉배(施恩封拜), 조명공경(詔命公卿), 초현(招賢), 거정직
(擧正直), 상관부임(上官赴任), 임정친민(臨政親民), 관대
(冠帶), 행행(行幸), 견사(遣使), 결혼인(結婚姻), 납채문명
(納采問名), 가취(嫁娶), 진인구(進人口), 반이(搬移), 안상
(安床), 해제(解除), 안무변경(按撫邊境), 선장훈병(選將訓
兵), 출사(出師), 구의료병(求醫療病), 영건궁실(營建宮室),
수궁실(修宮室), 선성곽(繕城郭), 축제방(築堤防), 흥조동
토(興造動土), 수주상량(竪柱上樑), 수창고(修倉庫), 개시
(開市), 입권(立券), 교역(交易), 납재(納財), 개창고(開倉
庫), 출화재(出貨財), 수치산실(修置産室), 재종(栽種), 목양
(牧養), 납축(納畜).

인신사해월(寅申巳亥月)에서 치위일(値危日)이고 천덕(天

德)·천덕합(天德合)·월덕(月德)·월덕합(月德合)과 병합하면 지기(止忌), 안무변경(按撫邊境), 선장훈병(選將訓兵), 출사(出師), 구의료병(求醫療病)에만 꺼리고 다른 일은 불기(不忌)한다.

진술축미월(辰戌丑未月)에서 치폐일(值閉日)이면 덕합(德合)·천사(天赦)·천원(天願)과 병합하면 뭇 소기자(所忌者)는 부주의(不註宜)하고 소의자(所宜者)는 부주기(不註忌)하므로 합사(合赦)와 상관없이 상례를 따르게 된다.

오묘유월(午卯酉月)에서 치평일(值平日)이면 평일론(平日論)을 따르고, 자월(子月)에서 치월형(值月刑)이면 월형론(月刑論)을 따라야 한다.

안찰하면 ; 천리(天吏)는 또한 치사(致死)라고도 하므로 꺼리는 바가 이상과 같다. 인신사해월(寅申巳亥月)에서 치위일(值危日)이면 흉이 심하지는 않으므로 덕신(德神)과 병합하면 길(吉)로 전환하여 지기(止忌), 군사(軍事), 요병(療病) 외에는 불기한다.

진술축미월(辰戌丑未月)에서 치폐일(值閉日)이면 염식의 시기(斂息之時)이니 덕신(德神)과 병합하면 길흉이 상저(相抵)하므로 불의(不宜) 불기(不忌)하는데, 그렇지 않을 때는 상례와 같다.

자오묘유월(子午卯酉月)에서 치평일(值平日)이면 진사(振死)가 된다. 자월(子月)은 또 치월형(值月刑)이니 중살(重殺)의 논리를 따라야 한다.

17. 사기(死氣)

忌 ➡ 안무변경(按撫邊境), 선장훈병(選將訓兵), 출사(出師), 해제(解除), 구의료병(求醫療病), 수치산실(修置産室), 재종(裁種).

천덕(天德)・천덕합(天德合)・월덕(月德)・월덕합(月德合), 다만 천사(天赦), 천원(天願)는 사기(死氣)와 병합하지 않는다. 그러므로 지기(止忌), 안무변경(按撫邊境), 선장훈병(選將訓兵), 출사(出師), 구의료병(求醫療病)만을 꺼리고 그 밖에는 불기(不忌)한다.

안찰하면 ; 사기(死氣)는 월건(月建)으로 일음(一陰)이 시생(始生)하는 곳이다. 음기가 시생하면 양기(陽氣)는 쇠지(衰地)가 되므로 꺼리는 바가 위와 같다. 그러나 모두 월건과 삼합이 되므로 다시 덕신(德神)과 병합하면 더욱 왕기(旺氣)를 돋우므로 불기(不忌)한다. 만약 사신(死神)이 되어서는 진인구(進人口), 목양(牧養), 납축(納畜)에 꺼리지간, 사기(死氣)에서는 불기(不忌)이니 그 날이 삼합이며 시음(時陰)이 되기 때문이다.

18. 소모(小耗)

忌 ➡ 수창고(修倉庫), 개시(開市), 입권(立券), 교역(交易), 납재(納財), 개창고(開倉庫), 출화재(出貨財).

천덕(天德)·천덕합(天德合)·월덕(月德)·월덕합(月德合)·천원(天願)과 병합하면 불기한다.

자오묘유월(子午卯酉月)에 치겁살(値劫煞)이면 비록 위와 같은 덕신(德神)과 합병하더라도 더욱 꺼린다.

안찰하면 ; 소모(小耗)는 구(舊) 월파(月破)이고, 또 본월 폐일(閉日)의 충지(衝地)이므로 위와 같이 꺼린다. 덕합(德合)과 천원(天願)이 합병하면 탐합망충(貪合忘衝)이 되어 불기(不忌)한다.

19. 천적(天賊)

忌 ➡ 행행(行幸), 견사(遣使), 수창고(修倉庫), 개창고(開倉庫), 출화재(出貨財).

안찰하면 ; 천적(天賊)은 월염(月厭)의 수일(收日)이다. 덕합(德合)과는 뜻이 통하지 못하므로 오히려 제살(制煞)이 되지 않는다.

20. 사격(四擊)

忌 ➡ 안무변경(按撫邊境), 선장훈병(選將訓兵), 출사(出師).

덕합(德合)과 천원(天願)의 병합도 구제할 수 없다.

안찰하면 ; 사격(四擊)은 사시(四時), 왕토(王土)를 충(衝)하는 자이므로 위에서처럼 꺼린다. 덕합(德合)과 천원(天願)이

欽定四庫全書 協紀辨方書

합병하여도 구제가 되지 않는다.

21. 사모(四耗)

忌 ➡ 안무변경(按撫邊境), 선장훈병(選將訓兵), 출사(出師),
수창고(修倉庫), 개시(開市), 입권(立券), 교역(交易), 납재
(納財), 개창고(開倉庫), 출화재(出貨財).

진월(辰月)에서 천덕(天德)·월덕(月德)과 병합하고, 인신
월(寅申月)에서 천덕(天德)과 합병하고, 사월(巳月)에서 월덕
(月德)과 합병하고, 진술축미월(辰戌丑未月)에서 삼합(三合)
과 병합이 되는 것은 안무변경(按撫邊境), 선장훈병(選將訓
兵), 출사(出師)에는 꺼리지만 그 밖에는 불기(不忌)한다.

안찰하면 ; 사모일(四耗日)은 간지(干支)가 다 사시(四時)의
휴기(休氣)이다. 그러므로 위와 같은 것에 꺼린다. 사모(四耗)
가 덕합(德合)이거나 삼합병(三合併)이면 간지(干支) 중에서
반드시 생왕(生旺)함을 만날 수 있으므로 불기(不忌)라 한 것
이다.

22. 사폐(四廢)

忌 ➡ 기복(祈福), 구사(求嗣), 상책진표장(上冊進表章), 반조
(頒詔), 시은봉배(施恩封拜), 조명공경(詔命公卿), 초현(招
賢), 거정직(擧正直), 선포정사(宣布政事), 선장훈병(選將
訓兵), 출사(出師), 경사(慶賜), 상하(賞賀), 연회(宴會), 행

행(行幸), 상관부임(上官赴任), 임정친민(臨政親民), 결혼인(結婚姻), 납채문명(納采問名), 가취(嫁娶), 진인구(進人口), 견사(遣使), 반이(搬移), 안상(安床), 안무변경(按撫邊境), 구의료병(求醫療病), 고주(鼓鑄), 경락(經絡), 온양(醞釀), 수궁실(修宮室), 선성곽(繕城郭), 축제방(築堤防), 흥조동토(興造動土), 수주상량(豎柱上梁), 개창고(開倉庫), 출화재(出貨財), 개거천정(開渠穿井), 수치산실(修治産室), 안확애(安確磑), 보원색혈(補垣塞穴), 개시(開市), 입권(立券), 교역(交易), 납재(納財), 재종(栽種), 목양(牧養), 벌목(伐木), 파토(破土), 안장(安葬), 계찬(啓攢).

그러나 제사(祭祀), 담은(覃恩), 사사(肆赦), 시은혜(施恩惠), 휼고경(恤孤惸), 행혜애(行惠愛), 설원왕(雪冤枉), 완형옥(緩刑獄), 입학(入學), 체두(剃頭), 목욕(沐浴), 정용(整容), 정수족갑(整手足甲), 소사우(掃舍宇), 평치도도(平治道塗), 파옥괴원(破屋壞垣), 벌목(伐木), 포착(捕捉), 전렵(畋獵), 취어(取魚)는 불기(不忌)한다.

덕신(德神)과 병합하여도 월파(月破)와 병행하였으므로 제사개기(諸事皆忌)이다.

안찰하면 ; 사폐(四廢)의 간지(干支)는 다 사기(死氣)이므로 위와 같이 꺼린다. 여러 덕신(德神)으로도 구제할 수 없다.

23. 사기(四忌) · 사궁(四窮 ; 八龍 · 七鳥 · 九虎 · 六蛇)

忌 ➡ 안무변경(按撫邊境), 선장훈병(選將訓兵), 출사(出師),

결혼인(結婚姻), 납채문명(納采問名), 가취(嫁娶), 안장(安葬).

사궁(四窮)은 다시 진인구(進人口), 수창고(修倉庫), 개시(開市), 입권(立券), 교역(交易), 납재(納財), 출화재(出貨財)에 꺼린다. 오직 정월(正月)의 을해일(乙亥日)은 천원(天願)과 합병하면 안무변경(按撫邊境), 선장훈병(選將訓兵), 출사(出師)에만 꺼리고 그 밖에는 불기한다.

안찰하면 ; 사기(四忌), 사궁(四窮)은 사궁(四窮) 속의 팔룡(八龍), 칠조(七鳥), 구호(九虎), 육사(六蛇)를 합한 것이다.

《의례》를 보면 음양(陰陽) 수미(首尾)의 전수(全數)가 이에 모두 있다.

대개 이들은 병가(兵家)의 흉기(凶器)를 이르는 것으로 시만물(始萬物) 종만물(終萬物)을 이르는 것이 아니다.

혼가(婚嫁)는 인사지시(人事之始)요 장매(葬埋)는 인사지종(人事之終)이므로 함께 꺼린다.

사궁(四窮)은 영간(令干)으로는 진기(辰尾)에 거(居)하므로 또 진인구(進人口) 등사(等事)에 꺼린다.

이 팔일(八日)은 모두 왕극(旺極)이므로 흉(凶)한데, 덕신(德神)으로도 풀기가 불가능하다. 오직 정월(正月)의 을해(乙亥)는 천원(天願)이 되며 월건(月建)고도 육합(六合)이므로 신(辰)이 비록 거종(居終)이라도 일전(日躔)은 실제로 시(始)이므로 미(尾)로 논할 수 없기 때문에 군사(軍事)에 꺼리는 것으로 그쳤으며, 나머지는 다 불기(不忌)한다.

구본(舊本)에는 사기(四忌)가 없었으나 기례(起例)를 지금 보완하여 그 뜻을 갖추었다.

24. 오허(五虛)

忌 ➡ 수창고(修倉庫), 개창고(開倉庫), 출화재(出貨財).

천덕(天德)·천덕합(天德合)·월덕(月德)·월덕합(月德合)·육합(六合)과 병합하면 불기(不忌)한다.

안찰하면 ; 오허(五虛)는 사시오행(四時五行)의 절기(絶氣)와 삼합(三合)이 되는 날이다. 삼합으로 절기(絶氣)라면 당연히 흉하나 절기(絶氣)된 것이 삼합이라면 흉이 아니다. 그러므로 제명(第名)을 오허(五虛)라 하였으며, 꺼리는 바가 앞과 같이 나타났다. 천덕합(天德合), 육합(六合)과 병합하면 왕기합(旺氣合)이니 삼합(三合)의 절기(絶氣)라 할 수 없으므로 불기(不忌)라 하였다.

25. 팔풍(八風)

忌 ➡ 취어(取魚), 승선도수(乘船渡水).

천덕(天德)·천덕합(天德合)·월덕(月德)·월덕합(月德合)·육합(六合)과의 합병은 불기(不忌)다.

안찰하면 ; 팔풍(八風)의 소기(所忌)는 《의례》를 보기 바란다. 덕합(德合)과 육합(六合)을 병합하면 풍(風)을 합(合)으로 안정시키는 것이니 불기(不忌)이다.

26. 오묘(五墓)

忌 ➡ 관대(冠帶), 행행(行幸), 견사(遣使), 상관부임(上官赴任), 임정친민(臨政親民), 결혼인(結婚姻), 납채문명(納采問名), 가취(嫁娶), 진인구(進人口), 반이(搬移), 안상(安床), 해제(解除), 안무변경(按撫邊境), 선장훈병(選將訓兵), 출사(出師), 구의료병(求醫療病), 영건궁실(營建宮室), 수궁실(修宮室), 선성곽(繕城郭), 흥조동토(興造動土), 수주상량(豎柱上樑), 개시(開市), 입권(立券), 교역(交易), 수치산실(修置産室), 재종(栽種), 목양(牧養), 납축(納畜), 파토(破土), 안장(安葬), 계찬(啓攢).

5월, 11월은 월덕(月德)과 병합하면 불기(不忌)이다.

안찰하면 ; 오묘(五墓)는 오행(五行)의 왕간(旺干)이 묘고(墓庫)에 임한 것이다. 그러므로 위와 같이 꺼린다. 월덕(月德)과 병행하면 삼합의 왕기(旺氣)가 천간(天干)에 발(發)하므로 묘고론(墓庫論)이 성립되지 못하여 불기(不忌)한다. 덕합(德合)은 덕(德)과 다르기 때문에 취용(取用)하지 않는다. 구본(舊本)에는 관대(冠帶), 행행(行幸), 상관(上官), 요병(療病), 안장(安葬) 등사가 꺼린다는 말이 없는데, 지금 보완한 것이다.

27. 구공(九空)

忌 ➡ 수창고(修倉庫), 개창고(開倉庫), 개시(開市), 입권(立

券), 교역(交易), 납재(納財), 출화재(出貨財).

인신월(寅申月)에서 치만일(値滿日), 자오묘유월(子午卯酉月)에서 치개일(値開日)이면 월덕(月德)·천덕합(天德合)·월덕합(月德合)이 병행하면 불기(不忌)한다.

사해월(巳亥月)에서 치월염(値月厭)이면 월염론(月厭論)을 따라야 하고, 진술축미월(辰戌丑未月)에서 치파일(値破日)이면 월파론(月破論)을 따라야 한다.

안찰하면 ; 구공(九空)은 삼합(三合) 고지(庫地)를 충(衝)하는 것이므로 위와 같이 꺼린다. 덕(德)이 합병하면 지(支)가 간(干)과 합하므로 망충(忘衝)이라 하여 불기(不忌)한다.

28. 구감(九坎 ; 구초九焦)

 忌 ➡ 보원색혈(補垣塞穴), 취어(取魚), 승선도수(乘船渡水).

구초(九焦)는 고주(鼓鑄), 재종(栽種), 수축원포(修築園圃)에 꺼리니 덕(德)과 합병하더라도 해소하지 못한다.

안찰하면 ; 구감(九坎), 구초(九焦)는 《의례》에서처럼 꺼리는데, 덕(德)과 합병하여도 상속(相屬)하지 못하므로 풀리지가 않는다. 토부(土符), 지낭(地囊), 귀기(歸忌), 혈기(血忌) 등도 이를 본받는다(倣此).

29. 토부(土符 ; 지낭地囊)

忌 ➡ 영건궁실(營建宮室), 수궁실(修宮室), 선성곽(繕城郭),

축제방(築堤防), 흥조동토(興造動土), 수창고(修倉庫), 수치산실(修置産室), 개거천정(開渠穿井), 안확애(安確磑), 보원(補垣), 수식원장(修飾垣墻), 평치도도(平治道塗), 파옥괴원(破屋壞垣), 파토(破土), 재종(栽種).

이는 덕합(德合)과 사원(赦願)이 어우르더라도 풀리지 않는다.

30. 병금(兵禁)

忌 ➡ 안무변경(按撫邊境), 선장훈병(選將訓兵), 출사(出師).

덕합(德合), 사원(赦願) 병행(併行)이라도 풀리지(化解) 않고 오히려 꺼린다.

안찰하면 ; 병금(兵禁)은 역의(逆義)에서 취하였으므로 군사(軍事)에 꺼린다. 대살(大煞)도 이와 같이(倣此) 한다.

31. 대살(大煞)

忌 ➡ 안무변경(按撫邊境), 선장훈병(選將訓兵), 출사(出師).

덕합(德合)과 병행(併行)이라도 오히려 꺼린다.

안찰하면 ; 구본(舊本)에는 진인구(進人口), 납재(納財), 수주상량(竪柱上樑)도 함께 꺼리는 것으로 되어 있는데, 그 뜻이 불륜(不倫)하므로 산(刪)하였다.

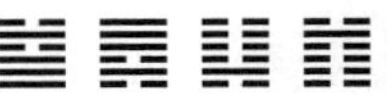

32. 귀기(歸忌)

忌 ➡ 반이(搬移), 원회(遠廻).

덕합(德合), 사원(赦願)과 병행(併行)이라도 오히려 꺼린다.

33. 혈기(血忌)

忌 ➡ 침자(針刺).

덕합(德合), 사원(赦願)과 병행(併行)이라도 오히려 꺼린다.

34. 왕망(往亡)·기왕망(氣往亡)

忌 ➡ 상책진표장(上冊進表章), 반조(頒詔), 조명공경(詔命公卿), 초현(招賢), 의정사(宜政事), 행행(行幸), 상관부임(上官赴任), 견사(遣使), 안무변경(按撫邊境), 선장훈병(選將訓兵), 출사(出師), 임정친민(臨政親民), 가취(嫁娶), 진인구(進人口), 반이(搬移), 구의료병(求醫療病), 포착(捕捉), 전렵(畋獵), 취어(取魚).

덕합(德合)과 사원(赦願) 병행이라도 오히려 꺼린다.

안찰하면 ; 왕망은 본시 흉한 것이 아니다. 이는 삼합(三合)의 소생할 곳에서 도리어 막히기 때문에 극제(剋制)할 수 없다(第取三合溺於所生而無剋制之義)는 것으로, 가기만 하고 돌아오지 않는 상(有往而不返之象)이라 하여 위에서와 같이 꺼린다. 그러나 덕합(德合)이나 사원(赦願)이 병행하더라도 풀리지(化解)가 않으므로 오히려 꺼린다.

35. 복일(復日)·중일(重日)

忌 ➡ 파토(破土), 안장(安葬), 계찬(啓攢).

천덕(天德)·천덕합(天德合)·월덕(月德)·월덕합(月德合)·육합(六合)·천사(天赦)와 병합하면 불기(不忌)하고, 역시 부주의(不註宜)이기도 하다(天願은 六合이므로 말하지 않아도 그 가운데 있다).

복일(復日)은 또 재제(裁製)에는 마땅하다.

안찰하면 ; 구본(舊本)에 중복일(重復日)은 흉사(凶事)에는 꺼리고, 길사(吉事)에는 이롭다 하였다. 그러므로 안장(安葬), 계찬(啓攢) 등 파토(破土)에는 꺼린다 하였다.

장승생기(葬乘生氣)라고 경서(經書)에 명문(明文)하고 있으므로 지금 선택가(選擇家)들은 역시 무록(無祿)이라고 사폐(四廢)를 흉일(凶日)로 한다.

이에서 복일(復日)은 다 영성(令星)이고 맹중월(孟仲月)은 또 건록(建祿)이니 길함에 의심의 여지가 없다. 또 사해일(巳亥日)은 음양이 소진되는 날이라 한다. 대충 생각하고 12월로 추리하고 삼합으로 참고하여 보아도 두 날(二日)은 다 흉함이 없는데, 이날을 꺼린다 하면서 형(刑)·염(厭)·삼살(三煞)의 흉함은 피하지 아니하는가? 또 마땅한 바(所宜)로는 명폐일(鳴吠日)로서 그치면서 덕(德)·사(赦)·육합(六合)의 길함은 버리는데, 쓰임을 어떻게 하는지 모를 일이다. 이에서 또 가취(嫁娶)에서는 부장(不將)을 취하면서 덕합(德合)은 불취(不取)하고 장광(章光)을 꺼려하는데, 무엇 하나 들고 말할 것이 없는데도(無翹) 형충파해(刑衝破害)는 불기(不忌)하는 것이다.

혼(婚)과 장(葬)은 인사(人事)에서 시종(始終)인데, 속(俗)에서 구기(拘忌)함이 이렇게 잘못되었다면 심히 불편하지 않을 수 없는데도 상전(相傳)하고 있는 지가 오래이다.

이제 유민(牖民 ; 풍속을 계몽함)의 풍속을 바로잡아야 하므로 명폐를 만나도 꺼릴 수 있으며, 덕(德)·사(赦)·육합(六合)을 사용하여 더욱 길함을 식자(識者)들은 분별하여야 할 것이다. 자상한 이용법은 〈이용권(利用卷)〉에서 보기 바란다.

36. 오리(五離)

忌 ➡ 경사(慶賜), 상하(賞賀), 연회(宴會), 결혼인(結婚姻), 납채문명(納采問名), 입권(立券), 교역(交易).

천덕(天德)·천덕합(天德合)·월덕(月德)·월덕합(月德合)·천사(天赦)·삼합(三合)·육합(六合)을 병행하면 불기(不忌)한다.

안찰하면 ; 오리(五離)는 오합(五合)을 충(衝)하는 자리이다. 그러므로 위와 같은 것을 꺼린다. 그러나 덕합(德合)·천사(天

赦)・삼합(三合)・육합(六合)을 병행하면 오합(五合)에서와 같이 (不忌)한다.

37. 팔전(八專)

忌 ➡ 안무변경(按撫邊境), 선장훈병(選將訓兵), 출사(出師), 결혼인(結婚姻), 납채문명(納采問名), 가취(嫁娶).

덕합(德合)과 병행하여도 꺼린다. 천원(天願)과 병행하면 안무변경(按撫邊境), 선장훈병(選將訓兵), 출사(出師)에만 꺼리고 나머지는 불기(不忌)한다.

안찰하면 ; 팔전(八專)은 간지(干支)로 취의(取義)한 것이다. 덕합(德合)으로는 의(義)로 상속(相屬)하지 않으므로 풀릴 수(化解)가 없다. 촉수룡(觸水龍), 전일(專日), 벌일(伐日)도 이와 같다.

또한 팔전(八專)이 가취(嫁娶)에 꺼리는 것은 음양(陰陽) 동거(同居)에서 취한 것이며 다른 뜻은 없다. 천원(天願)은 5월 정미(丁未)일, 11월 계축(癸丑)일인데, 정(丁)은 바로 오(午)이지 미(未)가 아니며, 계(癸)는 자(子)이지 축(丑)이 아니다. 이들의 상합(相合)은 달리 있으므로 가취(嫁娶)에서 불기(不忌)하는 것이다.

38. 촉수룡(觸水龍)

忌 ➡ 취어(取魚), 승선도수(乘船渡水).

덕합(德合), 천원(天願)과 병행하여도 오히려 꺼린다.

39. 전일(專日)·벌일(伐日)

忌 ➡ 안무변경(按撫邊境), 선장훈병(選將訓兵), 출사(出師).

덕합(德合), 사원(赦願)과 어울려도 풀리지 않는다.

40. 천형·주작·백호·천뢰·원무·구진

이들은 흉신(凶神)을 병합하면 기(忌)하고, 길신(吉神)을 병합하면 길하다.

안찰하면 ; 구본(舊本)에 여섯 흑도(黑道)면 뭇 흥무(興務)에 꺼리므로 길신(吉神)을 좇아야 꺼림이 없어서 마땅하다 하였다. 그러나 선택(選擇)할 때는 제사개기(諸事皆忌)로 하였다. 육황도(六黃道)에 자상히 설명하였다.

41. 무록일(無祿日)

제사(祭祀), 해제(解除), 목욕(沐浴), 정용(整容), 체두(剃頭), 정수족갑(整手足甲), 소사우(掃舍宇), 수식원장(修飾垣墙), 평치도도(平治道塗), 파옥괴원(破屋壞垣), 벌목(伐木). 그 밖의 일은 불주(不註)한다.

천덕(天德)과 월덕(月德)을 병합한 것은 무록(無祿)으로 논(論)하지 않는다.

인년월(寅年月)에서 갑진(甲辰)일,

묘년월(卯年月)의 을사(乙巳)일,

사년월(巳年月)의 병신(丙申)일, 무술(戊戌)일,

오년월(午年月)의 정해(丁亥)일, 기축(己丑)일,

신년월(申年月)의 경진(庚辰)일,

유년월(酉年月)의 신사(辛巳)일,

해년월(亥年月)의 임신일(壬申日)은 세월(歲月)의 전실녹공(塡實祿空)이니 역시 무록(無祿)으로 논하지 아니한다.

우수(雨水) 후(後) 임신일(壬申日),

곡우(穀雨) 후 신사(辛巳)일,

소만(小滿) 후 경진일(庚辰日),

대서(大暑) 후 정해(丁亥)일,

처서(處暑) 후 병신일(丙申日), 무술(戊戌)일,

상강(霜降) 후 을사(乙巳)일,

소설(小雪) 후 갑진(甲辰)일은 태양(太陽)의 전실녹공(塡實祿空)이니 역시 무록(無祿)으로 논하지 아니한다.

갑기년(甲己年) 해묘미월(亥卯未月) 기축일(己丑日),

을경년(乙庚年) 사유축월(巳酉丑月) 을사일(乙巳日),

병신년(丙申年) 인오술월(寅午戌月) 신사일(辛巳日),

정임년(丁壬年) 신자진월(申子辰月) 정해일(丁亥日)은 세덕합(歲德合)·월덕합(月德合)이니 소회지신(所會之神)은 역시 무록(無祿)으로 논하지 않는다.

을경년(乙庚年) 해월(亥月) 경진일(庚辰日),

병신년(丙申年) 사월(巳月) 병신일(丙申日),

정임년(丁壬年) 인월(寅月) 임신일(壬申日),

무계년(戊癸年) 신월(申月) 무술일(戊戌日)은 세덕합(歲德合)이 세덕(歲德) 소회지신(所會之辰)이니 역시 무록(無祿)으로 논하지 않는다.,

갑년월(甲年月) 갑진일(甲辰日),

을년월(乙年月) 을사일(乙巳日),

병년월(丙年月) 병신일(丙申日),

정년월(丁年月) 정해일(丁亥日),

무년월(戊年月) 무술일(戊戌日),

기년월(己年月) 기축일(己丑日),

경년월(庚年月) 경진일(庚辰日),

신년월(辛年月) 신사일(辛巳日),

임년월(壬年月) 임신일(壬申日)은 세덕(歲德)·세덕합(歲德合)이 천간(天干)의 삼붕(三朋)을 이루니 역시 무록(無祿)으로 논하지 않는다.

오직 계해(癸亥)는 간지(干支)가 함께 진일(盡日)이므로 비록 치천월(催天月) 이덕(二德)일지라도 세월태양(歲月太陽)의 전실(塡實)이니 세덕(歲德) 회합(會合)이라도 이로 인(仍)하여 무록(無祿)으로 논하여야 한다.

안찰하면 ; 무록일(無祿日)은 간록(干祿)이 순공으로 떨어진(落旬空) 것이므로 제사가 불의(諸事不宜)에 해당한다. 오직 제사(祭祀), 해제(解除) 등사(等事)에서는 그 공망(空亡)이 혐(嫌)이 되지 않으므로 소의지신(所宜之神)은 불기(不忌)한다. 천덕(天德)·월덕(月德)이 병합하면 삼합(三合)이 녹왕국(祿

旺局)을 이루고, 월건이 태양으로 전실(塡實)이면 한 달 동안 내내 녹왕궁(祿旺宮)이 된다.

세건(歲建) 전실(塡實)하고 세덕(歲德)이 회합(會合)하면 더욱 세군(歲君)을 위주로 하기 때문에 순공(旬空)의 도(道)는 더욱 부족한 것이 되므로 역시 무록(無祿)으로 논하지 않는다.

계해(癸亥) 간지(干支)는 함께 소진(消盡)이므로 상삭(上朔) 회일(晦日)과 동의(同義)가 된다. 또 중기일(中氣日)로 바뀌면 세덕(歲德)·세덕합(歲德合)일(日)은 매년 달라지므로 월표(月表)와 만년서(萬年書)에도 논하지 못하였다. 그러므로 무록일(無祿日)을 임시로 선용(選用)할 수밖에 없다.

이를 만년서(萬年書) 포주조례(鋪註條例)에 자상하게 실어 놓았다.

42. 반지(反支)

忌 ➡ 상책진표장(上冊進表章), 진사승(陳詞訟).

덕합(德合)·사원(赦願)을 병합하여도 꺼린다. 《의례(義例)》를 보라.

이하의 모든 날은 모두 매년 부동(不同)이니 월표(月表)와 만년서(萬年書)를 해마다 살펴보아야 한다.

43. 상삭(上朔)·사리(四離)·사절(四絶)·회일(晦日)

단지 불기(不忌)는 제사(祭祀), 해제(解除), 목욕(沐浴), 정용(整容), 체두(剃頭), 정수족갑(整手足甲), 보원색혈(補垣塞穴), 수식원장(修飾垣墙), 소사우(掃舍宇), 평치도도(平治道塗), 파옥괴원(破屋壞垣), 벌목(伐木)에만 꺼리지 아니하고, 다른 일은 모두 꺼린다. 즉 덕합(德合)·사원(赦願)이라도 꺼린다는 것이다.

안찰하면 ; 상삭(上朔)은 음양(陰陽)과 세덕(歲德)이 함께 소진(消盡)되는 날이다.

사리(四離)와 사절(四絶)은 이기(二氣) 오행(五行)이 분판(分判)되는 날이다.

회일(晦日)은 월진일(月盡日)이다. 그러므로 이날들은 제사불의(諸事不宜)에 해당한다.

상삭(上朔)은 연간(年干)으로 취의(取義)하였고, 회일(晦日)과 반지(反支)는 월삭(月朔)으로 취의하였다. 사리(四離)와 사절(四絶)은 절기(節氣)로 취의하였다. 이들은 모두 덕합(德合)이나 사원(赦願)이라도 상속(相屬)되지 아니하므로 역시 꺼리는 것이다.

44. 동지·하지·춘분·추분

상책진표장(上冊進表章), 경사(慶賜), 상하(賞賀), 연회(宴會), 행행(行幸), 견사(遣使), 안무변경(按撫邊境), 선장훈병(選將訓兵), 출사(出師), 상관부임(上官赴任), 임정친민(臨政親民), 결혼인(結婚姻), 납채문명(納采問名), 가취(嫁娶), 진인구(進人口), 반이(搬移), 개시(開市), 입권(立券), 교역(交易), 포

착(捕捉), 전렵(畋獵), 취어(取魚) 등을 부주의(不註宜)하고, 동지일(冬至日)에는 벌목(伐木)도 꺼린다.

안찰하면 ; 이지일(二至日 ; 冬至, 夏至)은 음양(陰陽)이 쟁투(爭鬪)하고 두 기운이 나뉜(二分) 날이며 옅건(厭建)의 대(對)이므로 비록 길일일지라도 역시 이상의 여러 일들은 부주의(不註宜)이다.

45. 토왕용사(土王用事)

忌 ➡ 영건궁실(營建宮室), 수궁실(修宮室), 선성곽(繕城郭), 축제방(築堤防), 흥조동토(興造動土), 수창고(修倉庫), 수치산실(修置産室), 개거천정(開渠穿井), 안확애(安碓磑), 보원(補垣), 수식원장(修飾垣墻), 평치도도(平治道塗), 파옥괴원(破屋壞垣), 재종(栽種), 파토(破土).

토부(土府)와 동의(同義)이다.

46. 복사(伏社)

忌 ➡ 목욕(沐浴).

안찰하면 ; 목욕(沐浴)은 신유해자일(申酉亥子日)에 마땅하다.

복(伏)은 금복(金伏)이니 이는 신유를 반하는(申酉之反) 것이다. 사(社)는 토왕(土旺)이니 이는 해자에 반하는(亥子之反)

것이다. 그러므로 목욕에 꺼린다.

47. 삭현망(朔弦望)

忌 ➡ 구의료병(求醫療病).

안찰하면 ; 삭(朔)은 일월(日月)이 같은 도수(度數)에 임하는 것이다. 현(弦)은 근일(近一)이고 원삼(遠三)이다. 망(望)은 일월(日月)이 상대하는 것이다. 이는 마치 건(建)·파(破)·평(平)·수(收)의 뜻과 같다. 그러므로 요병(療病)에 꺼린다.

48. 월기일(月忌日)

忌 ➡ 제사(祭祀), 목욕(沐浴), 연회(宴會), 정용(整容), 체두(剃頭), 정수족갑(整手足甲), 구의료병(求醫療病), 소사우(掃舍宇), 보원(補垣), 수식원장(修飾垣墻), 평치도도(平治道塗)에 꺼리고 나머지 일은 부주(不註)이다.

《의례》를 보라.

49. 십오일(十五日)

忌 ➡ 구의료병(求醫療病)에 꺼린다. 망일(望日)과 같다.

50. 인신소재일(人神所在日)

12일은 재발제(在髮際), 15일은 재편신(在遍身)이니 체두

(剃頭)에 꺼린다.

1일은 재족대지(在足大指), 6일 재수(在手), 15일 재편신(在遍身), 19일 재족(在足), 21일 재수소지(在手小指), 23일 재간 및 족(在肝及足)이니 정수족갑(整手足甲)에 꺼린다.

51. 장성(長星 ; 단성短星)

忌 ➡ 진인구(進人口), 재제(裁製), 경락(經絡), 개시(開市), 입권(立券), 교역(交易), 납재(納財), 납축(納畜).

52. 백기일(百忌日)

갑일(甲日) 忌 개창고(開倉庫), 출화재(出貨財),

을일(乙日) 忌 재종(栽種),

정일(丁日) 忌 체두(剃頭),

경일(庚日) 忌 경락(經絡),

신일(辛日) 忌 온양(醞釀),

임일(壬日) 忌 개거(開渠),

축일(丑日) 忌 관대(冠帶),

인일(寅日) 忌 제사(祭祀),

묘일(卯日) 忌 천정(穿井),

사일(巳日) 忌 출행(出行),

오일(午日) 忌 점개(苫盖),

미일(未日) 忌 구의료병(求醫療病).

신일(申日) 忌 안상(安床),

유일(酉日) 忌 연회(宴會),

해일(亥日) 忌 가취(嫁娶).

제3장. 의기등제표(宜忌等第表)

1. 의기등제표

의기등제표(宜忌等第表)

	上 吉足勝凶, 從宜不從忌	上次 吉足抵凶 遇德從宜 不從忌, 不遇從宜 亦從忌	中 吉不抵凶, 遇德從宜 不從忌, 不遇從忌 不從宜	中次 凶勝于吉, 遇德從宜 亦從忌, 不遇從忌 不從宜	下 凶又逢凶, 遇德從忌 不從宜, 不遇諸事 皆忌	下次 凶疊大凶, 遇德亦諸 事皆忌
平日	相日 亥月時德 六合	相日 巳月六合 月形	中月 相日 月害	相日 寅月月害 月刑 卯午酉月 天吏	辰戌丑未月 月煞 子月 天吏 月形	
收日	長生 寅申月六合 劫煞		巳亥月 長生 劫煞 辰未月 月害	子午酉月 大時 丑戌月 月刑	卯月 月刑 大時	
閑日				子午卯酉月 丑日 辰戌丑未月 官彐 天吏	寅申巳亥月 月煞	

神煞						
劫煞	寅申月 長生 六合 劫煞	辰戌丑未月 除日 相日	巳亥月 長生 月害 收日	子午卯酉月 執日		
災煞		寅申巳亥月 開日	辰戌丑未月 滿日 民日		寅申月 月破	卯酉月 月破 月厭
月煞		卯酉月 六合 危日		子午月 月害 危日	寅申巳亥月 閑日 辰戌丑未月 平日	
月刑		巳月 相日 六合 平日		亥月 相日 月害 平日 辰戌丑未月 建日 丑戌月 收日	子月 平日 天吏 子月 平日 天吏 未申月 月破 月建 午月 月建 月破	
月害			卯酉月 收日 除日 丑未月 執日 大時 巳亥月 長生 收日 劫煞 中月 相日 平日	子午月 月煞 官日 辰戌月 天吏 閑日 相日 寅月 平日 月刑		
月厭			寅申月 危日 丑未月 關日	辰戌月 定日 巳亥月 收日	子月 月建 德大會 午月 月建 月刑 德大會	

大時	寅申巳亥月 除日 官日 辰戌月六合 執日		丑未月 執日月害	子午酉月 收日	卯月 收日月刑	
天吏			寅申巳亥月 危日	辰戌丑未月 陰日 卯午酉月 平日	子月 平日月刑	

2. 포주조례(鋪註條例)

● 무릇 포주(鋪註)는 《만년서(萬年書)》, 《통서(通書)》에 의하여 용사(用事) 전에 먼저 찾아보고, 다음으로 그 의기일(宜忌日)을 관찰하는 것인데, 모일(某日)에는 하주(下註)가 모사(某事)에 마땅(宜)하고, 모일(某日)은 하주(下註)가 모사(某事)에 꺼리는지(忌)를 알아놓은 다음에 의기(宜忌)를 살펴서 길흉(吉凶)의 경중(輕重)으로 거취(去取)를 결정하여야 하는 것이다.

● 무릇 선정사(宣政事)에 마땅한 날은 포정사지일(布政事之日)이니 다만 선정사에 마땅하도록(只註明適宜宣政事) 지어주기 때문이다.

● 무릇 영건궁실(營建宮室)은 수궁실지일(修宮室之日)이니 영건궁실(營建宮室)에도 마땅함을 집주(註宜)한다.

● 무릇 길(吉)함이 충분하여 흉(凶)을 이겨야 하므로 반드시 의(宜)를 따르고 기(忌)를 멀리하는 것이다. 그런데 가령 덕

(德)을 만나는 것은 도움이 되지 않고 도리어 기(忌)를 도우니 기함(註忌)을 짓는 것이다.

- 무릇 길흉이 서로 거스르는(吉凶相抵) 것은 의(宜)도 기(忌)도 만들지 못(不註)한다. 가령 이때 덕(德)을 만나는 것은 오히려 기(忌)를 도우므로 불리하다.

- 무릇 덕합(德合), 사원(赦願), 월은(月恩), 사상(四相), 시덕일(時德日) 등은 진인구(進人口)에 꺼리고, 안상(安床), 경락(經絡), 온양(醞釀), 개시(開市), 입권(立券), 교역(交易), 납재(納財), 개창고(開倉庫), 출화재(出貨財)에도 마땅한 바를 짓지 못(不註)한다. 가령 덕(德)을 만나는 것은 오히려 기(忌)를 좇고 의를 따르지 아니함(不從宜日)으로써 기함을 짓는(註忌) 것이다.

- 무릇 천구(天狗)는 인일(寅日)이니 제사(祭祀)에 기(忌)하므로 마땅한 바를 짓지 못하고 구복(不註宜求福)이나 기사(祈嗣)에도 마땅치 못한다.

- 무릇 묘일(卯日), 임일(壬日)은 기천정(忌穿井)하고 부주의(不註宜) 개거(開渠)이다.

- 사일(巳日) 기출행(忌出行)이니 부주의(不註宜) 출사(出師), 견사(遣使)이다.

- 무릇 유일(酉日) 기연회(忌宴會)이니 역시 부주의(不註宜) 경사(慶賜), 상하(賞賀)이다.

- 무릇 정일(丁日) 기체두(忌剃頭)이니 또한 부주의(不註宜) 정용(整容)이다.

- 무릇 길흉(吉凶) 상저(相抵)일 때는 부주기(不註忌) 기복

(祈福)하고, 또 부주기(不註忌) 구사(求嗣)이다.

● 무릇 기(忌) 조명공경(詔命公卿), 초현(招賢)이니, 부주의(不註宜) 시은봉배(施恩封拜), 거정직(擧正直), 습작수봉(襲爵受封)한다.

● 무릇 기(忌) 시은봉배(施恩封拜), 거정직(擧正直), 습작수봉(襲爵受封)이니 역시 부주의(不註宜) 조명공경(詔命公卿), 초현(招賢)한다.

● 무릇 의(宜) 선정사지일(宣政事之日)이니 왕망을 만나면(遇往亡), 즉 개선정사(改宣政事)가 되므로 정사를 베풀 수 있다(政事爲布).

● 무릇 월염(月厭)은 기(忌) 행행(行幸), 상관(上官)이니, 부주명의(不註明宜) 반조(頒詔), 시은봉배(施恩封拜), 조명공경(詔命公卿), 초현(招賢), 거정직(擧正直)한다. 만약 적의(適宜)일인 선정사지일(宣政事之日)을 만났을 때는 즉 개선(改宣)이므로 선포(爲布)할 수 있다.

● 무릇 길흉상저(吉凶相抵)일 때는, 부주기(不註忌) 결혼인(結婚姻)이며, 또 부주기(不註忌) 관대(冠帶), 납채문명(納采問名), 가취(嫁娶), 진인구(進人口) 등이 가능하다. 그러나 가령 덕(德)을 만났을 때는 오히려 꺼리는 날(猶忌之日)을 짓게 되므로 곧 꺼림을 거듭하는(仍註忌) 것이 된다.

● 무릇 길흉상저(吉凶相抵)일 때는, 부주기(不註忌) 가취(嫁娶)하고, 또 부주기(不註忌) 관대(冠帶), 결혼인(結婚姻), 납채문명(納采問名), 진인구(進人口), 반이(般移), 안상(安床)이다. 그러나 가령 덕을 만나면 오히려 꺼리게 하는 날(德猶忌之

日)이 되니 즉 기함을 짓기 때문이다(則仍註忌). 그러나 또 부장(不將)을 만나는 것은 부주기(不註忌) 가취(嫁娶)이다. 그러나 또 주기일로 인하여(仍註忌日) 해일(亥日), 염대(厭對), 팔전(八專), 사기(四忌), 사궁(四窮)을 만나니, 이 날은 관계없이 꺼리는 날이다. 이어 가취에 꺼린다(而仍註忌嫁娶者) 함은 꺼리는 일을(所忌之事) 짓기 때문이고, 그 일에 불기(不忌)라 한 것은 기(忌)함을 만들지 않기 때문이다.

● 무릇 길흉상저(吉凶相抵)일 때는, 부주기(不註忌) 반이(搬移)하고, 역시 부주기(不註忌) 안상(安床)이라 하였으니, 부주기(不註忌) 안상(安床)하고, 역시 부주기(不註忌) 반이(搬移)이다. 그러나 가령 덕을 만나는 것은 오히려 꺼리는 날(忌之日)이 되니 즉 꺼리는 일을 짓기(仍註忌) 때문이다.

● 무릇 길흉상저(吉凶相抵)일 때는, 부주기(不註忌) 해제(解除), 또한 부주기(不註忌) 정용(整容), 체두(剃頭), 정수족갑(整手足甲)이다. 그러나 가령 덕을 만나는 것은 오히려 꺼리는 날이 되니 즉 꺼리는 일을 짓기(仍註忌) 때문이다.

● 무릇 길흉상저(吉凶相抵)일 때는, 부주기(不註忌) 수조(修造), 동토(動土), 수주상량(竪柱上梁)하고, 역시 부주기(不註忌), 수궁실(修宮室), 선성곽(繕城郭), 축제방(築堤防), 수창고(修倉庫), 고주(鼓鑄), 점개(苫盖), 수치산실(修置産室), 개거천정(開渠穿井), 안확애(安確磑), 보원색혈(補垣塞穴), 수식원장(修飾垣墻), 평치도도(平治道塗), 파옥괴원(破屋壞垣)이다. 그러나 가령 덕을 만나는 것은 오히려 꺼리는 날(忌之日)이 되니, 즉 꺼리는 일을 짓기(則仍註忌) 때문이다.

• 무릇 길흉상저(吉凶相抵)일 때는, 부주기(不註忌) 개시(開市)하고, 역시 부주기(不註忌) 입권(立券), 교역(交易), 납재(納財)라 하니, 부주기(不註忌) 납재(納財)하고 또한 부주기(亦不註忌) 개시(開市), 입권(立券), 교역(交易)하며, 부주기(不註忌) 입권(立券), 교역(交易)하고, 또한 부주기(不註忌) 개시(開市), 납재(納財)한다.

• 무릇 길흉상저(吉凶相抵)일 때는, 부주기(不註忌) 개시(開市), 입권(立券), 교역(交易)하고, 또한 부주기(不註忌) 개창고(開倉庫), 출화재(出貨財)한다. 가령 전체가 꺼리는 날이면 그로써 꺼리는 일을 짓는다(註忌).

• 무릇 길흉상저(吉凶相抵)일 때는, 부주기(不註忌) 목양(牧養)하고, 역시 부주기(不註忌) 납축(納畜)이라 하니, 부주기(不註忌) 납축(納畜)하고 또한 부주기(不註忌) 목양(牧養)한다.

• 무릇 길흉상저(吉凶相抵)일 때는, 유의(有宜) 안장(安葬)하고 부주기(不註忌) 계찬(啓攢)이라 하니, 유의(有宜) 계찬(啓攢)하고, 부주기(不註忌) 안장(安葬)한다.

• 무릇 토부(土府)와 토부(土符), 지낭(地囊)은, 지주기(止註忌) 보원(補垣)하고, 역시 부주의(不註宜) 색혈(塞穴)이다.

• 무릇 개일(開日)은 부주의(不註宜) 파토(破土), 안장(安葬), 계찬(啓攢)이고, 역시 부주기(不註忌)이나 기(忌)함을 만났을 때는 기를 짓는다(遇忌則註).

• 무릇 사기(四忌), 사궁(四窮)일은 안장에 꺼리는 데 그친다. 그러나 가령 명폐(鳴吠), 명폐대일(鳴吠對日)을 만나더라

도 파토(破土), 계찬(啓攢)에 마땅한 바를 만들지 못한다(不註宜).

• 무릇 천리(天吏), 대시(大時)만은 사패(死敗)로 논하지 아니한다. 사폐(四廢)를 만난 것은 세박(歲薄), 축진(逐陣)까지를 사패(死敗)로 논(論)하기 때문이다.

• 무릇 세박(歲薄), 축진일(逐陣日)에 마땅한 것(事照)은 월염(月厭)이니 꺼리는 바(所忌)를 지워주기(刪去) 때문이다. 꺼리는 바는 본일(本日)에만 쫓아오는 것이기 때문이다. 2월 갑술(甲戌), 4월 병신(丙申), 6월 갑자(甲子), 7월 무신(戊申), 8월 경진(庚辰), 9월 신묘(辛卯), 10월 갑자(甲子), 12월 갑자(甲子)일은 덕합(德合)과 천사(天赦) 천원(天願)이 소회(所會)하는 일신(日辰)이기 때문에 제사불기(諸事不忌)이다.

【역자註】 부주의(不註宜) ; 마땅한 바를 만들지 못하다, 짓지 못하다. 부주기(不註忌) ; 꺼림을 짓지 못하다. 해롭게 하지 못하다. 길흉상저(吉凶相抵) ; 길흉이 서로 엇갈리다. 길흉 중 어느 쪽을 따를 수 없다.

【原文】 凡鋪註萬年書, 通書, 先依用事, 次第察其所宜忌之日, 於某日下註宜某事, 某日下註忌某事, 次按宜忌較量其吉凶之輕重, 以定去取.

凡宜宣政事, 布政事之日, 止註宜宣政事.

凡宜營建宮室, 修宮室之日, 止註宜營建宮室.

凡吉足勝凶, 從宜不從忌者, 如遇德猶忌之事, 則仍註忌.

凡吉凶相抵, 不註宜亦不註忌者, 如遇德猶忌之事, 則仍註忌.

凡德合, 赦願, 月恩, 四相, 時德等ヨ不註忌進人口, 安床, 經絡, 醞釀, 開市, 立券, 交易, 納財, 開倉庫, 出貨財, 如遇德猶忌及從忌不從宜之日, 則仍註忌.

凡天狗寅日忌祭祀, 不註宜求福, 祈嗣.

凡卯日忌穿井, 不註宜開渠, 不註宜穿井.

凡巳日忌出行, 不註宜出師, 遣使.

凡酉日忌宴會, 亦不註宜慶賜, 賞賀.

凡丁日忌剃頭, 亦不註宜整容.

凡吉凶相抵不註忌祈福, 亦不註忌求嗣.

凡忌詔命公卿, 招賢, 不註宜施恩封拜, 舉正直, 襲爵受封.

凡忌施恩封拜, 舉正直, 襲爵受封, 亦不註宜詔命公卿, 招賢.

凡宜宣政事之日, 遇往亡, 則改宜爲布.

凡月厭忌行幸, 上官, 不註宜頒詔, 施恩封拜, 詔命公卿, 招賢, 舉正直, 遇宜宣政事之日, 則改宜爲布.

凡吉凶相抵, 不註忌結婚姻, 亦不註忌冠帶, 納采問名, 嫁娶, 進人口, 如遇德猶忌之日則仍註忌.

凡吉凶相抵, 不註忌嫁娶, 亦不註忌冠帶, 結婚姻, 納采問名, 嫁娶, 進人口, 搬移, 安床, 如遇德猶忌之日, 則仍註忌, 遇不將而不註忌嫁娶者, 亦仍註忌. 遇亥日, 厭對, 八專, 四忌, 四窮, 而仍註忌嫁娶者, 止註所忌之事, 其不忌者仍不註忌.

凡吉凶相抵, 不註忌搬移, 亦不註忌安床, 不註忌安床, 亦不註忌搬移. 如遇德猶忌之日, 則仍註忌.

凡吉凶相抵, 不註忌解除, 亦不註忌整容, 剃頭, 整手足甲, 如遇德猶忌之日, 則仍註忌.

凡吉凶相抵，不註忌修造動土，豎柱上梁，亦不註忌修宮室，繕城郭，築堤防，修倉庫，鼓鑄，苫盖，修治產室，開渠穿井，安碓磑，補垣塞穴，修飾垣墻，平治道塗，破屋壞垣．如遇德猶忌之日，則仍註忌．

凡吉凶相抵，不註忌開市，亦不註忌立劵，交易，納財，不註忌納財，亦不註忌開市，立劵，交易：不註忌立劵，交易，亦不註忌開市，納財．

凡吉凶相抵，不註忌開市，立劵，交易，亦不註忌開倉庫，出貨財．如遇專忌之日，則仍註忌．

凡吉凶相抵，不註忌牧養，亦不註忌納畜，不註忌納畜，亦不註忌牧養．

凡吉凶相抵，有宜安葬，不註忌啓攢，不註忌安葬．

凡土府，土符，地囊，止註忌補垣，亦不註忌宜塞穴．

凡開日不註宜破土，安葬，啓攢，亦不註忌，遇忌則註．

凡四忌，四窮，止忌安葬，如遇鳴吠，鳴吠對，亦不註宜破土，啓攢．

凡天吏，大時，不以死敗倫者，遇四廢，歲薄，逐陣，仍以死敗倫．

凡歲薄，逐陣日所宜事照月厭，所忌刪，所忌仍從本日．二月甲戌，四月丙申，六月甲子，七月戊申，八月庚辰，九月辛卯，十月甲子，十二月甲子，德合與赦願所會之辰，諸事不忌．

欽定
四庫全書

協紀辨方書
卷 11

用事의 각 事情에 대응한 宜忌神煞

제1장. 용사(用事)의 분류

1. 용사(用事)

선택(選擇)에서 하고자 하는 용사(用事 ; 行事)에 의기(宜忌)를 갖추어 놓은 것이다. 그러나 포주(鋪註) 《만년서(萬年書)》에서는 행사(行事)를 「경(經)」으로 삼고 이에 필요한 신살(神煞)로는 「위(緯)」로 삼았다.

선택(選擇)에서 길(吉)한 일시(日時)에 따르는 신(神)을 「목(目)」으로 삼고, 하고자 하는 일은 행사(行事)이니 「강(綱)」으로 삼았다.

대개 포주(鋪註)는 일의 순서(事序)이기도 하므로 택일(選擇)할 때 행사(行事)에서 필요한 일들을 찾아(選擇由事起) 준비하는 것들이다.

《대청회전(大淸會典)》의 만년서(萬年書)를 보면 어용(御用)이 67사(事)이고 《통서(通書)》의 선택이 60사(事)로 되어 있는데, 지금 이들을 일편(一篇)으로 합하여, 행사(行事) 아래에 의기(宜忌)를 붙이고 경중(輕重)과 주(註)까지 달아 날짜(日)를 한눈에 찾아볼 수 있도록 꾸며 놓았다.

*경위(經緯)는 직물에서 씨줄과 날줄인데, 학문에서는 조리(條理), 두서(頭緒), 이치(理致)를 지칭하는데, 이곳에서는 「일의 경로(經路)와 과정(科程)」을 말한다.

*강목(綱目)은 《통감강목(通鑑綱目)》을 가리키는 말인데,「사물(事物)의 대강(大綱)과 세목(細目)」을 지칭한다.

2. 어용(御用) 67사(事)

황실(皇室) 조정(朝廷)의 택길지사(擇吉之事)

어용 67사(御用六十七事)

제사(祭祀)	기복(祈福)	구사(求嗣)	상책진표장(上冊進表章)
반조(頒詔)	담은(覃恩)	사사(肆赦)	시은봉배(施恩封拜)
조명공경(詔命公卿)	초현(招賢)	거정직(擧正直)	시은혜(施恩惠)
휼고경(恤孤惸)	선정사(宣政事)	포정사(布政事)	행혜애(行惠愛)
설원왕(雪冤枉)	완형옥(緩刑獄)	경사(慶賜)	상하(賞賀)
연회(宴會)	입학(入學)	관대(冠帶)	행행(行幸)
견사(遣使)	안무변경(按撫邊境)	선장훈병(選將訓兵)	출사(出師)
상관부임(上官赴任)	임정친민(臨政親民)	결혼인(結婚姻)	납채문명(納采問名)
가취(嫁娶)	진인구(進人口)	반이(搬移)	안상(安床)
해제(解除)	목욕(沐浴)	정용체두(整容剃頭)	정수족갑(整手足甲)
구의료병(求醫療病)	재제(裁製)	영건궁실(營建宮室)	수궁실(修宮室)
선성곽(繕城郭)	축제방(築堤防)	흥조동토(興造動土)	수주상량(竪柱上樑)
경락(經絡)	경락(經絡)	입권(立券)	교역(交易)
납재(納財)	수치산실(修治産室)	개거천정(開渠穿井)	안확애(安確磑)
보원색혈(補垣塞穴)	소사우(掃舍宇)	수식원장(修飾垣墻)	평치도도(平治道塗)
벌목(伐木)	포착(捕捉)	전렵(畋獵)	취어(取魚)
재종(栽種)	목양(牧養)	납축(納畜)	

3. 민용(民用) 37사(事)

평민(平民) 백성(百姓)의 택길지사(擇吉之事)

민용 37사(民用三十七事)

제사(祭祀)	상표장(上表章)	상관(上官)	입학(入學)
관대(冠帶)	결혼인(結婚姻)	가취(嫁娶)	안상(安床)
회친우(會親友)	진인구(進人口)	출행(出行)	이사(移徙)
목욕(沐浴)	체두(剃頭)	요병(療病)	재의(裁衣)
수조동토(修造動土)	수주상량(豎柱上梁)	경락(經絡)	개시(開市)
입권(立券)	교역(交易)	납재(納財)	수치산실(修治産室)
개거천정(開渠穿井)	안확애(安碓磑)	소사우(掃舍宇)	평치도도(平治道塗)
파옥괴원(破屋壞垣)	벌목(伐木)	포착(捕捉)	전렵(畋獵)
재종(栽種)	목양(牧養)	파토(破土)	안장(安葬)
계찬(啓攢)			

4. 《통서(通書)》 선택(選擇) 60사(事)

황력(皇曆) 상 기록의 택길지사(擇吉之事)

《통서(通書)》 선택(選擇) 60사(六十事)

제사(祭祀)	기복(祈福)	구사(求嗣)	상책수봉(上冊受封)
상표장(上表章)	습작수봉(襲爵受封)	회친우(會親友)	입학(入學)

관대(冠帶)	출행(出行)	상관부임(上官赴任)	임정친민(臨政親民)
결혼인(結婚姻)	납채문명(納采問名)	가취(嫁娶)	진인구(進人口)
이사(移徙)	원회(遠廻)	안상(安床)	해제(解除)
목욕(沐浴)	체두(剃頭)	정수족갑(整手足甲)	구의료병(求醫療病)
요목(療目)	침자(針刺)	재의(裁衣)	축제방(築堤防)
수조동토(修造動土)	수주상량(竪柱上樑)	수창고(修倉庫)	고주(鼓鑄)
점개(苫盖)	경락(經絡)	온양(醞釀)	개시(開市)
입권(立券)	교역(交易)	납재(納財)	개창고(開倉庫)
출화재(出貨財)	수치산실(修治産室)	개거천정(開渠穿井)	안확애(安碓磑)
보원색혈(補垣塞穴)	소사우(掃舍宇)	수식원장(修飾垣墻)	평치도도(平治道塗)
파옥괴원(破屋壞垣)	벌목(伐木)	포착(捕捉)	전렵(畋獵)
취어(取魚)	승선도수(乘船渡水)	재종(栽種)	목양(牧養)
납축(納畜)	파토(破土)	안장(安葬)	계찬(啓攢)

제2장. 정사(政事) 군사(軍事)

1. 제사(祭祀)

宜 ➡ 천덕(天德), 천덕합(天德合), 월덕(月德), 월덕합(月德合), 천사(天赦), 천원(天願), 월은(月恩), 사상(四相), 시덕(時德), 천무(天巫), 개일(開日), 보호(保護), 복생(福生), 성심(聖心), 익후(益後), 속세(續世).

忌 ➡ 천구(天狗), 인일(寅日).

2. 기복(祈福)

宜 ➡ 천덕(天德), 천덕합(天德合), 월덕(月德), 월덕합(月德合), 천사(天赦), 천원(天願), 월은(月恩), 사상(四相), 시덕(時德), 천무(天巫), 개일(開日) 보호(保護), 복생(福生), 성심(聖心), 익후(益後), 속세(續世).

忌 ➡ 월건(月建), 월파(月破), 평일(平日), 수일(收日), 겁살(劫煞), 재살(災煞), 월살(月煞), 월형(月刑), 월해(月害), 월염(月厭), 대시(大時), 유화(遊禍), 천리(天吏), 사폐(四廢). {또 녹공(祿空), 상삭(上朔) 등일(等日) 〈포주조례〉 를 보라}

3. 구사(求嗣)

宜 ➡ 천덕(天德), 천덕합(天德合), 월덕(月德), 월덕합(月德

合), 천사(天赦), 천원(天願), 월은(月恩), 사상(四相), 시덕(時德), 개일(開日), 익후(益後), 속세(續世).

忌 ➡ 월건(月建), 월파(月破), 평일(平日), 수일(收日), 겁살(劫煞), 재살(災煞), 월살(月煞), 월형(月刑), 월해(月害), 월염(月厭), 대시(大時), 유화(遊禍), 천리(天吏), 사폐(四廢).

4. 상책진표장(上冊進表章)

宜 ➡ 천덕(天德), 천덕합(天德合), 월덕(月德), 월덕합(月德合), 천사(天赦), 천원(天願), 임일(臨日), 복덕(福德), 개일(開日),

忌 ➡ 월건(月建), 월파(月破), 평일(平日), 수일(收日), 폐일(閉日), 겁살(劫煞), 재살(災煞), 월살(月煞), 월형(月刑), 월해(月害), 월염(月厭), 대시(大時), 천리(天吏), 사폐(四廢), 왕망(往亡).

5. 상표장(上表章)

宜 ➡ 천덕(天德), 천덕합(天德合), 월덕(月德), 월덕합(月德合), 천사(天赦), 천원(天願), 임일(臨日), 복덕(福德), 개일(開日), 해신(解神).

忌 ➡ 월건(月建), 월파(月破), 평일(平日), 수일(收日), 폐일(閉日), 겁살(劫煞), 재살(災煞), 월살(月煞), 월형(月刑), 월해(月害), 월염(月厭), 대시(大時), 천리(天吏), 사폐(四廢), 왕망(往亡).

6. 반조(頒詔)

宜 ➡ 천덕(天德), 천덕합(天德合), 월덕(月德), 월덕합(月德合), 천사(天赦), 천원(天願), 왕일(王日), 개일(開日). {또 천은(天恩)과 역마(驛馬)}

忌 ➡ 월파(月破), 평일(平日), 수일(收日), 폐일(閉日), 겁살(劫煞), 재살(災煞), 월살(月煞), 월형(月刑), 월염(月厭), 사폐(四廢), 왕망(往亡).

7. 담은(覃恩)·사사(肆赦)

宜 ➡ 천덕(天德), 천덕합(天德合), 월덕(月德), 월덕합(月德合), 천은(天恩), 천사(天赦), 천원(天願), 왕일(王日), 개일(開日).

忌 ➡ 무(無).

8. 시은봉배(施恩封拜)·습작수봉(襲爵受封)

宜 ➡ 천덕(天德), 천덕합(天德合), 월덕(月德), 월덕합(月德合), 천사(天赦), 천원(天願), 월은(月恩), 사상(四相), 시덕(時德), 왕일(王日), 건일(建日), 길기(吉期), 천희(天喜), 개일(開日).

忌 ➡ 월파(月破), 평일(平日), 수일(收日), 만일(滿日), 폐일(閉日), 겁살(劫煞), 재살(災煞), 월살(月煞), 월형(月刑), 월염(月厭), 대시(大時), 천리(天吏), 사폐(四廢).

9. 조명공경(詔命公卿)・초현(招賢)

宜 ➡ 천덕(天德), 천덕합(天德合), 월덕(月德), 월덕합(月德合), 천사(天赦), 천원(天願), 왕일(王日), 건일(建日), 개일(開日).

또한 월은(月恩), 사상(四相), 시덕(時德), 길기(吉期), 천희(天喜)와 역마(驛馬)나 천마(天馬) 병행자.

忌 ➡ 월파(月破), 평일(平日), 수일(收日), 만일(滿日), 폐일(閉日), 겁살(劫煞), 재살(災煞), 월살(月煞), 월형(月刑), 월염(月厭), 대시(大時), 천리(天吏), 사폐(四廢), 왕망(往亡).

10. 거정직(擧正直)

宜 ➡ 천덕(天德), 천덕합(天德合), 월덕(月德), 월덕합(月德合), 천사(天赦), 천원(天願), 월은(月恩), 사상(四相), 시덕(時德), 왕일(王日), 건일(建日), 길기(吉期), 천희(天喜) 개일(開日).

忌 ➡ 월파(月破), 평일(平日), 수일(收日), 만일(滿日), 폐일(閉日), 겁살(劫煞), 재살(災煞), 월살(月煞), 월형(月刑), 월염(月厭), 대시(大時), 천리(天吏), 사폐(四廢).

11. 시은혜(施恩惠)・휼고경(恤孤經)

宜 ➡ 천덕(天德), 천덕합(天德合), 월덕(月德), 월덕합(月德合), 천사(天赦), 천원(天願), 양덕(陽德), 음덕(陰德), 왕일

(王日), 개일(開日).

忌 ➡ 무(無).

12. 의정사(宜政事)

宜 ➡ 천덕(天德), 천덕합(天德合), 월덕(月德), 월덕합(月德合), 천사(天赦), 천원(天願), 왕일(王日), 개일(開日), {또한 천은(天恩)과 역마(驛馬), 천마(天馬)와 건일(建日) 합병자}

忌 ➡ 월파(月破), 평일(平日), 수일(收日), 폐일(閉日), 겁살(劫煞), 재살(災煞), 월살(月煞), 월형(月刑), 월염(月厭), 사폐(四廢), 왕망(往亡).

13. 포정사(布政事)

宜 ➡ 천은(天恩).

忌 ➡ 월파(月破), 평일(平日), 수일(收日), 폐일(閉日), 겁살(劫煞), 재살(災煞), 월살(月煞), 월형(月刑), 월염(月厭), 사폐(四廢).

14. 행혜애(行惠愛) · 설원왕(雪冤枉) · 완형옥(緩刑獄)

宜 ➡ 천덕(天德), 천덕합(天德合), 월덕(月德), 월덕합(月德合), 천사(天赦), 천원(天願), 양덕(陽德), 음덕(陰德), 왕일(王日), 개일(開日).

忌 ➡ 무(無).

15. 경사(慶賜)·상하(賞賀)

宜 ➡ 천덕(天德), 천덕합(天德合), 월덕(月德), 월덕합(月德合), 천사(天赦), 천원(天願), 월은(月恩), 사상(四相), 시덕(時德), 왕일(王日), 삼합(三合), 복덕(福德), 천희(天喜), 개일(開日).

忌 ➡ 월파(月破), 평일(平日), 수일(收日), 폐일(閉日), 겁살(劫煞), 재살(災煞), 월살(月煞), 월형(月刑), 월염(月厭), 사폐(四廢), 오리(五離).

16. 연회(宴會)·회친우(會親友)

宜 ➡ 천덕(天德), 천덕합(天德合), 월덕(月德), 월덕합(月德合), 천은(天恩), 천사(天赦), 천원(天願), 월은(月恩), 사상(四相), 시덕(時德), 왕일(王日), 민일(民日), 삼합(三合), 복덕(福德), 천희(天喜), 개일(開日), 육합(六合), 오합(五合).

忌 ➡ 월파(月破), 평일(平日), 수일(收日), 폐일(閉日), 겁살(劫煞), 재살(災煞), 월살(月煞), 월형(月刑), 월염(月厭), 사폐(四廢), 오리(五離), 유일(酉日).

17. 입학(入學)

宜 ➡ 성일(成日), 개일(開日).
忌 ➡ 무(無).

18. 관대(冠帶)

宜 ➡ 정일(定日).

忌 ➡ 월파(月破), 평일(平日), 수일(收日), 겁살(劫煞), 재살(災煞), 월살(月煞), 월형(月刑), 월염(月厭), 대시(大時), 천리(天吏), 사폐(四廢), 오묘(五墓), 축일(丑日).

19. 행행(行幸)·견사(遣使)·출행(出行)

宜 ➡ 천덕(天德), 천덕합(天德合), 월덕(月德), 월덕합(月德合), 천은(天恩), 천사(天赦), 천원(天願), 월은(月恩), 사상(四相), 시덕(時德), 왕일(王日), 역마(驛馬), 천마(天馬), 건일(建日), 길기(吉期), 천희(天喜), 개일(開日).

忌 ➡ 월파(月破), 평일(平日), 수일(收日), 폐일(閉日), 겁살(劫煞), 재살(災煞), 월살(月煞), 월형(月刑), 월염(月厭), 대시(大時), 천리(天吏), 천적(天賊), 사폐(四廢), 오묘(五墓), 왕망(往亡), 사일(巳日).

20. 안무변경(按撫邊境)

宜 ➡ 천덕(天德), 천덕합(天德合), 월덕(月德), 월덕합(月德合), 천은(天恩), 천사(天赦), 천원(天願), 왕일(王日), 수일(守日), 병복(兵福), 병보(兵寶), 병길(兵吉), 위일(危日), 성일(成日).

忌 ➡ 월파(月破), 평일(平日), 사신(死神), 수일(收日), 겁살(劫

煞), 재살(災煞), 월살(月煞), 월형(月刑), 월염(月厭), 대시
(大時), 천리(天吏), 사기(死氣), 사격(四擊), 사모(四耗), 사
폐(四廢), 사기(四忌), 사궁(四窮), 오묘(五墓), 병금(兵禁),
대살(大煞), 왕망(往亡), 팔전(八專), 전일(專日), 벌일(伐
日).

21. 선장훈병(選將訓兵)

宜 ➡ 천덕(天德), 천덕합(天德合), 월덕(月德), 월덕합(月德
合), 천은(天恩), 천사(天赦), 천원(天願), 왕일(王日), 병복
(兵福), 병보(兵寶), 병길(兵吉), 우일(危日).

忌 ➡ 월파(月破), 평일(平日), 사신(死神), 수일(收日), 겁살(劫
煞), 재살(災煞), 월살(月煞), 월형(月刑), 월염(月厭), 대시
(大時), 천리(天吏), 사기(死氣), 사격(四擊), 사모(四耗), 사
폐(四廢), 사기(四忌), 사궁(四窮), 오묘(五墓), 병금(兵禁),
대살(大煞), 왕망(往亡), 팔전(八專), 전일(專日), 벌일(伐
日).

22. 출사(出師)

宜 ➡ 천덕(天德), 천덕합(天德合), 월덕(月德), 월덕합(月德
合), 병복(兵福), 병보(兵寶), 병길(兵吉).

忌 ➡ 월파(月破), 평일(平日), 사신(死神), 수일(收日), 겁살(劫
煞), 재살(災煞), 월살(月煞), 월형(月刑), 월염(月厭), 대시
(大時), 천리(天吏), 사기(死氣), 사격(四擊), 사모(四耗), 사

폐(四廢), 사기(四忌), 사궁(四窮), 오묘(五墓), 병금(兵禁), 대살(大煞), 왕망(往亡), 팔전(八專), 전일(專日), 벌일(伐日).

23. 상관부임(上官赴任)

宜 ➡ 천덕(天德), 천덕합(天德合), 월덕(月德), 월덕합(月德合), 천사(天赦), 천원(天願), 월은(月恩), 사상(四相), 시덕(時德), 왕일(王日), 관일(官日), 수일(守日), 상일(相日), 임일(臨日), 건일(建日), 길기(吉期), 천희(天喜), 개일(開日), 육의(六儀).

忌 ➡ 월파(月破), 평일(平日), 수일(收日), 만일(滿日), 폐일(閉日), 겁살(劫煞), 재살(災煞), 월살(月煞), 월형(月刑), 월염(月厭), 대시(大時), 천리(天吏), 사폐(四廢), 오묘(五墓), 왕망(往亡).

24. 임정친민(臨政親民)

宜 ➡ 천덕(天德), 천덕합(天德合), 월덕(月德), 월덕합(月德合), 천사(天赦), 천원(天願), 월은(月恩), 사상(四相), 시덕(時德), 왕일(王日), 관일(官日), 수일(守日), 상일(相日), 임일(臨日), 건일(建日), 길기(吉期), 천희(天喜), 개일(開日).

忌 ➡ 월파(月破), 평일(平日), 수일(收日), 만일(滿日), 폐일(閉日), 겁살(劫煞), 재살(災煞), 월살(月煞), 월형(月刑), 월염

(月厭), 대시(大時), 천리(天吏), 사폐(四廢), 오묘(五墓), 왕
망(往亡).

第二部 用事宜忌

제3장. 생활용사(生活用事)

1. 결혼인(結婚姻)

宜 ➡ 천덕(天德), 천덕합(天德合), 월덕(月德), 월덕합(月德合), 천사(天赦), 천원(天願), 월은(月恩), 사상(四相), 시덕(時德), 민일(民日), 삼합(三合), 천희(天喜), 육합(六合), 오합(五合).

忌 ➡ 월건(月建), 월파(月破), 평일(平日), 수일(收日), 만일(滿日), 폐일(閉日), 겁살(劫煞), 재살(災煞), 월살(月煞), 월형(月刑), 월염(月厭), 대시(大時), 천리(天吏), 사폐(四廢), 사기(四忌), 사궁(四窮), 오묘(五墓), 오리(五離), 팔전(八專).

2. 납채문명(納采問名)

宜 ➡ 천덕(天德), 천덕합(天德合), 월덕(月德), 월덕합(月德合), 천사(天赦), 천원(天願), 월은(月恩), 사상(四相), 시덕(時德), 민일(民日), 삼합(三合), 천희(天喜).

忌 ➡ 월건(月建), 월파(月破), 평일(平日), 수일(收日), 만일(滿日), 폐일(閉日), 겁살(劫煞), 재살(災煞), 월살(月煞), 월형(月刑), 월염(月厭), 대시(大時), 천리(天吏), 사폐(四廢), 사기(四忌), 사궁(四窮), 오묘(五墓), 오리(五離), 팔전(八專).

3. 가취(嫁娶)

宜 ➡ 천덕(天德), 천덕합(天德合), 월덕(月德), 월덕합(月德合), 천사(天赦), 천원(天願), 삼합(三合), 천희(天喜), 육합(六合), 부장(不將).

忌 ➡ 월건(月建), 월파(月破), 평일(平日), 수일(收日), 만일(滿日), 폐일(閉日), 겁살(劫煞), 재살(災煞), 월살(月煞), 월형(月刑), 월염(月厭), 대시(大時), 천리(天吏), 사폐(四廢), 사기(四忌), 사궁(四窮), 오묘(五墓), 왕망(往亡), 팔전(八專), 해일(亥日).

4. 진인구(進人口)

宜 ➡ 천원(天願), 민일(民日), 삼합(三合), 만일(滿日), 수일(收日), 육합(六合), 천창(天倉).

忌 ➡ 월파(月破), 평일(平日), 사신(死神), 폐일(閉日), 겁살(劫煞), 재살(災煞), 월살(月煞), 월형(月刑), 월염(月厭), 대시(大時), 천리(天吏), 사폐(四廢), 사궁(四窮), 오묘(五墓), 구공(九空), 왕망(往亡).

5. 반이(搬移)

宜 ➡ 천덕(天德), 천덕합(天德合), 월덕(月德), 월덕합(月德合), 천사(天赦), 천원(天願), 월은(月恩), 사상(四相), 시덕(時德), 민일(民日), 역마(驛馬), 천마(天馬), 성일(成日), 개

일(開日),

忌 ➡ 월파(月破), 평일(平日), 수일(收日), 폐일(閉日), 겁살(劫
煞), 재살(災煞), 월살(月煞), 월형(月刑), 월염(月厭), 대시
(大時), 천리(天吏), 사폐(四廢), 오묘(五墓), 오리(五離), 귀
기(歸忌), 왕망(往亡).

6. 원회(遠廻)

忌 ➡ 월염(月厭), 귀기(歸忌).

7. 안상(安床)

宜 ➡ 위일(危日).

忌 ➡ 월파(月破), 평일(平日), 수일(收日), 폐일(閉日), 겁살(劫
煞), 재살(災煞), 월살(月煞), 월형(月刑), 월염(月厭), 대시
(大時), 천리(天吏), 사폐(四廢), 오묘(五墓), 신일(申日).

8. 해제(解除)

宜 ➡ 천덕(天德), 천덕합(天德合), 월덕(月德), 월덕합(月德
合), 천사(天赦), 월은(月恩), 사상(四相), 시덕(時德), 제일
(除日), 개일(開日), 해신(解神), 제신(除神).

忌 ➡ 월건(月建), 평일(平日), 사신(死神), 수일(守日), 겁살(劫
煞), 재살(災煞), 월살(月煞), 월형(月刑), 월염(月厭), 대시
(大時), 유화(遊禍), 천리(天吏), 사기(死氣), 사폐(四廢), 오
묘(五墓).

9. 목욕(沐浴)

宜 ➡ 제일(除日), 해신(解神), 제신(除神), 해자(亥子).
忌 ➡ 복사일(伏社日).

10. 정용(整容)·체두(剃頭)

宜 ➡ 제일(除日), 해신(解神), 제신(除神).
忌 ➡ 월건(月建), 월파(月破), 겁살(劫煞), 재살(災煞), 월살(月煞), 월형(月刑), 월염(月厭), 정일(丁日), 매월(每月) 12일(日), 15일(日).

11. 정수족갑(整手足甲)

宜 ➡ 제일(除日), 해신(解神), 제신(除神).
忌 ➡ 월건(月建), 월파(月破), 겁살(劫煞), 재살(災煞), 월살(月煞), 월형(月刑), 월염(月厭), 매월(每月) 1일(日), 6일, 15일, 19일, 21일, 23일.

12. 구의료병(求醫療病)

宜 ➡ 천덕(天德), 천덕합(天德合), 월덕(月德), 월덕합(月德合), 천사(天赦), 월은(月恩), 사상(四相), 시덕(時德), 천후(天后), 제일(除日), 파일(破日), 천의(天醫), 개일(開日), 해신(解神), 제신(除神).
忌 ➡ 월건(月建), 평일(平日), 사신(死神), 수일(守日), 만일(滿

日), 폐일(閉日), 겁살(劫煞), 재살(災煞), 월살(月煞), 월형(月刑), 월염(月厭), 대시(大時), 유화(遊禍), 천리(天吏), 사기(死氣), 사폐(四廢), 오묘(五墓), 왕망(往亡), 미일(未日), 매월(每月) 15일(日), 삭현망일(朔弦望日).

13. 요목(療目)

忌 ➡ 폐일(閉日).

14. 침자(針刺)

忌 ➡ 혈지(血支), 혈기(血忌).

15. 재제(裁製)·재의(裁衣)

宜 ➡ 천덕(天德), 천덕합(天德合), 월덕(月德), 월덕합(月德合), 천사(天赦), 천원(天願), 월은(月恩), 사상(四相), 시덕(時德), 왕일(王日), 삼합(三合), 만일(滿日), 개일(開日), 복일(復日).

忌 ➡ 월파(月破), 평일(平日), 수일(收日), 겁살(劫煞), 재살(災煞), 월살(月煞), 월형(月刑), 월염(月厭), 사폐(四廢).

제4장. 영조동토(營造動土)

1. 영건궁실(營建宮室)

宜 ➡ 천덕(天德), 천덕합(天德合), 월덕(月德), 월덕합(月德合), 천사(天赦), 천원(天願),

忌 ➡ 월건(月建), 토부(土府), 월파(月破), 평일(平日), 수일(收日), 폐일(閉日), 겁살(劫煞), 재살(災煞), 월살(月煞), 월형(月刑), 월염(月厭), 대시(大時), 천리(天吏), 사폐(四廢), 오묘(五墓), 토부(土符), 지낭(地囊), 토왕용사후(土王用事後).

2. 수궁실(修宮室)

宜 ➡ 월은(月恩), 사상(四相), 시덕(時德), 삼합(三合), 복덕(福德), 개일(開日).

忌 ➡ 월건(月建), 토부(土府), 월파(月破), 평일(平日), 수일(收日), 폐일(閉日), 겁살(劫煞), 재살(災煞), 월살(月煞), 월형(月刑), 월염(月厭), 대시(大時), 천리(天吏), 사폐(四廢), 오묘(五墓), 토부(土符), 지낭(地囊), 토왕용사후(土王用事後).

3. 선성곽(繕城郭)

宜 ➡ 천덕(天德), 천덕합(天德合), 월덕(月德), 월덕합(月德

合), 천사(天赦), 천원(天願), 월은(月恩), 사상(四相), 시덕
(時德), 삼합(三合), 복덕(福德), 개일(開日).

忌 ➡ 월건(月建), 토부(土府), 월파(月破), 평일(平日), 수일(收
日), 겁살(劫煞), 재살(災煞), 월살(月煞), 월형(月刑), 월염
(月厭), 대시(大時), 천리(天吏), 사폐(四廢), 오묘(五墓), 토
부(土符), 지낭(地囊), 토왕용사후(土王用事後).

4. 축제방(築堤防)

宜 ➡ 성일(成日), 폐일(閉日).

忌 ➡ 토부(土府), 월파(月破), 평일(平日), 수일(收日), 겁살(劫
煞), 재살(災煞), 월살(月煞), 월형(月刑), 월염(月厭), 대시
(大時), 천리(天吏), 사폐(四廢), 오묘(五墓), 토부(土符), 지
낭(地囊), 토왕용사후(土王用事後).

5. 흥조동토(興造動土)·수조(修造)

宜 ➡ 천덕(天德), 천덕합(天德合), 월덕(月德), 월덕합(月德
合), 천사(天赦), 천원(天願), 월은(月恩), 사상(四相), 시덕
(時德), 삼합(三合), 개일(開日).

忌 ➡ 월건(月建), 토부(土府), 월파(月破), 평일(平日), 수일
(收日), 폐일(閉日), 겁살(劫煞), 재살(災煞), 월살(月煞),
월형(月刑), 월염(月厭), 대시(大時), 천리(天吏), 사폐(四
廢), 오묘(五墓), 토부(土符), 지낭(地囊), 토왕용사후(土王

用事後).

6. 수주상량(竪柱上樑)

宜 ➡ 천덕(天德), 천덕합(天德合), 월덕(月德), 월덕합(月德合), 천사(天赦), 천원(天願), 월은(月恩), 사상(四相), 시덕(時德), 삼합(三合), 개일(開日).

忌 ➡ 월건(月建), 토부(土府), 월파(月破), 평일(平日), 수일(收日), 폐일(閉日), 겁살(劫煞), 재살(災煞), 월살(月煞), 월형(月刑), 월염(月厭), 대시(大時), 천리(天吏), 사폐(四廢), 오묘(五墓).

7. 수창고(修倉庫)

宜 ➡ 천덕(天德), 천덕합(天德合), 월덕(月德), 월덕합(月德合), 천사(天赦), 천원(天願), 삼합, 만일(滿日).
또 수일(收日), 모창(母倉), 육합(六合), 오부(五富), 천창(天倉), 사상(四相), 시덕(時德), 개일(開日)이 월덕(月德)과 병합(倂合).

忌 ➡ 월건(月建), 토부(土府), 월파(月破), 대모(大耗), 평일(平日), 겁살(劫煞), 재살(災煞), 월살(月煞), 월형(月刑), 월염(月厭), 대시(大時), 천리(天吏), 소모(小耗), 천적(天賊), 사모(四耗), 사폐(四廢), 사궁(四窮), 오허(五虛), 구공(九空), 토부(土符), 지낭(地囊), 토왕용사후(土王用事後).

8. 고주(鼓鑄)

忌 ➡ 월파(月破), 평일(平日), 수일(收日), 겁살(劫煞), 재살(災煞), 월살(月煞), 월형(月刑), 월염(月厭), 사폐(四廢), 구초(九焦).

9. 점개(苫盖)

忌 ➡ 천화(天火), 오일(午日).

10. 경락(經絡)

宜 ➡ 천원(天願), 삼합(三合), 만일(滿日), 육합(六合), 오부(五富).

忌 ➡ 월파(月破), 평일(平日), 수일(收日), 겁살(劫煞), 재살(災煞), 월살(月煞), 월형(月刑), 월해(月害), 월염(月厭), 사폐(四廢), 경일(庚日).

11. 온양(醞釀)

宜 ➡ 천원(天願), 삼합(三合), 육합(六合), 오부(五富).

忌 ➡ 월파(月破), 평일(平日), 수일(收日), 겁살(劫煞), 재살(災煞), 월살(月煞), 월형(月刑), 월해(月害), 월염(月厭), 사폐(四廢), 신일(辛日).

12. 개시(開市)

宜 ➡ 천원(天願), 민일(民日), 만일(滿日), 성일(成日), 개일(開日), 오부(五富).

忌 ➡ 월파(月破), 대모(大耗), 평일(平日), 수일(收日), 폐일(閉日), 겁살(劫煞), 재살(災煞), 월살(月煞), 월형(月刑), 월염(月厭), 대시(大時), 천리(天吏), 소모(小耗), 사모(四耗), 사폐(四廢), 사궁(四窮), 오묘(五墓), 구공(九空).

13. 입권(立券)·교역(交易)

宜 ➡ 천원(天願), 민일(民日), 삼합(三合), 만일(滿日), 육합(六合), 오부(五富), 오합(五合).

忌 ➡ 월파(月破), 대모(大耗), 평일(平日), 수일(收日), 겁살(劫煞), 재살(災煞), 월살(月煞), 월형(月刑), 월염(月厭), 대시(大時), 천리(天吏), 소모(小耗), 사모(四耗), 사폐(四廢), 사궁(四窮), 오묘(五墓), 구공(九空), 오리(五離).

14. 납재(納財)

宜 ➡ 모창(母倉), 천원(天願), 월은(月恩), 사상(四相), 시덕(時德), 민일(民日), 삼합(三合), 만일(滿日), 수일(收日), 육합(六合), 오부(五富), 천창(天倉).

忌 ➡ 월파(月破), 대모(大耗), 평일(平日), 겁살(劫煞), 재살(災

煞), 월살(月煞), 월형(月刑), 월염(月厭), 대시(大時), 천리(天吏), 소모(小耗), 사모(四耗), 사폐(四廢), 사궁(四窮), 구공(九空).

15. 개창고(開倉庫)·출화재(出貨財)

宜 ➡ 월은(月恩), 사상(四相), 시덕(時德), 만일(滿日), 오부(五富).

忌 ➡ 월건(月建), 월파(月破), 대모(大耗), 평일(平日), 수일(收日), 폐일(閉日), 겁살(劫煞), 재살(災煞), 월살(月煞), 월허(月虛), 월형(月刑), 월해(月害), 월염(月厭), 대시(大時), 천리(天吏), 소모(小耗), 천적(天賊), 사모(四耗), 사폐(四廢), 사궁(四窮), 오허(五虛), 구공(九空), 갑일(甲日).

16. 수치산실(修置産室)

宜 ➡ 개일(開日).

忌 ➡ 월건(月建), 토부(土府), 월파(月破), 평일(平日), 사신(死神), 수일(收日), 폐일(閉日), 겁살(劫煞), 재살(災煞), 월살(月煞), 월형(月刑), 월해(月害), 월염(月厭), 대시(大時), 천리(天吏), 사기(死氣), 사폐(四廢), 오묘(五墓), 토부(土符), 지낭(地囊), 토왕용사후(土王用事後).

17. 개거천정(開渠穿井)

宜 ➡ 개일(開日).

忌 ➡ 토부(土府), 월파(月破), 평일(平日), 수일(收日), 페일(閉日), 겁살(劫煞), 재살(災煞), 월살(月煞), 월형(月刑), 월해(月害), 월염(月厭), 사폐(四廢), 토부(土符), 지낭(地囊), 토왕용사후(土王用事後).

　　임일(壬日)은 개거(開渠)만 꺼리고, 묘일(卯日)은 천정(穿井)만 꺼린다.

18. 안확애(安碓磑)

宜 ➡ 삼합(三合), 개일(開日).

忌 ➡ 토부(土府), 월파(月破), 겁살(劫煞), 재살(災煞), 월살(月煞), 월형(月刑), 월염(月厭), 사폐(四廢), 토부(土符), 지낭(地囊), 토왕용사후(土王用事後).

19. 보원색혈(補垣塞穴)

宜 ➡ 만일(滿日), 페일(閉日).

忌 ➡ 월파(月破), 겁살(劫煞), 재살(災煞), 월살(月煞), 월형(月刑), 월염(月厭), 사폐(四廢), 구감(九坎).

　또한 토부(土府), 토부(土符), 지낭(地囊).

　토왕용사후(土王用事後)는 보원(補垣)에만 꺼린다.

20. 소사우(掃舍宇)

宜 ➡ 제일(除日), 제신(除神).

忌 ➡ 무(無).

21. 수식원장(修飾垣墻)

宜 ➡ 평일(平日).

忌 ➡ 토부(土府), 월파(月破), 겁살(劫煞), 재살(災煞), 월살(月煞), 월형(月刑), 월염(月厭), 사폐(四廢), 토부(土符), 지낭(地囊), 토왕용사후(土王用事後).

22. 평치도도(平治道塗)

宜 ➡ 평일(平日).

忌 ➡ 토부(土府), 월염(月厭), 토부(土符), 지낭(地囊), 토왕용사후(土王用事後).

23. 파옥괴원(破屋壞垣)

宜 ➡ 월파(月破).

忌 ➡ 월건(月建), 토부(土府), 겁살(劫煞), 재살(災煞), 월살(月煞), 월형(月刑), 월염(月厭), 토부(土符), 지낭(地囊), 토왕용사후(土王用事後).

제5장. 농목(農牧) 장사(葬事)

1. 벌목(伐木)

宜 ➡ 입동(立冬) 後 입춘(立春) 前은 위일(危日), 오일(午日), 신일(申日).

忌 ➡ 월건(月建), 월파(月破), 월염(月厭), 생기(生氣).

2. 포착(捕捉)

宜 ➡ 집일(執日), 수일(收日).

忌 ➡ 왕망(往亡).

3. 전렵(畋獵)

宜 ➡ 상강(霜降) 후 입춘(立春) 전이면 집일(執日), 위일(危日), 수일(收日).

忌 ➡ 천덕(天德), 천덕합(天德合), 월덕(月德), 월덕합(月德合), 천사(天赦), 생기(生氣), 왕망(往亡).

4. 취어(取魚)

宜 ➡ 우수(雨水) 후 입하(立夏) 전이면 집일(執日), 위일(危日), 수일(收日).

忌 ➡ 천덕(天德), 천덕합(天德合), 월덕(月德), 월덕합(月德合), 천사(天赦), 생기(生氣), 초요(招搖), 함지(咸池), 팔풍(八風), 구감(九坎), 왕망(往亡), 촉수룡(觸水龍).

5. 승선도수(乘船渡水)

忌 ➡ 초요(招搖), 함지(咸池), 팔풍(八風), 구감(九坎), 촉수룡(觸水龍).

6. 재종(栽種)

宜 ➡ 천덕(天德), 천덕합(天德合), 월덕(月德), 월덕합(月德合), 천사(天赦), 천원(天願), 월은(月恩), 사상(四相), 시덕(時德), 민일(民日), 개일(開日), 오부(五富).

忌 ➡ 월파(月破), 평일(平日), 사신(死神), 겁살(劫煞), 재살(災煞), 월살(月煞), 월형(月刑), 월해(月害), 월염(月厭), 대시(大時), 천리(天吏), 사폐(四廢), 오묘(五墓).

7. 목양(牧養)

宜 ➡ 천덕(天德), 천덕합(天德合), 월덕(月德), 월덕합(月德合), 천사(天赦), 모창(母倉), 천원(天願), 월은(月恩), 사상(四相), 시덕(時德), 민일(民日), 개일(開日), 오부(五富).

忌 ➡ 월파(月破), 평일(平日), 사신(死神), 겁살(劫煞), 재살(災煞), 월살(月煞), 월형(月刑), 월해(月害), 월염(月厭), 대시

(大時), 천리(天吏), 사폐(四廢), 오묘(五墓).

8. 납축(納畜)

宜 ➡ 천덕(天德), 천덕합(天德合), 월덕(月德), 월덕합(月德合), 천사(天赦), 모창(母倉), 천원(天願), 민일(民日), 삼합(三合), 수일(收日), 육합(六合), 오부(五富), 천창(天倉).

忌 ➡ 월파(月破), 평일(平日), 사신(死神), 겁살(劫煞), 재살(災煞), 월살(月煞), 월형(月刑), 월해(月害), 월염(月厭), 대시(大時), 천리(天吏), 사폐(四廢), 오묘(五墓).

9. 파토(破土)

宜 ➡ 명폐(鳴吠), 명폐대(鳴吠對).

忌 ➡ 월건(月建), 토부(土府), 월파(月破), 평일(平日), 수일(收日), 겁살(劫煞), 재살(災煞), 월살(月煞), 월형(月刑), 월해(月害), 월염(月厭), 사폐(四廢), 오묘(五墓), 토부(土符), 지낭(地囊), 복일(復日), 중일(重日), 토왕용사후(土王用事後).

10. 안장(安葬)

宜 ➡ 천덕(天德), 천덕합(天德合), 월덕(月德), 월덕합(月德合), 천사(天赦), 천원(天願), 육합(六合), 명폐(鳴吠).

忌 ➡ 월건(月建), 월파(月破), 평일(平日), 수일(收日), 겁살(劫煞), 재살(災煞), 월살(月煞), 월형(月刑), 월해(月害), 월염

(月厭), 사폐(四廢), 사기(四忌), 사궁(四窮), 오묘(五墓), 복
일(復日), 중일(重日).

11. 계찬(啓攢)

宜 ➡ 명폐대(鳴吠對).

忌 ➡ 월건(月建), 월파(月破), 평일(平日), 수일(收日), 겁살(劫
煞), 재살(災煞), 월살(月煞), 월형(月刑), 월해(月害), 월염
(月厭), 사폐(四廢), 오묘(五墓), 복일(復日), 중일(重日).

이상은 용사(用事)와 의(宜)·기(忌)를 서로 경위(經緯)로
삼았는데, 요목(療目), 침자(針刺)는 마땅한 날이 없으므로(無
宜日) 요병(療病)과 함께하였다. 고주(鼓鑄)·점개(苫盖)도 마
땅한 날이 따로 없어서 수조(修造)와 같은 날로 하면 된다. 원
회(遠廻), 승선도수(乘船渡水)도 마땅한 날이 따로 없으니 소
기일(所忌日)을 제외하고 행하면 된다.

協紀辨方書

卷 12

공규公規 1 • 고대 제사예의 祭祀禮儀

제1장 연중 제사규정(祭祀規定)
제2장 세시기사(歲時紀事)
제3장 연중 태양운행 변화(年中太陽運行變化)

【역자註】이곳 〈권 12〉은 모두 옛날의 고문서로서, 일부 미신적(迷信的)인 점이 있고, 일부 오류가 있어 번역은 일부 제외하였으나, 고서를 연구하는 후학을 위하여 원문은 그대로 실어 놓았으니 참고하기 바란다.

제1장. 연중 제사(祭祀) 규정(規定)

1. 공규(公規) 一

하늘을 보고 하는 일(職責) 중에서 가장 중요한 것은 기후(氣候)이다. 주야(晝夜)의 길고 짧음(永短)을 추리하고, 한서(寒暑)의 진퇴를 분변(分辨)하며, 경위(經緯)와 전사(躔舍)를 살펴서 중성(中星)의 추이(推移)를 알게 하고, 하늘을 받드는 것이 협기서(協紀書)의 근본이다.

영춘맞이 제사 때(至於致祭迎春) 관계되는 역사적 사실까지(載諸掌故昭舊職也) 모아 거전(鉅典)에 실어 놓고 공규를 만들었다(作公規).

【原文】司天之職, 首重氣候, 推晝夜永短, 以辨寒暑之進退. 察經緯躔舍, 以識中星之推移, 皆所以奉天而為協紀之本. 至於致祭迎春, 尤關鉅典, 載諸掌故, 昭舊職也. 作《公規》.

2. 사전(祀典)

【原文】正月上辛日祈穀於上帝.

冬至大祀天於圜丘.

夏至大祀地於方澤.

春分卯時祭大明於朝日壇.

秋分酉時祭夜明於夕月壇.

四孟月朔時享太廟.

孟春同日祭太歲月將之神.

歲暮祫祭太廟.

同日祭太歲月將之神.

仲春仲秋上丁日祭先師孔子.

仲春仲秋上戊日祭社稷壇

仲春仲秋擇日祭關帝廟, 黑龍潭龍神, 昭忠寺, 定南武莊王, 恪禧公, 勤襄公, 文襄公, 賢良祠.

仲春仲冬上甲日祭三皇廟.

季春己日祭先蠶祠.

季春亥日祭先農壇.

清明霜降前祭歷代帝王廟.

六月二十三日祭火神廟.

季秋擇日祭都城隍廟.

3. 춘우경(春牛經)

【原文】造春牛, 芒神, 用冬至後辰日, 於歲德方取水土成造, 用桑柘為胎骨.

牛身高四尺, 象四時, 頭至尾椿長八尺, 象八節.

牛頭色視年干:

甲乙年青色, 丙丁年紅色, 戊己年黃色, 庚辛年白色, 壬癸年黑色,牛身色視年支：

亥子年黑色, 寅卯年青色, 己午年紅色, 申酉年白色, 辰戌丑未年黃色.

牛腹色視年納音：

金年白色, 木年青色, 水年黑色. 火年紅色, 土年黃色

牛角, 耳, 尾色視立春日干：

甲乙日青色, 丙丁日紅色, 戊己日黃色, 庚辛日白色, 壬癸日黑色.

牛脛色視立春日支：

亥子日黑色, 寅卯日青色, 己午日紅色, 酉日白色, 戌丑未日黃色.

牛蹄色視立春日納音：

金日白色, 木日青色, 水日黑色, 火日紅色, 土日黃色

牛尾長一尺二寸, 象十二月.

左右繳視年陰陽：

陽年左繳, 陰年右繳.

牛口開合視年陰陽：

陽年口開, 陰年口合.

牛籠頭拘繩視立春日支干：

寅申己亥日用蔴繩, 子午卯酉日用苧繩, 辰戌丑未日用絲繩. 拘子俱用桑柘木.

甲乙日白色, 丙丁日黑色, 戊己日青色, 庚辛日紅色, 壬癸日黃色.

牛踏板視年陰陽：

陽年用縣門左扇, 陰年用縣門右扇.

芒神身高三尺六寸五分, 象三百六一五日.

芒神老少視年支:

寅申巳亥年面如老人像, 子午卯酉年面如少壯像, 辰戌丑未年面如童子像.

芒神衣帶色視立春日支:

剋支者為衣色, 支生者為帶色, 亥子日黃衣青腰帶, 寅卯日白衣紅腰帶, 巳午日黑衣黃腰帶, 申酉日紅衣黑腰帶, 辰戌丑未日青衣白腰帶.

芒神髻視立春日納音:

金日平梳兩髻在耳前. 木日平梳兩髻在耳後. 水日平梳兩髻, 右髻在耳後, 左髻在耳前. 火日平梳兩髻, 右髻在耳前, 左髻在耳後. 土日平梳兩髻在頂直上.

芒神罨耳視立春時:

子丑時全戴, 寅時全戴揭起左邊, 亥時全戴揭起右邊, 卯巳未酉時用右手提, 辰午申戌時用左手提.

芒神行纏鞋袴視立春日納音:

金日行纏鞋袴俱全左行纏懸於腰.

木日行纏鞋袴俱全右行纏懸於腰.

水日行纏鞋袴俱全.

火日行纏鞋袴俱無.

土日著袴無行纏鞋子.

芒神鞭杖用柳枝, 長二尺四寸, 象二十四氣, 鞭結視立春日支.

寅申巳亥日用蔴結, 子午卯酉日用苧結, 辰戌丑未日用絲結,俱用五色醮染.

芒神忙閒立牛前後, 視立春距正旦前後遠近 :

立春距正旦前後五日內芒神忙與牛並立.

立春距正旦前五日外芒神早忙立於牛前邊.

立春距正旦後五日外芒神晚閒立於牛後邊.

芒神立牛左, 右視年陰陽.

陽年立於牛左, 陰年立於牛右.

제2장. 세시기사(歲時紀事)

1. 영춘(迎春)

【原文】 先設春牛勾芒神於東郊, 牛頭東向. 立春先一日府, 州縣官吏綵仗鼓樂迎春於東郊, 祭拜勾芒神, 迎春牛 勾芒神安置各衙門頭門內, 至立春本日用綵仗鞭春牛. 蓋即出土牛送寒氣之遺意也.

2. 용치수(龍治水)

【原文】 視元旦後第幾日得辰, 即為幾龍治水也.

3. 득신(得辛)

【原文】 視正月上旬第幾日值辛, 即為幾日得辛也.

4. 이사(二社)

【原文】 曆例曰: "二分前後, 近戊為社."

5. 삼복(三伏)

【原文】 夏至後三庚為初伏, 四庚為中伏, 立秋後初庚為末伏. 如庚日夏至, 即為初庚, 庚日立秋, 即為末伏.

6. 매천(霉天)

【原文】通書曰 "《神樞經》芒種後逢丙入, 小暑後逢未出. 《碎金》云: 芒種後逢壬入, 夏至後逢庚出. 謂之霉天."

7. 기후(氣候)

【原文】立春: 東風解凍　蟄蟲始振　魚陟負冰
雨水: 獺祭魚　候鴈北　草木萌動
驚蟄: 桃始華　倉庚鳴　鷹化為鳩
春分: 玄鳥至　雷乃發聲　始電
清明: 桐始華　田鼠化為鴽　虹始見
穀雨: 萍始生　鳴鳩拂其羽　戴勝降於桑
立夏: 螻蟈鳴　蚯蚓出　王瓜生
小滿: 苦菜秀　靡草死　麥秋至
芒種: 螳螂生　鵙始鳴　反舌無聲
夏至: 鹿角解　蜩始鳴　半夏生
小暑: 溫風至　蟋蟀居壁　鷹始摯
大暑: 腐草為螢　土潤溽暑　大雨時行
立秋: 涼風至　白露降　寒蟬鳴
處暑: 鷹乃祭鳥　天地始肅　禾乃登
白露: 鴻鴈來　玄鳥歸　羣鳥養羞
秋分: 雷始收聲　蟄蟲坏戶　水始涸

寒露：鴻鴈來賓　雀入大水為蛤　菊有黃華

霜降：豺乃祭獸　草木黃落　蟄蟲咸俯

立冬：水始冰　地始凍　雉入大水為蜃

小雪：虹藏不見　天氣上升地氣下降　閉塞而成冬

大雪：鶡鴠不鳴　虎始交　荔挺出

冬至：蚯蚓結　麋角解　水泉動

小寒：鴈北鄉　鵲始巢　雉雊

大寒：雞乳　征鳥厲疾　水澤腹堅

第二部　用事宜忌

제3장. 연중 태양운행 변화(年中太陽運行變化)

1. 일전과궁(日躔過宮)

【原文】日躔每月中氣過宮雨水日躔亥宮初度是為娵訾之
次春分日躔戌宮初度是為降婁之次穀雨日躔酉宮
初度是為大梁之次小滿日躔申宮初度是為實沈之
次夏至日躔未宮初度是為鶉首之次大暑日躔午宮
初度是為鶉火之次處暑日躔巳宮初度是為鶉尾之
次秋分日躔辰宮初度是為壽星之次霜降日躔卯宮
初度是為大火之次小雪日躔寅宮初度是為析木之
次冬至日躔丑宮初度是為星紀之次大寒日躔子宮
初度是為元枵之次故月將正月在亥二月在戌三月
在酉四月在申五月在未六月在午七月在巳八月在
辰九月在卯十月在寅十一月在丑十二月在子月建
視節氣斗杓也月將視中氣太陽也

2. 일출입 주야시각(日出入晝夜時刻)

【原文】日出入之早晚晝夜永短所由分也而早晚之故有二
一由於日行之內外一由於人居之南北蓋日行黃道
與赤道斜交春秋分日行正當交點與地平交於卯酉

地平上下之度相等故晝夜適均所謂日中宵中也春
分以後日行赤道內至夏至而極其距等圈與地平交
於寅戌地平上下之度上多下少故晝長夜短所謂日
永也秋分以後日行赤道外至冬至而極其距等圈與
地平交於辰申地平上下之度上少下多故晝短夜長
所謂日短也二分前後距交不遠黃道勢斜則緯行疾
故數日而差一刻二至前後黃道勢平則緯行遲故半
月而差一刻此永短由日行之內外而生者也至於人
居有南北則北極出地有高下於是見日之出入早晚
隨地不同中國在赤道北北極出地上南極入地下故
夏晝長冬晝短自京而北北極愈高則永短之差愈多
至於北極之下則赤道當地平夏則有晝而無夜冬則
有夜而無晝蓋以半年為晝半年為夜矣所居之地愈
南北極漸低則永短之差漸少至於赤道之下則兩極
當地平而晝夜常均矣赤道以南與北相反此永短由
人居之南北而生者也今按京師北極出地三十九度
五十五分推得各節氣日出入晝夜時刻如左至各省
日出入時刻不同俱以各省北極出地及太陽赤道緯
度立算法見考成上編

북경일출입시각표(北京日出入時刻表)

春分	戌宮	初度	日出卯正初刻	晝四十八刻
			日入酉正初刻	夜四十八刻
		五度	日出卯初三刻八分	晝四十八刻十四分
			日入酉正初刻七分	夜四十七刻一分
		十度	日出卯初三刻二分	晝四十九刻十一分
			日入酉正初刻十三分	夜四十六刻四分
清明		十五度	日出卯初二刻十分	晝五十刻十分
			日入酉正一刻五分	夜四十五刻五分
		二十度	日出卯初二刻四分	晝五十一刻七分
			日入酉正一刻十一分	夜四十四刻八分
		二十五度	日出卯初一刻十二分	晝五十二刻六分
			日入酉正二刻三分	夜四十三刻九分
穀雨	酉宮	初度	日出卯初一刻六分	晝五十三刻三分
			日入酉正二刻九分	夜四十二刻十二分
		五度	日出卯初一刻	晝五十四刻
			日入酉正三刻	夜四十二刻
		十度	日出卯初初刻九分	晝五十四刻十二分
			日入酉正三刻六分	夜四十一刻三分
立夏		十五度	日出卯初初刻三分	晝五十五刻九分
			日入酉正三刻十二分	夜四十刻六分
		二十二度	日出寅正三刻十一分	晝五十六刻八分
			日入戌初初刻四分	夜三十九刻七分
小滿	申宮	初度	日出寅正三刻三分	晝五十七刻九分
			日入戌初初刻十二分	夜三十八刻六分
		七度	日出寅正二刻十三分	晝五十八刻四分
			日入戌初一刻二分	夜三十七刻十一分

小滿	申宮	初度	日出寅正三刻三分	晝五十七刻九分
			日入戌初初刻十二分	夜三十八刻六分
		七度	日出寅正二刻十三分	晝五十八刻四分
			日入戌初一刻二分	夜三十七刻十一分
芒種		十五度	日出寅正二刻八分	晝五十八刻十四分
			日入戌初一刻七分	夜三十七刻一分
夏至	未宮	初度	日出寅正二刻五分	晝五十九刻五分
			日入戌初一刻十分	夜三十六刻十分
小暑		十五度	日出寅正二刻八分	晝五十八刻十四分
			日入戌初一刻七分	夜三十七刻一分
		二十三度	日出寅正二刻十三分	晝五十八刻四分
			日入戌初一刻二分	夜三十七刻十一分
大暑	午宮	初度	日出寅正三刻三分	晝五十七刻九分
			日入戌初初刻十二分	夜三十八刻六分
		八度	日出寅正三刻十一分	晝五十六刻八分
			日入戌初初刻四分	夜三十九刻七分
立秋		十五度	日出卯初初刻三分	晝五十五刻九分
			日入酉正三刻十二分	夜四十刻六分
		二十度	日出卯初初刻九分	晝五十四刻十二分
			日入酉正三刻六分	夜四十一刻三分
		二十五度	日出卯初一刻	晝五十四刻
			日入酉正三刻	夜四十二刻

處暑	巳宮	初度	日出卯初一刻六分	晝五十三刻三分
			日入酉正二刻九分	夜四十二刻十二分
		五度	日出卯初一刻十二分	晝五十二刻六分
			日入酉正二刻三分	夜四十三刻九分
		十度	日出卯初二刻四分	晝五十一刻七分
			日入酉正一刻十一分	夜四十四刻八分
白露		十五度	日出卯初二刻十分	晝五十刻十分
			日入酉正一刻五分	夜四十五刻五分
		二十度	日出卯初三刻二分	晝四十九刻十一分
			日入酉正初刻十三分	夜四十六刻四分
		二十五度	日出卯初三刻八分	晝四十八刻十四分
			日入酉正初刻七分	夜四十七刻一分
秋分	辰宮	初度	日出卯正初刻	晝四十八刻
			日入酉正初刻	夜四十八刻
		五度	日出卯正初刻七分	晝四十七刻一分
			日入酉初三刻八分	夜四十八刻十四分
		十度	日出卯正初刻十三分	晝四十六刻四分
			日入酉初三刻二分	夜四十九刻十一分
寒露		十五度	日出卯正一刻五分	晝四十五刻五分
			日入酉初二刻十分	夜五十刻十分
		二十度	日出卯正一刻十一分	晝四十四刻八分
			日入酉初二刻四分	夜五十一刻七分
		二十五度	日出卯正二刻三分	晝四十三刻九分
			日入酉初一刻十二分	夜五十二刻六分

霜降	卯宮	初度	日出卯正二刻九分	晝四十二刻十二分
			日入酉初一刻六分	夜五十三刻三分
		五度	日出卯正三刻	晝四十二刻
			日入酉初一刻	夜五十四刻
		十度	日出卯正三刻六分	晝四十一刻三分
			日入酉初初刻九分	夜五十四刻十二分
立冬		十五度	日出卯正三刻十二分	晝四十刻六分
			日入酉初初刻三分	夜五十五刻九分
		二十二度	日出辰初初刻四分	晝三十九刻七分
			日入申正三刻十一分	夜五十六刻八分
小雪	寅宮	初度	日出辰初初刻十二分	晝三十八刻六分
			日入申正三刻三分	夜五十七刻九分
		七度	日出辰初一刻二分	晝三十七刻十一分
			日入申正二刻十三分	夜五十八刻四分
大雪		十五度	日出辰初一刻七分	晝三十七刻一分
			日入申正二刻八分	夜五十八刻十四分
冬至	丑宮	初度	日出辰初一刻十分	晝三十六刻十分
			日入申正二刻五分	夜五十九刻五分
小寒		十五度	日出辰初一刻七分	晝三十七刻一分
			日入申正二刻八分	夜五十八刻十四分
		二十三度	日出辰初一刻二分	晝三十七刻十一分
			日入申正二刻十三分	夜五十八刻四分
大寒	子宮	初度	日出辰初初刻十二分	晝三十八刻六分
			日入申正三刻三分	夜五十七刻九分
		八度	日出辰初初刻四分	晝三十九刻七分
			日入申正三刻十一分	夜五十六刻八分

立春		十五度	日出卯正三刻十二分	晝四十刻六分
			日入酉初初刻三分	夜五十五刻九分
		二十度	日出卯正三刻六分	日出卯正三刻六分
			日入酉初初刻九分	夜五十四刻十二分
		二十五度	日出卯正三刻	晝四十二刻
			日入酉初一刻	夜五十四刻
雨水	雨水	初度	日出卯正二刻九分	晝四十二刻十二分
			日入酉初一刻六分	夜五十三刻三分
		五度	日出卯正二刻三分	晝四十三刻九分
			日入酉初一刻十二分	夜五十二刻六分
		十度	日出卯正一刻十一分	晝四十四刻八分
			日入酉初二刻四分	夜五十一刻七分
驚蟄		十五度	日出卯正一刻五分	晝四十五刻五分
			日入酉初二刻十分	夜五十刻十分
		二十度	日出卯正初刻十三分	晝四十六刻四分
			日入酉初三刻二分	夜四十九刻十一分
		二十五度	日出卯正初刻七分	晝四十七刻一分
			日入酉初三刻八分	夜四十八刻十四分

3. 일출입 방위(日出入方位)

日出入方位者乃各節氣日出入地平時距正東西之
度也蓋日行黃道與赤道斜交惟春秋分正當赤道故
其出入地平也正當卯酉為正東正西自春分至秋分

日行赤道北其出入地平也亦在卯酉北自秋分至春
分日行赤道南其出入地平也亦在卯酉南而冬夏至
距赤道南北極遠故其出入地平也距正卯酉亦極遠
冬至出辰入申夏至出寅入戌此方位之遠近由於天
行者也而人居有南北其度亦有不同蓋愈北則北極
愈高其距東西之度愈多漸南則北極漸低其距東西
之度漸少皆以北極高度為準今按京師北極高三十
九度五十五分推得各節氣日出入方位如左

第二部 用事宜忌

북경일출입방위표(北京日出入方位表)

冬至	日出辰方正東偏南三十一度十八分 日入申方正西偏南三十一度十八分
小寒　大雪	日出辰方正東偏南三十度八分 日入申方正西偏南三十度八分
大寒　小雪	日出辰方正東偏南二十六度四十五分 日入申方正西偏南二十六度四十五分
立春　立冬	日出乙方正東偏南二十一度三十三分 日入庚方正西偏南二十一度三十三分
雨水　霜降	日出乙方正東偏南十五度三分 日入庚方正西偏南十五度三分
驚蟄　寒露	日出乙方正東偏南七度四十四分 日入庚方正西偏南七度四十四分
春分　秋分	日出正東卯方 日入正西西方
清明　白露	日出甲方正東偏北七度四十四分 日入辛方正西偏北七度四十四分
穀雨　處暑	日出甲方正東偏北十五度三分 日入辛方正西偏北十五度三分
立夏　立秋	日出甲方正東偏北二十一度三十三分 日入辛方正西偏北二十一度三十三分
小滿　大暑	日出寅方正東偏北二十六度四十五分 日入戌方正西偏北二十六度四十五分
芒種　小暑	日出寅方正東偏北三十度八分 日入戌方正西偏北三十度八分
夏至	日出寅方正東偏北三十一度十八分 日入戌方正西偏北三十一度十八分

4. 몽영한(朦影限)

朦影者古所謂晨昏分也太陽未出之先已入之後距
地平下一十八度皆有光故以十八度為朦影限然十
八度同也而時刻則隨時隨地不同隨時不同者天度
使然也蓋十八度者大圈之度也赤道亦為大圈其度
濶自赤道而南北皆距等圈其度狹近二分者以濶度
當濶度故刻分少近二至者以狹度當濶度故刻分多
也隨地不同者地南則赤道距天頂近太陽正升正降
其度徑地北則赤道距天頂遠太陽斜升斜降其度紆
故愈北則朦影之刻分愈多愈南則朦影之刻分愈少
也若夫北極出地四十八度半以上則夏至之夜半猶
有光愈北則愈不夜矣南至赤道下則二分之刻分極
少而二至之刻分相等赤道以南反是詳考成上編今
按京師北極出地三十九度五十五分推得各節氣朦
影刻分如左

북경몽영한표(北京朦影限表)

冬至	六刻十二分
小寒 大雪	六刻十二分
大寒 小雪	六刻十分
立春 立冬	六刻七分
雨水 霜降	六刻五分
驚蟄 寒露	六刻五分
春分 秋分	六刻五分
清明 白露	六刻八分
穀雨 處暑	六刻十三分
立夏 立秋	七刻五分
小滿 大暑	七刻十三分
芒種 小暑	八刻五分
夏至	八刻九分

欽定
四庫全書

協紀辨方書
卷 13

공규公規 2 · 경루更漏와 성상星象

제1장 경루중성(更漏中星)
제2장 성도보천가(星圖步天歌)

【역자註】 이곳 〈권 13〉 경루(更漏)와 성도(星圖)《보천가(步天歌)》
는 17세기 서양의 천문서가 유입되기 전까지 중국과 조선의 대표적인
천문학 서적이었는데, 지금(21세기)의 발전된 천문학 견지(見地)에서
일부 오류가 있어 번역은 일부 제외하였으나, 고서를 연구하는 후학을
위하여 원문은 그대로 실어 놓았으니 참고하기 바란다.

제1장. 경루*제도(更漏制度)

1. 경루중성(更漏中星)

춘분술궁초도(春分戌宮初度)

昏刻戌初二刻五分	北河三偏西一度二十分
一更戌正初刻	鬼宿一偏東四度十四分
二更亥初二刻三分	張宿一偏東一度三十分
三更子初初刻六分	翼宿一偏西四度三十八分
四更子正二刻九分	角宿一偏東八度十分
五更丑正初刻十二分	大角偏西一度五十七分
攢點寅初三刻	房宿一偏西二十一分
旦刻寅正一刻十分	尾宿一偏東一度二十五分

*경루(更漏) ; 물의 양의 증감을 통해 시간을 측정하는 장치로 물
 시계를 말함.

술궁오도(戌宮五度)

昏刻戌初二刻十三分	鬼宿一偏東三度五十四分
一更戌正初刻七分	柳宿一偏西十九分
二更亥初二刻七分	軒轅十四偏西十分
三更子初初刻七分	五帝座偏東二度三十八分
四更子正二刻八分	角宿一偏東三度五十分

五更丑正初刻八分　　氐宿一偏東二度三十七分
攢點寅初二刻八分　　心宿一偏東二度十六分
旦刻寅正一刻二分　　尾宿一偏西一度十分

술궁십도(戌宮十度)

昏刻戌初三刻五分　　柳宿一偏西四十分
一更戌正初刻十三分　　星宿一偏東六度二十分
二更亥初二刻十一分　　軒轅十四偏西五度四十六分
三更子初初刻九分　　五帝座偏西二度二十八分
四更子正二刻六分　　角宿一偏西十六分
五更丑正初刻四分　　氐宿一偏西五十九分
攢點寅初三刻二分　　心宿一偏西五十分
旦刻寅正初刻十分　　尾宿一偏西四度一分

청명술궁십오도(淸明戌宮十五度)

昏刻戌初三刻十三分　　星宿一偏東五度二十八分
一更戌正一刻五分　　星宿一偏西二分
二更亥初三刻　　翼宿一偏東一度四十九分
三更子初初刻十分　　軫宿一偏西三十六分
四更子正二刻五分　　角宿一偏西四度三十八分
五更丑正初刻　　氐宿四偏東二度
攢點寅初一刻十分　　尾宿一偏東二度三十七分
旦刻寅正初刻二分　　帝座偏東二度十二分

술궁이십도(戌宮二十度)

昏刻戌正初刻六分	星宿一偏西一度十一分
一更戌正一刻十一分	張宿一偏西十二分
二更亥初三刻四分	翼宿一偏西三度五十分
三更子初初刻十一分	軫宿一偏西五度三十分
四更子正二刻四分	亢宿一偏東二度四十八分
五更丑初三刻十一分	氐宿四偏西一度三十九分
攢點寅初一刻四分	尾宿一偏西三十二分
旦刻寅初三刻九分	帝座偏西二十七分

술궁이십오도(戌宮二十五度)

昏刻戌正一刻	軒轅十四偏東一度四十六分
一更戌正二刻三分	軒轅十四偏西二度四十四分
二更亥初三刻八分	五帝座偏東二度三十四分
三更子初初刻十三分	角宿一偏東六度三十一分
四更子正二刻二分	大角偏西六分
五更丑初三刻七分	貫索一偏西十二分
攢點寅初初刻十二分	尾宿一偏西三度二十九分
旦刻寅初三刻	帝座偏西二度五十四分

곡우유궁초도(穀雨酉宮初度)

昏刻戌正一刻七分	軒轅十四偏西四度四十四分
一更戌正二刻九分	翼宿一偏東四度十三分
二更亥初三刻十一分	五帝座偏西二度五十六分

三更子初初刻十四分	角宿一偏東一度三十一分
四更子正二刻一分	氐宿一偏東三度三十三分
五更丑初三刻四分	房宿一偏東四十五分
攢點寅初初刻六分	帝座偏東二度六分
旦刻寅初二刻八分	箕宿一偏東四度三十一分

유궁오도(酉宮五度)

昏刻戌正二刻	翼宿一偏東一度四十分
一更戌正三刻	翼宿一偏西二度五分
二更亥正初刻	軫宿一偏西二度
三更子初一刻	角宿一偏西三度三十二分
四更子正二刻	氐宿一偏西一度
五更丑初三刻	心宿一偏東二度二十四分
攢點寅初初刻	帝座偏西一度十二分
旦刻寅初二刻	箕宿一偏東一度四十三分

유궁십도(酉宮十度)

昏刻戌正二刻八分	翼宿一偏西五度十二分
一更戌正三刻六分	五帝座偏東三度三十九分
二更亥正初刻四分	軫宿一偏西七度五十二分
三更子初一刻一分	亢宿一偏東三度十一分
四更子正一刻十四分	氐宿四偏東五十九分
五更丑初二刻十一分	心宿一偏西一度二十八分
攢點丑正三刻九分	帝座偏西四度三十四分

旦刻寅初一刻七分　　箕宿一偏西一度九分

입하유궁십오도(立夏酉宮十五度)

昏刻戌正三刻二分　　五帝座偏西十八分

一更戌正三刻十二分　　帝座偏西二度四十八分

二更亥正初刻七分　　角宿一偏東三度三十九分

三更子初一刻二分　　大角偏西四十三分

四更子正一刻十三分　　貫索一偏東一度二十六分

五更丑初二刻八分　　尾宿一偏東三十九分

攢點丑正三刻三分　　箕宿一偏東二度二十四分

旦刻寅初初刻十三分　　箕宿一偏西三度五十一分

유궁이십이도(酉宮二十二度)

昏刻戌正三刻十三分　　軫宿一偏西三度二十二分

一更亥初初刻四分　　軫宿一偏西四度五十二分

二更亥正初刻十一分　　角宿一偏西四度二十四分

三更子初一刻四分　　氐宿一偏西七分

四更子正一刻十一分　　房宿一偏西十分

五更丑初二刻四分　　帝座偏東三度二十六分

攢點丑正二刻十一分　　箕宿一偏西二度五十四分

旦刻寅初初刻二分　　織女一偏東一度四十三分

소만신궁초도(小滿申宮初度)

昏刻亥初初刻十分　　角宿一偏東二度三十七分

一更亥初初刻十二分　　角宿一偏東二度七分

二更亥正一刻一分　　　大角偏西四十五分

三更子初一刻五分　　　氐宿四偏西二度

四更子正一刻十分　　　心宿一偏西二度四十二分

五更丑初一刻十四分　　帝座偏西三度三十三分

攢點丑正二刻三分　　　織女一偏東四十四分

旦刻丑正三刻五分　　　斗宿一偏西二度五十一分

신궁칠도(申宮七度)

昏刻亥初一刻四分　　　亢宿一偏東四度五十一分

一更亥初一刻二分　　　亢宿一偏東五度二十一分

二更亥正一刻四分　　　氐宿一偏西四一二分

三更子初一刻六分　　　房宿一偏東三一分

四更子正一刻九分　　　尾宿一偏西三度二十九分

五更丑初一刻十一分　　箕宿一偏東十六分

攢點丑正一刻十三分　　斗宿一偏西四度四十二分

旦刻丑正二刻十一分　　斗宿一偏西七度五十七分

망종신궁십오도(芒種申宮十五度)

昏刻亥初一刻十二分　　氐宿一偏東三度四十四分

一更亥初一刻七分　　　大角偏西三度十分

二更亥正一刻七分　　　貫索一偏東一度四十四分

三更子初一刻七分　　　心宿一偏西二度五十二分

四更子正一刻八分　　　帝座偏西二度五十八分

五更丑初一刻八分　　織女一偏東二度十九分

攢點丑正一刻八分　　河鼓二偏東五度四分

旦刻丑正二刻三分　　河鼓二偏東二度三十四分

하지미궁초도(夏至未宮初度)

昏刻亥初二刻四分　　房宿一偏東二度二十四分

一更亥初一刻十分　　貫索一偏西十八分

二更亥正一刻九分　　尾宿一偏東一度四十分

三更子初一刻八分　　帝座偏西四度十五分

四更子正一刻七分　　織女一偏東一度十七分

五更丑初一刻六分　　河鼓二偏東四度十七分

攢點丑正一刻五分　　天津一偏西一偏四十三分

旦刻丑正一刻十一分　　女宿一偏東一度五十八分

소서미궁십오도(小暑未宮十五度)

昏刻亥初一刻十二分　尾宿一偏西二十二分

一更亥初一刻七分　　尾宿一偏東五十三分

二更亥正一刻七分　　箕宿一偏東五度八分

三更子初一刻七分　　斗宿一偏西二十分

四更子正一刻八分　　河鼓二偏東二度三十分

五更丑初一刻八分　　女宿一偏東一度二十六分

攢點丑正一刻八分　　虛宿一偏西二度三十九分

旦刻丑正二刻三分　　危宿一偏東三度三十九分

미궁이십삼도(未宮二十三度)

昏刻亥初一刻四分	帝座偏東一度五十四分
一更亥初一刻二分	帝座偏東二度二十四分
二更亥正一刻四分	箕宿一偏西二度四十一分
三更子初一刻六分	斗宿一偏東四十九分
四更子正一刻九分	牛宿一偏東四十九分
五更丑初一刻十一分	虛宿一偏東三度二分
攢點丑正一刻十三分	危宿一偏西三度四十分
旦刻丑正二刻十一分	北落師門偏東五度三十八分

대서오궁초도(大暑午宮初度)

昏刻亥初初刻十分	帝座偏西三度十二分
一更亥初初刻十二分	帝座偏西三度四十二分
二更亥正一刻一分	織女一偏東三十五分
三更子初一刻五分	河鼓二偏東二度二十分
四更子正一刻十分	女宿一偏東一分
五更丑初一刻十四分	危宿一偏東三度四十四分
攢點丑正二刻三分	北落師門偏東十七分
旦刻丑正三刻五分	室宿一偏西一度四十二分

우궁팔도(牛宮八度)

昏刻戌正三刻十三分	箕宿一偏東一度五十九分
一更亥初初刻四分	箕宿一偏東二十九分
二更亥正初刻十一分	斗宿一偏西五度四十四分

三更子初一刻四分	牛宿一偏東一度二十九分
四更子正一刻十一分	虛宿一偏東二度二十七分
五更丑初二刻四分	危宿一偏西五度四十五分
攢點丑正二刻十一分	室宿一偏西七度四十一分
旦刻寅初初刻二分	壁宿一偏東四度六分

입추오궁십오도(立秋午宮十五度)

昏刻戌正三刻二分	箕宿一偏西二度十九分
一更戌正三刻十二分	箕宿一偏西四度四十九分
二更亥正初刻七分	河鼓二偏東五度十八分
三更子初一刻二分	女宿一偏東一度四十四分
四更子正一刻十三分	危宿一偏東三度四十二分
五更丑初二刻八分	室宿一偏東一度一分
攢點丑正三刻三分	壁宿一偏東三十三分
旦刻寅初初刻十三分	土司空偏東一度五十四分

오궁이십도(午宮二十度)

昏刻戌正二刻八分	織女一偏東四度五十一分
一更戌正三刻六分	織女一偏東一度三十六分
二更亥正初刻四分	河鼓二偏東一度六分
三更子初一刻一分	女宿一偏西二度五十八分
四更子正一刻十四分	危宿一偏西一度三十分
五更丑初二刻十一分	室宿一偏西四度四十一分
攢點丑正三刻九分	土司空偏東一度四十二分

旦刻寅初一刻七分　　奎宿一偏西二度一分

오궁이십오도(午宮二十五度)

昏刻戌正二刻　　織女一偏東一度五十九分

一更戌正三刻　　斗宿一偏西一度六分

二更亥正初刻　　河鼓一偏西一度三十八分

三更子初一刻　　虛宿一偏東三度二十

四更子正二刻　　北落師門偏東五度五十六分

五更丑初三刻　　壁宿一偏東六度二十九分

攢點寅初初刻　　奎宿一偏西一度二十二分

旦刻寅初二刻　　婁宿一偏東五度十七分

처서사궁초도(處暑巳宮初度)

昏刻戌正一刻七分　　斗宿一偏西九分

一更戌正二刻九分　　斗宿一偏西四度二十四分

二更亥初三刻十一分　　牛宿一偏東三十四分

三更子初初刻十四分　　虛宿一偏西一度十三分

四更子正二刻一分　　北落師門偏東五十三分

五更丑初三刻四分　　壁宿一偏東四十一分

攢點寅初初刻六分　　婁宿一偏東六度二十九分

旦刻寅初二刻八分　　婁宿一偏西一度三十一分

사궁오도(巳宮五度)

昏刻戌正一刻　　斗宿一偏西三度九分

　　一更戌正二刻三分　　　　斗宿一偏西七度三十九分

　　二更亥初三刻八分　　　　天津一偏西一度四十九分

　　三更子初初刻十三分　　　危宿一偏東三度五分

　　四更子正二刻二分　　　　室宿一偏西一度五十一分

　　五更丑初三刻七分　　　　土司空偏東二度四十七分

　　攢點寅初初刻十二分　　　婁宿一偏東十四分

　　旦刻寅初三刻　　　　　　胃宿一偏東四度一分

사궁십도(巳宮十度)

　　昏刻戌正初刻六分　　　　斗宿一偏西五度三十六分

　　一更戌正一刻十一分　　　河鼓二偏東六度二十九分

　　二更亥初三刻四分　　　　女宿一偏西二十分

　　三更子初初刻十一分　　　危宿一偏西一度七分

　　四更子正二刻四分　　　　室宿一偏西七度三分

　　五更丑初三刻十一分　　　奎宿一偏東二十三分

　　攢點寅初一刻四分　　　　胃宿一偏東五度四十九分

　　旦刻寅初三刻九分　　　　天困一偏東二度十二分

백로사궁십오도(白露巳宮十五度)

　　昏刻戌初三刻十三分　　　斗宿一偏西八度十五分

　　一更戌正一刻五分　　　　河鼓二偏東三度二十分

　　二更亥初三刻　　　　　　女宿一偏西三度五十九分

　　三更子初初刻十分　　　　危宿一偏西五度三十一分

　　四更子正二刻五分　　　　壁宿一偏東五度五分

五更丑正初刻　　　　奎宿一偏西五度十六分

攢點寅初一刻十分　　胃宿一偏西二十分

旦刻寅正初刻二分　　天囷一偏西四度二十七分

사궁이십도(巳宮二十度)

昏刻戌初三刻五分　　河鼓二偏東六度十三分

一更戌正初刻十三分　河鼓二偏東二十八分

二更亥初二刻十一分　虛宿一偏東三度十九分

三更子初初刻九分　　北落師門偏東二度四十分

四更子正二刻六分　　壁宿一偏東十三分

五更丑正初刻四分　　婁宿一偏東三度十六分

攢點寅初二刻二分　　天囷一偏西一度三十四分

旦刻寅正初刻十分　　昂宿一偏西一度八分

사궁이십오도(巳宮二十五度)

昏刻戌初二刻十三分　河鼓二偏東三度二十二分

一更戌正初刻七分　　河鼓一偏西一度三十分

二更亥初二刻七分　　虛宿一偏西十七分

三更子初初刻七分　　室宿一偏東五十分

四更子正二刻八分　　土司空偏東二度四十三分

五更丑正初刻八分　　婁宿一偏西二度二十分

攢點寅初二刻八分　　昂宿一偏東二度十六分

旦刻寅正一刻二分　　畢宿一偏東三度四十四分

추분진궁초도(秋分辰宮初度)

昏刻戌初二刻五分	河鼓二偏東四十七分
一更戌正初刻	牛宿一偏東一度四十分
二更亥初二刻三分	虛宿一偏西三度五十二分
三更子初初刻六分	室宿一偏西三度三十分
四更子正二刻九分	奎宿一偏東一度十一分
五更丑正初刻十二分	胃宿一偏東四度七分
攢點寅初三刻	昴宿一偏西四度四分
旦刻寅正一刻十分	畢宿一偏西二度五十一分

진궁오도(辰宮五度)

昏刻戌初一刻十三分	河鼓一偏西五十五分
一更戌初三刻八分	天津一偏東二十七分
二更亥初一刻十四分	危宿一偏東一度二十一分
三更子初初刻五分	室宿一偏西七度五十分
四更子正二刻十分	奎宿一偏西三度三十九分
五更丑正一刻一分	胃宿一偏西一度二十八分
攢點寅初三刻七分	畢宿一偏東四十九分
旦刻寅正二刻二分	五車二偏東一度四十九分

진궁십도(辰宮十度)

昏刻戌初一刻六分	牛宿一偏東二度十四分
一更戌初三刻二分	女宿一偏東二度三十二分
二更亥初一刻十分	危宿一偏西二度十五分

三更子初初刻三分　　壁宿一偏東五度六分

四更子正二刻十二分　　婁宿一偏東五度二十四分

五更丑正一刻五分　　天囷一偏西一度五十六分

攢點寅初三刻十三分　　畢宿一偏西五度十七分

旦刻寅正二刻九分　　參宿一偏東五十分

한로진궁십오도(寒露辰宮十五度)

昏刻戌初初刻十四分　　牛宿一偏西三十八分

一更戌初二刻十分　　女宿一偏西二十分

二更亥初一刻六分　　危宿一偏西五度五十二分

三更子初初刻二分　　壁宿一偏東四十四分

四更子正二刻十三分　　婁宿一偏東三十二分

五更丑正一刻九分　　昴宿一偏東二度二十三分

攢點寅正初刻五分　　參宿七偏東三十二分

旦刻寅正三刻一分　　參宿四偏東二分

진궁이십도(辰宮二十度)

昏刻戌初初刻八分　　天津一偏西二度十分

一更戌初二刻四分　　女宿一偏西三度二十九分

二更亥初一刻二分　　北落師門偏東三度二分

三更子初初刻一分　　壁宿一偏西三度四十分

四更子正二刻十四分　　婁宿一偏西四度二十二分

五更丑正一刻十三分　　昴宿一偏西三度十六分

攢點寅正初刻十一分　　觜宿一偏西五十三分

旦刻寅正三刻七分　　　井宿一偏東二十五分

진궁이십오도(辰宮二十五度)

昏刻戌初初刻二分　　　女宿一偏西十一分

一更戌初一刻十二分　　虛宿一偏東四度二十九分

二更亥初初刻十三分　　室宿一偏東三十六分

三更亥正三刻十四分　　土司空偏西十六分

四更子正三刻一分　　　胃宿一偏西二度二十八分

五更丑正二刻二分　　　畢宿一偏東二度十五分

攢點寅正一刻三分　　　參宿四偏西二度十九分

旦刻寅正三刻十三分　　天狼偏東五十分

상강묘궁초도(霜降卯宮初度)

昏刻酉正三刻十一分　　女宿一偏西三度二十六分

一更戌初一刻六分　　　虛宿一偏東一度十四分

二更亥初初刻十分　　　室宿一偏西二度二十四分

三更亥正三刻十三分　　奎宿一偏西一度二十八分

四更子正三刻二分　　　胃宿一偏西二度三十二分

五更丑正二刻五分　　　畢宿一偏西三度十五分

攢點寅正一刻九分　　　井宿一偏西二度二分

旦刻卯初初刻四分　　　天狼偏西五度二十五分

묘궁오도(卯宮五度)

昏刻酉正三刻六分　　　虛宿一偏東三度五十六分

一更戌初一刻　　　　虛宿一偏西二度四分

二更亥初初刻六分　　室宿一偏西六度十二分

三更亥正三刻十二分　奎宿一偏西六度一分

四更子正三刻三分　　天囷一偏西二度二十七分

五更丑正二刻九分　　五車二偏車一度五十七分

攢點寅正二刻　　　　天狼偏西一度四十三分

旦刻卯初初刻九分　　南河三偏東一度三十三分

묘궁십도(卯宮十度)

昏刻酉正三刻　　　　虛宿一偏東三十四分

一更戌初初刻九分　　危宿一偏東三度二十二分

二更亥初初刻二分　　壁宿一偏東六度五十八分

三更亥正三刻十一分　婁宿一偏東三度三十一分

四更子正三刻四分　　昴宿一偏東二度二十二分

五更丑正二刻十三分　參宿一偏東一度二十七分

攢點寅正二刻六分　　南河三偏東四度五十六分

旦刻卯初一刻　　　　北河三偏西三度五十四分

입동묘궁십오도(立冬卯宮十五度)

昏刻酉正二刻十分　　虛宿一偏西三度八分

一更戌初初刻三分　　危宿一偏西五分

二更戌正三刻十四分　壁宿一偏東二度四十六分

三更亥正三刻十分　　婁宿一偏西一度十一分

四更子正三刻五分　　昴宿一偏西二度五十分

欽定四庫全書
協紀辨方書

五更丑正三刻一分　　參宿四偏東一度十九分

攢點寅正二刻十二分　北河三偏西三十六分

旦刻卯初一刻五分　　鬼宿一偏東一度四十三分

묘궁이십이도(卯宮二十二度)

昏刻酉正二刻五分　　危宿一偏西八分

一更酉正三刻十一分　危宿一偏西五度二十三分

二更戌正三刻十分　　壁宿一偏西三度十七分

三更亥正三刻八分　　胃宿一偏東四度十八分

四更子正三刻七分　　畢宿一偏東五十分

五更丑正三刻五分　　井宿一偏西十二分

攢點寅正三刻四分　　鬼宿一偏東二度二十五分

旦刻卯初一刻十分　　柳宿一偏西四度四十八分

소설인궁초도(小雪寅宮初度)

昏刻酉正一刻十三分　北落師門偏東五度五十六分

一更酉正三刻三分　　北落師門偏東五十六分

二更戌正三刻五分　　奎宿一偏東三十八分

三更亥正三刻七分　　天囷一偏東一度二十七分

四更子正三刻八分　　五車二偏東三度二十一分

五更丑正三刻十分　　天狼偏西三度四分

攢點寅正三刻十二分　柳宿一偏西六度二分

旦刻卯初二刻二分　　星宿一偏西二度二分

인궁칠도(寅宮七度)

昏刻酉正一刻九分　　北落師門偏西二十五分

一更酉正二刻十三分　室宿一偏西二度五十四分

二更戌正三刻二分　　奎宿一偏西五度五十八分

三更亥正三刻六分　　昴宿一偏東四度十七分

四更子正三刻九分　　參宿一偏東一度七分

五更丑正三刻十三分　南河三偏東一度五十一分

攢點卯初初刻二分　　星宿一偏西一度五十三分

旦刻卯初二刻六分　　軒轅十四偏西二十九分

대설인궁십오도(大雪寅宮十五度)

昏刻酉正一刻五分　　室宿一偏西五度四十三分

一更酉正二刻八分　　壁宿一偏東六度四十九分

二更戌正二刻十四分　婁宿一偏東二十二分

三更亥正三刻五分　　昴宿一偏西四度二分

四更子正三刻十分　　參宿四偏西二度八分

五更寅初初刻一分　　鬼宿一偏東五度十六分

攢點卯初初刻七分　　軒轅十四偏西一度四十八分

旦刻卯初二刻十分　　翼宿一偏東三度九分

동지축궁초도(冬至丑宮初度)

昏刻酉正一刻二分　　土司空偏東三度二十三分

一更酉正二刻五分　　土司空偏西一度七分

二更戌正二刻十二分　天囷一偏東一度四十五分

三更亥正三刻四分　　五車二偏東二度九分

四更子正三刻十一分　天狼偏西五度三十一分

五更寅初初刻三分　　星宿一偏東三度一分

攢點卯初初刻十分　　翼宿一偏西五度三十八分

旦刻卯初二刻十三分　五帝座偏西一度四十七分

소한축궁십오도(小寒丑宮十五度)

昏刻酉正一刻五分　　婁宿一偏東三度四十八分

一更酉正二刻八分　　婁宿一偏西四十二分

二更戌正二刻十四分　昴宿一偏西五度六分

三更亥正三刻五分　　井宿一偏東三度五分

四更子正三刻十分　　鬼宿一偏東四度十二分

五更寅初初刻一分　　軒轅十四偏西二度五十二分

攢點卯初初刻七分　　軫宿一偏西二度二十分

旦刻卯初二刻十分　　角宿一偏東六度三十八分

축궁이십삼도(丑宮二十三度)

昏刻酉正一刻九分　　婁宿一偏西五度四十六分

一更酉正二刻十三分　胃宿一偏東一度三十一分

二更戌正三刻二分　　畢宿一偏西三度十二分

三更亥正三刻六分　　天狼偏東五十三分

四更子正三刻九分　　柳宿一偏西二度二十分

五更丑正三刻十三分　翼宿一偏東二度三十一分

攢點卯初初刻二分　　角宿一偏東七度三十四分

旦刻卯初二刻六分　　　角宿一偏西五十六分

대한자궁초도(大寒子宮初度)

昏刻酉正一刻十三分　　胃宿一偏西二度五分

一更酉正三刻二分　　　天囷一偏西一度五十七分

二更戌正三刻五分　　　五車二偏西十八分

三更亥正三刻七分　　　南河三偏東六度十八分

四更子正三刻八分　　　星宿一偏東三度十九分

五更丑正三刻十分　　　翼宿一偏西四度五分

攢點寅正三刻十二分　　角宿一偏東一度二十八分

旦刻卯初二刻二分　　　亢宿一偏東四度三十三分

자궁팔도(子宮八度)

昏刻酉正二刻五分　　　昴宿一偏東三度

一更酉正三刻十一分　　昴宿一偏西二度十五分

二更戌正三刻十分　　　參宿四偏東一度九分

三更亥正三刻八分　　　北河三偏西一度十六分

四更子正三刻七分　　　張宿一偏東一度十九分

五更丑正三刻五分　　　五帝座偏東一度二分

攢點寅正三刻四分　　　角宿一偏西四度四十六分

旦刻卯初一刻十分　　　大角偏西三十八分

입춘자궁십오도(立春子宮十五度)

昏刻酉正二刻十分　　　昴宿一偏西五度十八分

一更戌初初刻三分　　畢宿一偏東十分

二更戌正三刻十四分　　井宿一偏西二十二分

三更亥正三刻十分　　鬼宿一偏東三度

四更子正三刻五分　　軒轅十四偏西一度十九分

五更丑正三刻一分　　軫宿四偏東一度四十三分

攢點寅正二刻十二分　　亢宿一偏東一度四十六分

旦刻卯初一刻五分　　氐宿一偏東一度四十三分

자궁이십도(子宮二十度)

昏刻酉正三刻　　畢宿一偏西十七分

一更戌初初刻九分　　五車二偏東四度四十三分

二更亥初初刻二分　　天狼偏東三十三分

三更亥正三刻十一分　　柳宿一偏西二十五分

四更子正三刻四分　　軒轅十四偏西六度一分

五更丑正二刻十三分　　軫宿一偏西二度二十九分

攢點寅正二刻六分　　大角偏西二十三分

旦刻卯初一刻　　氐宿一偏西一度五十九分

자궁이십오도(子宮二十五度)

昏刻酉正三刻六分　　五車二偏東四度二十一分

一更戌初一刻　　參宿七偏西二十八分

二更亥初初刻六分　　天狼偏西五度十九分

三更亥正三刻十二分　　柳宿一偏西五度三十二分

四更子正三刻三分　　翼宿一偏東二度三十四分

五更丑正二刻九分　　　軫宿一偏西六度二十一分
攢點寅正二刻　　　　　大角偏西三度四十五分
旦刻卯初初刻九分　　　氐宿四偏東一度十五分

우수해궁초도(雨水亥宮初度)

昏刻酉正三刻十一分　　參宿七偏西三十一分
一更戌初一刻六分　　　觜宿一偏西二度二分
二更亥初初刻十分　　　南河三偏東一度五十四分
三更亥正三刻十三分　　星宿一偏東二度十分
四更子正三刻二分　　　翼宿一偏西一度五十九分
五更丑正二刻五分　　　角宿一偏東七度四分
攢點寅正一刻九分　　　氐宿一偏東一度六分
旦刻卯初初刻四分　　　氐宿四偏西二度十八分

해궁오도(亥宮五度)

昏刻戌初初刻二分　　　觜宿一偏西二度二分
一更戌初一刻十二分　　井宿一偏東三度十六分
二更亥初初刻十三分　　北河三偏西二度四十一分
三更亥正三刻十四分　　星宿一偏西二度五十分
四更子正三刻一分　　　五帝座偏東五度三十七分
五更丑正二刻二分　　　角宿一偏東三度四分
攢點寅正一刻三分　　　氐宿一偏西二度九分
旦刻寅正三刻十三分　　貫索一偏西二十四分

해궁십도(亥宮十度)

昏刻戌初初刻八分	參宿四偏西三度十三分
一更戌初二刻四分	井宿一偏西三度十一分
二更亥初一刻二分	鬼宿一偏東三度二十六分
三更子初初刻一分	軒轅十四偏東一度五十二分
四更子正二刻十四分	五帝座偏東一度二十五分
五更丑正一刻十三分	角宿一偏西三十八分
攢點寅正初刻十一分	氐宿四偏東一度三十分
旦刻寅正三刻七分	房宿一偏東一度二十一分

경칩해궁십오도(驚蟄亥宮十五度)

昏刻戌初初刻十四分	井宿一偏西二度五十分
一更戌初二刻十分	天狼偏西二度四十三分
二更亥初一刻六分	柳宿一偏西二十六分
三更子初初刻二分	軒轅十四偏西三度二分
四更子正二刻十三分	五帝座偏西二度五十九分
五更丑正一刻九分	角宿一偏西四度十七分
攢點寅正初刻五分	氐宿四偏西一度三十九分
旦刻寅正三刻一分	房宿一偏西一度四十八分

해궁이십도(亥宮二十度)

昏刻戌初一刻六分	天狼偏西二度三十五分
一更戌初三刻二分	南河三偏東三度五十六分
二更亥初一刻十分	柳宿一偏西六度三分

三更子初初刻三分　　　翼宿一偏東五度十八分

四更子正二刻十二分　　軫宿一偏西三十七分

五更丑正一刻五分　　　亢宿一偏東三度五十六分

攢點寅初三刻十三分　　貫索一偏東三十八分

旦刻寅正二刻九分　　　心宿一偏東四十七分

해궁이십오도(亥宮二十五度)

昏刻戌初一刻十三分　　南河三偏東四度五分

一更戌初三刻八分　　　北河三偏西一度十五分

二更亥初一刻十四分　　星宿一偏東一度六分

三更子初初刻五分　　　翼宿一偏東十二分

四更子正二刻十分　　　軫宿一偏西四度四十三分

五更丑正一刻一分　　　亢宿一偏東二十分

攢點寅初三刻七分　　　貫索一偏西二度二十八分

旦刻寅正二刻二分　　　心宿一偏西二度四分

제2장. 《보천가(步天歌)*》 삼원(三垣)

1. 삼원 28수(宿)

하늘을 삼원(三垣)*과 이십팔수(二十八宿)*, 그리고 근남극성(近南極星)으로 크게 나누는데, 삼원과 근남극성을 제외한 나머지 하늘의 별들을 28개로 다시 구분하여 그 하나하나를 그 구역에 해당하는 수(宿)의 영역으로 정하였다.

1개의 수의 영역에는 이를 대표하는 수가 1개 있고, 그 수의 동서남북에 몇 개의 작은 별자리가 있다. 이 작은 별자리들을 수와 구별하여 좌(座) 또는 성좌라고 부른다. 동서 방향의 너비와 남북 방향의 길이로 정하는 수의 영역은 수마다 서로 다르다.

이십팔수(二十八宿)는 하늘의 적도를 따라 그 남북에 있는 별들을 28개의 구역으로 구분하여 부른 이름으로, 각 구역에는 여러 개의 별자리들이 있는데, 그 중 대표적인 것을 그 구역에 있는 수(宿)라고 정하였다. 이러한 수는 전부 28개가 되므로 통칭 28수라고 부른다.

수(宿)는 머무르며 묵는다는 의미로 달이 지구를 도는 동안 공전주기, 즉 황도(黃道)를 일주(一周)하는 동안이 27. 32일인데, 매일 달이 황도를 지나면서 어느 별의 위치에 머무는지를 정해놓은 별자리가 28수이다.

달의 공전주기의 순서는 동·북·서·남으로 되어 있으며

동방에서는 청룡(靑龍)이 7수(宿 ; 角·亢·氐·房·心·尾·箕)를 거느리고, 북방에서는 현무(玄武)가 7수(宿 ; 斗·牛·女·虛·危·室·壁)를 거느리며, 서방에서는 백호(白虎)가 7수(宿 ; 奎·婁·胃·昴·畢·觜·參)를 거느리고, 남방에서는 주작(朱雀)이 7수(宿 ; 井·鬼·柳·星·張·翼·軫)를 거느리는데, 별자리의 거리는 균등하지 않다.

*보천가(步天歌) ; 《보천가》는 당나라의 왕희명(王希明)이 지었다거나 또는 수나라의 단원자(丹元子)라는 은자(隱者)가 지은 것이라고도 하는 별자리를 해설한 책으로서, 책의 이름 步天歌는 「하늘을 걷는 노래(步天歌)」라는 뜻을 가지고 있다. 보천가는 28수(宿)를 중심으로 그 주변의 별과 별자리의 배치를 노래하고, 그 뒤에 3원 즉 태미원, 자미원, 천시원에 속하는 별자리를 노래하는 구조로 되어 있다. 보천가에 등장하는 별자리는 모두 290개이며, 별의 수는 1462개라고 한다. 조선의 교양인들은 보천가를 이용하여 28수(宿) 별자리의 체계와 위치를 알고 있었다. 세종 때에는 보천가의 체계를 기초로 별자리와 별들이 지닌 점성술적 의미를 해설한 천문류초가 간행되었다. 18세기 동아시아 천문학에서는 서양 천문학의 영향을 받아 별의 개수가 3,000개로 증가했다. 그러나 28수의 그 체계는 변함이 없었다. 조선에서는 중국에서 만들어진 여러 성표를 참고하여 1861년 성경이 저술되었는데, 마찬가지로 보천가의 3원 28수 체계를 유지하였다. (위키백과 全載)

*삼원(三垣) ; 동양의 천문학에서 나누는 별자리의 세 구획. 북극 부근의 자미원(紫微垣), 사자(獅子)자리 부근의 태미원(太微垣), 뱀자리 부근의 천시원(天市垣)을 이른다.

*28수(宿) ; 이십팔수(二十八宿)의 수(宿)는 머무르며 묵는다는 의미로 달이 지구를 도는 동안 공전주기, 즉 백도(Moon's path)를 일주하는 동안이 27. 32일인데, 매일 달이 백도를 지나면서 어느 별의 위치에 머무는지를 정해놓은 별자리가 이십팔수이다.

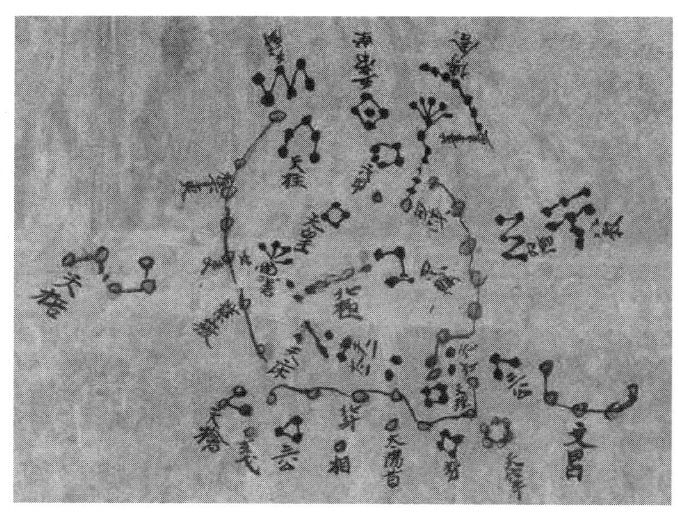

三 垣

2. 자미원(紫微垣)*

중궁북극자미궁(中宮北極紫微宮),

　　　　북극오성재기중(北極五星在其中).

대제지좌제이주(大帝之坐第二珠),

　　　　제삼지성서자거(第三之星庶子居).

제일호왈위태자(第一號曰為太子),

사위후궁오천추(四爲后宮五天樞).

좌우사성시사보(左右四星是四輔),
천일태일당문로(天一太一當門路).

좌추우추협남문(左樞右樞夾南門),
양면영위일십오(兩面營衛一十五).

상재소위량상대(上宰少尉兩相對),
소재상보차소보(少宰上輔次少輔).

상위소위차상승(上衛少衛次上丞),
후문동변대찬부(後門東邊大贊府).

문동환작일소승(門東喚作一少丞),
이차각향전문수(以次却向前門數).

음덕문리량황취(陰德門裏兩黃聚),
상서이차기위오(尚書以次其位五).

여사주사각일호(女史柱史各一戶),
어녀사성오천주(御女四星五天柱).

대리양황음덕변(大理兩黃陰德邊),
구진미지북극전(勾陳尾指北極顚).

구진육성육갑전(勾陳六星六甲前),

천황독재구진리(天皇獨在勾陳裏).

오제내좌후문시(五帝內座後門是),
　　　　화개병강십륙성(華蓋幷杠十六星).

강작병상화개형(杠作柄象華蓋形),
　　　　개상연련구개성(蓋上連連九箇星).

명왈전사여련정(名曰傳舍如連丁),
　　　　원외좌우각육주(垣外左右各六珠).

우시내계좌천주(右是內階左天廚),
　　　　계전팔성명팔곡(階前八星名八穀).

주하오개천부숙(廚下五箇天棓宿),
　　　　천상육성좌추재(天床六星左樞在).

내주양성우추대(內廚兩星右樞對),
　　　　문창두상반월형(文昌斗上半月形).

희소분명육개성(稀疎分明六箇星),
　　　　문창지하왈삼사(文昌之下曰三師).

태존지향삼공명(太尊只向三公明),
　　　　천뢰육성태존변(天牢六星太尊邊).

태양지수사세전(太陽之守四勢前),

일개재상태양측(一箇宰相太陽側).

경유삼공상서편(更有三公相西偏),
　　즉시원과일성원(即是元戈一星圓).

천리사성두리암(天理四星斗裏暗),
　　보성근착개양담(輔星近着開陽淡).

북두지숙칠성명(北斗之宿七星明),
　　제일주제명추정(第一主帝名樞精).

제이제삼선기성(第二第三璇璣星),
　　제사명권제오형(第四名權第五衡).

개양요광육칠명(開陽搖光六七名),
　　요광좌삼천창홍(搖光左三天槍紅).

第二部 用事宜忌

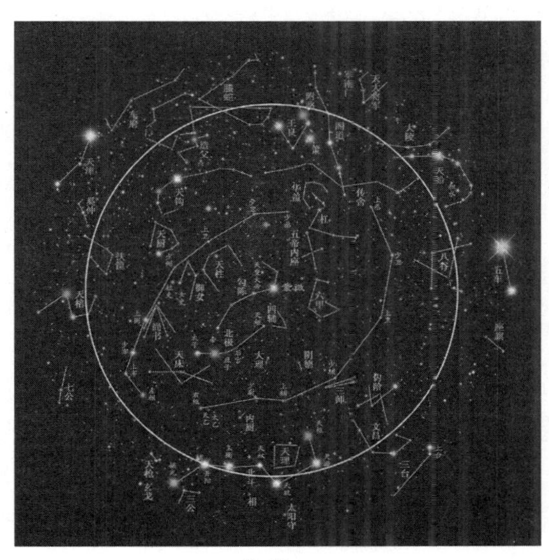

紫微垣

안찰하면 ; 《성경(星經) 보천가(步天歌)》에 오제내좌(五帝內座) 오성(五星), 내주(內廚) 2성(星), 세(勢) 4성, 강(杠) 8성, 어녀(御女) 4성, 천주(天柱) 5성, 대리(大理) 2성, 천상(天床) 6성인데 지금의 《의상지(儀象志)》에는 없다. 전사(傳舍)9성이 지금은 8성이다. 화개(華蓋)8성이 지금은 4성이며, 천뇌(天牢) 6성이 지금은 1성이며, 육갑(六甲) 6성은 지금은 1성이다.

【原文】按 ; 《星經·步天歌》五帝內座五星, 內廚二星, 勢四星, 杠八星, 御女四星, 天柱五星, 大理二星, 天床六星, 今《儀象志》無. 傳舍九星, 今八星, 華蓋八星, 今四星. 天牢六星, 今一星. 六甲六星, 今一星.

3. 태미원(太微垣)*

상원천정태미궁(上元天庭太微宮),
　　　　　소소렬상포창궁(昭昭列象布蒼穹).

단문지시문지중(端門只是門之中),
　　　　　좌우집법문서동(左右執法門西東).

문좌조의일알자(門左皂衣一謁者),
　　　　　이차즉시오삼공(以次即是烏三公).

삼흑구경공배방(三黒九卿公背旁),
　　　　　오흑제후경후행(五黒諸侯卿後行).

사개문서주헌병(四箇門西主軒屏),

　　　　오제내좌어중정(五帝內座於中正).

행신태자병종관(幸臣太子并從官),

　　　　오열제후종동정(烏列帝後從東定).

낭장호분거좌우(郎將虎賁居左右),

　　　　상진랑위거기후(常陳郎位居其後).

상진칠성불상오(常陳七星不相誤),

　　　　낭위진동일십오(郎位陳東一十五).

양면궁원십성포(兩面宮垣十星布),

　　　　좌우집법시기수(左右執法是其數).

궁외명당포정궁(宮外明堂布政宮),

　　　　삼개영대후운우(三箇靈臺候雲雨).

소미사성서남우(少微四星西南隅),

　　　　장원쌍쌍미서거(長垣雙雙微西居).

북문서외접삼태(北門西外接三台),

　　　　여원상대무병재(與垣相對無兵災).

안찰하면 ; 《성경(星經) 보천가(步天歌)》에 오제후(五諸
侯) 오성(五星)은 지금의 《의상지(儀象志)》에는 없는 별이다. 낭위(郎位) 15성(星)이 지금은 10성(星)이고, 상진(常陳) 7성(星)이 지금은 3성(星)이다.

*태미원 (太微垣) ; 사자자리를 중심으로 이루어진 별자리. 자미원·천시원과 더불어 삼원(三垣)이라 부르며, 별자리를 천자(天子)에 비유한 것이다.

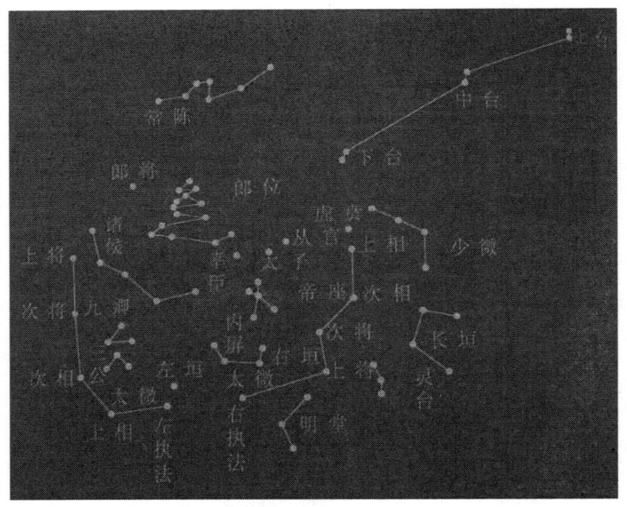

太微垣

4. 천시원(天市垣)*

하원일궁명천시(下元一宮名天市),
　　　　양선원장이십이(兩扇垣墻二十二).

당문육개흑시루(當門六箇黑市樓),
　　　　문좌양성시차사(門左兩星是車肆).

양개종정사종인(兩箇宗正四宗人),

　　　종성일쌍역의차(宗星一雙亦依次).

백도양성도사전(帛度兩星屠肆前),

　　　후성환재제좌변(侯星還在帝座邊).

제좌일성상광명(帝座一星常光明),

　　　사개미망환자성(四箇微芒宦者星).

이차양성명렬사(以次兩星名列肆),

　　　두곡제전의기차(斗斛帝前依其次).

두시오성곡시사(斗是五星斛是四),

　　　원북구개관색성(垣北九箇貫索星).

원북구개관색성(垣北九箇貫索星),

　　　천기흡사칠공형(天紀恰似七公形).

수착분명다양성(數着分明多兩星),

　　　기북삼성명녀상(紀北三星名女牀).

차좌환의직녀방(此座還依織女旁),

　　　삼원지상무상침(三元之相無相侵).

이십팔숙수기음(二十八宿隨其陰),

　　　수화목토병여금(水火木土并與金).

이차별유오행음(以此別有五行吟).

안찰하면 ; 《성경(星經) 보천가(步天歌)》에는 시루(市樓) 육성(六星)이 지금은 삼성(三星)이다.

*천시원 (天市垣) ; 뱀자리를 중심으로 이루어진 별자리. 자미원·태미원과 더불어 삼원(三垣)이라 이르며, 별자리를 천자(天子)에 비유한 것이다. 천시원에는 동원(東垣)과 서원(西垣)이 있으며, 각각 11개의 별자리가 동서의 두 원(垣)을 이루어 천시원을 울타리처럼 둘러싸고 있다. 천시원의 동원과 서원은 후에 천시원의 우원장(右垣墻)·좌원장(左垣墻)으로 그 이름이 바뀌었다.

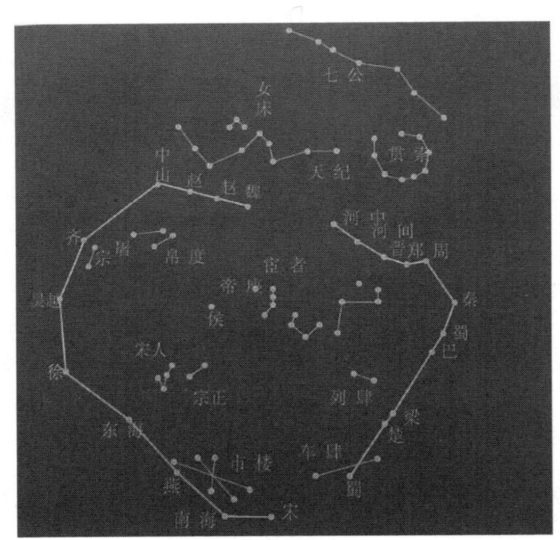

天市垣

제3장. 《보천가》 동방창룡칠수(東方蒼龍七宿)

동방창룡칠수(東方蒼龍七宿)

1. 각수(角宿)

角兩星南北正直著(각양성남북정직저) : 각수(角宿)는 두 개의
별로 남북으로 바르고 곧게 늘어서 있네.

中有平道上天田(중유평도상천전) ; 가운데로 평도(平道)가 가
로질렀고, 위로는 천전(天田)이 있으며,

總是黑星兩相連(총시흑성양상련) ; 천전과 평도의 별은 모두
검은색으로 둘씩 디어져 있네.

別有一烏名進賢(별유일오명진현) ; 따로 한 개의 까마귀별이

있어 진현(進賢)이라 하는데,

平道右畔獨淵然(평도우반독연연) ; 평도(平道) 오른쪽 끝에 홀로 있는 연못처럼 있네.

最上三星周鼎形(최상삼성주정형) ; 제일 위쪽에 세 개의 별은 별자리 이름이 주정(周鼎)이라네.

角下天門紅左平(각하천문홍좌평) ; 각(角)수 아래 천문(天門)은 주홍색이고 왼쪽에는 평(平)이 있네.

雙雙橫於庫樓上(쌍쌍횡어고루상) ; 각기 두 별씩 쌍을 이루며 고루(庫樓) 위에 가로로 놓였고,

庫樓十星屈曲明(고루십홍굴곡명) ; 고루(庫樓)는 열 개의 주홍색 별이 밝게 빛나는 구부러진 별자리다.

樓中五柱十五星(누중오주십오성) ; 구부러진 고루 안쪽으로 15개의 별이 다섯 개의 기둥을 이루고 있고,

三三相似如鼎形(삼삼상사여정형) ; 세 별씩 붙어서 마치 솥발 모양을 이루고 있다네.

其中四星別名衡(기중사성별명형) ; 그 가운데 있는 네 별로 이루어진 별자리는 형(衡)이라고 하며,

南門樓外兩星橫(남문루외양성횡) ; 남문(南門)은 고루 밖에 가로로 있는 두 개의 별이라네.

2. 항수(亢宿)

亢四星恰似彎弓狀(항사홍흡사만궁상) ; 항수(亢宿)는 네 개의
별이 흡사 굽은 활모양이네.

大角一紅直上明(대각일홍직상명) ; 대각(大角)은 한 개의 주홍
색별로 항 바로 위에 밝게 떠 있고,
折威七子亢下橫(절위칠자항하횡) ; 절위(折威)는 일곱 개 별은
항 아래 비껴 있네.

大角左右攝提星(대각좌우섭제성) ; 대각(大角) 좌우로 섭제성
(攝提星 ; 절후를 맡은 별)이 하나씩 있는데,
三三相似如鼎形(삼삼상사여정형) ; 각기 세 개씩마치 솥발 형
상을 이루고 있네.

折威下左頓頑星(절위하좌돈완성) ; 절위성(折威星) 아래 왼쪽
에 있는 것이 돈완성(頓頑星)인데,
兩箇斜安黃色精(양개사안황색정) ; 두 개의 진한 누른색별이
비스듬히 누운 모습이라네.

頑下二星號陽門(완하이성호양문) ; 돈완(頓頑) 아래 두 개의 별
을 양문(陽門)이라고 부르는데,
色若頓頑直下存(색약돈완직하존) ; 돈완과 같이 누른색으로,
바로 아래 있네.

3. 저수(氐宿)

氐四星似斗側量米(저사홍사두칙량미) ; 저수(氐宿)는 네 개의
　　　　별이 국자(斗) 기울여 쌀의 양 재는 형상이네.

天乳氐上黑一星(천유저산흑일성) ; 천유성(天乳)는 저수(氐宿)
　　　　위에 있는 한 개의 검은색 별로,
世人不識稱無名(세인불식칭무명) ; 세상 사람이 그 존재를 깨
　　　　닫지 못하여 이름 없는 별로 알고 있다네.

一箇招搖梗河上(일개초요경하상) ; 한 개의 붉은색 별 초요(招
　　　　搖)는 경하(梗河) 위에 있고,
梗河橫列三星狀(경하횡열삼성상) ; 경하(梗河)는 세 개의 별이
　　　　가로로 빗겨있네.

帝席三黑河之西(제석삼흑하지서) ; 제석(帝席)은 세 개의 검은
　　　　색 별로 경하의 서쪽에 있고,
亢池六星近攝提(항지육성근섭제) ; 항지(亢池) 여섯 개의 별은
　　　　섭제(攝提)에 가까이 있네.

氐下衆星騎官出(저하중성기관출) ; 저수(氐宿) 아래 여러 개의
　　　　별을 기관(騎官)이 나오고,
騎官之衆二十七(기관지중이십칠) ; 기관(騎官)은 스물일곱 개
　　　　의 별이 무리지어 있네.

三三相連十次一(삼삼상련십흠일) ; 세 개씩 서로 이어진 것이 열 무더기에서 하나가 모자라고.

陣車氏下騎官次(진거저하기관차) ; 진거(陣車)는 저수(氏宿) 아래 기관(騎官) 다음에 있네.

騎官下三車騎位(기관하삼거기위) ; 기관(騎官) 아래 세 개의 거기(車騎)가 자리하고 있고,

天輻兩星立陣傍(천폭양성입진방) ; 천폭(天輻)은 두 개의 별로 진거(陣車) 곁에 남북으로 있고,

將軍陣裏鎭威霜(장군진리진위상) ; 장군은 진(陣 ; 騎官 등) 안쪽에 있어 서릿발 위엄을 떨치고 있네.

4. 방수(房宿)

房四星直下主明堂(방사홍직하주명당) ; 방수(房宿)의 네 별은 곧바로 아래로 향한 고습이 명당을 주관한다.

鍵閉一黃斜向上(건폐일황사향상) ; 건폐(鍵閉)는 한 개의 누른색 별로 방(房) 위로 비스듬히 있고,

鉤鈐兩箇近其旁(구검양적근기방) ; 구검(鉤鈐)은 두 개의 별로 방 곁에 가까이 있네.

罰有三星直鍵上(벌유삼성직건상) ; 벌(罰)은 세 개의 별로 건폐

(鍵閉) 위에 곧게 있고,

兩咸夾罰似房狀(양함협벌사방상) ; 동함東咸)과 서함(西咸)이
벌 사이에 마치 방 같은 모양으로 있네.

房西一星號爲日(방서일성호위일) ; 방 서쪽 한 개의 별을 일(日)
이라고 부르며,

從官兩星日下出(종관양성일하출) ; 종관(從官) 두 개의 별은 태
양 아래서 떠오르네.

5. 심수(心宿)

心三星中央赤最深(심삼성중앙적최심) ; 심수(心宿) 세 별은 가
운데별이 가장 붉네.

下頭積卒共十二(하두적졸공십이) ; 심(心) 아랫머리에는 12개
의 별이 함께 모인 적졸(積卒)이 있네,

三三相聚心下是(삼삼상취심하시) ; 세 별씩 서로 모여 심(心) 아
래에 있는 것이 적졸(積卒)이라네.

6. 미수(尾宿)

尾九星如鈎蒼龍尾(미구성여구창룡미) ; 미수(尾宿) 아홉 별은
갈고리 모양으로 창룡(蒼龍)의 꼬리 같네.

下頭五點號龜星(하두오적호구성) ; 미(尾)의 아랫머리에 다섯
　　개의 점을 구성(龜星)이라 브르고,
尾上天江四橫是(미상천강사횡시) ; 미(尾)의 위쪽으로 가로지
　　른 네 개의 별이 천강(天江)이라.

尾東一箇名傳說(미동일개명부열) ; 미(尾)의 동쪽에 한 개의 별
　　이 부열(傳說)이고,
傳說東畔一魚子(부열동반일어자) ; 부열의 동쪽 두둑에 별 하
　　나가 어자(魚子 ; 방울 무늬)처럼 있네.

尾西一室是神宮(미서일적시신궁) ; 미(尾)의 서쪽에 한 개의 방
　　이 신궁(神宮)으로,
所以列在后妃中(소이열재후비중) ; 후비(后妃 ; 여기서는 尾)의
　　가운데에 놓이게 된 까닭이라네.

7. 기수(箕宿)

箕四星形狀似簸箕(기사성형상사파기) ; 기수(箕宿)는 네 개의
　　별로 마치 곡식을 까부르는 키(箕) 형상이네.

箕下三星名木杵(기하삼홍명목저) ; 기(箕) 아래 세 개의 별은 목
　　저(木杵 ; 나무 절구공이)라고 하며,
箕前一黑是糠皮(기전일흑시강피) ; 기 앞에 있는 한 개의 검은
　　색 별은 곡식 까부른 겨(糠)라네.

안찰하면 ;《성경(星經) 보천가(步天歌)》에 절위(折威) 7성(星), 제석(帝席) 3성(星)이 지금《의상지(儀象志)》에는 없는 별이다.

고루(庫樓) 10성(星)이 지금은 9성(星)이다.

주(柱) 15성(星)은 지금 14성(星)이다.

항지(亢池) 6성(星)은 지금은 4성(星)이다.

기관(騎官) 27성(星)이 지금은 7성(星)이다.

적졸(積卒) 12성(星)이 지금은 2성(星)이다.

남문(南門) 2성(星), 기진장군(騎陳將軍) 1성(星), 구(龜) 5성(星)은 재경사(在京師) 지평하(地平下)이다. 그러므로 그려 넣지 않았다.

【原文】按 ;《星經・步天歌》折威七星, 帝席三星, 今《儀象志》無. 庫樓十星, 今九星. 柱十五星, 今十四星. 亢池六星, 今四星. 騎官二十七星, 今七星. 積卒十二星, 今二星. 南門二星, 騎陣將軍一星, 龜五星, 在京師地平下, 故不入圖.

제4장. 《보천가》 북방원무칠수(北方元武七宿)

북방원무칠수(北方元武七宿)

1. 두수(斗宿)

斗六星其狀似北斗(두육성기상사북두) ; 두수(斗宿)은 여섯 개
의 별로 북두칠성과 흡사하네.

魁上建星三相對(귀상건성삼상대) ; 괴(魁) 위쪽에 있는 건(建)
은 세 개씩 마주보고 있고,
天弁建上三三九(천병립상삼홍구) ; 천변(天弁)은 건(建) 위에
세 개의 별이 짝을 짓고 있네.

斗下圓安十四星(두하원안십사성) ; 두수 아래 14개 별이 원을 이루고 있고,

雖然名鼈貫索形(수연명별관삭형) ; 비록 이름이 자라(鼈)이지만 관삭(貫索)은 새끼줄 꿰어놓은 형태라네.

天雞建背雙黑星(천계건배쌍흑성) ; 천계(天雞)는 건(建)의 뒤쪽(북쪽)에 두 개의 검은색 별이고,

天籥柄前八黃精(천약병전팔횡전) ; 천약(天籥)은 두(斗)의 자루 앞에 여덟 개의 짙은 누른색 별이네.

狗國四方雞下生(구국사방계하생) ; 구국(狗國)은 사방으로 천계 아래에서 생겨나고,

天淵十星鼈東邊(천연십성별동변) ; 천연(天淵) 열 개의 별은 별(鼈)의 동쪽 가에 있다네.

更有兩狗斗魁前(갱유양구두귀전) ; 또 두 개의 구(狗)가 두괴(斗魁) 앞에 있고,

農家丈人斗下眠(농가장인두하면) ; 농가장(農家丈)은 인두(人斗) 아래에 잠들었네.

天淵十黃狗色元(천연십황구색원) ; 천연은 열 개의 누른색 별이고, 구(狗)의 색은 검다네.

2. 우수(牛宿)

牛六星近在河岸頭(우육성근재하안두) ; 우수(牛宿) 여섯 개의
별은 은하수의 둔덕 가까이 있네.

頭上雖然有兩角(두상수연유양각) ; 은하수 쪽으로는 두 개의
뿔(별)이 나 있으나,
腹下從來欠一脚(복하종래흠일각) ; 복부 아래로 내려오면 다리
하나가 없다네.

牛下九黑是天田(우하구흑시천전) ; 우수(牛宿) 아래로 아홉 개
의 검은 별이 천전(天田)이고,
田下三三九坎連(전하삼삼구감련) ; 천전 아래로 세 개씩 모여
아홉 개가 이어져 있는 것이 구감(九坎)이라.

牛上直建三河鼓(우상직건삼하고) ; 우(牛) 위로 곧게 세워진 세
개의 별을 하고(河鼓)라 하고,
鼓上三星號織女(고상삼성호직녀) ; 하고(河鼓) 위 세 개의 별을
직녀(織女)라 하네.

左旗右旗各九星(좌기우기각구성) ; 좌기(左旗)와 우기(右旗)는
각기 아홉 개의 별로 이루어졌는데,
河鼓兩畔右邊明(하고양반우변명) ; 하고의 양쪽 두둑 우측 가
에 밝게 비치네.

更有四黃名天桴(갱유사황명천부) ; 다시 네 개의 누른색 별을 천부(天桴)라 하는데,

河鼓直下如連珠(하고직하여연주) ; 하고의 바로 아래에 구슬을 꿰어놓은 것처럼 있네.

羅堰三烏牛東居(나언삼오우동거) ; 나언(羅堰)은 세 개의 검은색 별로 우(牛) 동쪽에 있고,

漸臺四星似口形(점대사점사구형) ; 점대(漸臺) 네 개의 별은 구(口)자와 비슷한 모양이네.

輦道東足連五丁(연도동족연오정) ; 연도(輦道) 점대의 동쪽 발 다섯 개의 별이 고무래 모양(丁)을 하고 있으니,

輦道漸臺在何許(연도점대재하허) ; 연도와 점대 두 별자리를 어디에서 찾을 것인가?

欲得見時近織女(욕득견시근직녀) ; 이를 보고자 한다면 직녀성의 근처를 살펴라.

3. 여수(女宿)

女四星如箕主嫁娶(여사홍여기주가취) ; 여수(女宿)는 네 개의 별이 기(箕)와 같아, 가취(嫁娶)를 주관하네.

十二諸國在下陳(십이제국재하진) ; 십이제국(十二諸國)이 그 아래에 벌려 있는데,

先從越國向東論(선종월국향동론) ; 제일 앞에 있는 월(越)나라
로부터 동쪽으로 논하면,

東西兩周次二秦(동서양주차이진) ; 동주(東周)와 서주(西周) 두
별이 있고, 두 별로 된 진(秦)이 그 왼쪽에 있고,

雍州南下雙雁門(옹주남하쌍안문) ; 옹주 남쪽 아래 안문(雁門 :
代國)이 쌍으로 있네.

代國向西一晉伸(대국향서일진신) ; 대국(代國)의 오른쪽으로
진(晉)나라가 펼쳐 있고,

韓魏各一晉北輪(한위각일진북륜) ; 한·위(韓魏) 두 나라가 각
기 하나의 별로, 진(晉)나라 바로 위 수레바퀴
처럼 있네.

楚之一國魏西屯(초지일국위서둔) ; 초(楚)나라 역시 하나의 별
로 위(魏)나라 오른쪽에 진을 치고 있고,

楚城南畔獨燕軍(초성남반독연군) ; 초성(楚城)의 남쪽으로는
연(燕)나라 군사들만 있네.

燕西一郡是齊隣(연서일군시재린) ; 연나라 오른쪽에 있는 한
개의 별이 제(齊)나라이고,

齊北兩邑平原君(재북양읍平原君) ; 제나라 북쪽(위쪽)으로 있
는 두 개의 별(兩邑)이 조(趙)나라네.

欲知鄭在越下存(욕지정재월하존) ; 정(鄭)나라가 어디에 있는
지를 알려면 월(越)나라 아래에 있으니,

十六黃星細區分(십육황성세구분) ; 이것이 16개의 누른 별을 세분해 본 것이네.

五箇離珠女上星(오개리주여상성) ; 다섯 개의 별로 된 이주(離珠)는 여수(女宿) 위쪽으로 비스듬히 놓여있고,
敗瓜之上匏瓜生(패과지상표과생) ; 패과(敗瓜) 위에서 포과(匏瓜 : 호리병박 별자리)가 생겨나네.

兩箇各五匏瓜明(양개각오표과명) ; 두 별(패과와 포과)이 각기 다섯 개의 별로, 포과(匏瓜)가 밝은 별이고,
天津九箇彈弓形(천진구개탄궁형) ; 천진(天津)은 아홉 개의 별이 활을 튕겨놓은 형태라네.

兩星入牛河中橫(양성입우하중횡) ; 그 중 두 별은 우수(牛宿)로 들어가 은하수 안에 가로로 있고,
四箇奚仲天津上(사개해중천진상) ; 네 개의 별 해중(奚仲)이 천진(天津) 위에 있네.

七箇仲側扶筐星(칠개중칙부광성) ; 해중 옆에 있는 일곱 개의 별이 부광(扶筐)이라네.

4. 허수(虛宿)

虛上下各一如連珠(허상하각일여연주) ; 허수(虛宿)는 위 아래로 각기 한 개의 구슬을 이은 것 같네.

命祿危非虛上呈(명록위비허상정) ; 사명(司命), 사록(司祿), 사위(司危), 사비(司非) 네 별자리는 허(虛)의 위에 있고,

虛危之下哭泣星(허위지하곡읍성) ; 허(虛)와 위(危) 아래 곡(哭)과 읍(泣)이 있다네.

哭泣雙雙下壘城(곡읍쌍쌍하루성) ; 곡과 읍이 쌍쌍으로 있는 아래 천루성(天壘城)이 있고,

天壘團圓十三星(천루단원십삼성) ; 천루성단은 13개의 별이 원을 그리고 있다네.

敗臼四星城下橫(패구사성성하횡) ; 패구(敗臼)의 네 별은 천루성 아래 가로놓여 있으며,

臼西三箇離瑜明(구서삼개리유명) ; 패구 서쪽 세 개의 별 이유(離瑜)가 밝게 비춘다네.

5. 위수(危宿)

危三星不直舊先知(위삼성불직구선지) ; 위수(危宿) 세 별이 곧지 않게 놓여 있다는 것은 옛날에 먼저 알았네.

危上五黑號人星(위상오흑호인성) ; 위(危) 위쪽으로 검은색 다섯 개의 별이 인성(人星)이고,

人畔三四杵臼形(인반삼사저구형) ; 인성 옆에 세 개의 별(內杵)과 네 개의 별(臼)이 절구질하는 모양이네.

人上七烏號車府(인상칠오호거부) ; 인성 위 일곱 개의 검은 별을 거부(車府)라 부르고,

府上天鉤九黃晶(부상천구구황정) ; 거부 위의 천구(天鉤)는 아홉 개의 황정(黃晶)이라네.

鉤上五鴉字造父(구상오아자조보) ; 천구의 위에 다섯 개의 검은 별이 조보(造父)이며,

危下四星號墳墓(위하사성호분묘) ; 위(危)의 아래쪽으로 네 개의 별을 분묘(墳墓)라 하네.

墓下四星斜虛梁(묘하사성사허량) ; 분묘 아래 네 개의 별이 비스듬히 있는 것이 허량(虛梁)이며,

十箇天錢梁下黃(십개천전량하황) ; 열 개의 별로 이루어진 천전(天錢)은 허량(虛梁)의 아래에 있네.

墓旁兩星名蓋屋(묘방양성명개옥) ; 분묘 곁 두 개의 별을 개옥(蓋屋)이라고 하는데,

身着黑衣危下宿(신착흑의위반수) ; 검은색 옷을 입고 위(危)의 옆에 잠들었네.

6. 실수(室宿)

室兩星上有離宮出(실양성상유리궁출) ; 실수(室宿)는 두 개의 별 위로 리궁(離宮)이 나와 있네.

繞室三雙有六星(요실삼쌍유육성) ; 실(室)을 두르고 세 쌍을 이
루어 여섯 개의 별이 있고,
下頭六箇雷電形(하두육개뇌전형) ; 실(室) 아랫머리 여섯 개의
별이 뇌전(雷電)이라네.

壘壁陳次十二星(누벽진차십이성) ; 그 아래로 누벽진(壘壁陳)
열두 개의 별이 벌여 있는데,
十二兩頭大似井(십이양두대사정) ; 12개의 두 개의 큰 머리는
마치 우물 같네.

陳下分布羽林軍(진하분포우림군) ; 누벽진 아래에 나뉘어 늘어
진 것이 우림군(羽林軍)이니,
四十五卒三爲群(사십오졸삼위군) ; 마흔 다섯 개 별(兵卒)이 셋
씩 무리지어 있네.

軍西西下最難論(군서서하최란론) ; 군의 서쪽 서하(西下)가 제
일 분간하기 어려워,
字細歷歷着區分(자세력력착구분) ; 자세히 살펴보아 구분해야
한다네.

三粒黃金名鈇鉞(삼립황금명부월) ; 세 개의 황금의 환알 같은
별을 부월(鈇鉞)이라고 하고,
一顆明珠北落門(일과명주북락문) ; 한 알의 명주(明珠) 같은 별
이 북락사문(北落師門)이라.

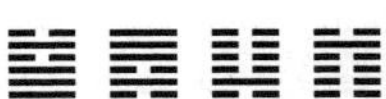

門東八魁九箇子(문동팔괴구개자) ; 북락사문 동쪽에는 아홉 개
의 별 팔괴(八魁)가 있고,

門西一宿天綱是(문서일수천강시) ; 북락사문 서쪽에 있는 한
개의 별이 바로 천강(天綱)이라네.

電旁兩黑土公吏(전방양흑토공리) ; 뇌전(雷電) 곁에 두 개의 검
은 별이 토공리(土公吏)이고,

騰蛇室上二十二(등사실상이십이) ; 등사(騰蛇)는 실(室) 위에
스물두 개의 별로 이루어져 있다네.

7. 벽수(壁宿)

壁兩星下頭是霹靂(벽양성하두시벽력) ; 벽수(壁宿)는 두 개의
별인데, 그 아랫머리 쪽에 있는 별이 벽력(霹
靂)이라네.

霹靂五星橫着行(벽력오성횡착행) ; 벽력은 다섯 개의 별이 횡
으로 가로지르는 모습이고,

雲雨次之口四方(운우차지구사방) ; 운우(雲雨)는 그 밑에서 구
(口)자 모양으로 사방을 가리키네.

壁上天廐十圓黃(벽상천구십원황) ; 벽(壁) 위에는 원형의 열 개
의 누른색 별 천구(天廐)가 있고,

鈇鑕五星羽林旁(부질오성우림방) ; 다섯 개의 별 부질(鈇鑕)은

우림군 (羽林軍)의 곁에 놓여 있다네.

안찰하면 ; 《성경(星經) 보천가(步天歌)》 에 천약(天籥) 8성(星), 농장인(農丈人) 1성(星), 천전(天田) 9성(星), 이주(离珠) 5성(星), 팔괴(八魁) 9성(星)이 지금의 《의상지(儀象志)》 에는 없는 별이다.

별(鱉) 14성(星)이 지금은 13성(星)이다.

우기(右旗) 9성(星)이 지금은 8성(星)이다.

구감(九坎) 9성(星)이 지금은 4성(星)이다.

천부(天桴) 4성이 지금은 2성이다.

나언(羅堰) 3성이 지금은 2성이다.

12제국(諸國) 16성(星)이 지금은 12성(星)이다.

사위(司危)2성(星)이 지금은 1성(星)이다.

천루성(天壘城) 13성(星)이 지금은 5성(星)이다.

이유(离瑜) 3성(星)이 지금은 2성(星)이다.

패구(敗臼) 4성(星)이 지금은 2성(星)이다.

인성(人星) 5성(星)이 지금은 4성이다.

저(杵) 3성(星)이 지금은1성(星)이다.

구(臼) 4성이 지금은 3성(星)이다.

천구(天鉤)9성(星)이 지금은 6성(星)이다.

부광(扶筐) 7성(星)이 지금은 4성(星)이다.

천전(天錢) 10성(星)이 지금은 9성(星)이다.

개옥(盖屋) 2성(星)이 지금은 1성(星)이다.

우림군(羽林軍) 45성(星)이 지금은 23성이다.

토공리(土公吏) 2성(星)이 지금은 1성(星)이다.

등사(螣蛇) 22성(星)이 지금은 18성이다.

천구(天廄) 10성(星)이 지금은 3성(星)이다.

【原文】按；《星經‧步天歌》天簒八星, 農丈人一星, 天田九星, 離 珠五星, 八魁九星, 今《儀象志》無. 鼈十四星, 今十三星. 右旗九星, 今八星. 九坎九星, 今四星. 天桴四星, 今二星. 羅堰三星, 今二星. 十二諸國十六星, 今十二星. 司危二星, 今一星. 天壘城十三星, 今五星. 離瑜三星, 今二星. 敗臼四星, 今二星. 人星五星, 今四星. 杵三星, 今一星. 臼四星, 今三星. 天鈎九星, 今六星. 扶筐七星, 今四星. 天錢十星, 今九星. 蓋屋二星, 今一星. 羽林軍四 十五星, 今二十三星土公吏二星. 今一星. 螣蛇二十二星, 今十八星. 天廄十星, 今三星.

제5장.《보천가》 서방백호칠수(西方白虎七宿)

서방백호칠수(西方白虎七宿)

1. 규수(奎宿)

奎腰細頭尖似破鞋(규요세두첨사파혜) ; 규수(奎宿)는 허리가
　　　　　　가늘고 머리가 뾰족한 해진 신발모양으로,
一十六星遶鞋生(일십육성요혜생) ; 열여섯 개의 별이 신발처럼
　　　　　　둘러있네.

外屛七烏奎下橫(외병칠오규하횡) ; 외병(外屛)은 일곱 개의 검
　　　　　　은색 별로 규(奎) 아래 가로놓였고,
屛下七星天溷明(병하칠오천혼명) ; 외병의 아래에는 일곱 개의
　　　　　　별 천혼(天溷)이 밝히고 있네.

司空左畔土之精(사공좌반토지정) ; 천혼(天溷)의 왼쪽 두둑에
　　　　있는 사공(司空)은 흙의 정기(精氣)이며,
奎上一宿軍南門(규상일수군남문) ; 규(奎) 위쪽(북쪽)으로 한
　　　　개의 별이 군남문(軍南門)이라.

河中六箇閣道形(하중육개각도형) ; 은하수 가운데 있는 복도
　　　　모양의 여섯 개의 별이 각도(閣道)이며,
附路一星道旁明(부로일성도방명) ; 한 개의 별 부로(附路)는 각
　　　　도(閣道) 곁에서 밝히고 있네.

五箇吐花王良星(오홍토화왕랑성) ; 꽃을 토해 놓은 것 같은 다
　　　　섯 개 별이 왕랑(王良)이며,
良星近上一策明(낭성근상일책명) ; 낭성(良星) 바로 위에 있는
　　　　한 개의 별이 책(策)이라네.

2. 누수(婁宿)

婁三星不均近一頭(누삼성불균근일두) ; 루수(婁宿)는 세 개의
　　　　별로 서로간의 거리가 짧지 않네.

左梗右梗烏夾婁(좌경우경오협루) ; 좌경(左梗)과 우경(右梗)
　　　　검은 별이 누를 양쪽에서 끼고 있고,
天倉六箇婁下頭(천창육개루하두) ; 천창(天倉) 여섯 개의 별은
　　　　누 아랫머리에 있네.

天庾三星倉東脚(천유삼성창동각) ; 천유(天庾) 세 개의 별은 천창 동쪽 다리 쪽이고,

婁上十一將軍侯(누상십일장군후) ; 누(婁) 위에는 열한 개의 별로 이루어진 천장군(天將軍)이 살피네.

3. 위수(胃宿)

胃三星鼎足河之次(위삼홍정족하지차) ; 위수(胃宿) 세 개의 별이 솥발모양으로 은하수 밑에 있네.

天廩胃下斜四星(천름위하사사성) ; 위(胃) 아래 네 개의 별이 빗겨져 놓인 것이 천름(天廩)이며,

天困十三如乙形(천균십삼여을형) ; 천균(天困)은 열 세 개의 별이 乙자 모양을 하고 있네.

河中八星名大陵(하중입적명대릉) ; 은하수 가운데에 놓여있는 여덟 개의 별을 대릉(大陵)이라 하고,

陵北九箇天船名(능북구개천선명) ; 대릉 북쪽 아홉 개의 별을 천선(天船)이라 하네.

陵中積尸一箇星(능중적호일개성) ; 대릉 가운데 있는 한 개의 별적시(積尸),

積水船中一黑精(적수선중일흑정) ; 적수(積水)도 천선(天船) 가운데 한 개의 검은색 정화(精華)라.

4. 묘수(昴宿)

昴七星一聚實不少(묘칠성일취실불소) ; 묘수(昴宿)는 일곱 별이 마치 한 별처럼 모여있으나, 실제로 적지 않고,

阿西月東各一星(아서월동각일성) ; 천아(天阿)는 묘수 왼쪽, 월(月)은 오른쪽에 각기 하나의 별로 되어 있다네.

阿下五黃天陰明(아하오황천음명) ; 천아(天阿) 아래 다섯 개의 누른 별 천음(天陰)이 밝게 빛나고,

陰下六烏蒭藁營(음하육오추고영) ; 천음 아래 여섯 개의 검은 별이 추고(蒭藁)의 경작지라.

營南十六天苑形(영남십육천원형) ; 추고 남쪽 열여섯 개의 별이 천원(天苑)의 모습을 하고 있으며,

河中六星名卷舌(하중육성명권설) ; 은하수 안의 여섯 개의 별을 권설(卷舌)이라 부르네.

舌中黑點天讒星(설중흑점천참성) ; 권설 가운데에 검은 점이 천참성(天讒星)이고,

礪石舌旁斜四丁(여석설방사사정) ; 여석(礪石)은 권설 옆에 빗겨 놓여있는 네 개의 별이 고무래 모양을 하고 있네.

5. 필수(畢宿)

畢恰似瓜又八星出(필흡사과우팔성출) ; 필수(畢宿)는 여덟 개의 별이 흡사 오이의 각지처럼 나와 있네.

附耳畢股一星光(부이필고일성광) ; 부이(附耳)는 한 개의 별로 필의 끝(股)에서 빛나며,
天街兩星畢背旁(천가양성필배방) ; 천가(天街) 두 개의 별은 필(畢)의 등 뒤에 있다네.

天節耳下八烏幢(천절이하팔오당) ; 천절(天節)은 부이(附耳) 아래 여덟 개의 검은 별로 휘장을 두른 듯 있고,
畢上橫列六諸王(필상횡렬육제왕) ; 필 위르 가로지른 여섯 개의 별 제왕(諸王)이 있네.

王下四皁天高星(왕하사조천고성) ; 제왕 아래 네 명의 하인(四皁)들이 천고(天高)이고,
節下團圓九州城(절하단원구주성) ; 천절 아래 둥근 성(城)을 쌓은 것이 구주(九州)라네.

畢口斜對五車口(필구사대오거구) ; 필의 일 쪽으로 빗겨서 마주한 것이 오거(五車)의 입이고,
車有三柱任縱橫(거유삼주임종횡) ; 오거(五車)에는 세 개의 기둥이 종횡으로 놓여 있네.

車中五箇天潢明(거중오개천황명) ; 오거(五車) 안에 다섯 개의
별 천황(天潢)이 밝게 빛나고,
潢畔咸池三黑星(황반함지삼흑성) ; 천황(天潢) 위에 세 개의 검
은색 별이 함지(咸池)라네.

天關一星車脚邊(천관일성거각변) ; 천관(天關) 한 개의 별은 오
거(五車)의 다리 주위에 있고,
參旗九箇參車間(삼기구적삼거간) ; 삼기(參旗) 아홉 개의 별은
삼수(參宿)와 오거(五車) 사이에 있네.

旗下直建九斿連(기하직건구유련) ; 삼기(參旗) 아래 곧바로 새
워진 구유(九斿)는 아홉 개의 별이 연이어 있고,
斿下十三烏天園(유하십삼오천원) ; 구유(九斿) 아래 열세 개의
검은 별이 천원(天園)이라.

九斿天園參脚邊(구유천원삼각변) ; 구유와 천원은 삼수(參宿)
다리 주변에 있다네.

6. 삼수(參宿)

參總是七星觜相侵(삼총시칠성자상침) ; 삼수(參宿)는 모두 일
곱 개의 별로 이루어져 자수(觜宿)와 서로 영역
을 침범하고 있다네.

兩肩雙足三爲心(양견쌍족삼위심) ; 參은 양 어께와 두 다리가

있고, 다리 안에 있는 세 개의 별이 심장이며,

伐有三星足裏深(벌유삼성족리심) ; 벌(伐) 세 별은 다리(足) 뒤
에 깊이 들어가 있다네.

玉井四星右足陰(옥정사성우족음) ; 옥정(玉井)은 네 개의 별로
오른쪽 다리를 감싸 안고,

屛星兩扇井南襟(병성양선정남금) ; 병(屛)은 두 개의 부채처럼
옥정(玉井) 남쪽 옷깃에 있네.

軍井四星屛上吟(군정사성병상음) ; 군정(軍井) 네 개의 별은 병
(屛)의 위에서 읊조리고 있네.

左足下四天厠臨(좌족하사천측림) ; 삼(參)의 왼쪽 다리에는 네
개의 별로 이루어진 천측(天厠)이 임했네.

厠下一物天屎沉(측하일물천시침) ; 천측 아래 한 개의 무리 천
시(天屎)가 깊숙이 가라앉아 있다네.

7. 자수(觜宿)

觜三星相近作參蘂(자삼성상근작삼예) ; 자수(觜宿)는 세 개의
별이 서로 가까이 세 개의 꽃술을 만들고 있네.,

觜上座旗直指天(자상좌기직지천) ; 자(觜) 위에 좌기(座旗)가
곧바로 하늘을 가리키니,

尊卑之位九相連(존비지위구상련) ; 위 아래로 아홉 개의 별이
　　　　　연이어져 있네.

司怪曲立座旗邊(사괴곡립좌기변) ; 사괴(司怪)는 좌기의 주위
　　　　　에 구부정히 서 있으며,
四鴉大近井鉞前(사아대근정월전) ; 네 마리 까마귀는 정수(井
　　　　　宿)와 아주 가까이 열월(列鉞) 앞에 있다네.

　안찰하면. 《성경(星經) 보천가(步天歌)》에 함지(咸池) 3
성(星)이 지금의 《의상지(儀象志)》에는 없는 별이다.
　천혼(天溷) 7성(星)이 지금은 4성(星)이다.
　구유(九斿) 9성(星)이 지금은 8성이다.
　천원(天園) 13성(星)이 경사(京師)의 지평상(地平上)에서는
단지 9성(星)만 볼 수 있다.

　【原文】按 ; 《星經·步天歌》咸池三星, 今《儀象志》無.
天溷七星,今四星. 九斿九星, 今八星. 天園十三星, 京師地平上只
見九星.

제6장. 《보천가》 남방주작칠수(南方朱雀七宿)

남방주작칠수(南方朱雀七宿)

1. 정수(井宿)

井八星橫列河中靜(정팔성횡렬하중정) ; 정수(井宿)는 여덟 개
의 별이 횡으로 열을 지어 은하수 속에 고요히
있네.

一星名鉞井邊安(일성명월정변안) ; 한 개의 별 열월(列鉞 ; 鉞)
이 정의 가장자리에 안정된 모습으로 있는데,
兩河各三南北正(양하각삼남북정) ; 남하(南河)와 북하(北河)는
각기 세 개의 별로 남북으로 바로 마주하고 있네.

天鐏三星井上頭(천준삼성정상두) ; 천준(天樽) 세 개의 별은 정
(井)의 윗머리 부분에 있으며,

鐏上橫列五諸侯(준상횡렬오제후) ; 천준 위에 가로로 늘어선
것이 오제후(五諸侯)라네.

侯上北河西積水(후상북하서적수) ; 오제후 위에 있는 것이 북
하(北河)인데, 그 서쪽으로 적수(積水)가 있고,

欲覓積薪東畔是(욕멱적신동반시) ; 적신(積薪)은 북하(北河)
동쪽 두둑에서 엿보고 있다네.

越下四星名水府(월하사성명수부) ; 열월의 아래 네 개의 별을
수부(水府)라 하고,

水位東邊四星序(수위동변사성서) ; 수위(水位)는 동쪽 변두리
에 네 개의 별이 줄지어 있네.

四瀆橫列南河裏(사독횡렬남하리) ; 사독(四瀆)은 남하(南河)
안쪽에 가로로 늘어서 있으며,

南河下頭是軍市(남하하두시군시) ; 남하의 아랫머리에 있는 것
이 군시(軍市)라.

軍市團圓十三星(군시단원십삼성) ; 군시는 13개의 별이 원을
그리며 늘어서 있고,

中有一箇野鷄精(중유일개야계정) ; 그 안에 한 개의 별 야계(野
鷄)가 그 정화(精華)롭다네.

孫子丈人市下列(손자장인시하열) ; 손(孫)과 자(子) 및 장인(丈

人)은 군시 아래에 열을 짓고 있는데,

各立兩星從東設(각립양성종동설) ; 각기 두 개의 별이 동쪽을 따라 진열되 있다네.

闕丘兩星南河東(궐구양성남하동) ; 궐구(闕丘)는 두 개의 별로 남하(南河)의 동쪽에 있고,

丘下一狼光蓬茸(구하일랑광봉용) ; 궐구 아래 하나의 별 랑(狼)이 무성하게 빛을 발하고 있네.

左畔九箇彎弧弓(좌반구개만호궁) ; 밭두둑 왼쪽 가에 아홉 개의 별이 활시위를 당긴 듯한 것이 호(弧)인데,

一矢擬射頑狼胸(일시의사완랑흉) ; 한 개의 살(矢: 별)을 완강한 이리의 가슴에 겨눈 듯한 모습이네.

有箇老人南極中(유개노인남극중) ; 한 개의 별 남극노인(南極老人)*이 가운데 있는데,

春秋出入壽無窮(춘추출입수무궁) ; 춘분과 추분에 출입하니 수명이 영원하네.

*남극노인(南極老人) ; 수노인(壽老人)의 별칭으로, 고대 중국에서 남극성(南極星)의 화신(化身)이라고 생각되었던 노인을 남극노인이라 하였는데, 그들은 남극성이 사람의 수명을 관장한다고 생각하였다.

2. 귀수(鬼宿)

鬼四星冊方似木櫃(귀사성책방사목궤) ; 귀수(鬼宿)는 네 개의 별이 정방형으로 나무궤짝처럼 있네.

中央白者積尸氣(중앙일백적호기) ; 그 중앙의 흰색 별이 적시(積尸)이고,

鬼上四星是爟位(귀상사성시관위) ; 귀(鬼) 위로 네 개의 별이 관(爟)의 자리라.

天狗七星鬼下是(천구칠성귀하씨) ; 천구(天狗)는 일곱 개의 검은색 별로 귀(鬼)의 아래에 있고,

外廚天間柳星次(외주천간류성차) ; 외주(外廚)는 유수(柳宿) 밑 천구(天狗)와 천기(天紀)의 사이에 있네.

天社六星弧東倚(천사육성호동의) ; 천사(天社) 여섯 개의 별은 호(弧) 동쪽에 기대 있으며,

社東一星是天紀(사동일성시천기) ; 천사(天社) 동쪽에 한 개의 이 바로 천기(天紀)라네.

3. 유수(柳宿)

柳八星曲頭垂似柳(유팔성곡두수사류) ; 유수(柳宿)는 여덟 개의 별이 머리를 숙이고 있는 것이 마치 버드나

무가지가 드리운 형상이라네.

近上三星號爲酒(근상삼성호위주) ; 가까이 위로 세 개의 별을
　　　　주기(酒旗)라고 부르는데,
享宴大酺五星守(형안대포오성수) ; 잔치를 크게 베푸는 일을
　　　　하고, 오성이 머무르는 곳이라.

4. 성수(星宿)

星七星如釣柳下生(칠홍여조류하생) ; 성수(星宿)는 일곱 개의
　　　　별이 낚싯바늘처럼 유수(柳宿) 아래 있네.

星上十七軒轅形(성상십칠헌원형) ; 별 위 열일곱 개의 헌원(軒
　　　　轅) 모양,
軒轅東頭四內平(헌원동두사내평) ; 헌원 동쪽 위로 네 개의 별
　　　　이 내평(內平)이네.

平下三箇名天相(평하삼개명천상) ; 내평 아래 세 개의 별을 천
　　　　상(天相)이라 하는데,
相下稷星橫五靈(상하직성회오령) ; 천상(天相) 아래 다섯 개의
　　　　별 직(稷)이 신령스레 가로놓여 있네.

5. 장수(張宿)

張六星似軫在星旁(장육성사진재성방) ; 여섯 개의 별 장수(張宿)는, 진수(軫宿)와 흡사한 모습으로 성수(星宿)의 곁에 있네.

張下只是有天廟(장하지시유천묘) ; 장(張) 아래에 있는 것은 천묘(天廟)인데,
十四之星冊四方(십사지성책사방) ; 열네 개의 별이 사방으로 방책을 이루고 있네.

長垣少微雖向上(장원소미수향상) ; 장원(長垣)과 소미(少微)는 비록 장수(張宿) 바로 위에 있으나,
星數欹在太微旁(성수의재태미방) ; 성수(星數)는 태미원(太微垣) 곁으로 기울어 있네.

太尊一星直上黃(태존일성직상황) ; 하나의 누른색 별 태존(太尊)도 바로 위에 있다네.

6. 익수(翼宿)

翼二十二星大難識(이십이성대란식) ; 스물두 개의 별 익수(翼宿)는 찾기가 쉽지 않네.

上五下五橫着行(상오하오횡착행) ; 위로 다섯, 아래로 다섯 개가 가로로 놓여 있고,

中心六箇恰似張(중심육개흡사장) ; 중심 여섯 개의 별은 장수(張宿)와 흡사하네.

更有六星在何處(갱유육성재하처) ; 다시 남은 여섯 개의 별은 어디에 있나,

三三相連張畔附(삼삼상련장반부) ; 셋씩 서로 이어져서 장수(張宿) 곁에 붙어 있네.

必若不能分處所(필약불능분처소) ; 만약 장수(張宿)와의 나뉜 곳을 찾지 못하겠거든,

更請向前看野取(갱청향전간야취) ; 앞에 있는 벌판을 보고 찾아보도록 다시 청해 보게나.

五箇黑星翼下頭(오개흑성익하두) ; 다섯 개의 검은 별이 익(翼) 아래 머리를 두고 있으니,

慾知名字是東甌(욕지명자시동구) ; 요컨대 이 별의 이름이 동구(東甌)인 것을 알게야.

7. 진수(軫宿)

軫四星似張翼相近(진사성사작익상근) ; 진수(軫宿)는 네 개의 별이 장수(張宿)와 비슷한 모습으로 익수(翼

宿)와 서로 가까이 있네.

中央一箇長沙子(중앙일개장사자) ; 중앙의 한 개 별이 장사(長沙子)이고,

左轄右轄附兩星(좌할우할부양성) ; 좌할(左轄)과 우활(右轄)은 양쪽에 붙어 있네.

軍門兩黃近翼是(군문양황근익시) ; 두 개의 누른 색 별 군문(軍門)은 익수(翼宿) 근처에 있고,

門西四箇土司空(문서사개토사공) ; 군문 아래 네 개의 별이 토사공(土司空)이라.

門東七烏靑丘子(문동칠오청구자) ; 군문 동쪽 일곱 개의 검은 색 별이 청구(靑丘)이며,

靑丘之下名器府(청구지하명기부) ; 청구 아래 있는 것을 기부(器府)라 부르네.

器府之星三十二(기부지성삼십이) ; 기부(器府)는 서른두 개의 별로 되어 있고,

巳上便是太微宮(이상편시태미궁) ; 이러한 별들이 다름 아니라 바로 태미원(太微垣)이라.

黃道向上看取是(황도향상간취시) ; 그건 바로 황도(黃道)가 위에 있어 이를 보고 구별한 것이라네.

안찰하면, 《성경(星經) 보천가(步天歌)》에 적수(積水) 1

성, 천직(天稷) 5성(星), 천묘(天廟) 14성(星), 동구(東甌) 5성(星), 토사공(土司空) 4성, 군문(軍門) 2성(星), 기부(器府) 32성(星)은 지금의 《의상지(儀象志)》에는 없는 별이다.

군시(軍市) 13성(星)이 지금은 10성이다.

청구(靑邱) 7성(星)이 지금은 3성(星)이다.

천사(天社) 6성(星)이 지금은 경사(京師) 지평(地平)위에서 단지 3성만 볼 수 있다.

노인성(老人星)은 경사(京師) 지평(地平) 아래에 있으므로 그림에는 나오지 않는다.

【原文】按 ; 《星經·步天歌》積水一星, 天稷五星, 天廟十四星, 東甌五星, 土司空四星, 軍門二星, 器府三十二星, 今《儀象志》無. 軍市十三星, 今十星. 靑邱七星, 今三星. 天社六星, 京師地平上只見三星. 老人星在京師地平下, 故不入圖.

欽定 協紀辨方書

協紀辨方書
卷 14

연표年表 1 · 갑자지계유甲子至癸酉

제1장. 연표개설(年表槪說)

1. 연표 총론(年表總論)

육십화갑(六十花甲)은 한 바퀴를 다 돌고 다시 시작한다. 신살은 태세를 따라 전환하는 것이다. 지금은 태세를 좇아 추배(推排)하였는데, 분류하고 나열하며 태세에 안배(按排) 전시(展示)하였기 때문에 손바닥을 보듯이 명료(明了)하게 연표(年表)를 작성하였다.

年表 ──────────────────────────▶

제2장. 甲子旬

1. 太歲甲子 : 幹木枝水 · 納音屬金

개산입향수방길(開山立向修方吉)

<table>
<tr><td>歲德甲</td><td>歲德合巳</td><td>歲枝德巳</td></tr>
<tr><td>陽貴人未</td><td>陰貴人丑</td><td>世祿寅</td></tr>
<tr><td>歲馬寅</td><td>奏書乾</td><td>博士巽</td></tr>
</table>

삼원자백(三元紫白)

上元	一白中	六白坎	八白震	九紫巽
中元	一白坤	六白兌	八白離	九紫坎
下元	一白艮	六白巽	八白乾	九紫兌

개산황도(蓋山黃道)—貪狼震庚亥未　巨門兌丁巳丑

武曲巽辛　　文曲坤乙

통천규(通天竅)—三合前方艮寅甲卯乙辰　三合後方坤申庚酉辛戌

(十二吉山宜申子辰寅午戌年月日時)

주마육임(走馬六壬)—神后壬子　功曹艮寅　天罡乙辰

勝光丙午　傳送坤申　河魁辛戌

(十二吉山宜申子辰寅午戌年月日時)

사리삼원(四利三元)—太陽丑　太陰卯　龍德未　福德酉

개산입향수방흉(開山立向修方凶)—太歲子　歲破午　三煞巳午未

坐煞向煞丙丁壬癸　浮天空亡離壬

개산흉(開山凶)—年剋山家甲寅辰巽戌坎辛申丑癸坤辰未山

陰府太歲艮寅　六害未　死符巳　灸退卯

입향흉(立向凶)—巡山羅喉癸　病符亥

수방흉(修方凶)—天官符亥 地官符辰 大煞子 大將軍酉

力士艮 蠶室坤 蠶官未 蠶命申 歲刑卯

黃幡辰 豹尾戌 飛廉申 喪門寅 弔客戌

白虎申 金神午未申酉 獨火艮 五鬼辰 破敗五鬼巽

개산입향수방길(開山立向修方吉)

月	正	二	三	四	五	六	七	八	九	十	十一	十二
天道	南	南西	北	西	西北	東	北	北東	南	東	南東	西
天德	丁	坤	壬	辛	乾	甲	癸	艮	丙	乙	巽	庚
月德	丙	甲	壬	庚	丙	甲	壬	庚	丙	甲	壬	庚
天德合	壬		丁	丙		己	戊		辛	庚		乙
月德合	辛	己	丁	乙	辛	己	丁	乙	辛	己	丁	乙
月空	壬	庚	丙	甲	壬	庚	丙	甲	壬	庚	丙	甲
陽貴人	坎	離	艮	兌	乾	中	坎	離	艮	兌	乾	中
陰貴人	兌	乾	中	巽	震	坤	坎	離	艮	兌	乾	中
飛天祿	中	坎	離	艮	兌	乾	中	巽	震	坤	坎	離
飛天馬	中	坎	離	艮	兌	乾	中	巽	震	坤	坎	離
月紫白 一白	兌	艮	離	坎	坤	震	巽	中	乾	兌	艮	離
月紫白 六白	震	巽	中	乾	兌	艮	離	坎	坤	震	巽	中
月紫白 八白	中	乾	兌	艮	離	坎	坤	震	巽	中	乾	兌
月紫白 九紫	乾	兌	艮	離	坎	坤	震	巽	中	乾	兌	艮

		立春	春分	立夏	夏至	立秋	秋分	立冬	冬至
三奇	乙	艮	震	巽	離	坤	兌	乾	坎
三奇	丙	艮	震	巽	離	坤	兌	乾	坎
三奇	丁	離	巽	中	艮	坎	乾	中	坤

개산흉(開山凶)

月	正	二	三	四	五	六	七	八	九	十	十一	十二
月建	寅	卯	辰	巳	午	未	申	酉	戌	亥	子	丑
月破	申	酉	戌	亥	子	丑	寅	卯	辰	巳	午	未
月剋山家	乾兌	亥丁	震巳	艮			水山	土	乾兌	亥丁	離丙	壬丁
陰府太歲	坎坤	乾離	坤震	巽艮	乾兌	坤坎	離乾	震坤	艮巽	兌乾	坎坤	乾離

수방흉(修方凶)

月	正	二	三	四	五	六	七	八	九	十	十一	十二
天官符		辰	甲	未	壬	丙	丑	庚	戌		庚	戌
	中	巽	震	坤	坎	離	艮	兌	乾	中	兌	乾
		巳	乙	申	癸	丁	寅	辛	亥		辛	亥
地官符	庚	戌		庚	戌		辰	甲	未	壬	丙	丑
	兌	乾	中	兌	乾	中	巽	震	坤	坎	離	艮
	辛	亥		辛	亥		巳	乙	申	癸	丁	寅
小月建		戌	庚	丑	丙	壬	未	甲	辰		戌	庚
	中	乾	兌	艮	離	坎	坤	震	巽	中	乾	兌
		亥	辛	寅	丁	癸	申	乙	巳		辛	亥
大月建	丑	庚	戌		辰	甲	未	壬	丙	丑	庚	戌
	艮	兌	乾	中	巽	震	坤	坎	離	艮	兌	乾
	寅	辛	亥		巳	乙	申	癸	丁	寅	辛	亥
飛大煞	戌		震	艮	未	壬	丙	丑	庚	戌		庚
	乾	中	巽	震	坤	坎	離	艮	兌	乾	中	兌
	亥		巳	乙	申	癸	丁	寅	辛	亥		辛

第二部 用事宜忌

月	正	二	三	四	五	六	七	八	九	十	十一	十二
丙丁獨火	中乾	中	巽中	震巽	坤震	坎坤	離坎	艮離	兌艮	乾兌	中乾	中
月游火	艮	離	坎	坤	震	巽	中	乾	兌	艮	離	坎
劫煞	亥	申	巳	寅	亥	申	巳	寅	亥	申	巳	寅
災煞	子	酉	午	卯	子	酉	午	卯	子	酉	午	卯
月煞	丑	戌	未	辰	丑	戌	未	辰	丑	戌	未	辰
月刑	巳	子	辰	申	午	丑	寅	酉	未	亥	卯	戌
月亥	巳	辰	卯	寅	丑	子	亥	戌	酉	申	未	午
月厭	戌	酉	申	未	午	巳	辰	卯	寅	丑	子	亥

2. 太歲乙丑 : 幹木枝土 · 納音屬金

개산입향수방길(開山立向修方吉)

歲德庚　　歲德合乙　歲枝德午

陽貴人中　陰貴人子　世祿卯

歲馬亥　　奏書乾　　博士巽

삼원자백(三元紫白)

上元	一白乾	六白坤	八白巽	九紫中
中元	一白震	六白艮	八白坎	九紫坤
下元	一白離	六白中	八白兌	九紫艮

개산황도(蓋山黃道)—貪狼艮丙　　　巨門巽辛

武曲 兌丁巳丑　文曲離壬寅戌

통천규(通天竅)—三合前方乾亥壬子癸丑　三合後方巽巳丙午丁未

(十二吉山宜巳酉丑亥卯未年月日時)

주마육임(走馬六壬)—神后乾亥　功曹癸丑　天罡甲卯

勝光巽巳　傳送丁未　河魁庚酉

(十二吉山宜巳酉丑亥卯未年月日時)

사리삼원(四利三元)—太陽寅　太陰辰　龍德申　福德戌

개산입향수방흉(開山立向修方凶)—太歲丑　歲破未　三煞寅卯辰

坐煞向煞甲乙庚辛　浮天空亡坎癸

개산흉(開山凶)—年剋山家震艮巳山

陰府太歲兌乾　六害午　死符午　灸退子

입향흉(立向凶)—巡山羅喉艮　病符子

수방흉(修方凶)—天官符申　地官符巳　大煞酉　大將軍酉

力士艮　　蠶室坤　　蠶官未　蠶命申　歲刑戌

黃幡丑　豹尾未　飛廉酉　喪門卯　弔客亥

白虎申酉　金神辰巳　獨火震　五鬼卯

破敗五鬼艮

개산입향수방길(開山立向修方吉)

月	正	二	三	四	五	六	七	八	九	十	十一	十二
天道	南	南西	北	西	西北	東	北	北東	南	東	南東	西
天德	丁	坤	壬	辛	乾	甲	癸	艮	丙	乙	巽	庚
月德	丙	甲	壬	庚	丙	甲	壬	庚	丙	甲	壬	庚
天德合	壬		丁	丙		己	戊		辛	庚		乙
月德合	辛	己	丁	乙	辛	己	丁	乙	辛	己	丁	乙
月空	壬	庚	丙	甲	壬	庚	丙	甲	壬	庚	丙	甲
陽貴人	坤	坎	離	艮	兌	乾	中	坎	離	艮	兌	乾
陰貴人	乾	中	巽	震	坤	坎	離	艮	兌	乾	中	坎
飛天祿	乾	中	坎	離	艮	兌	乾	中	巽	震	坤	坎
飛天馬	中	巽	震	坤	坎	離	艮	兌	乾	中	坎	離
月紫白 一白	坎	坤	震	巽	中	乾	兌	艮	離	坎	坤	震
月紫白 六白	乾	兌	艮	離	坎	坤	震	巽	中	乾	兌	艮
月紫白 八白	艮	離	坎	坤	震	巽	中	乾	兌	艮	離	坎
月紫白 九紫	離	坎	坤	震	巽	中	乾	兌	艮	離	坎	坤

		立春	春分	立夏	夏至	立秋	秋分	立冬	冬至
三奇	乙	兌	坤	震	坎	震	艮	兌	離
	丙	艮	震	巽	離	坤	兌	乾	坎
	丁	離	巽	中	艮	坎	乾	中	坤

개산흉(開山凶)

月	正	二	三	四	五	六	七	八	九	十	十一	十二
月建	寅	卯	辰	巳	午	未	申	酉	戌	亥	子	丑
月破	申	酉	戌	亥	子	丑	寅	卯	辰	巳	午	未
月尅山家	乾兌	亥丁	震巳	艮	離丙	壬乙			乾兌	亥丁	水山	土
陰府太歲	震坤	艮巽	兌乾	坎坤	乾離	坤震	巽艮	乾兌	坤坎	離乾	震坤	艮巽

수방흉(修方凶)

月	正	二	三	四	五	六	七	八	九	十	十一	十二
天官符	未	壬	丙	丑	庚	戊		庚	戊		辰	甲
	坤	坎	離	艮	兌	乾	中	兌	乾	中	巽	震
	申	癸	丁	寅	辛	亥		辛	亥		巳	乙
地官符	丑	庚	戊		庚	戊		辰	甲	未	壬	丙
	艮	兌	乾	中	兌	乾	中	巽	震	坤	坎	離
	寅	辛	亥		辛	亥		巳	乙	申	癸	丁
小月建	丙	壬	未	甲	辰		戊	庚	丑	丙	壬	未
	離	坎	坤	震	巽	中	乾	兌	艮	離	坎	坤
	丁	癸	申	乙	巳		亥	辛	寅	丁	癸	申
大月建		辰	甲	未	壬	丙	丑	庚	戊		辰	甲
	中	巽	震	坤	坎	離	艮	兌	乾	中	巽	震
		巳	乙	申	癸	丁	寅	辛	亥		巳	乙
飛大煞	甲	未	壬	丙	丑	庚	戊		庚	戊		辰
	震	坤	坎	離	艮	兌	乾	中	兌	乾	中	巽
	乙	申	癸	丁	寅	辛	亥		辛	亥		巳

月	正	二	三	四	五	六	七	八	九	十	十一	十二
丙丁獨火	中巽	震巽	坤震	坎坤	離坎	艮離	兌艮	乾兌	中乾	中	巽中	震巽
月游火	艮	離	坎	坤	震	巽	中	乾	兌	艮	離	坎
劫煞	亥	申	巳	寅	亥	辛	巳	寅	亥	辛	巳	寅
災煞	子	酉	午	卯	子	酉	午	卯	子	酉	午	卯
月煞	丑	戌	未	辰	丑	戌	未	辰	丑	戌	未	辰
月刑	巳	子	辰	申	午	丑	寅	酉	未	亥	卯	戌
月害	巳	辰	卯	寅	丑	子	亥	戌	酉	申	未	午
月厭	戌	酉	申	未	午	巳	辰	卯	寅	丑	子	亥

3. 太歲丙寅 : 幹火枝木 · 納音屬火

개산입향수방길(開山立向修方吉)

歲德丙　　歲德合辛　　歲枝德未

陽貴人酉　陰貴人亥　　世祿巳

歲馬申　　奏書艮　　　博士坤

삼원자백(三元紫白)

上元	一白兌	六白震	八白中	九紫乾
中元	一白巽	六白離	八白坤	九紫震
下元	一白坎	六白乾	八白艮	九紫離

개산황도(蓋山黃道) —貪狼艮丙　　　巨門巽辛

武曲兌丁巳丑　　文曲離壬寅戌

통천규(通天竅) —三合前方坤申庚酉辛戌　三合後方艮寅甲卯乙辰

(十二吉山宜寅午戌申子辰年月日時)

주마육임(走馬六壬) —神后辛戌　功曹壬子　天罡艮寅

勝光乙辰　傳送丙午　河魁坤申

(十二吉山宜寅午戌申子辰年月日時)

사리삼원(四利三元) —太陽卯　太陰巳　龍德酉　福德亥

개산입향수방흉(開山立向修方凶) —太歲寅　歲破申　三煞亥子丑

坐煞向煞壬癸丙丁　浮天空亡巽辛

개산흉(開山凶) —年剋山家震艮巳山

陰府太歲坎坤　六害巳　死符未　灸退酉

입향흉(立向凶) —巡山羅喉甲　病符丑

수방흉(修方凶) —天官符巳　地官符午　大煞午　大將軍子

力士巽　蠶室乾　蠶官戌　蠶命亥
歲刑巳　黃幡戌　豹尾辰　飛廉戌
喪門辰　弔客子　白虎戌　金神寅卯午未子丑
獨火震　五鬼寅　破敗五鬼坤

개산입향수방길(開山立向修方吉)

月	正	二	三	四	五	六	七	八	九	十	十一	十二
天道	南	南西	北	西	西北	東	北	北東	南	東	南東	西
天德	丁	坤	壬	辛	乾	甲	癸	艮	丙	乙	巽	庚
月德	丙	甲	壬	庚	丙	甲	壬	庚	丙	甲	壬	庚
天德合	壬		丁	丙		己	戊		辛	庚		乙
月德合	辛	己	丁	乙	辛	己	丁	乙	辛	己	丁	乙
月空	壬	庚	丙	甲	壬	庚	丙	甲	壬	庚	丙	甲
陽貴人	震	坤	坎	離	艮	兌	乾	中	坎	離	艮	兌
陰貴人	中	巽	震	坤	坎	離	艮	兌	乾	中	坎	離
飛天祿	艮	兌	乾	中	坎	離	艮	兌	乾	中	巽	震
飛天馬	坤	坎	離	艮	兌	乾	中	坎	離	艮	兌	乾
月紫白 一白	巽	中	乾	兌	艮	離	坎	坤	震	巽	中	乾
月紫白 六白	離	坎	坤	震	巽	中	乾	兌	艮	離	坎	坤
月紫白 八白	坤	震	巽	中	乾	兌	艮	離	坎	坤	震	巽
月紫白 九紫	震	巽	中	乾	兌	艮	離	坎	坤	震	巽	中

		立春	春分	立夏	夏至	立秋	秋分	立冬	冬至
三奇	乙	乾	坎	坤	坤	巽	離	艮	艮
	丙	兌	坤	震	坎	震	艮	兌	離
	丁	艮	震	巽	離	坤	兌	乾	坎

第二部　用事宜忌

개산흉(開山凶)

月	正	二	三	四	五	六	七	八	九	十	十一	十二
月建	寅	卯	辰	巳	午	未	申	酉	戌	亥	子	丑
月破	申	酉	戌	亥	子	丑	寅	卯	辰	巳	午	未
月剋山家			乾兌	亥丁	離丙	壬乙	震巳	艮			水山	土山
陰府太歲	乾兌	坤坎	離乾	震坤	艮巽	兌乾	坎坤	乾離	坤震	坤震	乾兌	坤坎

수방흉(修方凶)

月	正	二	三	四	五	六	七	八	九	十	十一	十二
天官符	丑艮寅	庚兌辛	戌乾亥	中	庚兌辛	戌乾亥	中	辰巽巳	甲震乙	未坤申	壬坎癸	丙離丁
地官符	丙離丁	丑艮寅	庚兌辛	戌乾亥	中	庚兌辛	戌乾亥	中	辰巽巳	甲震乙	未坤申	壬坎癸
小月建	中	戌乾亥	庚兌辛	丑艮寅	丙離丁	壬坎癸	未坤申	甲震乙	辰巽巳	中	戌乾亥	庚兌辛
大月建	未坤申	壬坎癸	丙離丁	丑艮寅	庚兌辛	戌乾亥	中	辰巽巳	甲震乙	未坤申	壬坎癸	丙離丁
飛大煞	丙離丁	丑艮寅	庚兌辛	戌乾亥	中	庚兌辛	戌乾亥	中	辰巽巳	甲震乙	未坤申	壬坎癸

月	正	二	三	四	五	六	七	八	九	十	十一	十二
丙丁獨火	坤震	坎坤	離坎	艮離	兌艮	乾兌	中乾	中	巽中	震巽	坤震	坎坤
月游火	震	巽	中	乾	兌	艮	離	坎	坤	震	巽	中
劫煞	亥	申	巳	寅	亥	辛	巳	寅	亥	辛	巳	寅
災煞	子	酉	午	卯	子	酉	午	卯	子	酉	午	卯
月煞	丑	戌	未	辰	丑	戌	未	辰	丑	戌	未	辰
月刑	巳	子	辰	申	午	丑	寅	酉	未	亥	卯	戌
月亥	巳	辰	卯	寅	丑	子	亥	戌	酉	申	未	午
月厭	戌	酉	申	未	午	巳	辰	卯	寅	丑	子	亥

4. 太歲丁卯 : 幹火枝木 · 納音屬火

개산입향수방길(開山立向修方吉)

歲德壬　　歲德合丁　　歲枝德申

陽貴人亥　陰貴人酉　　世祿午

歲馬申　　奏書艮　　　博士坤

삼원자백(三元紫白)

上元	一白艮	六白巽	八白乾	九紫兌
中元	一白中	六白坎	八白震	九紫巽
下元	一白坤	六白兌	八白離	九紫坎

개산황도(蓋山黃道)—貪狼乾甲　　　　巨門離壬寅戌

　　　　　　　　　　武曲坤乙　　　　文曲巽辛

통천규(通天竅)—三合前方坤申庚酉辛戌　三合後方艮寅甲卯乙辰

　　(十二吉山宜亥卯未巳酉丑年月日時)

주마육임(走馬六壬)—神后庚酉　　功曹乾亥　天罡癸丑

　　　　　　　　　　勝光甲卯　傳送巽巳　河魁丁未

　　(十二吉山宜亥卯未巳酉丑年月日時)

사리삼원(四利三元)—太陽辰　太陰午　龍德戌　福德子

개산입향수방흉(開山立向修方凶)—太歲卯　歲破酉　三煞辛酉戌

　　　　　　　　　　　　坐煞向煞庚申甲乙　浮天空亡震庚

개산흉(開山凶)—年剋山家離壬丙乙山

　　　　　　陰府太歲乾離　六害辰　死符申　灸退午

입향흉(立向凶)—巡山羅喉乙　病符寅

수방흉(修方凶)—天官符寅　地官符未　大煞卯　大將軍子

力士巽　蠶室乾　蠶官戌　蠶命亥

歲刑子　黃幡未　豹尾丑　飛廉巳

喪門巳　弔客丑　白虎亥　金神寅卯戌亥

獨火震　五鬼丑　破敗五鬼震

개산입향수방길(開山立向修方吉)

月	正	二	三	四	五	六	七	八	九	十	十一	十二
天道	南	南西	北	西	西北	東	北	北東	南	東	南東	西
天德	丁	坤	壬	辛	乾	甲	癸	艮	丙	乙	巽	庚
月德	丙	甲	壬	庚	丙	甲	壬	庚	丙	甲	壬	庚
天德合	壬		丁	丙		己	戊		辛	庚		乙
月德合	辛	己	丁	乙	辛	己	丁	乙	辛	己	丁	乙
月空	壬	庚	丙	甲	壬	庚	丙	甲	壬	庚	丙	甲
陽貴人	中	巽	震	坤	坎	離	艮	兌	乾	中	坎	離
陰貴人	震	坤	坎	離	艮	兌	乾	中	坎	離	艮	兌
飛天祿	離	艮	兌	乾	中	坎	離	艮	兌	乾	中	巽
飛天馬	艮	兌	乾	中	坎	離	艮	兌	乾	中	巽	震
月紫白 一白	兌	艮	離	坎	坤	震	巽	中	乾	兌	艮	離
月紫白 六白	震	巽	中	乾	兌	艮	離	坎	坤	震	巽	中
月紫白 八白	中	乾	兌	艮	離	坎	坤	震	巽	中	乾	兌
月紫白 九紫	乾	兌	艮	離	坎	坤	震	巽	中	乾	兌	艮

		立春	春分	立夏	夏至	立秋	秋分	立冬	冬至
三奇	乙	中	離	坎	震	中	坎	離	兌
	丙	乾	坎	坤	坤	巽	離	艮	艮
	丁	兌	坤	震	坎	震	艮	兌	離

개산흉(開山凶)

月	正	二	三	四	五	六	七	八	九	十	十一	十二
月建	寅	卯	辰	巳	午	未	申	酉	戌	亥	子	丑
月破	申	酉	戌	亥	子	丑	寅	卯	辰	巳	午	未
月剋山家			離丙	壬乙	水山	土	震巳	艮				
陰府太歲	離乾	震坤	艮巽	兌乾	坎坤	乾離	坤震	巽艮	乾兌	坤坎	離乾	震坤

수방흉(修方凶)

月	正	二	三	四	五	六	七	八	九	十	十一	十二
天官符	中	庚兌辛	戊乾亥	中	辰巽巳	甲震乙	未坤申	壬坎癸	丙離丁	丑艮寅	庚兌辛	戊乾亥
地官符	壬坎癸	丙離丁	丑艮寅	庚兌辛	戊乾亥	中	庚兌辛	戊乾亥	中	辰巽巳	甲震乙	未坤申
小月建	丙離丁	壬坎癸	未坤申	甲震乙	辰巽巳	中	戊乾亥	庚兌辛	丑艮寅	丙離丁	壬坎癸	未坤申
大月建	丑艮寅	庚兌辛	戊乾亥	中	辰巽巳	甲震乙	未坤申	壬坎癸	丙離丁	丑艮寅	庚兌辛	戊乾亥
飛大煞	戊乾亥	中	庚兌辛	戊乾亥	中	辰巽巳	甲震乙	未坤申	壬坎癸	丙離丁	丑艮寅	庚兌辛

月	正	二	三	四	五	六	七	八	九	十	十一	十二
丙丁獨火	離坎	艮離	兌艮	乾兌	中乾	中	巽中	震巽	坤震	坎坤	離坎	艮離
月游火	巽	中	乾	兌	艮	離	坎	坤	震	巽	中	乾
劫煞	亥	申	巳	寅	亥	辛	巳	寅	亥	辛	巳	寅
災煞	子	酉	午	卯	子	酉	午	卯	子	酉	午	卯
月煞	丑	戌	未	辰	丑	戌	未	辰	丑	戌	未	辰
月刑	巳	子	辰	申	午	丑	寅	酉	未	亥	卯	戌
月亥	巳	辰	卯	寅	丑	子	亥	戌	酉	申	未	午
月厭	戌	酉	申	未	午	巳	辰	卯	寅	丑	子	亥

5. 太歲戊辰 : 幹土枝土 · 納音屬木

개산입향수방길(開山立向修方吉)

歲德戊　　歲德合癸　　歲枝德酉

陽貴人丑　陰貴人未　　世祿巳

歲馬寅　　奏書艮　　　博士坤

삼원자백(三元紫白)

上元	一白離	六白中	八白兌	九紫艮
中元	一白乾	六白坤	八白巽	九紫中
下元	一白震	六白艮	八白坎	九紫坤

개산황도(蓋山黃道)—貪狼兌丁巳丑　　巨門震艮亥未

　　　　　　武曲艮丙　　　文曲坎癸甲辰

통천규(通天竅)—三合前方艮寅甲卯乙辰　三合後方坤申庚酉辛戌

　　(十二吉山宜申子辰寅午戌年月日時)

주마육임(走馬六壬)—神后坤申　功曹辛戌　天罡壬子

　　　　　　勝光艮寅　傳送乙辰　河魁丙午

　　(十二吉山宜申子辰寅午戌年月日時)

사리삼원(四利三元)—太陽巳　太陰未　龍德亥　福德丑

개산입향수방흉(開山立向修方凶)—太歲辰　歲破戌　三煞巳午未

　　　　　　坐煞向煞丙丁壬癸　浮天空亡坤乙

개산흉(開山凶)—年剋山家甲寅辰巽戌坎辛申丑癸坤庚未山

　　　　陰府太歲坤震　六害卯　死符酉　灸退卯

입향흉(立向凶)—巡山羅喉巽　病符卯

수방흉(修方凶)—天官符亥　地官符申　大煞子　大將軍子

力士巽　蠶室乾　蠶官戌　蠶命亥

歲刑辰　黃幡辰　豹尾戌　飛廉午

喪門午　弔客寅　白虎子　金神申酉子丑

獨火巽　五鬼子　破敗五鬼離

개산입향수방길(開山立向修方吉)

月	正	二	三	四	五	六	七	八	九	十	十一	十二
天道	南	南西	北	西	西北	東	北	北東	南	東	南東	西
天德	丁	坤	壬	辛	乾	甲	癸	艮	丙	乙	巽	庚
月德	丙	甲	壬	庚	丙	甲	壬	庚	丙	甲	壬	庚
天德合	壬		丁	丙		己	戊		辛	庚		乙
月德合	辛	己	丁	乙	辛	己	丁	乙	辛	己	丁	乙
月空	壬	庚	丙	甲	壬	庚	丙	甲	壬	庚	丙	甲
陽貴人	兌	乾	中	巽	震	坤	坎	離	艮	兌	乾	中
陰貴人	坎	離	艮	兌	乾	中	坎	離	艮	兌	乾	中
飛天祿	艮	兌	乾	中	坎	離	艮	兌	乾	中	巽	震
飛天馬	中	坎	離	艮	兌	乾	中	巽	震	坤	坎	離
月紫白 一白	坎	坤	震	巽	中	乾	兌	艮	離	坎	坤	震
六白	乾	兌	艮	離	坎	坤	震	巽	中	乾	兌	艮
八白	艮	離	坎	坤	震	巽	中	乾	兌	艮	離	坎
九紫	離	坎	坤	震	巽	中	乾	兌	艮	離	坎	坤

		立春	春分	立夏	夏至	立秋	秋分	立冬	冬至
三奇	乙	巽	艮	離	巽	乾	坤	坎	乾
	丙	中	離	坎	震	中	坎	離	兌
	丁	乾	坎	坤	坤	巽	離	艮	艮

개산흉(開山凶)

月	正	二	三	四	五	六	七	八	九	十	十一	十二
月建	寅	卯	辰	巳	午	未	申	酉	戌	亥	子	丑
月破	申	酉	戌	亥	子	丑	寅	卯	辰	巳	午	未
月剋山家	震巳	艮	離丙	壬乙			水山	土	震巳	艮		
陰府太歲	艮巽	兌乾	坎坤	乾離	坤震	巽艮	乾兌	坤坎	離乾	震坤	艮巽	兌乾

수방흉(修方凶)

月	正	二	三	四	五	六	七	八	九	十	十一	十二
天官符	中	辰巽巳	甲震乙	未坤申	壬坎癸	丙離丁	丑艮寅	庚兌辛	戊乾亥	中	庚兌辛	戊乾亥
地官符	未坤申	壬坎癸	丙離丁	丑艮寅	庚兌辛	戊乾亥	中	庚兌辛	戊乾亥	中	辰巽巳	甲震乙
小月建	中	戊乾亥	庚兌辛	丑艮寅	丙離丁	壬坎癸	未坤申	甲震乙	辰巽巳	中	戊乾亥	庚兌辛
大月建	中	辰巽巳	甲震乙	未坤申	壬坎癸	丙離丁	丑艮寅	庚兌辛	戊乾亥	中	辰巽巳	甲震乙
飛大煞	戊乾亥	中	辰巽巳	甲震乙	未坤申	壬坎癸	丙離丁	丑艮寅	庚兌辛	戊乾亥	中	庚兌辛

第二部　用事宜忌

月	正	二	三	四	五	六	七	八	九	十	十一	十二
丙丁獨火	兑艮	乾兑	中乾	中	巽中	震巽	坤震	坎坤	離坎	艮離	兑艮	乾兑
月游火	巽	中	乾	兑	艮	離	坎	坤	震	巽	中	乾
劫煞	亥	申	巳	寅	亥	辛	巳	寅	亥	辛	巳	寅
災煞	子	酉	午	卯	子	酉	午	卯	子	酉	午	卯
月煞	丑	戌	未	辰	丑	戌	未	辰	丑	戌	未	辰
月刑	巳	子	辰	申	午	丑	寅	酉	未	亥	卯	戌
月亥	巳	辰	卯	寅	丑	子	亥	戌	酉	申	未	午
月厭	戌	酉	申	未	午	巳	辰	卯	寅	丑	子	亥

6. 太歲己巳 : 幹土枝火 · 納音屬木

개산입향수방길(開山立向修方吉)

歲德甲　　歲德合己　　歲枝德戌

陽貴人子　陰貴人申　　世祿午

歲馬亥　　奏書巽　　　博士乾

삼원자백(三元紫白)

上元	一白坎	六白乾	八白艮	九紫離
中元	一白兌	六白震	八白中	九紫乾
下元	一白巽	六白離	八白坤	九紫震

개산황도(蓋山黃道)—貪狼兌丁巳丑　　巨門震艮亥未

武曲艮丙　　　文曲坎癸申辰

통천규(通天竅)—三合前方乾亥壬子癸丑　三合後方巽巳丙午丁未

(十二吉山宜巳酉丑亥卯未年月日時)

주마육임(走馬六壬)—神后丁未　功曹庚酉　天罡乾亥

勝光癸丑　傳送甲卯　河魁巽巳

(十二吉山宜巳酉丑亥卯未年月日時)

사리삼원(四利三元)—太陽午　太陰中　龍德子　福德寅

개산입향수방흉(開山立向修方凶)—太歲巳　歲破亥　三煞寅卯辰

坐煞向煞甲乙庚辛　浮天空亡乾甲

개산흉(開山凶)—年剋山家震艮巳山

陰府太歲巽艮　六害寅　死符戌　灸退子

입향흉(立向凶)—巡山羅喉丙　病符辰

수방흉(修方凶)—天官符申　地官符酉　大煞酉　大將軍卯

力士坤　蠶室艮　蠶官丑　蠶命寅

歲刑申　黃幡丑未　豹尾未　飛廉未

喪門未　弔客卯　白虎丑　金神午未申酉

獨火巽　五鬼亥　破敗五鬼坎

개산입향수방길(開山立向修方吉)

月	正	二	三	四	五	六	七	八	九	十	十一	十二
天道	南	南西	北	西	西北	東	北	北東	南	東	南東	西
天德	丁	坤	壬	辛	乾	甲	癸	艮	丙	乙	巽	庚
月德	丙	甲	壬	庚	丙	甲	壬	庚	丙	甲	壬	庚
天德合	壬		丁	丙		己	戊		辛	庚		乙
月德合	辛	己	丁	乙	辛	己	丁	乙	辛	己	丁	乙
月空	壬	庚	丙	甲	壬	庚	丙	甲	壬	庚	丙	甲
陽貴人	乾	中	巽	震	坤	坎	離	艮	兌	乾	中	坎
陰貴人	坤	坎	離	艮	兌	乾	中	坎	離	艮	兌	乾
飛天祿	離	艮	兌	乾	中	坎	離	艮	兌	乾	中	巽
飛天馬	中	巽	震	坤	坎	離	艮	兌	乾	中	坎	離
月紫白 一白	巽	中	乾	兌	艮	離	坎	坤	震	巽	中	乾
月紫白 六白	離	坎	坤	震	巽	中	乾	兌	艮	離	坎	坤
月紫白 八白	坤	震	巽	中	乾	兌	艮	離	坎	坤	震	巽
月紫白 九紫	震	巽	中	乾	兌	艮	離	坎	坤	震	巽	中

		立春	春分	立夏	夏至	立秋	秋分	立冬	冬至
三奇	乙	巽	艮	離	巽	乾	坤	坎	乾
三奇	丙	巽	艮	離	巽	乾	坤	坎	乾
三奇	丁	中	離	坎	震	中	坎	離	兌

개산흉(開山凶)

月	正	二	三	四	五	六	七	八	九	十	十一	十二
月建	寅	卯	辰	巳	午	未	申	酉	戌	亥	子	丑
月破	申	酉	戌	亥	子	丑	寅	卯	辰	巳	午	未
月剋山家	乾兌	亥丁	震巳	艮			水山	土山	乾兌	亥丁	離丙	壬乙
陰府太歲	坎坤	乾離	坤震	巽艮	乾兌	坤坎	離乾	震坤	艮巽	兌乾	坎坤	乾離

수방흉(修方凶)

月	正	二	三	四	五	六	七	八	九	十	十一	十二
天官符	未坤申	壬坎癸	丙離丁	丑艮寅	庚兌辛	戊乾亥	中	庚兌辛	戊乾亥	中	辰巽巳	甲震乙
地官符	甲震乙	未坤申	壬坎癸	丙離丁	丑艮寅	庚兌辛	戊乾亥	中	庚兌辛	戊乾亥	中	辰巽巳
小月建	丙離丁	壬坎癸	未坤申	甲震乙	辰巽巳	中	戊乾亥	庚兌辛	丑艮寅	丙離丁	壬坎癸	未坤申
大月建	未坤申	壬坎癸	丙離丁	丑艮寅	庚兌辛	戊乾亥	中	辰巽巳	甲震乙	未坤申	壬坎癸	丙離丁
飛大煞	甲震乙	未坤申	壬坎癸	丙離丁	丑艮寅	庚兌辛	戊乾亥	中	庚兌辛	戊乾亥	中	辰巽巳

第二部　用事宜忌

月	正	二	三	四	五	六	七	八	九	十	十一	十二
丙丁獨火	中乾	中	巽中	震巽	坤震	坎坤	離坎	艮離	兌艮	乾兌	中乾	中
月游火	離	坎	坤	震	巽	中	乾	兌	艮	離	坎	坤
劫煞	亥	申	巳	寅	亥	辛	巳	寅	亥	辛	巳	寅
災煞	子	酉	午	卯	子	酉	午	卯	子	酉	午	卯
月煞	丑	戌	未	辰	丑	戌	未	辰	丑	戌	未	辰
月刑	巳	子	辰	申	午	丑	寅	酉	未	亥	卯	戌
月亥	巳	辰	卯	寅	丑	子	亥	戌	酉	申	未	午
月厭	戌	酉	申	未	午	巳	辰	卯	寅	丑	子	亥

7. 太歲庚午 : 幹金枝火 · 納音屬土

개산입향수방길(開山立向修方吉)

歲德庚　　歲德合乙　　歲枝德亥

陽貴人丑　陰貴人未　　世祿申

歲馬申　　奏書巽　　　博士乾

삼원자백(三元紫白)

上元	一白坤	六白兌	八白離	九紫坎
中元	一白艮	六白巽	八白乾	九紫兌
下元	一白中	六白坎	八白震	九紫巽

개산황도(蓋山黃道)—貪狼巽辛　　　巨門艮丙

武曲震艮亥未　文曲乾甲

통천규(通天竅)—三合前方坤申庚酉辛戌　三合後方艮寅甲卯乙辰

(十二吉山宜寅午戌申子辰年月日時)

주마육임(走馬六壬)—神后丙午　功曹坤申　天罡辛戌

勝光壬子　傳送艮寅　河魁乙辰

(十二吉山宜寅午戌申子辰年月日時)

사리삼원(四利三元)—太陽未　太陰酉　龍德丑　福德卯

개산입향수방흉(開山立向修方凶)—太歲午　歲破子　三煞亥子丑

坐煞向煞壬癸丙丁　浮天空亡乾甲

개산흉(開山凶)—年剋山家乾亥兌丁山

陰府太歲乾兌　六害丑　死符亥　灸退酉

입향흉(立向凶)—巡山羅喉丁　病符巳

수방흉(修方凶)—天官符巳　地官符戌　大煞午　大將軍卯

力士坤　蠶室艮　　蠶官丑　蠶命寅

歲刑午　黃幡戌　　豹尾辰　飛廉寅

喪門申　弔客辰　　白虎寅　金神辰巳

獨火兌　五鬼戌　　破敗五鬼兌

개산입향수방길(開山立向修方吉)

月	正	二	三	四	五	六	七	八	九	十	十一	十二
天道	南	南西	北	西	西北	東	北	北東	南	東	南東	西
天德	丁	坤	壬	辛	乾	甲	癸	艮	丙	乙	巽	庚
月德	丙	甲	壬	庚	丙	甲	壬	庚	丙	甲	壬	庚
天德合	壬		丁	丙		己	戊		辛	庚		乙
月德合	辛	己	丁	乙	辛	己	丁	乙	辛	己	丁	乙
月空	壬	庚	丙	甲	壬	庚	丙	甲	壬	庚	丙	甲
陽貴人	兌	乾	中	巽	震	坤	坎	離	艮	兌	乾	中
陰貴人	坎	離	艮	兌	乾	中	坎	離	艮	兌	乾	中
飛天祿	坤	坎	離	艮	兌	乾	中	坎	離	艮	兌	乾
飛天馬	坤	坎	離	艮	兌	乾	中	坎	離	艮	兌	乾
月紫白 一白	兌	艮	離	坎	坤	震	巽	中	乾	兌	艮	離
月紫白 六白	震	巽	中	乾	兌	艮	離	坎	坤	震	巽	中
月紫白 八白	中	乾	兌	艮	離	坎	坤	震	巽	中	乾	兌
月紫白 九紫	乾	兌	艮	離	坎	坤	震	巽	中	乾	兌	艮

		立春	春分	立夏	夏至	立秋	秋分	立冬	冬至
三奇	乙	震	艮	艮	中	兌	震	坤	中
三奇	丙	巽	艮	離	巽	乾	坤	坎	乾
三奇	丁	中	離	坎	震	中	坎	離	兌

개산흉(開山凶)

月	正	二	三	四	五	六	七	八	九	十	十一	十二
月建	寅	卯	辰	巳	午	未	申	酉	戌	亥	子	丑
月破	申	酉	戌	亥	子	丑	寅	卯	辰	巳	午	未
月剋山家	乾兌	亥丁	震巳	艮	離丙	壬乙			乾兌	亥丁	水山	土山
陰府太歲	坤震		乾兌	坤坎	離乾	震坤	灵巽	兌乾	坎坤	乾離	坤震	巽艮

수방흉(修方凶)

月	正	二	三	四	五	六	七	八	九	十	十一	十二
天官符	丑艮寅	庚兌辛	戊乾亥	中	庚兌辛	戊乾亥	中	辰巽巳	甲震乙	未坤申	壬坎癸	丙離丁
地官符	辰巽巳	甲震乙	未坤申	壬坎癸	丙離丁	丑艮寅	庚兌辛	戊乾亥	中	庚兌辛	戊乾亥	中
小月建	中	戊乾亥	庚兌辛	丑艮寅	丙離丁	壬坎癸	未坤申	甲震乙	辰巽巳	中	戊乾亥	庚兌辛
大月建	丑艮寅	庚兌辛	戊乾亥	中	辰巽巳	甲震乙	未坤申	壬坎癸	丙離丁	丑艮寅	庚兌辛	戊乾亥
飛大煞	丙離丁	丑艮寅	庚兌辛	戊乾亥	中	庚兌辛	戊乾亥	中	辰巽巳	甲震乙	未坤申	壬坎癸

月	正	二	三	四	五	六	七	八	九	十	十一	十二
丙丁獨火	巽中	震巽	坤震	坎坤	離坎	艮離	兌艮	乾兌	中乾	中	巽中	震巽
月游火	坤	震	巽	中	乾	兌	艮	離	坎	坤	震	巽
劫煞	亥	申	巳	寅	亥	辛	巳	寅	亥	辛	巳	寅
災煞	子	酉	午	卯	子	酉	午	卯	子	酉	午	卯
月煞	丑	戌	未	辰	丑	戌	未	辰	丑	戌	未	辰
月刑	巳	子	辰	申	午	丑	寅	酉	未	亥	卯	戌
月亥	巳	辰	卯	寅	丑	子	亥	戌	酉	申	未	午
月厭	戌	酉	申	未	午	巳	辰	卯	寅	丑	子	亥

8. 太歲辛未 : 幹金枝土 · 納音屬土

개산입향수방길(開山立向修方吉)

歲德丙　　歲德合辛　　歲枝德子

陽貴人寅　陰貴人午　　世祿酉

歲馬巳　　奏書巽　　　博士乾

삼원자백(三元紫白)

上元	一白震	六白艮	八白坎	九紫坤
中元	一白離	六白中	八白兌	九紫艮
下元	一白乾	六白坤	八白巽	九紫中

개산황도(蓋山黃道)—貪狼坤乙　　巨門坎癸申辰

　　　　　　　　　武曲乾甲　　文曲震艮亥未

통천규(通天竅)—三合前方巽巳丙午丁未　三合後方乾亥壬子癸丑

　　　(十二吉山宜亥卯未巳酉丑年月日時)

주마육임(走馬六壬)—神后巽巳　功曹丁未　天罡庚酉

　　　　　　　　　勝光乾亥　傳送癸丑　河魁甲卯

　　　(十二吉山宜亥卯未巳酉丑年月日時)

사리삼원(四利三元)—太陽申　太陰戌　龍德寅　福德辰

개산입향수방흉(開山立向修方凶)—太歲未　歲破丑　三煞辛酉戌

　　　　　　　　　　　　坐煞句煞庚申甲乙　浮天空亡艮丙

개산흉(開山凶)—年剋山家震艮巳山

　　　　　　陰府太歲巽艮　六害寅　死符戌　灸退子

입향흉(立向凶)—巡山羅喉丙　病符辰

수방흉(修方凶)—天官符寅　地官符亥　大煞卯　大將軍卯

力士坤　　蠶室艮　　蠶官丑　　蠶命寅

歲刑丑　　黃幡未　　豹尾丑　　飛廉卯

喪門酉　弔客巳　　白虎卯　　金神寅卯午未子丑

獨火離　　五鬼酉　　破敗五鬼乾

개산입향수방길(開山立向修方吉)

月	正	二	三	四	五	六	七	八	九	十	十一	十二
天道	南	南西	北	西	西北	東	北	北東	南	東	南東	西
天德	丁	坤	壬	辛	乾	甲	癸	艮	丙	乙	巽	庚
月德	丙	甲	壬	庚	丙	甲	壬	庚	丙	甲	壬	庚
天德合	壬		丁	丙		己	戊		辛	庚		乙
月德合	辛	己	丁	乙	辛	己	丁	乙	辛	己	丁	乙
月空	壬	庚	丙	甲	壬	庚	丙	甲	壬	庚	丙	甲
陽貴人	中	坎	離	艮	兌	乾	中	巽	震	坤	坎	離
陰貴人	離	艮	兌	乾	中	坎	離	艮	兌	乾	中	巽
飛天祿	震	坤	坎	離	艮	兌	乾	中	坎	離	艮	兌
飛天馬	艮	兌	乾	中	坎	離	艮	兌	乾	中	巽	震

月紫白		正	二	三	四	五	六	七	八	九	十	十一	十二
	一白	坎	坤	震	巽	中	乾	兌	艮	離	坎	坤	震
	六白	乾	兌	艮	離	坎	坤	震	巽	中	乾	兌	艮
	八白	艮	離	坎	坤	震	巽	中	乾	兌	艮	離	坎
	九紫	離	坎	坤	震	巽	中	乾	兌	艮	離	坎	坤

三奇		立春	春分	立夏	夏至	立秋	秋分	立冬	冬至
	乙	坤	乾	兌	乾	艮	巽	震	巽
	丙	震	兌	艮	中	兌	震	坤	中
	丁	巽	艮	離	巽	乾	坤	坎	乾

개산흉(開山凶)

月	正	二	三	四	五	六	七	八	九	十	十一	十二
月建	寅	卯	辰	巳	午	未	申	酉	戌	亥	子	丑
月破	申	酉	戌	亥	子	丑	寅	卯	辰	巳	午	未
月剋山家			乾兌	亥丁	離丙	壬乙	震巳	艮			水山	土山
陰府太歲	乾兌	坤坎	離乾	震坤	艮巽	兌乾	坎坤	乾離	坤震	巽艮	乾兌	坤坎

수방흉(修方凶)

月	正	二	三	四	五	六	七	八	九	十	十一	十二
天官符	中	庚兌辛	戌乾亥	中	辰巽巳	甲震乙	未坤申	壬坎癸	丙離丁	丑艮寅	庚兌辛	戌乾亥
地官符	中	辰巽巳	甲震乙	未坤申	壬坎癸	丙離丁	丑艮寅	庚兌辛	戌乾亥	中	庚兌辛	戌乾亥
小月建	丙離丁	壬坎癸	未坤申	甲震乙	辰巽巳	中	戌乾亥	庚兌辛	丑艮寅	丙離丁	壬坎癸	未坤申
大月建	中	辰巽巳	甲震乙	未坤申	壬坎癸	丙離丁	丑艮寅	庚兌辛	戌乾亥	中	辰巽巳	甲震乙
飛大煞	戌乾亥	中	庚兌辛	戌乾亥	中	辰巽巳	甲震乙	未坤申	壬坎癸	丙離丁	丑艮寅	庚兌辛

第二部 用事宜忌

月	正	二	三	四	五	六	七	八	九	十	十一	十二
丙丁獨火	坤震	坎坤	離坎	艮離	兌艮	乾兌	中乾	中	巽中	震巽	坤震	坎坤
月游火	坤	震	巽	中	乾	兌	艮	離	坎	坤	震	巽
劫煞	亥	申	巳	寅	亥	辛	巳	寅	亥	辛	巳	寅
災煞	子	酉	午	卯	子	酉	午	卯	子	酉	午	卯
月煞	丑	戌	未	辰	丑	戌	未	辰	丑	戌	未	辰
月刑	巳	子	辰	申	午	丑	寅	酉	未	亥	卯	戌
月亥	巳	辰	卯	寅	丑	子	亥	戌	酉	申	未	午
月厭	戌	酉	申	未	午	巳	辰	卯	寅	丑	子	亥

9. 太歲壬申 : 幹水枝金 · 納音屬金

개산입향수방길(開山立向修方吉)

歲德壬	歲德合丁	歲枝德丑
陽貴人卯	陰貴人巳	世祿亥
歲馬寅	奏書坤	博士艮

삼원자백(三元紫白)

上元	一白巽	六白離	八白坤	九紫震
中元	一白坎	六白乾	八白艮	九紫離
下元	一白兌	六白震	八白中	九紫乾

개산황도(蓋山黃道)—貪狼坤乙　　巨門坎癸申辰

　　　　　　武曲乾甲　　文曲震艮亥未

통천규(通天竅)—三合前方艮寅甲卯乙辰　三合後方坤申庚酉辛戌

　　(十二吉山宜申子辰寅午戌年月ㄹ時)

주마육임(走馬六壬)—神后乙辰　功曹丙午　天罡坤申戌

　　　　　　勝光辛卯　傳送壬子　河魁艮寅

　　(十二吉山宜申子辰寅午戌年月日時)

사리삼원(四利三元)—太陽酉　太陰亥　龍德卯　福德巳

개산입향수방흉(開山立向修方凶)—太歲申　歲破寅　三煞巳午未

　　　　　　坐煞向煞丙丁壬癸　浮天空亡乾甲

개산흉(開山凶)—年剋山家二十四竝無剋冬至後剋乾亥兌丁山

　　　　　　陰府太歲離乾　六害亥　死符丑　灸退卯

입향흉(立向凶)—巡山羅喉庚　病符未

수방흉(修方凶)—天官符亥　地官符子　大煞子　大將軍午

力士乾　蠶室巽　　蠶官辰　蠶命巳

歲刑寅　黃幡辰　　豹尾戌　飛廉辰

喪門戌　弔客午　　白虎辰　金神寅卯戌亥

獨火離　五鬼申　　破敗五鬼巽

개산입향수방길(開山立向修方吉)

月	正	二	三	四	五	六	七	八	九	十	十一	十二
天道	南	南西	北	西	西北	東	北	北東	南	東	南東	西
天德	丁	坤	壬	辛	乾	甲	癸	艮	丙	乙	巽	庚
月德	丙	甲	壬	庚	丙	甲	壬	庚	丙	甲	壬	庚
天德合	壬		丁	丙		己	戊		辛	庚		乙
月德合	辛	己	丁	乙	辛	己	丁	乙	辛	己	丁	乙
月空	壬	庚	丙	甲	壬	庚	丙	甲	壬	庚	丙	甲
陽貴人	乾	中	坎	離	艮	兑	乾	中	巽	震	坤	坎
陰貴人	艮	兑	乾	中	坎	離	艮	兑	乾	中	巽	震
飛天祿	中	巽	震	坤	坎	離	艮	兑	乾	中	坎	離
飛天馬	中	坎	離	艮	兑	乾	中	巽	震	坤	坎	離
月紫白 一白	巽	中	乾	兑	艮	離	坎	坤	震	巽	中	乾
月紫白 六白	離	坎	坤	震	巽	中	乾	兑	艮	離	坎	坤
月紫白 八白	坤	震	巽	中	乾	兑	艮	離	坎	坤	震	巽
月紫白 九紫	震	巽	中	乾	兑	艮	離	坎	坤	震	巽	中

		立春	春分	立夏	夏至	立秋	秋分	立冬	冬至
三奇	乙	坎	中	乾	兑	離	中	巽	震
三奇	丙	坤	乾	兑	乾	艮	巽	震	巽
三奇	丁	震	兑	艮	中	兑	震	坤	中

개산흉(開山凶)

月	正	二	三	四	五	六	七	八	九	十	十一	十二
月建	寅	卯	辰	巳	午	未	申	酉	戌	亥	子	丑
月破	申	酉	戌	亥	子	丑	寅	卯	辰	巳	午	未
月剋山家			離丙	壬乙	水山	土	震巳	艮				
陰府太歲	離乾	震坤	艮巽	兌乾	坎坤	乾離	坤震	巽艮	乾兌	坤坎	離乾	震坤

수방흉(修方凶)

月	正	二	三	四	五	六	七	八	九	十	十一	十二
天官符	中	辰巽巳	甲震乙	未坤申	壬坎癸	丙離丁	丑艮寅	庚兌辛	戌乾亥	中	庚兌辛	戌乾亥
地官符	戌乾亥	中	辰巽巳	甲震乙	未坤申	壬坎癸	丙離丁	丑艮寅	庚兌辛	戌乾亥	中	庚兌辛
小月建	中	戌乾亥	庚兌辛	丑艮寅	丙離丁	壬坎癸	未坤申	甲震乙	辰巽巳	中	戌乾亥	庚兌辛
大月建	未坤申	壬坎癸	丙離丁	丑艮寅	庚兌辛	戌乾亥	中	辰巽巳	甲震乙	未坤申	壬坎癸	丙離丁
飛大煞	戌乾亥	中	辰巽巳	甲震乙	未坤申	壬坎癸	丙離丁	丑艮寅	庚兌辛	戌乾亥	中	庚兌辛

月	正	二	三	四	五	六	七	八	九	十	十一	十二
丙丁獨火	離坎	艮離	兌艮	乾兌	中乾	中	巽中	震巽	坤震	坎坤	離坎	艮離
月游火	兌	艮	離	坎	坤	震	巽	中	乾	兌	艮	離
劫煞	亥	申	巳	寅	亥	辛	巳	寅	亥	辛	巳	寅
災煞	子	酉	午	卯	子	酉	午	卯	子	酉	午	卯
月煞	丑	戌	未	辰	丑	戌	未	辰	丑	戌	未	辰
月刑	巳	子	辰	申	午	丑	寅	酉	未	亥	卯	戌
月亥	巳	辰	卯	寅	丑	子	亥	戌	酉	申	未	午
月厭	戌	酉	申	未	午	巳	辰	卯	寅	丑	子	亥

10. 太歲癸酉 : 幹水枝金 · 納音屬金

개산입향수방길(開山立向修方吉)

歲德戊　　歲德合癸　　歲枝德寅

陽貴人巳　陰貴人卯　　世祿子

歲馬亥　　奏書坤　　　博士艮

삼원자백(三元紫白)

上元	一白中	六白坎	八白震	九紫巽
中元	一白坤	六白兌	八白離	九紫坎
下元	一白艮	六白巽	八白乾	九紫兌

개산황도(蓋山黃道)—貪狼離壬寅戌　　　巨門乾巳

武曲坎癸申辰　　　文曲艮丙

통천규(通天竅)—三合前方乾亥壬子癸丑　三合後方巽巳丙午丁未

(十二吉山宜巳酉丑亥卯未年月日時)

주마육임(走馬六壬)—神后甲卯　功曹巽乙　天罡丁未

勝光庚酉　傳送乾亥　河魁癸丑

(十二吉山宜巳酉丑亥卯未年月日時)

사리삼원(四利三元)—太陽戌　太陰子　龍德辰　福德午

개산입향수방흉(開山立向修方凶)—太歲酉　歲破卯　三煞寅卯辰

坐煞向煞甲乙庚辛　浮天空亡坤乙

개산흉(開山凶)—年剋山家乾亥兌丁山

陰府太歲震坤　六害寅　死符寅　灸退子

입향흉(立向凶)—巡山羅喉辛　病符申

수방흉(修方凶)—天官符申　地官符丑　大煞酉　大將軍午

力士乾　蠶室巽　蠶官辰　蠶命巳

歲刑酉　黃幡丑　豹尾未　飛廉亥

喪門亥　弔客未　白虎巳　金神申酉子丑

獨火坤　五鬼未　破敗五鬼艮

개산입향수방길(開山立向修方吉)

月	正	二	三	四	五	六	七	八	九	十	十一	十二
天道	南	南西	北	西	西北	東	北	北東	南	東	南東	西
天德	丁	坤	壬	辛	乾	甲	癸	艮	丙	乙	巽	庚
月德	丙	甲	壬	庚	丙	甲	壬	庚	丙	甲	壬	庚
天德合	壬		丁	丙		己	戊		辛	庚		乙
月德合	辛	己	丁	乙	辛	己	丁	乙	辛	己	丁	乙
月空	壬	庚	丙	甲	壬	庚	丙	甲	壬	庚	丙	甲
陽貴人	艮	兌	乾	中	坎	離	艮	兌	乾	中	巽	震
陰貴人	乾	中	坎	離	艮	兌	乾	中	巽	震	坤	坎
飛天祿	乾	中	巽	震	坤	坎	離	艮	兌	乾	中	坎
飛天馬	中	巽	震	坤	坎	離	艮	兌	乾	中	坎	離
月紫白 一白	兌	艮	離	坎	坤	震	巽	中	乾	兌	艮	離
月紫白 六白	震	巽	中	乾	兌	艮	離	坎	坤	震	巽	中
月紫白 八白	中	乾	兌	艮	離	坎	坤	震	巽	中	乾	兌
月紫白 九紫	乾	兌	艮	離	坎	坤	震	巽	中	乾	兌	艮

三奇		立春	春分	立夏	夏至	立秋	秋分	立冬	冬至
三奇	乙	離	巽	中	艮	坎	乾	中	坤
三奇	丙	坎	中	乾	兌	離	中	巽	震
三奇	丁	坤	乾	兌	乾	艮	巽	震	巽

개산흉(開山凶)

月	正	二	三	四	五	六	七	八	九	十	十一	十二
月建	寅	卯	辰	巳	午	未	申	酉	戌	亥	子	丑
月破	申	酉	戌	亥	子	丑	寅	卯	辰	巳	午	未
月剋山家	震巳	艮	離丙	壬乙			水山	土	震巳	艮		
陰府太歲	艮巽	兌乾	坎坤	乾離	坤震	巽艮	乾兌	坤坎	離乾	震坤	艮巽	兌乾

수방흉(修方凶)

月	正	二	三	四	五	六	七	八	九	十	十一	十二
天官符	未坤申	壬坎癸	丙離丁	丑艮寅	庚兌辛	戌乾亥	中	庚兌辛	戌乾亥	中	辰巽巳	甲震乙
地官符	庚兌辛	戌乾亥	中	辰巽巳	甲震乙	未坤申	壬坎癸	丙離丁	丑艮寅	庚兌辛	戌乾亥	中
小月建	丙離丁	壬坎癸	未坤申	甲震乙	辰巽巳	中	戌乾亥	庚兌辛	丑艮寅	丙離丁	壬坎癸	未坤申
大月建	丑艮寅	庚兌辛	戌乾亥	中	辰巽巳	甲震乙	未坤申	壬坎癸	丙離丁	丑艮寅	庚兌辛	戌乾亥
飛大煞	甲震乙	未坤申	壬坎癸	丙離丁	丑艮寅	庚兌辛	戌乾亥	中	庚兌辛	戌乾亥	中	辰巽巳

第二部 用事宜忌

月	正	二	三	四	五	六	七	八	九	十	十一	十二
丙丁獨火	兌艮	乾兌	中乾	中	巽中	震巽	坤震	坎坤	離坎	艮離	兌艮	乾兌
月游火	乾	兌	艮	離	坎	坤	震	巽	中	乾	兌	艮
劫煞	亥	申	巳	寅	亥	辛	巳	寅	亥	辛	巳	寅
災煞	子	酉	午	卯	子	酉	午	卯	子	酉	午	卯
月煞	丑	戌	未	辰	丑	戌	未	辰	丑	戌	未	辰
月刑	巳	子	辰	申	午	丑	寅	酉	未	亥	卯	戌
月害	巳	辰	卯	寅	丑	子	亥	戌	酉	申	未	午
月厭	戌	酉	申	未	午	巳	辰	卯	寅	丑	子	亥

協紀辨方書
卷 15

연표年表 2・갑술지계미甲戌至癸未

제1장 갑술순(甲戌旬)

제1장. 甲戌旬

1. 太歲甲戌：幹木枝土・納音屬火

개산입향수방길(開山立向修方吉)

歲德甲　　歲德合巳　　歲枝德卯
陽貴人未　　陰貴人丑　　世祿寅
歲馬申　　奏書坤　　博士艮

삼원자백(三元紫白)

上元	一白乾	六白坤	八白巽	九紫中
中元	一白震	六白艮	八白坎	九紫坤
下元	一白離	六白中	八白兌	九紫艮

개산황도(蓋山黃道)—貪狼坎癸申辰　　巨門坤乙
　　　　武曲離壬寅戌　　文曲兌丁巳丑

통천규(通天竅)—三合前方坤申庚酉辛戌　三合後方艮寅甲卯乙辰
　　　(十二吉山宜寅午戌申子辰年月日時)

주마육임(走馬六壬)—神后艮寅　功曹乙辰　天罡丙午
　　　　勝光坤申　傳送辛戌　河魁壬子
　　　(十二吉山宜寅午戌申子辰年月日時)

사리삼원(四利三元)—太陽亥　太陰丑　龍德巳　福德未

개산입향수방흉(開山立向修方凶)—太歲戌　歲破辰　三煞亥子丑
　　　　坐煞向煞壬癸丙丁　浮天空亡離壬

개산흉(開山凶)—年剋山家乾亥兌丁山
　　　陰府太歲艮巽　六害酉　死符卯　灸退酉

입향흉(立向凶)—巡山羅喉乾　病符酉

수방흉(修方凶)—天官符巳 地官符寅 大煞午 大将軍午

力士乾　蠶室巽　　蠶官辰　蠶命巳

歲刑未　黃幡戌　　豹尾辰　飛廉子

喪門子　弔客申　　白虎午　金神午未申酉

獨火乾　五鬼午　　破敗五鬼巽

개산입향수방길(開山立向修方吉)

月	正	二	三	四	五	六	七	八	九	十	十一	十二
天道	南	南西	北	西	西北	東	北	北東	南	東	南東	西
天德	丁	坤	壬	辛	乾	甲	癸	長	丙	乙	巽	庚
月德	丙	甲	壬	庚	丙	甲	壬	庚	丙	甲	壬	庚
天德合	壬		丁	丙		己	戊		辛	庚		乙
月德合	辛	己	丁	乙	辛	己	丁	乙	辛	己	丁	乙
月空	壬	庚	丙	甲	壬	庚	丙	甲	壬	庚	丙	甲
陽貴人	坎	離	艮	兌	乾	中	坎	離	艮	兌	乾	中
陰貴人	兌	乾	中	巽	震	坤	坎	離	艮	兌	乾	中
飛天祿	中	坎	離	艮	兌	乾	中	巽	震	坤	坎	離
飛天馬	坤	坎	離	艮	兌	乾	中	坎	離	艮	兌	乾
月紫白 一白	坎	坤	震	巽	中	乾	兌	艮	離	坎	坤	震
月紫白 六白	乾	兌	艮	離	坎	坤	震	巽	中	乾	兌	艮
月紫白 八白	艮	離	坎	坤	震	巽	中	乾	兌	艮	離	坎
月紫白 九紫	離	坎	坤	震	巽	中	乾	兌	艮	離	坎	坤

三奇		立春	春分	立夏	夏至	立秋	秋分	立冬	冬至
	乙	離	巽	中	艮	坎	乾	中	坤
	丙	離	巽	中	艮	坎	乾	中	坤
	丁	坎	中	乾	兌	離	中	巽	震

개산흉(開山凶)

月	正	二	三	四	五	六	七	八	九	十	十一	十二
月建	寅	卯	辰	巳	午	未	申	酉	戌	亥	子	丑
月破	申	酉	戌	亥	子	丑	寅	卯	辰	巳	午	未
月剋山家	乾兌	亥丁	震巳	艮			水山	土山	乾兌	亥丁	離丙	壬乙
陰府太歲	坎坤	乾離	坤震	巽艮	乾兌	坤坎	離乾	震坤	艮巽	兌乾	坎坤	乾離

수방흉(修方凶)

月	正	二	三	四	五	六	七	八	九	十	十一	十二
天官符	丑艮寅	庚兌辛	戌乾亥	中	庚兌辛	戌乾亥	中	辰巽巳	甲震乙	未坤申	壬坎癸	丙離丁
地官符	中	庚兌辛	戌乾亥	中	辰巽巳	甲震乙	未坤申	壬坎癸	丙離丁	丑艮寅	庚兌辛	戌乾亥
小月建	中	戌乾亥	庚兌辛	丑艮寅	丙離丁	壬坎癸	未坤申	甲震乙	辰巽巳	中	戌乾亥	庚兌辛
大月建	中	辰巽巳	甲震乙	未坤申	壬坎癸	丙離丁	丑艮寅	庚兌辛	戌乾亥	中	辰巽巳	甲震乙
飛大煞	丙離丁	丑艮寅	庚兌辛	戌乾亥	中	庚兌辛	戌乾亥	中	辰巽巳	甲震乙	未坤申	壬坎癸

月	正	二	三	四	五	六	七	八	九	十	十一	十二
丙丁獨火	中乾	中	巽中	震巽	坤震	坎坤	離坎	艮離	兌艮	乾兌	中乾	中
月游火	乾	兌	艮	離	坎	坤	震	巽	中	乾	兌	艮
劫煞	亥	申	巳	寅	亥	辛	巳	寅	亥	辛	巳	寅
災煞	子	酉	午	卯	子	酉	午	卯	子	酉	午	卯
月煞	丑	戌	未	辰	丑	戌	未	辰	丑	戌	未	辰
月刑	巳	子	辰	申	午	丑	寅	酉	未	亥	卯	戌
月亥	巳	辰	卯	寅	丑	子	亥	戌	酉	申	未	午
月厭	戌	酉	申	未	午	巳	辰	卯	寅	丑	子	亥

2. 太歲乙亥 : 幹木枝水 · 納音屬火

개산입향수방길(開山立向修方吉)

歲德庚　　歲德合乙　　歲枝德辰

陽貴人申　陰貴人子　　世祿卯

歲馬巳　　奏書乾　　　博士巽

삼원자백(三元紫白)

上元	一白兌	六白震	八白中	九紫乾
中元	一白巽	六白離	八白坤	九紫震
下元	一白坎	六白乾	八白艮	九紫離

개산황도(蓋山黃道)—貪狼坎癸申辰　　　巨門坤乙

武曲離壬寅戌　　　文曲兌丁巳丑

통천규(通天竅)—三合前方巽巳丙午丁未　三合後方乾亥壬子癸丑

(十二吉山宜亥卯未巳酉丑年月日時)

주마육임(走馬六壬)—神后癸丑　功曹甲卯　天罡巽巳

勝光丁未　傳送庚酉　河魁乾亥

(十二吉山宜亥卯未巳酉丑年月日時)

사리삼원(四利三元)—太陽亥　太陰寅　龍德午　福德申

개산입향수방흉(開山立向修方凶)—太歲亥　歲破巳　三煞申酉戌

坐煞向煞庚申甲乙　浮天空亡坎癸

개산흉(開山凶)—年剋山家甲寅辰巽戌坎辛申丑癸坤庚未山

陰府太歲兌乾　六害申　死符辰　灸退午

입향흉(立向凶)—巡山羅喉壬　病符戌

수방흉(修方凶)—天官符寅　地官符卯　大煞卯　大將軍酉

力士艮　　蠶室坤　　蠶官未　　蠶命申

歲刑亥　　黃幡未　　豹尾丑　　飛廉丑

喪門丑　　弔客酉　　白虎未　　金神辰巳

獨火乾　　五鬼巳　　破敗五鬼艮

개산입향수방길(開山立向修方吉)

月		正	二	三	四	五	六	七	八	九	十	十一	十二
天道		南	南西	北	西	西北	東	北	北東	南	東	南東	西
天德		丁	坤	壬	辛	乾	甲	癸	艮	丙	乙	巽	庚
月德		丙	甲	壬	庚	丙	甲	壬	庚	丙	甲	壬	庚
天德合		壬		丁	丙		己	戊		辛	庚		乙
月德合		辛	己	丁	乙	辛	己	丁	乙	辛	己	丁	乙
月空		壬	庚	丙	甲	壬	庚	丙	甲	壬	庚	丙	甲
陽貴人		坤	坎	離	艮	兌	乾	中	坎	離	艮	兌	乾
陰貴人		乾	中	巽	震	坤	坎	離	艮	兌	乾	中	坎
飛天祿		乾	中	坎	離	艮	兌	乾	中	巽	震	坤	坎
飛天馬		艮	兌	乾	中	坎	離	艮	兌	乾	中	巽	震
月紫白	一白	巽	中	乾	兌	艮	離	坎	坤	震	巽	中	乾
	六白	離	坎	坤	震	巽	中	乾	兌	艮	離	坎	坤
	八白	坤	震	巽	中	乾	兌	艮	離	坎	坤	震	巽
	九紫	震	巽	中	乾	兌	艮	離	坎	坤	震	巽	中

		立春	春分	立夏	夏至	立秋	秋分	立冬	冬至
三奇	乙	艮	震	巽	離	坤	兌	乾	坎
	丙	離	巽	中	艮	坎	乾	中	坤
	丁	坎	中	乾	兌	離	中	巽	震

개산흉(開山凶)

月	正	二	三	四	五	六	七	八	九	十	十一	十二
月建	寅	卯	辰	巳	午	未	申	酉	戌	亥	子	丑
月破	申	酉	戌	亥	子	丑	寅	卯	辰	巳	午	未
月剋山家	乾兌	亥丁	震巳	艮	離丙	壬乙			乾兌	亥丁	水山	土
陰府太歲	坤震	巽艮	乾兌	坤坎	離乾	震坤	艮巽	兌乾	坎坤	乾離	坤震	巽艮

수방흉(修方凶)

月	正	二	三	四	五	六	七	八	九	十	十一	十二
天官符	中	庚兌辛	戊乾亥	中	辰巽巳	甲震乙	未坤申	壬坎癸	丙離丁	丑艮寅	庚兌辛	戊乾亥
地官符	戊乾亥	中	庚兌辛	戊乾亥	中	辰巽巳	甲震乙	未坤申	壬坎癸	丙離丁	丑艮寅	庚兌辛
小月建	丙離丁	壬坎癸	未坤申	甲震乙	辰巽巳	中	戊乾亥	庚兌辛	丑艮寅	丙離丁	壬坎癸	未坤申
大月建	未坤申	壬坎癸	丙離丁	丑艮寅	庚兌辛	戊乾亥	中	辰巽巳	甲震乙	未坤申	壬坎癸	丙離丁
飛大煞	戊乾亥	中	庚兌辛	戊乾亥	中	辰巽巳	甲震乙	未坤申	壬坎癸	丙離丁	丑艮寅	庚兌辛

月	正	二	三	四	五	六	七	八	九	十	十一	十二
丙丁獨火	巽中	震巽	坤震	坎坤	離坎	艮離	兌艮	乾兌	中乾	中	巽中	震巽
月游火	坎	坤	震	巽	中	乾	兌	艮	離	坎	坤	震
劫煞	亥	申	巳	寅	亥	辛	巳	寅	亥	辛	巳	寅
災煞	子	酉	午	卯	子	酉	午	卯	子	酉	午	卯
月煞	丑	戌	未	辰	丑	戌	未	辰	丑	戌	未	辰
月刑	巳	子	辰	申	午	丑	寅	酉	未	亥	卯	戌
月亥	巳	辰	卯	寅	丑	子	亥	戌	酉	申	未	午
月厭	戌	酉	申	未	午	巳	辰	卯	寅	丑	子	亥

3. 太歲丙子 : 幹火枝水 · 納音屬木

개산입향수방길(開山立向修方吉)

歲德丙	歲德合辛	歲枝德巳
陽貴人酉	陰貴人亥	世祿巳
歲馬寅	奏書乾	博士巽

삼원자백(三元紫白)

上元	一白艮	六白巽	八白乾	九紫兌
中元	一白中	六白坎	八白震	九紫巽
下元	一白坤	六白兌	八白離	九紫坎

개산황도(蓋山黃道)—貪狼震庚亥未　　巨門兌丁巳丑

　　　　　　　武曲巽辛　　　文曲坤乙

통천규(通天竅)—三合前方艮寅甲卯乙丑　三合後方坤申庚酉辛戌

　　　(十二吉山宜申子辰寅午戌年月日時)

주마육임(走馬六壬)—神后壬子　功曹艮寅　天罡乙辰

　　　　　　　勝光丙午　傳送坤申　河魁辛戌

　　　(十二吉山宜申子辰寅午戌年月日時)

사리삼원(四利三元)—太陽丑　太陰卯　龍德未　福德酉

개산입향수방흉(開山立向修方凶)—太歲子　歲破午　三煞巳午未

　　　　　　　　　坐煞向煞丙丁壬癸　浮天空亡巽辛

개산흉(開山凶)—年剋山家乾卯兌丁山

　　　　　　陰府太歲坎坤　六害未　死符巳　灸退卯

입향흉(立向凶)—巡山羅喉癸　病符卯

수방흉(修方凶)—天官符寅　地官符辰　大煞子　大將軍酉

力士艮　　蠶室坤　　蠶官未　　蠶命申

歲刑卯　　黃幡辰　　豹尾戌　　飛廉申

喪門寅　　弔客戌　　白虎申　　金神寅卯午未子丑

獨火艮　　五鬼辰　　破敗五鬼坤

개산입향수방길(開山立向修方吉)

月	正	二	三	四	五	六	七	八	九	十	十一	十二
天道	南	南西	北	西	西北	東	北	北東	南	東	南東	西
天德	丁	坤	壬	辛	乾	甲	癸	艮	丙	乙	巽	庚
月德	丙	甲	壬	庚	丙	甲	壬	庚	丙	甲	壬	庚
天德合	壬		丁	丙		己	戊		辛	庚		乙
月德合	辛	己	丁	乙	辛	己	丁	乙	辛	己	丁	乙
月空	壬	庚	丙	甲	壬	庚	丙	甲	壬	庚	丙	甲
陽貴人	震	坤	坎	離	艮	兌	乾	中	坎	離	艮	兌
陰貴人	中	巽	震	坤	坎	離	艮	兌	乾	中	坎	離
飛天祿	艮	兌	乾	中	坎	離	艮	兌	乾	中	巽	震
飛天馬	中	坎	離	艮	兌	乾	中	巽	震	坤	坎	離
月紫白 一白	兌	艮	離	坎	坤	震	巽	中	乾	兌	艮	離
月紫白 六白	震	巽	中	乾	兌	艮	離	坎	坤	震	巽	中
月紫白 八白	中	乾	兌	艮	離	坎	坤	震	巽	中	乾	兌
月紫白 九紫	乾	兌	艮	離	坎	坤	震	巽	中	乾	兌	艮

	立春	春分	立夏	夏至	立秋	秋分	立冬	冬至
三奇 乙	兌	坤	震	坎	震	艮	兌	離
三奇 丙	艮	震	巽	離	坤	兌	乾	坎
三奇 丁	離	巽	中	艮	坎	乾	中	坤

개산흉(開山凶)

月	正	二	三	四	五	六	七	八	九	十	十一	十二
月建	寅	卯	辰	巳	午	未	申	酉	戌	亥	子	丑
月破	申	酉	戌	亥	子	丑	寅	卯	辰	巳	午	未
月剋山家			乾兌	亥丁	離丙	壬乙	震巳	艮			水山	土山
陰府太歲	乾兌	坤坎	離乾	震坤	艮巽	兌乾	坎坤	乾離	坤震	巽艮	乾兌	坤坎

수방흉(修方凶)

月	正	二	三	四	五	六	七	八	九	十	十一	十二
天官符	中	辰巽巳	甲震乙	未坤申	壬坎癸	丙離丁	丑艮寅	庚兌辛	戌乾亥	中	庚兌辛	戌乾亥
地官符	庚兌辛	戌乾亥	辰巽巳	中	庚兌辛	戌乾亥	中	甲震乙	未坤申	壬坎癸	丙離丁	丑艮寅
小月建	中	戌乾亥	庚兌辛	丑艮寅	丙離丁	壬坎癸	未坤申	甲震乙	辰巽巳	中	戌乾亥	庚兌辛
大月建	丑艮寅	庚兌辛	戌乾亥	中	辰巽巳	甲震乙	未坤申	壬坎癸	丙離丁	丑艮寅	庚兌辛	戌乾亥
飛大煞	戌乾亥	中	辰巽巳	甲震乙	未坤申	壬坎癸	丙離丁	丑艮寅	庚兌辛	戌乾亥	中	庚兌辛

月	正	二	三	四	五	六	七	八	九	十	十一	十二
丙丁獨火	坤震	坎坤	離坎	艮離	兌艮	乾兌	中乾	中	巽中	震巽	坤震	坎坤
月游火	艮	離	坎	坤	震	巽	中	乾	兌	艮	離	坎
劫煞	亥	申	巳	寅	亥	辛	巳	寅	亥	辛	巳	寅
災煞	子	酉	午	卯	子	酉	午	卯	子	酉	午	卯
月煞	丑	戌	未	辰	丑	戌	未	辰	丑	戌	未	辰
月刑	巳	子	辰	申	午	丑	寅	酉	未	亥	卯	戌
月亥	巳	辰	卯	寅	丑	子	亥	戌	酉	申	未	午
月厭	戌	酉	申	未	午	巳	辰	卯	寅	丑	子	亥

第二部　用事宜忌

4. 太歲丁丑 : 幹火枝土 · 納音屬水

개산입향수방길(開山立向修方吉)

歲德壬	歲德合丁	歲枝德午
陽貴人亥	陰貴人酉	世祿午
歲馬亥	奏書乾	博士巽

삼원자백(三元紫白)

上元	一白離	六白中	八白兑	九紫艮
中元	一白乾	六白坤	八白巽	九紫中
下元	一白震	六白艮	八白坎	九紫坤

개산황도(蓋山黃道)—貪狼艮丙　　巨門巽辛

武曲兑丁巳丑　文曲離壬寅戌

통천규(通天竅)—三合前方乾亥壬子癸丑　三合後方巽巳丙午丁未

(十二吉山宜巳酉丑亥卯未年月日時)

주마육임(走馬六壬)—神后乾亥　功曹癸丑　天罡甲卯

勝光巽巳　傳送丁未　河魁庚酉

(十二吉山宜巳酉丑亥卯未年月日時)

사리삼원(四利三元)—太陽寅　太陰辰　龍德申　福德戌

개산입향수방흉(開山立向修方凶)—太歲丑　歲破未　三煞寅卯辰

坐煞向煞甲乙庚辛　浮天空亡震庚

개산흉(開山凶)—年剋山家甲寅辰巽戌坎辛申丑癸坤庚未山

陰府太歲乾離　六害午　死符午　炙退子

입향흉(立向凶)—巡山羅喉艮　病符子

수방흉(修方凶)—天官符申　地官符巳　大煞酉　大將軍酉

力士艮　蠶室坤　蠶官未　蠶命申

歲刑戌　黃幡丑　豹尾未　飛廉酉

喪門卯　弔客亥　白虎酉　金神寅卯戌亥

獨火震　五鬼卯　破敗五鬼震

개산입향수방길(開山立向修方吉)

月	正	二	三	四	五	六	七	八	九	十	十一	十二
天道	南	南西	北	西	西北	東	北	北東	南	東	南東	西
天德	丁	坤	壬	辛	乾	甲	癸	艮	丙	乙	巽	庚
月德	丙	甲	壬	庚	丙	甲	壬	庚	丙	甲	壬	庚
天德合	壬		丁	丙		己	戊		辛	庚		乙
月德合	辛	己	丁	乙	辛	己	丁	乙	辛	己	丁	乙
月空	壬	庚	丙	甲	壬	庚	丙	甲	壬	庚	丙	甲
陽貴人	中	巽	震	坤	坎	離	艮	兌	乾	中	坎	離
陰貴人	震	坤	坎	離	艮	兌	乾	中	坎	離	艮	兌
飛天祿	離	艮	兌	乾	中	坎	離	艮	兌	乾	中	巽
飛天馬	中	巽	震	坤	坎	離	艮	兌	乾	中	坎	離
月紫白 一白	坎	坤	震	巽	中	乾	兌	艮	離	坎	坤	震
月紫白 六白	乾	兌	艮	離	坎	坤	震	巽	中	乾	兌	艮
月紫白 八白	艮	離	坎	坤	震	巽	中	乾	兌	艮	離	坎
月紫白 九紫	離	坎	坤	震	巽	中	乾	兌	艮	離	坎	坤

三奇		立春	春分	立夏	夏至	立秋	秋分	立冬	冬至
	乙	乾	坎	坤	坤	巽	離	艮	艮
	丙	兌	坤	震	坎	震	艮	兌	離
	丁	艮	震	巽	離	坤	兌	乾	坎

개산흉(開山凶)

月	正	二	三	四	五	六	七	八	九	十	十一	十二
月建	寅	卯	辰	巳	午	未	申	酉	戌	亥	子	丑
月破	申	酉	戌	亥	子	丑	寅	卯	辰	巳	午	未
月剋山家			離丙	壬乙	水山	土	震巳	艮				
陰府太歲	離乾	震坤	艮巽	兌乾	坎坤	乾離	坤震	巽艮	乾兌	坤坎	離乾	震坤

수방흉(修方凶)

月	正	二	三	四	五	六	七	八	九	十	十一	十二
天官符	未坤申	壬坎癸	丙離丁	丑艮寅	庚兌辛	戊乾亥	中	庚兌辛	戊乾亥	中	辰巽巳	甲震乙
地官符	丑艮寅	庚兌辛	戊乾亥	中	庚兌辛	戊乾亥	中	辰巽巳	甲震乙	未坤申	壬坎癸	丙離丁
小月建	丙離丁	壬坎癸	未坤申	甲震乙	辰巽巳	中	戊乾亥	庚兌辛	丑艮寅	丙離丁	壬坎癸	未坤申
大月建	中	辰巽巳	甲震乙	未坤申	壬坎癸	丙離丁	丑艮寅	庚兌辛	戊乾亥	中	辰巽巳	甲震乙
飛大煞	甲震乙	未坤申	壬坎癸	丙離丁	丑艮寅	庚兌辛	戊乾亥	中	庚兌辛	戊乾亥	中	辰巽巳

月	正	二	三	四	五	六	七	八	九	十	十一	十二
丙丁獨火	離坎	艮離	兌艮	乾兌	中乾	中	巽中	震巽	坤震	坎坤	離坎	艮離
月游火	艮	離	坎	坤	震	巽	中	乾	兌	艮	離	坎
劫煞	亥	申	巳	寅	亥	辛	巳	寅	亥	辛	巳	寅
災煞	子	酉	午	卯	子	酉	午	卯	子	酉	午	卯
月煞	丑	戌	未	辰	丑	戌	未	辰	丑	戌	未	辰
月刑	巳	子	辰	申	午	丑	寅	酉	未	亥	卯	戌
月亥	巳	辰	卯	寅	丑	子	亥	戌	酉	申	未	午
月厭	戌	酉	申	未	午	巳	辰	卯	寅	丑	子	亥

5. 太歲戊寅 : 幹土枝木 · 納音屬土

개산입향수방길(開山立向修方吉)

歲德戊　　歲德合癸　　歲枝德未

陽貴人丑　陰貴人未　　世祿巳

歲馬申　　奏書艮　　　博士坤

삼원자백(三元紫白)

上元	一白坎	六白乾	八白艮	九紫離
中元	一白兌	六白震	八白中	九紫乾
下元	一白巽	六白離	八白坤	九紫震

개산황도(蓋山黃道)—貪狼艮丙　　　巨門巽辛

武曲兌丁巳丑　文曲離壬寅戌

통천규(通天竅)—三合前方坤申庚酉辛戌　三合後方艮寅甲卯乙辰

(十二吉山宜寅午戌申子辰年月日時)

주마육임(走馬六壬)—神后辛戌　功曹壬子　天罡艮寅

勝光乙辰　傳送丙午　河魁坤申

(十二吉山宜寅午戌申子辰年月日時)

사리삼원(四利三元)—太陽卯　太陰巳　龍德酉　福德亥

개산입향수방흉(開山立向修方凶)—太歲寅　歲破申　三煞亥子丑

坐煞向煞壬癸丙丁　浮天空亡坤乙

개산흉(開山凶)—年剋山家離壬丙乙山

陰府太歲坤震　六害巳　死符未　灸退酉

입향흉(立向凶)—巡山羅喉甲　病符丑

수방흉(修方凶)—天官符巳　地官符午　大煞午　大將軍子

力士巽　蠶室乾　蠶官戌　蠶命亥

歲刑巳　黃幡戌　豹尾辰　飛廉亥

喪門辰　弔客子　白虎戌　金神申酉子丑

獨火震　五鬼寅　破敗五鬼離

개산입향수방길(開山立向修方吉)

月	正	二	三	四	五	六	七	八	九	十	十一	十二
天道	南	南西	北	西	西北	東	北	北東	南	東	南東	西
天德	丁	坤	壬	辛	乾	甲	癸	艮	丙	乙	巽	庚
天德合	壬		丁	丙		己	戊		辛	庚		乙
月德	丙	甲	壬	庚	丙	甲	壬	庚	丙	甲	壬	庚
月德合	辛	己	丁	乙	辛	己	丁	乙	辛	己	丁	乙
月空	壬	庚	丙	甲	壬	庚	丙	甲	壬	庚	丙	甲
陽貴人	兌	乾	中	巽	震	坤	坎	離	艮	兌	乾	中
陰貴人	坎	離	艮	兌	乾	中	坎	離	艮	兌	乾	中
飛天祿	艮	兌	乾	中	坎	離	艮	兌	乾	中	巽	震
飛天馬	坤	坎	離	艮	兌	乾	中	坎	離	艮	兌	乾
月紫白 一白	巽	中	乾	兌	艮	離	坎	坤	震	巽	中	乾
月紫白 六白	離	坎	坤	震	巽	中	乾	兌	艮	離	坎	坤
月紫白 八白	坤	震	巽	中	乾	兌	艮	離	坎	坤	震	巽
月紫白 九紫	震	巽	中	乾	兌	艮	離	坎	坤	震	巽	中

		立春	春分	立夏	夏至	立秋	秋分	立冬	冬至
三奇	乙	中	離	坎	震	中	坎	離	兌
三奇	丙	乾	坎	坤	坤	巽	離	艮	艮
三奇	丁	兌	坤	震	坎	震	艮	兌	離

개산흉(開山凶)

月	正	二	三	四	五	六	七	八	九	十	十一	十二
月建	寅	卯	辰	巳	午	未	申	酉	戌	亥	子	丑
月破	申	酉	戌	亥	子	丑	寅	卯	辰	巳	午	未
月剋山家	震巳	艮	離丙	壬乙			水山	土	震巳	艮		
陰府太歲	艮巽	兌乾	坎坤	乾離	坤震	巽艮	乾兌	坤坎	離乾	震坤	艮巽	兌乾

수방흉(修方凶)

月	正	二	三	四	五	六	七	八	九	十	十一	十二
天官符	丑艮寅	庚兌辛	戌乾亥	中	庚兌辛	戌乾亥	中	辰巽巳	甲震乙	未坤申	壬坎癸	丙離丁
地官符	丙離丁	丑艮寅	庚兌辛	戌乾亥	中	庚兌辛	戌乾亥	中	辰巽巳	甲震乙	未坤申	壬坎癸
小月建	中	戌乾亥	庚兌辛	丑艮寅	丙離丁	壬坎癸	未坤申	甲震乙	辰巽巳	中	戌乾亥	庚兌辛
大月建	未坤申	壬坎癸	丙離丁	丑艮寅	庚兌辛	戌乾亥	中	辰巽巳	甲震乙	未坤申	壬坎癸	丙離丁
飛大煞	丙離丁	丑艮寅	庚兌辛	戌乾亥	中	庚兌辛	戌乾亥	中	辰巽巳	甲震乙	未坤申	壬坎癸

月	正	二	三	四	五	六	七	八	九	十	十一	十二
丙丁獨火	兌艮	乾兌	中乾	中	巽中	震巽	坤震	坎坤	離坎	艮離	兌艮	乾兌
月游火	震	巽	中	乾	兌	艮	離	坎	坤	震	巽	中
劫煞	亥	申	巳	寅	亥	辛	巳	寅	亥	辛	巳	寅
災煞	子	酉	午	卯	子	酉	午	卯	子	酉	午	卯
月煞	丑	戌	未	辰	丑	戌	未	辰	丑	戌	未	辰
月刑	巳	子	辰	申	午	丑	寅	酉	未	亥	卯	戌
月害	巳	辰	卯	寅	丑	子	亥	戌	酉	申	未	午
月厭	戌	酉	申	未	午	巳	辰	卯	寅	丑	子	亥

第二部 用事宜忌

6. 太歲己卯 : 幹土枝木 · 納音屬土

개산입향수방길(開山立向修方吉)

<table>
<tr><td>歲德甲</td><td>歲德合巳</td><td>歲枝德申</td></tr>
<tr><td>陽貴人子</td><td>陰貴人申</td><td>世祿午</td></tr>
<tr><td>歲馬巳</td><td>奏書艮</td><td>博士坤</td></tr>
</table>

삼원자백(三元紫白)

上元	一白坤	六白兌	八白離	九紫坎
中元	一白艮	六白巽	八白乾	九紫兌
下元	一白中	六白坎	八白震	九紫巽

개산황도(蓋山黃道)—貪狼乾甲　　巨門離壬寅戌

　　　　　　　　　　武曲坤乙　　文曲巽辛

통천규(通天竅)—三合前方巽巳丙午丁未　三合後方乾亥壬子癸丑

　　(十二吉山宜亥卯未巳酉丑年月日時)

주마육임(走馬六壬)—神后庚酉　功曹乾亥　天罡癸丑

　　　　　　　　勝光甲卯　傳送巽巳　河魁丁未

　　(十二吉山宜亥卯未巳酉丑年月日時)

사리삼원(四利三元)—太陽辰　太陰午　龍德戌　福德子

개산입향수방흉(開山立向修方凶)—太歲卯　歲破酉　三煞申酉戌

　　　　　　　　　　坐煞向煞庚申甲乙　浮天空亡乾甲

개산흉(開山凶)—年剋山家二十四山竝無剋冬至後剋乾亥兌丁山

　　　　　陰府太歲巽艮　六害辰　死符申　炙退午

입향흉(立向凶)—巡山羅喉乙　病符寅

수방흉(修方凶)—天官符寅　地官符未　大煞卯　大將軍子

力士_巽　蠶室_乾　蠶官_戌　蠶命_亥

歲刑_子　黃幡_未　豹尾_丑　飛廉_巳

喪門_巳　弔客_丑　白虎_亥　金神_{午未申酉}

獨火_坎　五鬼_丑　破敗五鬼_戌

개산입향수방길(開山立向修方吉)

月	正	二	三	四	五	六	七	八	九	十	十一	十二
天道	南	南西	北	西	北西	東	北	北東	南	東	南東	西
天德	丁	坤	壬	辛	乾	甲	癸	艮	丙	乙	巽	庚
天德合	壬		丁	丙		己	戊		辛	庚		乙
月德	丙	甲	壬	庚	丙	甲	壬	庚	丙	甲	壬	庚
月德合	辛	己	丁	乙	辛	己	丁	乙	辛	己	丁	乙
月空	壬	庚	丙	甲	壬	庚	丙	日	壬	庚	丙	甲
陽貴人	乾	中	巽	震	坤	坎	離	艮	兌	乾	中	坎
陰貴人	坤	坎	離	艮	兌	乾	中	坎	離	艮	兌	乾
飛天祿	離	艮	兌	乾	中	坎	離	艮	兌	乾	中	巽
飛天馬	艮	兌	乾	中	坎	離	艮	兌	乾	中	巽	震

月紫白	月	正	二	三	四	五	六	七	八	九	十	十一	十二
	一白	兌	艮	離	坎	坤	震	巽	中	乾	兌	艮	離
	六白	震	巽	中	乾	兌	艮	離	坎	坤	震	巽	中
	八白	中	乾	兌	艮	離	坎	坤	震	巽	中	乾	兌
	九紫	乾	兌	艮	離	坎	坤	震	巽	中	乾	兌	艮

三奇		立春	春分	立夏	夏至	立秋	秋分	立冬	冬至
	乙	中	離	坎	震	中	坎	離	兌
	丙	中	離	坎	震	中	坎	離	兌
	丁	乾	坎	坤	坤	巽	離	艮	艮

개산흉(開山凶)

月	正	二	三	四	五	六	七	八	九	十	十一	十二
月建	寅	卯	辰	巳	午	未	申	酉	戌	亥	子	丑
月破	申	酉	戌	亥	子	丑	寅	卯	辰	巳	午	未
月剋山家	乾兌	亥丁	震巳	艮			水山	土	乾兌	亥丁	離丙	壬乙
陰府太歲	坎坤	乾離	坤震	巽艮	乾兌	坤坎	離乾	震坤	艮巽	兌乾	坎坤	乾離

수방흉(修方凶)

月	正	二	三	四	五	六	七	八	九	十	十一	十二
天官符	中	庚兌辛	戌乾亥	中	辰巽巳	甲震乙	未坤申	壬坎癸	丙離丁	丑艮寅	庚兌辛	戌乾亥
地官符	壬坎癸	丙離丁	丑艮寅	庚兌辛	戌乾亥	中	庚兌辛	戌乾亥	中	辰巽巳	甲震乙	未坤申
小月建	丙離丁	壬坎癸	未坤申	甲震乙	辰巽巳	中	戌乾亥	庚兌辛	丑艮寅	丙離丁	壬坎癸	未坤申
大月建	丑艮寅	庚兌辛	戌乾亥	中	辰巽巳	甲震乙	未坤申	壬坎癸	丙離丁	丑艮寅	庚兌辛	戌乾亥
飛大煞	戌乾亥	中	庚兌辛	戌乾亥	中	辰巽巳	甲震乙	未坤申	壬坎癸	丙離丁	丑艮寅	庚兌辛

月	正	二	三	四	五	六	七	八	九	十	十一	十二
丙丁獨火	中乾	中	巽中	震巽	坤震	坎坤	離坎	艮離	兌艮	乾兌	中乾	中
月游火	巽	中	乾	兌	艮	離	坎	坤	震	巽	中	乾
劫煞	亥	申	巳	寅	亥	辛	巳	冥	亥	辛	巳	寅
災煞	子	酉	午	卯	子	酉	午	卯	子	酉	午	卯
月煞	丑	戌	未	辰	丑	戌	未	辰	丑	戌	未	辰
月刑	巳	子	辰	申	午	丑	寅	酉	未	亥	卯	戌
月亥	巳	辰	卯	寅	丑	子	亥	戌	酉	申	未	午
月厭	戌	酉	申	未	午	巳	辰	卯	寅	丑	子	亥

7. 太歲庚辰 : 幹金枝土 · 納音屬金

개산입향수방길(開山立向修方吉)

歲德庚 　　歲德合乙 　　歲枝德酉

陽貴人丑 　陰貴人未 　　世祿申

歲馬寅 　　奏書艮 　　　博士坤

삼원자백(三元紫白)

上元	一白震	六白艮	八白坎	九紫坤
中元	一白離	六白中	八白兌	九紫艮
下元	一白乾	六白坤	八白巽	九紫中

개산황도(蓋山黃道)—貪狼兌丁巳丑 　　巨門震庚亥未

武曲艮丙 　　文曲坎癸申辰

통천규(通天竅)—三合前方艮寅甲卯乙辰 　三合後方坤申庚酉辛戌

(十二吉山宜申子辰寅午戌年月日時)

주마육임(走馬六壬)—神后坤申 　功曹辛戌 　天罡壬子

勝光艮寅 　傳送乙辰 　河魁丙午

(十二吉山宜申子辰寅午戌年月日時)

사리삼원(四利三元)—太陽巳 　太陰未 　龍德亥 　福德丑

개산입향수방흉(開山立向修方凶)—太歲辰 　歲破戌 　三煞巳午未

坐煞向煞丙丁壬癸 　浮天空亡兌丁

개산흉(開山凶)—年剋山家震艮巳山

陰府太歲乾兌 　六害卯 　死符酉 　灸退卯

입향흉(立向凶)—巡山羅睺巽 　病符卯

수방흉(修方凶)—天官符寅 地官符申 　大煞子 　大將軍子

力士巽　　蠶室乾　　蠶官戌　　蠶命亥

歲刑辰　　黃幡辰　　豹尾戌　　飛廉午

喪門午　　弔客寅　　白虎子　　金神辰巳

獨火巽　　五鬼子　　破敗五鬼兌

개산입향수방길(開山立向修方吉)

月	正	二	三	四	五	六	七	八	九	十	十一	十二
天道	南	南西	北	西	北西	東	北	北東	南	東	南東	西
天德	丁	坤	壬	辛	乾	甲	癸	艮	丙	乙	巽	庚
天德合	壬		丁	丙		己	戊		辛	庚		乙
月德	丙	甲	壬	庚	丙	甲	壬	庚	丙	甲	壬	庚
月德合	辛	己	丁	乙	辛	己	丁	乙	辛	己	丁	乙
月空	壬	庚	丙	甲	壬	庚	丙	甲	壬	庚	丙	甲
陽貴人	兌	乾	中	巽	震	坤	坎	離	艮	兌	乾	中
陰貴人	坎	離	艮	兌	乾	中	坎	離	艮	兌	乾	中
飛天祿	坤	坎	離	艮	兌	乾	中	坎	離	艮	兌	乾
飛天馬	中	坎	離	艮	兌	乾	中	巽	震	坤	坎	離
月紫白 一白	坎	坤	震	巽	中	乾	兌	艮	離	坎	坤	震
月紫白 六白	乾	兌	艮	離	坎	坤	震	巽	中	乾	兌	艮
月紫白 八白	艮	離	坎	坤	震	巽	中	乾	兌	坎	離	艮
月紫白 九紫	離	坎	坤	震	巽	中	乾	兌	艮	離	坎	坤

	立春	春分	立夏	夏至	立秋	秋分	立冬	冬至
三奇 乙	巽	艮	離	巽	乾	坤	坎	乾
三奇 丙	中	離	坎	震	中	坎	離	兌
三奇 丁	乾	坎	坤	坤	巽	離	艮	艮

개산흉(開山凶)

月	正	二	三	四	五	六	七	八	九	十	十一	十二
月建	寅	卯	辰	巳	午	未	申	酉	戌	亥	子	丑
月破	申	酉	戌	亥	子	丑	寅	卯	辰	巳	午	未
月剋山家	乾兌	亥丁	震巳	艮			水山	土	乾兌	亥丁	離丙	壬乙
陰府太歲	坤震	巽艮	乾兌	坤坎	離乾	震坤	艮巽	兌乾	坎坤	乾離	坤震	巽艮

수방흉(修方凶)

月	正	二	三	四	五	六	七	八	九	十	十一	十二
天官符	中	辰巽巳	甲震乙	未坤申	壬坎癸	丙離丁	丑艮寅	庚兌辛	戌乾亥	中	庚兌辛	戌乾亥
地官符	未坤申	壬坎癸	丙離丁	丑艮寅	庚兌辛	戌乾亥	中	庚兌辛	戌乾亥	中	辰巽巳	甲震乙
小月建	中	戌乾亥	庚兌辛	丑艮寅	丙離丁	壬坎癸	未坤申	甲震乙	辰巽巳	中	戌乾亥	庚兌辛
大月建	中	辰巽巳	甲震乙	未坤申	壬坎癸	丙離丁	丑艮寅	庚兌辛	戌乾亥	中	辰巽巳	甲震乙
飛大煞	戌乾亥	中	辰巽巳	甲震乙	未坤申	壬坎癸	丙離丁	丑艮寅	庚兌辛	戌乾亥	中	庚兌辛

月	正	二	三	四	五	六	七	八	九	十	十一	十二
丙丁獨火	巽中	震巽	坤震	坎坤	離坎	艮離	兌艮	乾兌	中乾	中	巽中	震巽
月游火	巽	中	乾	兌	艮	離	坎	坤	震	巽	中	乾
劫煞	亥	申	巳	寅	亥	辛	巳	寅	亥	辛	巳	寅
災煞	子	酉	午	卯	子	酉	午	卯	子	酉	午	卯
月煞	丑	戌	未	辰	丑	戌	未	辰	丑	戌	未	辰
月刑	巳	子	辰	申	午	丑	寅	酉	未	亥	卯	戌
月亥	巳	辰	卯	寅	丑	子	亥	戌	酉	申	未	午
月厭	戌	酉	申	未	午	巳	辰	卯	寅	丑	子	亥

8. 太歲辛巳 : 幹金枝火 · 納音屬金

개산입향수방길(開山立向修方吉)

歲德丙　　歲德合申　　歲枝德戌

陽貴人寅　　陰貴人午　　世祿酉

歲馬亥　　奏書巽　　博士乾

삼원자백(三元紫白)

上元	一白巽	六白離	八白坤	九紫震
中元	一白坎	六白乾	八白艮	九紫離
下元	一白兌	六白震	八白中	九紫乾

개산황도(蓋山黃道)―貪狼兌丁巳丑　　巨門震庚亥未

文曲艮丙　　文曲坎癸申辰

통천규(通天竅)―三合前方乾亥壬子癸丑　三合後方巽巳丙午丁未

　　(十二吉山宜巳酉丑亥卯未年月日時)

주마육임(走馬六壬)―神后丁未　功曹庚酉　天罡乾亥

勝光癸丑　傳送甲卯　河魁巽巳

　　(十二吉山宜巳酉丑亥卯未年月日時)

사리삼원(四利三元)―太陽午　太陰申　龍德子　福德寅

개산입향수방흉(開山立向修方凶)―太歲巳　歲破亥　三煞寅卯辰

坐煞向煞甲乙庚辛　浮天空亡艮丙

개산흉(開山凶)―年剋山家離壬丙乙山

陰府太歲坤坎　六害寅　死符戌　灸退子

입향흉(立向凶)―巡山羅喉丙　病符辰

수방흉(修方凶)―天官符申　地官符酉　大煞酉　大將軍卯

力士坤　蠶室艮　蠶官丑　蠶命寅

歲刑申　黃幡丑　豹尾未　飛廉未

喪門未　弔客卯　白虎丑　金神寅卯午未子丑

獨火巽　五鬼亥　破敗五鬼乾

개산입향수방길(開山立向修方吉)

月	正	二	三	四	五	六	七	八	九	十	十一	十二
天道	南	南西	北	西	北西	東	北	北東	南	東	南東	西
天德	丁	坤	壬	辛	乾	甲	癸	艮	丙	乙	巽	庚
天德合	壬		丁	丙		己	戊		辛	庚		乙
月德	丙	甲	壬	庚	丙	甲	壬	庚	丙	甲	壬	庚
月德合	辛	己	丁	乙	辛	己	丁	乙	辛	己	丁	乙
月空	壬	庚	丙	甲	壬	庚	丙	甲	壬	庚	丙	甲
陽貴人	中	坎	離	艮	兌	乾	中	巽	震	坤	坎	離
陰貴人	離	艮	兌	乾	中	坎	離	艮	兌	乾	中	巽
飛天祿	震	坤	坎	離	艮	兌	乾	中	坎	離	艮	兌
飛天馬	中	巽	震	坤	坎	離	艮	兌	乾	中	坎	離
月紫白　一白	巽	中	乾	兌	艮	離	坎	坤	震	巽	中	乾
月紫白　六白	離	坎	坤	震	巽	中	乾	兌	艮	離	坎	坤
月紫白　八白	坤	震	巽	中	乾	兌	坎	離	艮	坤	震	巽
月紫白　九紫	震	巽	中	乾	兌	艮	離	坎	坤	震	巽	中

		立春	春分	立夏	夏至	立秋	秋分	立冬	冬至
三奇	乙	震	兌	艮	中	兌	震	坤	中
	丙	巽	艮	離	巽	乾	坤	坎	乾
	丁	中	離	坎	震	中	坎	離	兌

개산흉(開山凶)

月	正	二	三	四	五	六	七	八	九	十	十一	十二
月建	寅	卯	辰	巳	午	未	申	酉	戌	亥	子	丑
月破	申	酉	戌	亥	子	丑	寅	卯	辰	巳	午	未
月剋山家			乾兌	亥丁	離丙	壬乙	震巳	艮			水山	土
陰府太歲	乾兌	坤坎	離乾	震坤	艮巽	兌乾	坎坤	乾離	坤震	巽艮	乾兌	坤坎

수방흉(修方凶)

月	正	二	三	四	五	六	七	八	九	十	十一	十二
天官符	未坤申	壬坎癸	丙離丁	丑艮寅	庚兌辛	戌乾亥	中	庚兌辛	戌乾亥	中	辰巽巳	甲震乙
地官符	甲震乙	未坤申	壬坎癸	丙離丁	丑艮寅	庚兌辛	戌乾亥	中	庚兌辛	戌乾亥	中	辰巽巳
小月建	丙離丁	壬坎癸	未坤申	甲震乙	辰巽巳	中	戌乾亥	庚兌辛	丑艮寅	丙離丁	壬坎癸	未坤申
大月建	未坤申	壬坎癸	丙離丁	丑艮寅	庚兌辛	戌乾亥	中	辰巽巳	甲震乙	未坤申	壬坎癸	丙離丁
飛大煞	甲震乙	未坤申	壬坎癸	丙離丁	丑艮寅	庚兌辛	戌乾亥	中	庚兌辛	戌乾亥	中	辰巽巳

欽定四庫全書 協紀辨方書

月	正	二	三	四	五	六	七	八	九	十	十一	十二
丙丁獨火	坤震	坎坤	離坎	艮離	兌艮	乾兌	中乾	中	巽中	震巽	坤震	坎坤
月游火	離	坎	坤	震	巽	中	乾	兌	艮	離	坎	坤
劫煞	亥	申	巳	寅	亥	辛	巳	寅	亥	辛	巳	寅
災煞	子	酉	午	卯	子	酉	午	卯	子	酉	午	卯
月煞	丑	戌	未	辰	丑	戌	未	辰	丑	戌	未	辰
月刑	巳	子	辰	申	午	丑	寅	酉	未	亥	卯	戌
月亥	巳	辰	卯	寅	丑	子	亥	戌	酉	申	未	午
月厭	戌	酉	申	未	午	巳	辰	卯	寅	丑	子	亥

9. 太歲壬午 : 幹水枝火 · 納音屬木

개산입향수방길(開山立向修方吉)

歲德壬 　　歲德合丁 　　歲枝德亥

陽貴人卯 　　陰貴人巳 　　世祿亥

歲馬申 　　奏書巽 　　博士乾

삼원자백(三元紫白)

上元	一白中	六白坎	八白震	九紫巽
中元	一白坤	六白兌	八白離	九紫坎
下元	一白艮	六白巽	八白乾	九紫兌

개산황도(蓋山黃道)—貪狼巽辛　　　巨門艮丙

　　　　　　　　　武曲震庚亥未　文曲乾甲

통천규(通天竅)—三合前方坤申庚酉辛戌　三合後方艮寅甲卯乙辰

　　　(十二吉山宜寅午戌申子辰年月日時)

주마육임(走馬六壬)—神后丙午　功曹坤申　天罡辛戌

　　　　　　　　勝光壬子　傳送艮寅　河魁乙辰

　　　(十二吉山宜寅午戌申子辰年月日時)

사리삼원(四利三元)—太陽未　太陰酉　龍德丑　福德卯

개산입향수방흉(開山立向修方凶)—太歲午　歲破子　三煞亥子丑

　　　　　　　　　　　坐煞向煞壬癸丙丁　浮天空亡乾甲

개산흉(開山凶)—年剋山家乾亥兌丁山

　　　　　　陰府太歲離乾　六害丑　死符亥　灸退酉

입향흉(立向凶)—巡山羅喉丁　病符巳

수방흉(修方凶)—天官符巳　地官符戌　大煞午　大將軍卯

力士坤　蠶室艮　蠶官丑　蠶命寅
歲刑午　黃幡戌　豹尾辰　飛廉寅
喪門申　弔客辰　白虎寅　金神寅卯戌亥
獨火兌　五鬼戌　破敗五鬼巽

개산입향수방길(開山立向修方吉)

月	正	二	三	四	五	六	七	八	九	十	十一	十二
天道	南	南西	北	西	北西	東	北	北東	南	東	南東	西
天德	丁	坤	壬	辛	乾	甲	癸	艮	丙	乙	巽	庚
天德合	壬		丁	丙		己	戊		辛	庚		乙
月德	丙	甲	壬	庚	丙	甲	壬	庚	丙	甲	壬	庚
月德合	辛	己	丁	乙	辛	己	丁	乙	辛	己	丁	乙
月空	壬	庚	丙	甲	壬	庚	丙	甲	壬	庚	丙	甲
陽貴人	乾	中	坎	離	艮	兌	乾	中	巽	震	坤	坎
陰貴人	艮	兌	乾	中	坎	離	艮	兌	乾	中	巽	震
飛天祿	中	巽	震	坤	坎	離	艮	兌	乾	中	坎	離
飛天馬	坤	坎	離	艮	兌	乾	中	坎	離	艮	兌	乾
月紫白 一白	兌	艮	離	坎	坤	震	巽	口	乾	兌	艮	離
月紫白 六白	震	巽	中	乾	兌	艮	離	坎	坤	震	巽	中
月紫白 八白	中	乾	兌	坎	離	艮	坤	震	巽	中	乾	兌
月紫白 九紫	乾	兌	艮	離	坎	坤	震	巽	中	乾	兌	艮

	立春	春分	立夏	夏至	立秋	秋分	立冬	冬至
三奇 乙	坤	乾	兌	乾	艮	巽	震	巽
三奇 丙	震	兌	艮	中	兌	震	坤	中
三奇 丁	巽	艮	離	巽	乾	坤	坎	乾

개산흉(開山凶)

月	正	二	三	四	五	六	七	八	九	十	十一	十二
月建	寅	卯	辰	巳	午	未	申	酉	戌	亥	子	丑
月破	申	酉	戌	亥	子	丑	寅	卯	辰	巳	午	未
月剋山家		離丙	壬乙	水山	土	震巳	艮					
陰府太歲	離乾	震坤	艮巽	兌乾	坎坤	乾離	坤震	巽艮	乾兌	坤坎	離乾	震坤

수방흉(修方凶)

月	正	二	三	四	五	六	七	八	九	十	十一	十二
天官符	丑艮寅	庚兌辛	戌乾亥	中	庚兌辛	戌乾亥	中	辰巽巳	甲震乙	未坤申	壬坎癸	丙離丁
地官符	辰巽巳	甲震乙	未坤申	壬坎癸	丙離丁	丑艮寅	庚兌辛	戌乾亥	中	庚兌辛	戌乾亥	中
小月建	中	戌乾亥	庚兌辛	丑艮寅	丙離丁	壬坎癸	未坤申	甲震乙	辰巽巳	中	戌乾亥	庚兌辛
大月建	丑艮寅	庚兌辛	戌乾亥	中	辰巽巳	甲震乙	未坤申	壬坎癸	丙離丁	丑艮寅	庚兌辛	戌乾亥
飛大煞	丙離丁	丑艮寅	庚兌辛	戌乾亥	中	庚兌辛	戌乾亥	中	辰巽巳	甲震乙	未坤申	壬坎癸

月	正	二	三	四	五	六	七	八	九	十	十一	十二
丙丁獨火	離坎	艮離	兌艮	乾兌	中乾	中	巽中	震巽	坤震	坎坤	離坎	艮離
月游火	坤	震	巽	中	乾	兌	艮	離	坎	坤	震	巽
劫煞	亥	申	巳	寅	亥	辛	巳	寅	亥	辛	巳	寅
災煞	子	酉	午	卯	子	酉	午	卯	子	酉	午	卯
月煞	丑	戌	未	辰	丑	戌	未	辰	丑	戌	未	辰
月刑	巳	子	辰	申	午	丑	寅	酉	未	亥	卯	戌
月亥	巳	辰	卯	寅	丑	子	亥	戌	酉	申	未	午
月厭	戌	酉	申	未	午	巳	辰	卯	寅	丑	子	亥

10. 太歲癸未：幹水枝土 · 納音屬木

개산입향수방길(開山立向修方吉)

歲德戌	歲德合癸	歲枝德子
陽貴人巳	陰貴人卯	世祿子
歲馬巳	奏書巽	博士乾

삼원자백(三元紫白)

上元	一白乾	六白坤	八白巽	九紫中
中元	一白震	六白艮	八白坎	九紫坤
下元	一白離	六白中	八白兌	九紫艮

개산황도(蓋山黃道)—貪狼坤乙　　巨門坎癸申辰

　　　　　　　　武曲乾甲　　文曲震庚亥未

통천규(通天竅)—三合前方巽巳丙午丁未　三合後方乾亥壬子癸丑

　　　(十二吉山宜亥卯未巳酉丑年月日時)

주마육임(走馬六壬)—神后巽巳　功曹丁未　天罡庚酉

　　　　　　　　勝光乾亥　傳送癸丑　河魁甲卯

　　　(十二吉山宜亥卯未巳酉丑年月日時)

사리삼원(四利三元)—太陽申　太陰戌　龍德寅　福德辰

개산입향수방흉(開山立向修方凶)—太歲未　歲破丑　三煞申酉戌

　　　　　　　　坐煞向煞庚申甲乙　浮天空亡坤乙

개산흉(開山凶)—年剋山家甲寅辰巽戌坎辛申丑癸坤庚未山

　　　　　　陰府太歲震坤　六害子　死符子　炙退午

입향흉(立向凶)—巡山羅喉坤　病符午

수방흉(修方凶)—天官符寅　地官符亥　大煞卯　大將軍卯

力士坤　蠶室艮　蠶官丑　蠶命寅

歲刑丑　黃幡未　豹尾丑　飛廉卯

喪門酉　弔客巳　白虎卯　金神申酉子丑

獨火離　五鬼酉　破敗五鬼艮

개산입향수방길(開山立向修方吉)

月	正	二	三	四	五	六	七	八	九	十	十一	十二
天道	南	南西	北	西	北西	東	北	北東	南	東	南東	西
天德	丁	坤	壬	辛	乾	甲	癸	艮	丙	乙	巽	庚
天德合	壬		丁	丙		己	戊		辛	庚		乙
月德	丙	甲	壬	庚	丙	甲	壬	庚	丙	甲	壬	庚
月德合	辛	己	丁	乙	辛	己	丁	乙	辛	己	丁	乙
月空	壬	庚	丙	甲	壬	庚	丙	甲	壬	庚	丙	甲
陽貴人	艮	兌	乾	中	坎	離	艮	兌	乾	中	巽	震
陰貴人	乾	中	坎	離	艮	兌	乾	中	巽	震	坤	坎
飛天祿	乾	中	巽	震	坤	坎	離	艮	兌	乾	中	坎
飛天馬	艮	兌	乾	中	坎	離	艮	兌	乾	中	巽	震
月紫白 一白	坎	坤	震	巽	中	乾	兌	艮	離	坎	坤	震
月紫白 六白	乾	兌	艮	離	坎	坤	震	巽	中	乾	兌	艮
月紫白 八白	艮	離	坎	坤	震	巽	中	乾	兌	艮	離	坎
月紫白 九紫	離	坎	坤	震	巽	中	乾	兌	艮	離	坎	坤

	立春	春分	立夏	夏至	立秋	秋分	立冬	冬至
三奇 乙	坎	中	乾	兌	離	中	巽	震
三奇 丙	坤	乾	兌	乾	艮	巽	震	巽
三奇 丁	震	兌	艮	中	兌	震	坤	中

第二部　用事宜忌

개산흉(開山凶)

月	正	二	三	四	五	六	七	八	九	十	十一	十二
月建	寅	卯	辰	巳	午	未	申	酉	戌	亥	子	丑
月破	申	酉	戌	亥	子	丑	寅	卯	辰	巳	午	未
月剋山家	震巳	艮	離丙	壬乙			水山	土	震巳	艮		
陰府太歲	艮巽	兌乾	坎坤	乾離	坤震	巽艮	乾兌	坤坎	離乾	震坤	艮巽	兌乾

수방흉(修方凶)

月	正	二	三	四	五	六	七	八	九	十	十一	十二
天官符	中	庚兌辛	戊乾亥	中	辰巽巳	甲震乙	未坤申	壬坎癸	丙離丁	丑艮寅	庚兌辛	戊乾亥
地官符	中	辰巽巳	甲震乙	未坤申	壬坎癸	丙離丁	丑艮寅	庚兌辛	戊乾亥	中	庚兌辛	戊乾亥
小月建	丙離丁	壬坎癸	未坤申	甲震乙	辰巽巳	中	戊乾亥	庚兌辛	丑艮寅	丙離丁	壬坎癸	未坤申
大月建	中	辰巽巳	甲震乙	未坤申	壬坎癸	丙離丁	丑艮寅	庚兌辛	戊乾亥	中	辰巽巳	甲震乙
飛大煞	戊乾亥	中	庚兌辛	戊乾亥	中	辰巽巳	甲震乙	未坤申	壬坎癸	丙離丁	丑艮寅	庚兌辛

欽定四庫全書　協紀辨方書

月	正	二	三	四	五	六	七	八	九	十	十一	十二
丙丁獨火	兌艮	乾兌	中乾	中	巽中	震巽	坤震	坎坤	離坎	艮離	兌艮	乾兌
月游火	坤	震	巽	中	乾	兌	艮	離	坎	坤	震	巽
劫煞	亥	申	巳	寅	亥	辛	巳	寅	亥	辛	巳	寅
災煞	子	酉	午	卯	子	酉	午	卯	子	酉	午	卯
月煞	丑	戌	未	辰	丑	戌	未	辰	丑	戌	未	辰
月刑	巳	子	辰	申	午	丑	寅	酉	未	亥	卯	戌
月亥	巳	辰	卯	寅	丑	子	亥	戌	酉	申	未	午
月厭	戌	酉	申	未	午	巳	辰	卯	寅	丑	子	亥

第二部　用事宜忌

欽定 協紀辨方書

欽定 四庫全書

協紀辨方書

卷 16

연표年表 3 · 갑신지계사甲申至癸巳

제1장 갑신순(甲申旬)

제1장. 甲申旬

1. 太歲甲申 : 幹木枝金 · 納音屬水

개산입향수방길(開山立向修方吉)

歲德甲	歲德合己	歲枝德丑
陽貴人未	陰貴人丑	世祿寅
歲馬寅	奏書坤	博士巽

삼원자백(三元紫白)

上元	一白兌	六白震	八白中	九紫乾
中元	一白巽	六白離	八白坤	九紫震
下元	一白坎	六白乾	八白艮	九紫離

개산황도(蓋山黃道)—貪狼坤乙　　巨門坎癸申辰

　　　　　武曲乾甲　　文曲震庚亥未

통천규(通天竅)—三合前方艮寅甲卯乙辰　三合後方坤申庚酉辛戌

　　(十二吉山宜申子辰寅午戌年月日時)

주마육임(走馬六壬)—神后乙辰　功曹丙午　天罡坤申

　　　　　勝光辛戌　傳送壬子　河魁艮寅

　　(十二吉山宜申子辰寅午戌年月日時)

사리삼원(四利三元)—太陽酉　太陰亥　龍德卯　福德巳

개산입향수방흉(開山立向修方凶)—太歲申　歲破寅　三煞巳午未

　　　　　　坐煞向煞丙丁壬癸　浮天空亡離壬

개산흉(開山凶)—年剋山家離壬丙乙山

　　　　陰府太歲艮巽　六害亥　死符丑　灸退卯

입향흉(立向凶)—巡山羅喉庚　病符未

수방흉(修方凶)—天官符亥　地官符子　大煞子　大將軍午

力士乾　蠶室巽　　蠶官辰　蠶命巳

歲刑寅　黃幡辰　　豹尾戌　飛廉辰

喪門戌　弔客午　　白虎辰　金神午未申酉

獨火離　五鬼申　　破敗五鬼巽

개산입향수방길(開山立向修方吉)

月		正	二	三	四	五	六	七	八	九	十	十一	十二
天道		南	南西	北	西	北西	東	北	北東	南	東	南東	西
天德		丁	坤	壬	辛	乾	甲	癸	艮	丙	乙	巽	庚
天德合		壬		丁	丙		己	戊		辛	庚		乙
月德		丙	甲	壬	庚	丙	甲	壬	庚	丙	甲	壬	庚
月德合		辛	己	丁	乙	辛	己	丁	乙	辛	己	丁	乙
月空		壬	庚	丙	甲	壬	庚	丙	甲	壬	庚	丙	甲
陽貴人		坎	離	艮	兌	乾	中	坎	離	艮	兌	乾	中
陰貴人		兌	乾	中	巽	震	坤	坎	離	艮	兌	乾	中
飛天祿		中	坎	離	艮	兌	乾	中	巽	震	坤	坎	離
飛天馬		中	坎	離	艮	兌	乾	中	巽	震	坤	坎	離
月紫白	一白	巽	中	乾	兌	艮	離	坎	坤	震	巽	中	乾
	六白	離	坎	坤	震	巽	中	乾	兌	艮	離	坎	坤
	八白	坤	震	巽	中	乾	兌	艮	離	坎	坤	震	巽
	九紫	震	巽	中	乾	兌	艮	離	坎	坤	震	巽	中

		立春	春分	立夏	夏至	立秋	秋分	立冬	冬至
三奇	乙	坎	中	乾	兌	離	中	巽	震
	丙	坎	中	乾	兌	離	中	巽	震
	丁	坤	乾	兌	乾	艮	巽	震	巽

第二部　用事宜忌

개산흉(開山凶)

月	正	二	三	四	五	六	七	八	九	十	十一	十二
月建	寅	卯	辰	巳	午	未	申	酉	戌	亥	子	丑
月破	申	酉	戌	亥	子	丑	寅	卯	辰	巳	午	未
月剋山家	乾兌	亥丁	震巳	艮			水山	土	乾兌	亥丁	離丙	壬乙
陰府太歲	坎坤	乾離	坤震	巽艮	乾兌	坤坎	離乾	震坤	艮巽	兌乾	坎坤	乾離

수방흉(修方凶)

月	正	二	三	四	五	六	七	八	九	十	十一	十二
天官符	中	辰巽巳	甲震乙	未坤申	壬坎癸	丙離丁	丑艮寅	庚兌辛	戌乾亥	中	庚兌辛	戌乾亥
地官符	戌乾亥	中	辰巽巳	甲震乙	未坤申	壬坎癸	丙離丁	丑艮寅	庚兌辛	戌乾亥	中	庚兌辛
小月建	中	戌乾亥	庚兌辛	丑艮寅	丙離丁	壬坎癸	未坤申	甲震乙	辰巽巳	中	戌乾亥	庚兌辛
大月建	未坤申	壬坎癸	丙離丁	丑艮寅	庚兌辛	戌乾亥	中	辰巽巳	甲震乙	未坤申	壬坎癸	丙離丁
飛大煞	戌乾亥	中	辰巽巳	甲震乙	未坤申	壬坎癸	丙離丁	丑艮寅	庚兌辛	戌乾亥	中	庚兌辛

月	正	二	三	四	五	六	七	八	九	十	十一	十二
丙丁獨火	中乾	中	巽中	震巽	坤震	坎坤	離坎	艮離	兌艮	乾兌	中乾	中
月游火	兌	艮	離	坎	坤	震	巽	中	乾	兌	艮	離
劫煞	亥	申	巳	寅	亥	辛	巳	寅	亥	辛	巳	寅
災煞	子	酉	午	卯	子	酉	午	卯	子	酉	午	卯
月煞	丑	戌	未	辰	丑	戌	未	辰	丑	戌	未	辰
月刑	巳	子	辰	申	午	丑	寅	酉	未	亥	卯	戌
月亥	巳	辰	卯	寅	丑	子	亥	戌	酉	申	未	午
月厭	戌	酉	申	未	午	巳	辰	卯	寅	丑	子	亥

2. 太歲乙酉 : 幹木枝金 · 納音屬水

개산입향수방길(開山立向修方吉)

歲德庚	歲德合乙	歲枝德寅
陽貴人申	陰貴人子	世祿卯
歲馬亥	奏書坤	博士艮

삼원자백(三元紫白)

上元	一白艮	六白巽	八白乾	九紫兌
中元	一白中	六白坎	八白震	九紫巽
下元	一白坤	六白兌	八白離	九紫坎

개산황도(蓋山黃道)—貪狼離壬寅戌　　巨門乾甲

武曲坎癸申辰　　文曲艮丙

통천규(通天竅)—三合前方乾亥壬子癸丑　三合後方巽巳丙午丁未

(十二吉山宜巳酉丑亥卯未年月日時)

주마육임(走馬六壬)—神后甲卯　功曹巽巳　天罡丁未

勝光庚酉　傳送乾亥　河魁癸丑

(十二吉山宜巳酉丑亥卯未年月日時)

사리삼원(四利三元)—太陽戌　太陰子　龍德辰　福德午

개산입향수방흉(開山立向修方凶)—太歲酉　歲破卯　三煞寅卯辰

坐煞向煞甲乙庚辛　浮天空亡坎癸

개산흉(開山凶)—年剋山家二十四山竝無剋冬至後剋乾亥兌丁山

陰府太歲兌乾　六害戌　死符寅　灸退子

입향흉(立向凶)—巡山羅睺辛　病符申

수방흉(修方凶)—天官符申　地官符丑　大煞酉　大將軍午

力士乾　　蠶室巽　　蠶官辰　　蠶命巳

歲刑酉　　黃幡丑　　豹尾未　　飛廉亥

喪門亥　　弔客未　　白虎巳　　金神辰巳

獨火坤　　五鬼未　　破敗五鬼艮

개산입향수방길(開山立向修方吉)

月	正	二	三	四	五	六	七	八	九	十	十一	十二
天道	南	南西	北	西	北西	東	北	北東	南	東	南東	西
天德	丁	坤	壬	辛	乾	甲	癸	艮	丙	乙	巽	庚
天德合	壬		丁	丙		己	戊		辛	庚		乙
月德	丙	甲	壬	庚	丙	甲	壬	庚	丙	甲	壬	庚
月德合	辛	己	丁	乙	辛	己	丁	乙	辛	己	丁	乙
月空	壬	庚	丙	甲	壬	庚	丙	甲	壬	庚	丙	甲
陽貴人	坤	坎	離	艮	兌	乾	中	坎	離	艮	兌	乾
陰貴人	乾	中	巽	震	坤	坎	離	艮	兌	乾	中	坎
飛天祿	乾	中	坎	離	艮	兌	乾	中	巽	震	坤	坎
飛天馬	中	巽	震	坤	坎	離	艮	兌	乾	中	坎	離
月紫白 一白	兌	艮	離	坎	坤	震	巽	中	乾	兌	艮	離
月紫白 六白	震	巽	中	乾	兌	艮	離	坎	坤	震	巽	中
月紫白 八白	中	乾	兌	艮	離	坎	坤	震	巽	中	乾	兌
月紫白 九紫	乾	兌	艮	離	坎	坤	震	巽	中	乾	兌	艮

三奇	立春	春分	立夏	夏至	立秋	秋分	立冬	冬至
乙	離	巽	中	艮	坎	乾	中	坤
丙	坎	中	乾	兌	離	中	巽	震
丁	坤	乾	兌	乾	艮	巽	震	巽

개산흉(開山凶)

月	正	二	三	四	五	六	七	八	九	十	十一	十二
月建	寅	卯	辰	巳	午	未	申	酉	戌	亥	子	丑
月破	申	酉	戌	亥	子	丑	寅	卯	辰	巳	午	未
月剋山家	乾兌	亥丁	震巳	艮	離丙	壬乙			乾兌	亥丁	水山	土山
陰府太歲	坤震	巽艮	乾兌	坤坎	離乾	震坤	艮巽	兌乾	坎坤	乾離	坤震	巽艮

수방흉(修方凶)

月	正	二	三	四	五	六	七	八	九	十	十一	十二
天官符	未坤申	壬坎癸	丙離丁	丑艮寅	庚兌辛	戌乾亥	中	庚兌辛	戌乾亥	中	辰巽巳	甲震乙
地官符	庚兌辛	戌乾亥	中	辰巽巳	甲震乙	未坤申	壬坎癸	丙離丁	丑艮寅	庚兌辛	戌乾亥	中
小月建	丙離丁	壬坎癸	未坤申	甲震乙	辰巽巳	中	戌乾亥	庚兌辛	丑艮寅	丙離丁	壬坎癸	未坤申
大月建	丑艮寅	庚兌辛	戌乾亥	中	辰巽巳	甲震乙	未坤申	壬坎癸	丙離丁	丑艮寅	庚兌辛	戌乾亥
飛大煞	甲震乙	未坤申	壬坎癸	丙離丁	丑艮寅	庚兌辛	戌乾亥	中	庚兌辛	戌乾亥	中	辰巽巳

月	正	二	三	四	五	六	七	八	九	十	十一	十二
丙丁獨火	巽中	震巽	坤震	坎坤	離坎	艮離	兌艮	乾兌	中乾	中	巽中	震巽
月游火	乾	兌	艮	離	坎	坤	震	巽	中	乾	兌	艮
劫煞	亥	申	巳	寅	亥	辛	巳	寅	亥	辛	巳	寅
災煞	子	酉	午	卯	子	酉	午	卯	子	酉	午	卯
月煞	丑	戌	未	辰	丑	戌	未	辰	丑	戌	未	辰
月刑	巳	子	辰	申	午	丑	寅	酉	未	亥	卯	戌
月亥	巳	辰	卯	寅	丑	子	亥	戌	酉	申	未	午
月厭	戌	酉	申	未	午	巳	辰	卯	寅	丑	子	亥

3. 太歲丙戌 : 幹火枝土 · 納音屬土

개산입향수방길(開山立向修方吉)

歲德庚	歲德合辛	歲枝德卯
陽貴人酉	陰貴人亥	世祿巳
歲馬申	奏書坤	博士艮

삼원자백(三元紫白)

上元	一白離	六白中	八白兌	九紫艮
中元	一白乾	六白坤	八白巽	九紫中
下元	一白震	六白艮	八白坎	九紫坤

개산황도(蓋山黃道)—貪狼坎癸申辰　　巨門坤乙

武曲離壬寅戌　　文曲兌丁巳丑

통천규(通天竅)—三合前方坤申庚酉辛戌　三合後方艮寅甲卯乙辰

(十二吉山宜寅午戌申子辰年月日時)

주마육임(走馬六壬)—神后艮寅　功曹乙辰　天罡丙午

勝光坤申　傳送辛戌　河魁壬子

(十二吉山宜寅午戌申子辰年月日時)

사리삼원(四利三元)—太陽亥　太陰丑　龍德巳　福德未

개산입향수방흉(開山立向修方凶)—太歲戌　歲破辰　三煞亥子丑

坐煞向煞壬癸丙丁　浮天空亡巽辛

개산흉(開山凶)—年剋山家甲寅辰巽戌坎辛申丑癸坤庚未山

陰府太歲坎坤　六害酉　死符卯　灸退酉

입향흉(立向凶)—巡山羅睺乾　病符酉

수방흉(修方凶)—天官符巳　地官符寅　大煞午　大將軍午

力士乾　蠶室巽　　蠶官辰　蠶命巳

歲刑未　黄幡戌　　豹尾辰　飛廉子

喪門子　弔客申　　白虎午　金神寅卯午未子丑

獨火乾　五鬼午　　破敗五鬼坤

개산입향수방길(開山立向修方吉)

月	正	二	三	四	五	六	七	八	九	十	十一	十二
天道	南	南西	北	西	北西	東	北	北東	南	東	南東	西
天德	丁	坤	壬	辛	乾	甲	癸	艮	丙	乙	巽	庚
天德合	壬		丁	丙		己	戊		辛	庚		乙
月德	丙	甲	壬	庚	丙	甲	壬	庚	丙	甲	壬	庚
月德合	辛	己	丁	乙	辛	己	丁	乙	辛	己	丁	乙
月空	壬	庚	丙	甲	壬	庚	丙	甲	壬	庚	丙	甲
陽貴人	中	巽	震	坤	坎	離	艮	兌	乾	中	坎	離
陰貴人	震	坤	坎	離	艮	兌	乾	中	坎	離	艮	兌
飛天祿	離	艮	兌	乾	中	坎	離	艮	兌	乾	中	巽
飛天馬	艮	兌	乾	中	坎	離	艮	兌	乾	中	巽	震
月紫白 一白	巽	中	乾	兌	艮	離	坎	坤	震	巽	中	乾
月紫白 六白	離	坎	坤	震	巽	中	乾	兌	艮	離	坎	坤
月紫白 八白	坤	震	巽	中	乾	兌	艮	離	坎	坤	震	巽
月紫白 九紫	震	巽	中	乾	兌	艮	離	坎	坤	震	巽	中

	立春	春分	立夏	夏至	立秋	秋分	立冬	冬至
三奇 乙	兌	坤	震	坎	震	艮	兌	離
三奇 丙	艮	震	巽	離	坤	兌	乾	坎
三奇 丁	離	巽	中	艮	坎	乾	中	坤

欽定四庫全書 協紀辨方書 

개산흉(開山凶)

月	正	二	三	四	五	六	七	八	九	十	十一	十二
月建	寅	卯	辰	巳	午	未	申	酉	戌	亥	子	丑
月破	申	酉	戌	亥	子	丑	寅	卯	辰	巳	午	未
月剋山家			離丙	壬乙	水山	土	震巳	艮				
陰府太歲	離乾	震坤	艮巽	兌乾	坎坤	乾離	坤震	巽艮	乾兌	坤坎	離乾	震坤

수방흉(修方凶)

月	正	二	三	四	五	六	七	八	九	十	十一	十二
天官符	中	庚兌辛	戊乾亥	中	辰巽巳	甲震乙	未坤申	壬坎癸	丙離丁	丑艮寅	庚兌辛	戊乾亥
地官符	戊乾亥	中	庚兌辛	戊乾亥	中	辰巽巳	甲震乙	未坤申	壬坎癸	丙離丁	丑艮寅	庚兌辛
小月建	丙離丁	壬坎癸	未坤申	甲震乙	辰巽巳	中	戊乾亥	庚兌辛	丑艮寅	丙離丁	壬坎癸	未坤申
大月建	未坤申	壬坎癸	丙離丁	丑艮寅	庚兌辛	戊乾亥	中	辰巽巳	甲震乙	未坤申	壬坎癸	丙離丁
飛大煞	戊乾亥	中	庚兌辛	戊乾亥	中	辰巽巳	甲震乙	未坤申	壬坎癸	丙離丁	丑艮寅	庚兌辛

月	正	二	三	四	五	六	七	八	九	十	十一	十二
丙丁獨火	坤震	坎坤	離坎	艮離	兌艮	乾兌	中乾	口	巽中	震巽	坤震	坎坤
月游火	乾	兌	艮	離	坎	坤	震	巽	中	乾	兌	艮
劫煞	亥	申	巳	寅	亥	辛	巳	寅	亥	辛	巳	寅
災煞	子	酉	午	卯	子	酉	午	卯	子	酉	午	卯
月煞	丑	戌	未	辰	丑	戌	未	辰	丑	戌	未	辰
月刑	巳	子	辰	申	午	丑	寅	酉	未	亥	卯	戌
月害	巳	辰	卯	寅	丑	子	亥	戌	酉	申	未	午
月厭	戌	酉	申	未	午	巳	辰	卯	寅	丑	子	亥

4. 太歲丁亥 : 幹火枝水 · 納音屬土

개산입향수방길(開山立向修方吉)

歲德壬　　歲德合丁　　歲枝德辰

陽貴人亥　　陰貴人酉　　世祿午

歲馬巳　　奏書乾　　博士巽

삼원자백(三元紫白)

上元	一白坎	六白乾	八白艮	九紫離
中元	一白兌	六白震	八白中	九紫乾
下元	一白巽	六白離	八白坤	九紫震

개산황도(蓋山黃道)—貪狼坎癸申辰　　巨門坤乙

文曲兌丁巳丑　　武曲離壬寅戌

통천규(通天竅)—三合前方巽巳丙午丁未　三合後方乾亥壬子癸丑

(十二吉山宜亥卯未巳酉丑年月日時)

주마육임(走馬六壬)—神后癸丑　　功曹甲卯　　天罡巽巳

勝光丁未　　傳送庚酉　　河魁乾亥

(十二吉山宜亥卯未巳酉丑年月日時)

사리삼원(四利三元)—太陽子　　太陰寅　　龍德午　　福德申

개산입향수방흉(開山立向修方凶)—太歲亥　　歲破巳　　三煞申酉戌

坐煞向煞庚申甲乙　浮天空亡震庚

개산흉(開山凶)—年剋山家震艮巳山

陰府太歲乾離　六害申　　死符辰　　灸退午

입향흉(立向凶)—巡山羅喉壬　　病符戌

수방흉(修方凶)—天官符寅　地官符卯　大煞卯　大將軍酉

第二部 用事宜忌

力士艮　蠶室坤　蠶官未　蠶命申

歲刑亥　黃幡未　豹尾丑　飛廉丑

喪門丑　弔客酉　白虎未　金神寅卯戌亥

獨火乾　五鬼巳　破敗五鬼震

개산입향수방길(開山立向修方吉)

月	正	二	三	四	五	六	七	八	九	十	十一	十二
天道	南	南西	北	西	北西	東	北	北東	南	東	南東	西
天德	丁	坤	壬	辛	乾	甲	癸	艮	丙	乙	巽	庚
天德合	壬		丁	丙		己	戊		辛	庚		乙
月德	丙	甲	壬	庚	丙	甲	壬	庚	丙	甲	壬	庚
月德合	辛	己	丁	乙	辛	己	丁	乙	辛	己	丁	乙
月空	壬	庚	丙	甲	壬	庚	丙	甲	壬	庚	丙	甲
陽貴人	中	巽	震	坤	坎	離	艮	兌	乾	中	坎	離
陰貴人	震	坤	坎	離	艮	兌	乾	中	坎	離	艮	兌
飛天祿	離	艮	兌	乾	中	坎	離	艮	兌	乾	中	巽
飛天馬	艮	兌	乾	中	坎	離	艮	兌	乾	中	巽	震
月紫白 一白	巽	中	乾	兌	艮	離	坎	坤	震	巽	中	乾
月紫白 六白	離	坎	坤	震	巽	中	乾	兌	艮	離	坎	坤
月紫白 八白	坤	震	巽	中	乾	兌	艮	離	坎	坤	震	巽
月紫白 九紫	震	巽	中	乾	兌	艮	離	坎	坤	震	巽	中

三奇	立春	春分	立夏	夏至	立秋	秋分	立冬	冬至
乙	兌	坤	震	坎	震	艮	兌	離
丙	艮	震	巽	離	坤	兌	乾	坎
丁	離	巽	中	艮	坎	乾	中	坤

欽定四庫全書 協紀辨方書

개산흉(開山凶)

月	正	二	三	四	五	六	七	八	九	十	十一	十二
月建	寅	卯	辰	巳	午	未	申	酉	戌	亥	子	丑
月破	申	酉	戌	亥	子	丑	寅	卯	辰	巳	午	未
月尅山家			離丙	壬乙	水山	土	震巳	艮				
陰府太歲	離乾	震坤	艮巽	兌乾	坎坤	乾離	坤震	巽艮	乾兌	坤坎	離乾	震坤

수방흉(修方凶)

月	正	二	三	四	五	六	七	八	九	十	十一	十二
天官符	中	庚兌辛	戊乾亥	中	辰巽巳	甲震乙	未坤申	壬坎癸	丙離丁	丑艮寅	庚兌辛	戊乾亥
地官符	戊乾亥	中	庚兌辛	戊乾亥	中	辰巽巳	甲震乙	未坤申	壬坎癸	丙離丁	丑艮寅	庚兌辛
小月建	丙離丁	壬坎癸	未坤申	甲震乙	辰巽巳	中	戊乾亥	庚兌辛	丑艮寅	丙離丁	壬坎癸	未坤申
大月建	未坤申	壬坎癸	丙離丁	丑艮寅	庚兌辛	戊乾亥	中	辰巽巳	甲震乙	未坤申	壬坎癸	丙離丁
飛大煞	戊乾亥	中	庚兌辛	戊乾亥	中	辰巽巳	甲震乙	未坤申	壬坎癸	丙離丁	丑艮寅	庚兌辛

月	正	二	三	四	五	六	七	八	九	十	十一	十二
丙丁獨火	離坎	艮離	兌艮	乾兌	中乾	中	巽中	震巽	坤震	坎坤	離坎	艮離
月游火	坎	坤	震	巽	中	乾	兌	艮	離	坎	坤	震
劫煞	亥	申	巳	寅	亥	辛	巳	寅	亥	辛	巳	寅
災煞	子	酉	午	卯	子	酉	午	卯	子	酉	午	卯
月煞	丑	戌	未	辰	丑	戌	未	辰	丑	戌	未	辰
月刑	巳	子	辰	申	午	丑	寅	酉	未	亥	卯	戌
月亥	巳	辰	卯	寅	丑	子	亥	戌	酉	申	未	午
月厭	戌	酉	申	未	午	巳	辰	卯	寅	丑	子	亥

第二部 用事宜忌

5. 太歲戊子 : 幹土枝水·納音屬火

개산입향수방길(開山立向修方吉)

歲德戊	歲德合癸	歲枝德巳
陽貴人丑	陰貴人未	世祿巳
歲馬寅	奏書乾	博士巽

삼원자백(三元紫白)

上元	一白坤	六白兌	八白離	九紫坎
中元	一白艮	六白巽	八白乾	九紫兌
下元	一白中	六白坎	八白震	九紫巽

개산황도(蓋山黃道)—貪狼震庚亥未　巨門兌丁巳丑

武曲巽辛　　文曲坤乙

통천규(通天竅)—三合前方艮寅甲卯乙辰　三合後方坤申庚酉辛戌

(十二吉山宜亥卯未巳酉丑年月日時)

주마육임(走馬六壬)—神后壬子　功曹艮寅　天罡乙辰

勝光丙午　傳送坤申　河魁辛戌

(十二吉山宜亥卯未巳酉丑年月日時)

사리삼원(四利三元)—太陽丑　太陰卯　龍德未　福德酉

개산입향수방흉(開山立向修方凶)—太歲子　歲破午　三煞巳午未

坐煞向煞丙丁壬癸 浮天空亡坤乙

개산흉(開山凶)—年剋山家二十四山竝無剋冬至後剋乾亥兌丁山

陰府太歲坤震　六害未　死符巳　灸退卯

입향흉(立向凶)—巡山羅喉癸　病符亥

수방흉(修方凶)—天官符亥　地官符辰　大煞子　大將軍酉

力士艮　蠶室坤　蠶官未　蠶命申

歲刑卯　黃幡辰　豹尾戌　飛廉申

喪門寅　弔客戌　白虎申　金神申酉子丑

獨火艮　五鬼震　破敗五鬼離

개산입향수방길(開山立向修方吉)

月	正	二	三	四	五	六	七	八	九	十	十一	十二
天道	南	南西	北	西	北西	東	北	北東	南	東	南東	西
天德	丁	坤	壬	辛	乾	甲	癸	艮	丙	乙	巽	庚
天德合	壬		丁	丙		己	戊		辛	庚		乙
月德	丙	甲	壬	庚	丙	甲	壬	庚	丙	甲	壬	庚
月德合	辛	己	丁	乙	辛	己	丁	乙	辛	己	丁	乙
月空	壬	庚	丙	甲	壬	庚	丙	甲	壬	庚	丙	甲
陽貴人	兌	乾	中	巽	震	坤	坎	離	艮	兌	乾	中
陰貴人	坎	離	艮	兌	乾	中	坎	離	艮	兌	乾	中
飛天祿	艮	兌	乾	中	坎	離	艮	兌	乾	中	巽	震
飛天馬	中	坎	離	艮	兌	乾	中	巽	震	坤	坎	離
月紫白　一白	兌	艮	離	坎	坤	震	巽	中	乾	兌	艮	離
月紫白　六白	震	巽	中	乾	兌	艮	離	坎	坤	震	巽	中
月紫白　八白	中	乾	兌	艮	離	坎	坤	震	巽	中	乾	兌
月紫白　九紫	乾	兌	艮	離	坎	坤	震	巽	中	乾	兌	艮

三奇		立春	春分	立夏	夏至	立秋	秋分	立冬	冬至
	乙	乾	坎	坤	坤	巽	離	艮	艮
	丙	兌	坤	震	坎	震	艮	兌	離
	丁	艮	震	巽	離	坤	兌	乾	坎

개산흉(開山凶)

月	正	二	三	四	五	六	七	八	九	十	十一	十二
月建	寅	卯	辰	巳	午	未	申	酉	戌	亥	子	丑
月破	申	酉	戌	亥	子	丑	寅	卯	辰	巳	午	未
月剋山家			離丙	壬乙			水山	土	震巳	艮		
陰府太歲	艮巽	兌乾	坎坤	乾離	坤震	巽艮	乾兌	坤坎	離乾	震坤	艮巽	兌乾

수방흉(修方凶)

月	正	二	三	四	五	六	七	八	九	十	十一	十二
天官符	中	辰巽巳	甲震乙	未坤申	壬坎癸	丙離丁	丑艮寅	庚兌辛	戌乾亥	中	庚兌辛	戌乾亥
地官符	庚兌辛	戌乾亥	中	庚兌辛	戌乾亥	中	辰巽巳	甲震乙	未坤申	壬坎癸	丙離丁	丑艮寅
小月建	中	戌乾亥	庚兌辛	丑艮寅	丙離丁	壬坎癸	未坤申	甲震乙	辰巽巳	中	戌乾亥	庚兌辛
大月建	丑艮寅	庚兌辛	戌乾亥	中	辰巽巳	甲震乙	未坤申	壬坎癸	丙離丁	丑艮寅	庚兌辛	戌乾亥
飛大煞	戌乾亥	中	辰巽巳	甲震乙	未坤申	壬坎癸	丙離丁	丑艮寅	庚兌辛	戌乾亥	中	庚兌辛

月	正	二	三	四	五	六	七	八	九	十	十一	十二
丙丁獨火	兌艮	乾兌	中乾	中	巽中	震巽	坤震	坎坤	離坎	艮離	兌艮	乾兌
月游火	艮	離	坎	坤	震	巽	中	乾	兌	艮	離	坎
劫煞	亥	申	巳	寅	亥	辛	巳	冥	亥	辛	巳	寅
災煞	子	酉	午	卯	子	酉	午	卯	子	酉	午	卯
月煞	丑	戌	未	辰	丑	戌	未	辰	丑	戌	未	辰
月刑	巳	子	辰	申	午	丑	寅	酉	未	亥	卯	戌
月亥	巳	辰	卯	寅	丑	子	亥	戌	酉	申	未	午
月厭	戌	酉	申	未	午	巳	辰	卯	寅	丑	子	亥

第二部　用事宜忌

6. 太歲己丑 : 幹土枝土 · 納音屬火

개산입향수방길(開山立向修方吉)

歲德申	歲德合巳	歲枝德午
陽貴人子	陰貴人申	世祿午
歲馬亥	奏書乾	博士巽

삼원자백(三元紫白)

上元	一白震	六白艮	八白坎	九紫坤
中元	一白離	六白中	八白兌	九紫艮
下元	一白乾	六白坤	八白巽	九紫中

개산황도(蓋山黃道)—貪狼艮丙　　　巨門巽辛坤乙

　　　　　　　武曲兌丁巳丑　文曲離壬寅戌

통천규(通天竅)—三合前方乾亥壬子癸丑　三合後方巽巳丙午丁未

　　(十二吉山宜巳酉丑亥卯未年月日時)

주마육임(走馬六壬)—神后乾亥　功曹癸丑　天罡甲卯

　　　　　　　勝光巽巳　傳送丁未　河魁庚酉

　　(十二吉山宜巳酉丑亥卯未年月日時)

사리삼원(四利三元)—太陽寅　太陰辰　龍德申　福德戌

개산입향수방흉(開山立向修方凶)—太歲丑　歲破未　三煞寅卯辰

　　　　　　　坐煞向煞甲乙庚辛　浮天空亡乾甲

개산흉(開山凶)—年剋山家乾亥兌丁山

　　　　　陰府太歲巽艮　六害午　死符午　灸退子

입향흉(立向凶)—巡山羅喉艮　病符子

수방흉(修方凶)—天官符申　地官符巳　大煞酉　大將軍酉

力士艮　　蠶室坤　　蠶官未　　蠶命申

歲刑戌　　黃幡丑　　豹尾未　　飛廉酉

喪門卯　　弔客亥　　白虎酉　　金神午未申酉

獨火震　　五鬼卯　　破敗五鬼坎

개산입향수방길(開山立向修方吉)

月	正	二	三	四	五	六	七	八	九	十	十一	十二
天道	南	南西	北	西	北西	東	北	北東	南	東	南東	西
天德	丁	坤	壬	辛	乾	甲	癸	艮	丙	乙	巽	庚
天德合	壬		丁	丙		己	戊		辛	庚		乙
月德	丙	甲	壬	庚	丙	甲	壬	庚	丙	甲	壬	庚
月德合	辛	己	丁	乙	辛	己	丁	乙	辛	己	丁	乙
月空	壬	庚	丙	甲	壬	庚	丙	甲	壬	庚	丙	甲
陽貴人	乾	中	巽	震	坤	坎	離	艮	兌	乾	中	坎
陰貴人	坤	坎	離	艮	兌	乾	中	坎	離	艮	兌	乾
飛天祿	離	艮	兌	乾	中	坎	離	艮	兌	乾	中	巽
飛天馬	中	巽	震	坤	坎	離	艮	兌	乾	中	坎	離
月紫白 一白	坎	坤	震	巽	中	乾	兌	艮	離	坎	坤	震
月紫白 六白	乾	兌	艮	離	坎	坤	震	巽	中	乾	兌	艮
月紫白 八白	艮	離	坎	坤	震	巽	中	乾	兌	艮	離	坎
月紫白 九紫	離	坎	坤	震	巽	中	乾	兌	艮	離	坎	坤

		立春	春分	立夏	夏至	立秋	秋分	立冬	冬至
三奇	乙	乾	坎	坤	坤	巽	離	艮	艮
三奇	丙	乾	坎	坤	坤	巽	離	艮	艮
三奇	丁	兌	坤	震	坎	震	艮	兌	離

개산흉(開山凶)

月	正	二	三	四	五	六	七	八	九	十	十一	十二
月建	寅	卯	辰	巳	午	未	申	酉	戌	亥	子	丑
月破	申	酉	戌	亥	子	丑	寅	卯	辰	巳	午	未
月剋山家	乾兌	亥丁	震巳	艮			水山	土	乾兌	亥丁	離丙	壬乙
陰府太歲	坎坤	乾離	坤震	巽艮	乾兌	坤坎	離乾	震坤	艮巽	兌乾	坎坤	乾離

수방흉(修方凶)

月	正	二	三	四	五	六	七	八	九	十	十一	十二
天官符	未坤申	壬坎癸	丙離丁	丑艮寅	庚兌辛	戊乾亥	中	庚兌辛	戊乾亥	中	辰巽巳	甲震乙
地官符	丑艮寅	庚兌辛	戊乾亥	中	庚兌辛	戊乾亥	中	辰巽巳	甲震乙	未坤申	壬坎癸	丙離丁
小月建	丙離丁	壬坎癸	未坤申	甲震乙	辰巽巳	中	戊乾亥	庚兌辛	丑艮寅	丙離丁	壬坎癸	未坤申
大月建	中	辰巽巳	甲震乙	未坤申	壬坎癸	丙離丁	丑艮寅	庚兌辛	戊乾亥	中	辰巽巳	甲震乙
飛大煞	甲震乙	未坤申	壬坎癸	丙離丁	丑艮寅	庚兌辛	戊乾亥	中	庚兌辛	戊乾亥	中	辰巽巳

月	正	二	三	四	五	六	七	八	九	十	十一	十二
丙丁獨火	中乾	中	巽中	震巽	坤震	坎坤	離坎	艮離	兌艮	乾兌	中乾	中
月游火	艮	離	坎	坤	震	巽	中	乾	兌	艮	離	坎
劫煞	亥	申	巳	寅	亥	辛	巳	寅	亥	辛	巳	寅
災煞	子	酉	午	卯	子	酉	午	卯	子	酉	午	卯
月煞	丑	戌	未	辰	丑	戌	未	辰	丑	戌	未	辰
月刑	巳	子	辰	申	午	丑	寅	酉	未	亥	卯	戌
月亥	巳	辰	卯	寅	丑	子	亥	戌	酉	申	未	午
月厭	戌	酉	申	未	午	巳	辰	卯	寅	丑	子	亥

第二部　用事宜忌

7. 太歲庚寅 : 幹金枝木 · 納音屬木

개산입향수방길(開山立向修方吉)

歲德庚	歲德合乙	歲枝德未
陽貴人丑	陰貴人未	世祿申
歲馬申	奏書艮	博士坤

삼원자백(三元紫白)

上元	一白巽	六白離	八白坤	九紫震
中元	一白坎	六白乾	八白艮	九紫離
下元	一白兌	六白震	八白中	九紫乾

개산황도(蓋山黃道)―貪狼艮丙　　巨門巽辛

武曲兌丁巳丑　文曲離壬寅戌

통천규(通天竅)―三合前方坤申庚酉辛戌　三合後方艮寅甲卯乙辰

(十二吉山宜寅午戌申子辰年月日時)

주마육임(走馬六壬)―神后辛戌　功曹壬子　天罡艮寅

勝光乙辰　傳送丙午　河魁坤申

(十二吉山宜寅午戌申子辰年月日時)

사리삼원(四利三元)―太陽卯　太陰巳　龍德酉　福德亥

개산입향수방흉(開山立向修方凶)―太歲寅　歲破申　三煞亥子丑

坐煞向煞壬癸丙丁　浮天空亡兌丁

개산흉(開山凶)―年剋山家離壬丙乙山

陰府太歲乾兌　六害巳　死符未　灸退酉

입향흉(立向凶)―巡山羅喉甲　病符丑

수방흉(修方凶)―天官符巳　地官符午　大煞午　大將軍子

力士_巽　蠶室_乾　蠶官_戌　蠶命_亥

歲刑_巳　黃幡_戌　豹尾_巽　飛廉_戌

喪門_辰　弔客_子　白虎_戌　金神_{辰巳}

獨火_震　五鬼_寅　破敗五鬼_兌

개산입향수방길(開山立向修方吉)

月	正	二	三	四	五	六	七	八	九	十	十一	十二
天道	南	南西	北	西	北西	東	北	北東	南	東	南東	西
天德	丁	坤	壬	辛	乾	甲	癸	艮	丙	乙	巽	庚
天德合	壬		丁	丙		己	戊		辛	庚		乙
月德	丙	甲	壬	庚	丙	甲	壬	庚	丙	甲	壬	庚
月德合	辛	己	丁	乙	辛	己	丁	乙	辛	己	丁	乙
月空	壬	庚	丙	甲	壬	庚	丙	甲	壬	庚	丙	甲
陽貴人	兌	乾	中	巽	震	坤	坎	離	艮	兌	乾	中
陰貴人	坎	離	艮	兌	乾	中	坎	離	艮	兌	乾	中
飛天祿	坤	坎	離	艮	兌	乾	中	坎	離	艮	兌	乾
飛天馬	坤	坎	離	艮	兌	乾	中	坎	離	艮	兌	乾
月紫白 一白	巽	中	乾	兌	艮	離	坎	坤	震	巽	中	乾
月紫白 六白	離	坎	坤	震	巽	中	乾	兌	艮	離	坎	坤
月紫白 八白	坤	震	巽	中	乾	兌	艮	離	坎	坤	震	巽
月紫白 九紫	震	巽	中	乾	兌	艮	離	坎	坤	震	巽	中

三奇	立春	春分	立夏	夏至	立秋	秋分	立冬	冬至
乙	中	離	坎	震	中	坎	離	兌
丙	乾	坎	坤	巽	巽	離	艮	艮
丁	兌	坤	震	坎	震	艮	兌	離

개산흉(開山凶)

月	正	二	三	四	五	六	七	八	九	十	十一	十二
月建	寅	卯	辰	巳	午	未	申	酉	戌	亥	子	丑
月破	申	酉	戌	亥	子	丑	寅	卯	辰	巳	午	未
月剋山家	乾兌	亥丁	震巳	艮	離丙	壬乙			乾兌	亥丁	水山	土山
陰府太歲	坤震	巽艮	乾兌	坤坎	離乾	震坤	艮巽	兌乾	坎坤	乾離	坤震	巽艮

수방흉(修方凶)

月	正	二	三	四	五	六	七	八	九	十	十一	十二
天官符	丑艮寅	庚兌辛	戌乾亥	中	庚兌辛	戌乾亥	中	辰巽巳	甲震乙	未坤申	壬坎癸	丙離丁
地官符	丙離丁	丑艮寅	庚兌辛	戌乾亥	中	庚兌辛	戌乾亥	中	辰巽巳	甲震乙	未坤申	壬坎癸
小月建	中	戌乾亥	庚兌辛	丑艮寅	丙離丁	壬坎癸	未坤申	甲震乙	辰巽巳	中	戌乾亥	庚兌辛
大月建	未坤申	壬坎癸	丙離丁	丑艮寅	庚兌辛	戌乾亥	中	辰巽巳	甲震乙	未坤申	壬坎癸	丙離丁
飛大煞	丙離丁	丑艮寅	庚兌辛	戌乾亥	中	庚兌辛	戌乾亥	中	辰巽巳	甲震乙	未坤申	壬坎癸

月	正	二	三	四	五	六	七	八	九	十	十一	十二
丙丁獨火	巽中	震巽	坤震	坎坤	離坎	艮離	兌艮	乾兌	中乾	中	巽中	震巽
月游火	震	巽	中	乾	兌	艮	離	坎	坤	震	巽	中
劫煞	亥	申	巳	寅	亥	辛	己	寅	亥	辛	巳	寅
災煞	子	酉	午	卯	子	酉	午	卯	子	酉	午	卯
月煞	丑	戌	未	辰	丑	戌	未	辰	丑	戌	未	辰
月刑	巳	子	辰	申	午	丑	寅	酉	未	亥	卯	戌
月亥	巳	辰	卯	寅	丑	子	亥	戌	酉	申	未	午
月厭	戌	酉	申	未	午	巳	辰	卯	寅	丑	子	亥

8. 太歲辛卯：幹金枝木·納音屬木

개산입향수방길(開山立向修方吉)

歲德丙	歲德合辛	歲枝德申
陽貴人寅	陰貴人午	世祿酉
歲馬巳	奏書艮	博士坤

삼원자백(三元紫白)

上元	一白中	六白坎	八白震	九紫巽
中元	一白坤	六白兌	八白離	九紫坎
下元	一白艮	六白巽	八白乾	九紫兌

개산황도(蓋山黃道)—貪狼乾甲　　巨門離壬寅戌

武曲坤乙　　文曲巽辛

통천규(通天竅)—三合前方巽巳丙午丁未　三合後方乾亥壬子癸丑

（十二吉山宜亥卯未巳酉丑年月日時）

주마육임(走馬六壬)—神后庚酉　功曹乾亥　天罡癸丑

勝光甲卯　傳送巽巳　河魁丁未

（十二吉山宜亥卯未巳酉丑年月日時）

사리삼원(四利三元)—太陽辰　太陰午　龍德戌　福德子

개산입향수방흉(開山立向修方凶)—太歲卯　歲破酉　三煞申酉戌

坐煞向煞庚申甲乙　浮天空亡艮丙

개산흉(開山凶)—年剋山家二十四山竝無剋冬至後剋乾亥兌丁山

陰府太歲坤坎　六害辰　死符申　灸退午

입향흉(立向凶)—巡山羅喉乙　病符寅

수방흉(修方凶)—天官符寅　地官符未　大煞卯　大將軍子

力士_巽　蠶室_乾　蠶官_戌　蠶命_亥

歲刑_子　黃幡_未　豹尾_丑　飛廉_巳

喪門_巳　弔客_丑　白虎_亥　金神_{寅卯午未子丑}

獨火_坎　五鬼_丑　破敗五鬼_乾

개산입향수방길(開山立向修方吉)

月	正	二	三	四	五	六	七	八	九	十	十一	十二
天道	南	南西	北	西	北西	東	北	北東	南	東	南東	西
天德	丁	坤	壬	辛	乾	甲	癸	艮	丙	乙	巽	庚
天德合	壬		丁	丙		己	戊		辛	庚		乙
月德	丙	甲	壬	庚	丙	甲	壬	庚	丙	甲	壬	庚
月德合	辛	己	丁	乙	辛	己	丁	乙	辛	己	丁	乙
月空	壬	庚	丙	甲	壬	庚	丙	甲	壬	庚	丙	甲
陽貴人	中	坎	離	艮	兌	乾	中	巽	震	坤	坎	離
陰貴人	離	艮	兌	乾	中	坎	離	艮	兌	乾	中	巽
飛天祿	震	坤	坎	離	艮	兌	乾	中	坎	離	艮	兌
飛天馬	艮	兌	乾	中	坎	離	艮	兌	乾	中	巽	震
月紫白 一白	兌	艮	離	坎	坤	震	巽	中	乾	兌	艮	離
月紫白 六白	震	巽	中	乾	兌	艮	離	坎	坤	震	巽	中
月紫白 八白	中	乾	兌	艮	離	坎	坤	震	巽	中	乾	兌
月紫白 九紫	乾	兌	艮	離	坎	坤	震	巽	中	乾	兌	艮

三奇	立春	春分	立夏	夏至	立秋	秋分	立冬	冬至
乙	巽	艮	離	巽	乾	坤	坎	乾
丙	中	離	坎	震	中	坎	離	兌
丁	乾	坎	坤	坤	巽	離	艮	艮

개산흉(開山凶)

月	正	二	三	四	五	六	七	八	九	十	十一	十二
月建	寅	卯	辰	巳	午	未	申	酉	戌	亥	子	丑
月破	申	酉	戌	亥	子	丑	寅	卯	辰	巳	午	未
月剋山家			乾兌	亥丁	離丙	壬乙	震巳	艮			水山	土
陰府太歲	乾兌	坤坎	離乾	震坤	艮巽	兌乾	坎坤	乾離	坤震	巽艮	乾兌	坤坎

수방흉(修方凶)

月	正	二	三	四	五	六	七	八	九	十	十一	十二
天官符	中	庚兌辛	戊乾亥	中	辰巽巳	甲震乙	未坤申	壬坎癸	丙離丁	丑艮寅	庚兌辛	戊乾亥
地官符	壬坎癸	丙離丁	丑艮寅	庚兌辛	戊乾亥	中	庚兌辛	戊乾亥	中	辰巽巳	甲震乙	未坤申
小月建	丙離丁	壬坎癸	未坤申	甲震乙	辰巽巳	中	戊乾亥	庚兌辛	丑艮寅	丙離丁	壬坎癸	未坤申
大月建	丑艮寅	庚兌辛	戊乾亥	中	辰巽巳	甲震乙	未坤申	壬坎癸	丙離丁	丑艮寅	庚兌辛	戊乾亥
飛大煞	戊乾亥	中	庚兌辛	戊乾亥	中	辰巽巳	甲震乙	未坤申	壬坎癸	丙離丁	丑艮寅	庚兌辛

月	正	二	三	四	五	六	七	八	九	十	十一	十二
丙丁獨火	坤震	坎坤	離坎	艮離	兌艮	乾兌	中乾	中	巽中	震巽	坤震	坎坤
月游火	巽	中	乾	兌	艮	離	坎	坤	震	巽	中	乾
劫煞	亥	申	巳	寅	亥	辛	巳	寅	亥	辛	巳	寅
災煞	子	酉	午	卯	子	酉	午	卯	子	酉	午	卯
月煞	丑	戌	未	辰	丑	戌	未	辰	丑	戌	未	辰
月刑	巳	子	辰	申	午	丑	寅	酉	未	亥	卯	戌
月亥	巳	辰	卯	寅	丑	子	亥	戌	酉	申	未	午
月厭	戌	酉	申	未	午	巳	辰	卯	寅	丑	子	亥

第二部　用事宜忌

9. 太歲壬辰 : 幹水枝土 · 納音屬水

개산입향수방길(開山立向修方吉)

歲德壬	歲德合丁	歲枝德酉
陽貴人卯	陰貴人巳	世祿亥
歲馬寅	奏書艮	博士坤

삼원자백(三元紫白)

上元	一白乾	六白坤	八白巽	九紫中
中元	一白震	六白艮	八白坎	九紫坤
下元	一白離	六白中	八白兌	九紫艮

개산황도(蓋山黃道)—貪狼兌丁巳丑　巨門震庚亥未

武曲艮丙　　文曲坎癸申辰

통천규(通天竅)—三合前方艮寅甲卯乙辰　三合後方坤申庚酉辛戌

(十二吉山宜申子辰寅午戌年月日時)

주마육임(走馬六壬)—神后坤申　功曹辛戌　天罡壬子

勝光艮寅　傳送乙辰　河魁丙午

(十二吉山宜申子辰寅午戌年月日時)

사리삼원(四利三元)—太陽巳　太陰未　龍德亥　福德丑

개산입향수방흉(開山立向修方凶)—太歲辰　歲破戌　三煞巳午未

坐煞向煞丙丁壬癸　浮天空亡乾甲

개산흉(開山凶)—年剋山家甲寅辰巽戌坎辛申丑癸坤庚未山

陰府太歲離乾　六害卯　死符酉　灸退卯

입향흉(立向凶)—巡山羅喉巽　病符卯

수방흉(修方凶)—天官符亥　地官符申　大煞子　大將軍子

力士巽　　蠶室乾　　蠶官戌　　蠶命亥

歲刑辰　黃幡辰　　豹尾戌　飛廉午

喪門午　弔客寅　　白虎子　金神寅卯戌亥

獨火巽　五鬼子　　破敗五鬼巽

개산입향수방길(開山立向修方吉)

月	正	二	三	四	五	六	七	八	九	十	十一	十二
天道	南	南西	北	西	北西	東	北	北東	南	東	南東	西
天德	丁	坤	壬	辛	乾	甲	癸	艮	丙	乙	巽	庚
天德合	壬		丁	丙		己	戊		辛	庚		乙
月德	丙	甲	壬	庚	丙	甲	壬	庚	丙	甲	壬	庚
月德合	辛	己	丁	乙	辛	己	丁	乙	辛	己	丁	乙
月空	壬	庚	丙	甲	壬	庚	丙	甲	壬	庚	丙	甲
陽貴人	乾	中	坎	離	艮	兌	乾	中	巽	震	坤	坎
陰貴人	艮	兌	乾	中	坎	離	艮	兌	乾	中	巽	震
飛天祿	中	巽	震	坤	坎	離	艮	兌	乾	中	巽	震
飛天馬	中	坎	離	艮	兌	乾	中	巽	震	中	坎	離
月紫白　一白	坎	坤	震	巽	中	乾	兌	艮	離	坎	坤	震
月紫白　六白	乾	兌	艮	離	坎	坤	震	巽	中	乾	兌	艮
月紫白　八白	艮	離	坎	坤	震	巽	中	乾	兌	艮	離	坎
月紫白　九紫	離	坎	坤	震	巽	中	乾	兌	艮	離	坎	坤

		立春	春分	立夏	夏至	立秋	秋分	立冬	冬至
三奇	乙	震	兌	艮	中	兌	震	坤	中
三奇	丙	巽	艮	離	巽	乾	坤	坎	乾
三奇	丁	中	離	坎	震	中	坎	離	兌

欽定四庫全書　協紀辨方書

개산흉(開山凶)

月	正	二	三	四	五	六	七	八	九	十	十一	十二
月建	寅	卯	辰	巳	午	未	申	酉	戌	亥	子	丑
月破	申	酉	戌	亥	子	丑	寅	卯	辰	巳	午	未
月剋山家			離丙	壬丁	水山	土	震巳	艮				
陰府太歲	離乾	震坤	艮巽	兌乾	坎坤	乾離	坤震	巽艮	乾兌	坤坎	離乾	震坤

수방흉(修方凶)

月	正	二	三	四	五	六	七	八	九	十	十一	十二
天官符	中	辰巽巳	甲震乙	未坤申	壬坎癸	丙離丁	丑艮寅	庚兌辛	戌乾亥	中	庚兌辛	戌乾亥
地官符	未坤申	壬坎癸	丙離丁	丑艮寅	庚兌辛	戌乾亥	中	庚兌辛	戌乾亥	中	辰巽巳	甲震乙
小月建	中	戌乾亥	庚兌辛	丑艮寅	丙離丁	壬坎癸	未坤申	甲震乙	辰巽巳	中	戌乾亥	庚兌辛
大月建	中	辰巽巳	甲震乙	未坤申	壬坎癸	丙離丁	丑艮寅	庚兌辛	戌乾亥	中	辰巽巳	甲震乙
飛大煞	戌乾亥	中	辰巽巳	甲震乙	未坤申	壬坎癸	丙離丁	丑艮寅	庚兌辛	戌乾亥	中	庚兌辛

月	正	二	三	四	五	六	七	八	九	十	十一	十二
丙丁獨火	離坎	艮離	兌艮	乾兌	中乾	中	巽中	震巽	坤震	坎坤	離坎	艮離
月游火	巽	中	乾	兌	艮	離	坎	坤	震	巽	中	乾
劫煞	亥	申	巳	寅	亥	辛	巳	寅	亥	辛	巳	寅
災煞	子	酉	午	卯	子	酉	午	卯	子	酉	午	卯
月煞	丑	戌	未	辰	丑	戌	未	辰	丑	戌	未	辰
月刑	巳	子	辰	申	午	丑	寅	酉	未	亥	卯	戌
月亥	巳	辰	卯	寅	丑	子	亥	戌	酉	申	未	午
月厭	戌	酉	申	未	午	巳	辰	卯	寅	丑	子	亥

10. 太歲癸巳 : 幹水枝火 · 納音屬水

개산입향수방길(開山立向修方吉)

歲德戌　　歲德合癸　　歲枝德戌

陽貴人巳　　陰貴人卯　　世祿子

歲馬亥　　奏書巽　　博士乾

삼원자백(三元紫白)

上元	一白兌	六白震	八白中	九紫乾
中元	一白巽	六白離	八白坤	九紫震
下元	一白坎	六白乾	八白艮	九紫離

개산황도(蓋山黃道)—貪狼兌丁巳丑　巨門震庚亥未

武曲艮丙　　文曲坎癸申辰

통천규(通天竅)—三合前方乾亥壬子癸丑　三合後方巽巳丙午丁未

(十二吉山宜巳酉丑亥卯未年月日時)

주마육임(走馬六壬)—神后丁未　功曹庚酉　天罡乾亥

勝光癸丑　　傳送甲卯　　河魁巽巳

(十二吉山宜巳酉丑亥卯未年月日時)

사리삼원(四利三元)—太陽午　太陰申　龍德子　福德寅

개산입향수방흉(開山立向修方凶)—太歲巳　歲破亥　三煞寅卯辰

坐煞向煞甲乙庚辛　浮天空亡坤乙

개산흉(開山凶)—年剋山家震艮巳山

陰府太歲震坤　六害寅　死符戌　灸退子

입향흉(立向凶)—巡山羅喉丙　病符辰

수방흉(修方凶)—天官符申　地官符酉　大煞酉　大將軍卯

力士坤　蠶室艮　　蠶官丑　　蠶命寅

歲刑申　黃幡丑　　豹尾未　　飛廉未

喪門未　弔客卯　　白虎丑　　金神日酉子丑

獨火巽　五鬼亥　　破敗五鬼艮

개산입향수방길(開山立向修方吉)

月		正	二	三	四	五	六	七	八	九	十	十一	十二
天道		南	南西	北	西	北西	東	北	北東	南	東	南東	西
天德		丁	坤	壬	辛	乾	甲	癸	艮	丙	乙	巽	庚
天德合		壬		丁	丙		己	戊		辛	庚		乙
月德		丙	甲	壬	庚	丙	甲	壬	庚	丙	甲	壬	庚
月德合		辛	己	丁	乙	辛	己	丁	乙	辛	己	丁	乙
月空		壬	庚	丙	甲	壬	庚	丙	甲	壬	庚	丙	甲
陽貴人		艮	兌	乾	中	坎	離	艮	兌	乾	中	巽	震
陰貴人		乾	中	坎	離	艮	兌	乾	中	巽	震	坤	坎
飛天祿		乾	中	巽	震	坤	坎	離	艮	兌	乾	中	坎
飛天馬		中	巽	震	坤	坎	離	艮	兌	乾	中	坎	離
月紫白	一白	巽	中	乾	兌	艮	離	坎	坤	震	巽	中	乾
	六白	離	坎	坤	震	巽	中	乾	兌	艮	離	坎	坤
	八白	坤	震	巽	中	乾	兌	艮	離	坎	坤	震	巽
	九紫	震	巽	中	乾	兌	艮	離	坎	坤	震	巽	中

		立春	春分	立夏	夏至	立秋	秋分	立冬	冬至
三奇	乙	坤	乾	兌	乾	艮	巽	震	巽
	丙	震	兌	艮	中	兌	震	坤	中
	丁	巽	艮	離	巽	乾	坤	坎	乾

개산흉(開山凶)

月	正	二	三	四	五	六	七	八	九	十	十一	十二
月建	寅	卯	辰	巳	午	未	申	酉	戌	亥	子	丑
月破	申	酉	戌	亥	子	丑	寅	卯	辰	巳	午	未
月剋山家	震巳	艮	離丙	壬乙			水山	土	震巳	艮		
陰府太歲	艮巽	兌乾	坎坤	乾離	坤震	巽艮	乾兌	坤坎	離乾	震坤	艮巽	兌乾

수방흉(修方凶)

月	正	二	三	四	五	六	七	八	九	十	十一	十二
天官符	未坤申	壬坎癸	丙離丁	丑艮寅	庚兌辛	戌乾亥	中	庚兌辛	戌乾亥	中	辰巽巳	甲震乙
地官符	甲震乙	未坤申	壬坎癸	丙離丁	丑艮寅	庚兌辛	戌乾亥	中	庚兌辛	戌乾亥	中	辰巽巳
小月建	丙離丁	壬坎癸	未坤申	甲震乙	辰巽巳	中	戌乾亥	庚兌辛	丑艮寅	丙離丁	壬坎癸	未坤申
大月建	未坤申	壬坎癸	丙離丁	丑艮寅	庚兌辛	戌乾亥	中	辰巽巳	甲震乙	未坤申	壬坎癸	丙離丁
飛大煞	甲震乙	未坤申	壬坎癸	丙離丁	丑艮寅	庚兌辛	戌乾亥	中	庚兌辛	戌乾亥	中	辰巽巳

月	正	二	三	四	五	六	七	八	九	十	十一	十二
丙丁獨火	兌艮	乾兌	中乾	中	巽中	震巽	坤震	坎坤	離坎	艮離	兌艮	乾兌
月游火	離	坎	坤	震	巽	中	乾	兌	艮	離	坎	坤
劫煞	亥	申	巳	寅	亥	辛	巳	寅	亥	辛	巳	寅
災煞	子	酉	午	卯	子	酉	午	卯	子	酉	午	卯
月煞	丑	戌	未	辰	丑	戌	未	辰	丑	戌	天	辰
月刑	巳	子	辰	申	午	丑	寅	酉	未	亥	卯	戌
月亥	巳	辰	卯	寅	丑	子	亥	戌	酉	申	天	午
月厭	戌	酉	申	未	午	巳	辰	卯	寅	丑	子	亥

欽定 協紀辨方書

協紀辨方書

卷 17

연표年表 4 · 갑오지계묘甲午至癸卯

제1장 갑오순(甲午旬)

제1장. 甲午旬

1. 太歲甲午 : 幹木枝火 · 納音屬金

개산입향수방길(開山立向修方吉)

歲德甲	歲德合己	歲枝德亥
陽貴人未	陰貴人丑	世祿寅
歲馬申	奏書巽	博士乾

삼원자백(三元紫白)

上元	一白艮	六白巽	八白乾	九紫兌
中元	一白中	六白坎	八白震	九紫巽
下元	一白坤	六白兌	八白離	九紫坎

개산황도(蓋山黃道)―貪狼巽辛　　巨門艮丙

武曲震庚亥未　文曲乾甲

통천규(通天竅)―三合前方坤申庚酉辛戌　三合後方艮寅甲卯乙辰

(十二吉山宜寅午戌申子辰年月日時)

주마육임(走馬六壬)―神后丙午　功曹坤申　天罡辛戌

勝光壬子　傳送艮寅　河魁乙辰

(十二吉山宜寅午戌申子辰年月日時)

사리삼원(四利三元)―太陽未　太陰酉　龍德丑　福德卯

개산입향수방흉(開山立向修方凶)―太歲午　歲破子　三煞亥子丑

坐煞向煞壬癸丙丁　浮天空亡離壬

개산흉(開山凶)―年剋山家甲寅辰巽戌坎辛申丑癸坤庚未山

陰府太歲艮巽　六害丑　死符亥　灸退酉

입향흉(立向凶)―巡山羅喉丁　病符巳

수방흉(修方凶)—天官符巳 地官符戌 大煞午 大將軍卯

力士坤 蠶室艮 蠶官丑 蠶命寅

歲刑午 黃幡戌 豹尾辰 飛廉寅

喪門申 弔客辰 白虎寅 金神午未申酉

獨火兌 五鬼戌 破敗五鬼巽

개산입향수방길(開山立向修方吉)

月	正	二	三	四	五	六	七	八	九	十	十一	十二
天道	南	南西	北	西	北西	東	北	北東	南	東	南東	西
天德	丁	坤	壬	辛	乾	甲	癸	艮	丙	乙	巽	庚
天德合	壬		丁	丙		己	戊		辛	庚		乙
月德	丙	甲	壬	庚	丙	甲	壬	庚	丙	甲	壬	庚
月德合	辛	己	丁	乙	辛	己	丁	乙	辛	己	丁	乙
月空	壬	庚	丙	甲	壬	庚	丙	甲	壬	庚	丙	甲
陽貴人	坎	離	艮	兌	乾	中	坎	離	艮	兌	乾	中
陰貴人	兌	乾	中	巽	震	坤	坎	離	艮	兌	乾	中
飛天祿	中	坎	離	艮	兌	乾	中	巽	震	坤	坎	離
飛天馬	坤	坎	離	艮	兌	乾	中	坎	離	艮	兌	乾
月紫白 一白	兌	艮	離	坎	坤	震	巽	中	乾	兌	艮	離
月紫白 六白	震	巽	中	乾	兌	艮	離	坎	坤	震	巽	中
月紫白 八白	中	乾	兌	艮	離	坎	坤	震	巽	中	乾	兌
月紫白 九紫	乾	兌	艮	離	坎	坤	震	巽	中	乾	兌	艮

		立春	春分	立夏	夏至	立秋	秋分	立冬	冬至
三奇	乙	坤	乾	兌	乾	艮	巽	震	巽
	丙	坤	乾	兌	乾	艮	巽	震	巽
	丁	震	兌	艮	中	兌	震	坤	中

第二部 用事宜忌

欽定四庫全書 協紀辨方書

개산흉(開山凶)

月	正	二	三	四	五	六	七	八	九	十	十一	十二
月建	寅	卯	辰	巳	午	未	申	酉	戌	亥	子	丑
月破	申	酉	戌	亥	子	丑	寅	卯	辰	巳	午	未
月剋山家	乾兌	亥丁	震巳	艮			水山	土	乾兌	亥丁	離丙	壬乙
陰府太歲	坎坤	乾離	坤震	巽艮	乾兌	坤坎	離乾	震坤	艮巽	兌乾	坎坤	乾離

수방흉(修方凶)

月	正	二	三	四	五	六	七	八	九	十	十一	十二
天官符	丑艮寅	庚兌辛	戊乾亥	中	庚兌辛	戊乾亥	中	辰巽巳	甲震乙	未坤申	壬坎癸	丙離丁
地官符	辰巽巳	甲震乙	未坤申	壬坎癸	丙離丁	丑艮寅	庚兌辛	戊乾亥	中	庚兌辛	戊乾亥	中
小月建	中	戊乾亥	庚兌辛	丑艮寅	丙離丁	壬坎癸	未坤申	甲震乙	辰巽巳	中	戊乾亥	庚兌辛
大月建	丑艮寅	庚兌辛	戊乾亥	中	辰巽巳	甲震乙	未坤申	壬坎癸	丙離丁	丑艮寅	庚兌辛	戊乾亥
飛大煞	丙離丁	丑艮寅	庚兌辛	戊乾亥	中	庚兌辛	戊乾亥	中	辰巽巳	甲震乙	未坤申	壬坎癸

月	正	二	三	四	五	六	七	八	九	十	十一	十二
丙丁獨火	中乾	中	巽中	震巽	坤震	坎坤	離坎	艮離	兌艮	乾兌	中乾	中
月游火	坤	震	巽	中	乾	兌	艮	離	坎	坤	震	巽
劫煞	亥	申	巳	寅	亥	辛	巳	冥	亥	辛	巳	寅
災煞	子	酉	午	卯	子	酉	午	卯	子	酉	午	卯
月煞	丑	戌	未	辰	丑	戌	未	辰	丑	戌	未	辰
月刑	巳	子	辰	申	午	丑	寅	酉	未	亥	卯	戌
月亥	巳	辰	卯	寅	丑	子	亥	戌	酉	申	未	午
月厭	戌	酉	申	未	午	巳	辰	卯	寅	丑	子	亥

2. 太歲乙未 : 幹木枝土 · 納音屬金

개산입향수방길(開山立向修方吉)

歲德艮　　　歲德合乙　　　歲枝德子

陽貴人申　　　陰貴人子　　　世祿卯

歲馬巳　　　奏書巽　　　博士乾

삼원자백(三元紫白)

上元	一白離	六白中	八白兌	九紫艮
中元	一白乾	六白坤	八白巽	九紫中
下元	一白震	六白艮	八白坎	九紫坤

개산황도(蓋山黃道)—貪狼坤乙　　巨門坎癸申辰

　　　　　　　　武曲乾甲　　文曲震庚亥未

통천규(通天竅)—三合前方巽巳丙午丁未　三合後方乾亥壬子癸丑

　　　(十二吉山宜亥卯未巳酉丑年月日時)

주마육임(走馬六壬)—神后巽巳　　功曹丁未　　天罡庚酉

　　　　　　　　勝光乾亥　　傳送癸丑　　河魁甲卯

　　　(十二吉山宜亥卯未巳酉丑年月日時)

사리삼원(四利三元)—太陽申　　太陰戌　　龍德寅　　福德辰

개산입향수방흉(開山立向修方凶)—太歲未　　歲破丑　　三煞申酉戌

　　　　　　　　　　坐煞向煞庚申甲乙　浮天空亡坎癸

개산흉(開山凶)—年剋山家震艮巳山

　　　　　　陰府太歲兌乾　六害子　死符子　灸退午

입향흉(立向凶)—巡山羅睺坤　病符午

수방흉(修方凶)—天官符寅　地官符亥　大煞卯　大將軍卯

力士坤　蠶室艮　蠶官丑　蠶命寅

歲刑丑　黃幡未　豹尾丑　飛廉卯

喪門酉　弔客巳　白虎卯　金神辰巳

獨火離　五鬼酉　破敗五鬼艮

개산입향수방길(開山立向修方吉)

月	正	二	三	四	五	六	七	八	九	十	十一	十二
天道	南	南西	北	西	北西	東	北	北東	南	東	南東	西
天德	丁	坤	壬	辛	乾	甲	癸	艮	丙	乙	巽	庚
天德合	壬		丁	丙		己	戊		辛	庚		乙
月德	丙	甲	壬	庚	丙	甲	壬	庚	丙	甲	壬	庚
月德合	辛	己	丁	乙	辛	己	丁	乙	辛	己	丁	乙
月空	壬	庚	丙	甲	壬	庚	丙	甲	壬	庚	丙	甲
陽貴人	坤	坎	離	艮	兌	乾	中	坎	離	艮	兌	乾
陰貴人	乾	中	巽	震	坤	坎	離	艮	兌	乾	中	坎
飛天祿	乾	中	坎	離	艮	兌	乾	一	巽	震	坤	坎
飛天馬	艮	兌	乾	中	坎	離	艮	兌	乾	中	巽	震
月紫白 一白	坎	坤	震	巽	中	乾	兌	艮	離	坎	坤	震
月紫白 六白	乾	兌	艮	離	坎	坤	震	巽	中	乾	兌	艮
月紫白 八白	艮	離	坎	坤	震	巽	中	乾	兌	艮	離	坎
月紫白 九紫	離	坎	坤	震	巽	中	乾	兌	艮	離	坎	坤

		立春	春分	立夏	夏至	立秋	秋分	立冬	冬至
三奇	乙	坎	中	乾	兌	離	中	巽	震
三奇	丙	坤	乾	兌	乾	艮	巽	震	巽
三奇	丁	震	兌	艮	中	兌	震	坤	中

개산흉(開山凶)

月	正	二	三	四	五	六	七	八	九	十	十一	十二
月建	寅	卯	辰	巳	午	未	申	酉	戌	亥	子	丑
月破	申	酉	戌	亥	子	丑	寅	卯	辰	巳	午	未
月剋山家	乾兌	亥丁	震巳	艮	離丙	壬乙			乾兌	亥丁	水山	土山
陰府太歲	坤震	巽艮	乾兌	坤坎	離乾	震坤	艮巽	兌乾	坎坤	乾離	坤震	巽艮

수방흉(修方凶)

月	正	二	三	四	五	六	七	八	九	十	十一	十二
天官符	中	庚兌辛	戌乾亥	中	辰巽巳	甲震乙	未坤申	壬坎癸	丙離丁	丑艮寅	庚兌辛	戌乾亥
地官符	中	辰巽巳	甲震乙	未坤申	壬坎癸	丙離丁	丑艮寅	庚兌辛	戌乾亥	中	庚兌辛	戌乾亥
小月建	丙離丁	壬坎癸	未坤申	甲震乙	辰巽巳	中	戌乾亥	庚兌辛	丑艮寅	丙離丁	壬坎癸	未坤申
大月建	中	辰巽巳	甲震乙	未坤申	壬坎癸	丙離丁	丑艮寅	庚兌辛	戌乾亥	中	辰巽巳	甲震乙
飛大煞	戌乾亥	中	庚兌辛	戌乾亥	中	辰巽巳	甲震乙	未坤申	壬坎癸	丙離丁	丑艮寅	庚兌辛

月	正	二	三	四	五	六	七	八	九	十	十一	十二
丙丁獨火	巽中	震巽	坤震	坎坤	離坎	艮離	兌艮	乾兌	中乾	中	巽中	震巽
月游火	坤	震	巽	中	乾	兌	艮	離	坎	坤	震	巽
劫煞	亥	申	巳	寅	亥	辛	巳	寅	亥	辛	巳	寅
災煞	子	酉	午	卯	子	酉	午	卯	子	酉	午	卯
月煞	丑	戌	未	辰	丑	戌	未	辰	丑	戌	未	辰
月刑	巳	子	辰	申	午	丑	寅	酉	未	亥	卯	戌
月亥	巳	辰	卯	寅	丑	子	亥	戌	酉	申	未	午
月厭	戌	酉	申	未	午	巳	辰	卯	寅	丑	子	亥

第二部 用事宜忌

3. 太歲丙申 : 幹火枝金 · 納音屬火

개산입향수방길(開山立向修方吉)

歲德丙　　歲德合辛　　歲枝德丑

陽貴人酉　　陰貴人亥　　世祿巳

歲馬寅　　奏書坤　　博士艮

삼원자백(三元紫白)

上元	一白坎	六白乾	八白艮	九紫離
中元	一白兌	六白震	八白中	九紫乾
下元	一白巽	六白離	八白坤	九紫震

개산황도(蓋山黃道)—貪狼坤乙　　巨門坎癸申辰

武曲乾甲　　文曲震庚亥未

통천규(通天竅)—三合前方艮寅甲卯乙辰　三合後方坤申庚酉辛戌

　(十二吉山宜申子辰寅午戌年月日時)

주마육임(走馬六壬)—神后乙辰　　功曹丙午　　天罡坤申

勝光辛戌　　傳送壬子　　河魁艮寅

　(十二吉山宜申子辰寅午戌年月日時)

사리삼원(四利三元)—太陽酉　太陰亥　龍德卯　福德巳

개산입향수방흉(開山立向修方凶)—太歲申　　歲破寅　三煞巳午未

坐煞向煞丙丁壬癸　浮天空亡巽辛

개산흉(開山凶)—年剋山家震艮巳山

陰府太歲坎坤　六害亥　死符丑　灸退卯

입향흉(立向凶)—巡山羅喉庚　病符未

수방흉(修方凶)—天官符亥　地官符子　大煞子　大將軍午

力士乾　蠶室巽　蠶官辰　蠶命巳

歲刑寅　黃幡辰　豹尾戌　飛廉辰

喪門戌　弔客午　白虎辰　金神寅卯午未子丑

獨火離　五鬼申　破敗王鬼坤

개산입향수방길(開山立向修方吉)

月	正	二	三	四	五	六	七	八	九	十	十一	十二
天道	南	南西	北	西	北西	東	北	北東	南	東	南東	西
天德	丁	坤	壬	辛	乾	甲	癸	艮	丙	乙	巽	庚
天德合	壬		丁	丙		己	戊		辛	庚		乙
月德	丙	甲	壬	庚	丙	甲	壬	庚	丙	甲	壬	庚
月德合	辛	己	丁	乙	辛	己	丁	乙	辛	己	丁	乙
月空	壬	庚	丙	甲	壬	庚	丙	曰	壬	庚	丙	甲
陽貴人	震	坤	坎	離	艮	兌	乾	一	坎	離	艮	兌
陰貴人	中	巽	震	坤	坎	離	艮	兌	乾	中	坎	離
飛天祿	艮	兌	乾	中	坎	離	艮	兌	乾	中	巽	震
飛天馬	中	坎	離	艮	兌	乾	中	巽	震	坤	坎	離
月紫白 一白	巽	中	乾	兌	艮	離	坎	坤	震	巽	中	乾
月紫白 六白	離	坎	坤	震	巽	中	乾	兌	艮	離	坎	坤
月紫白 八白	坤	震	巽	中	乾	兌	艮	離	坎	坤	震	巽
月紫白 九紫	震	巽	中	乾	兌	艮	離	坎	坤	震	巽	中

		立春	春分	立夏	夏至	立秋	秋分	立冬	冬至
三奇	乙	離	巽	中	艮	坎	乾	中	坤
三奇	丙	坎	中	乾	兌	離	中	巽	震
三奇	丁	坤	乾	兌	乾	艮	巽	震	巽

第二部　用事宜忌

개산흉(開山凶)

月	正	二	三	四	五	六	七	八	九	十	十一	十二
月建	寅	卯	辰	巳	午	未	申	酉	戌	亥	子	丑
月破	申	酉	戌	亥	子	丑	寅	卯	辰	巳	午	未
月剋山家			乾兌	亥丁	離丙	壬乙	震巳	艮			水山	土山
陰府太歲	乾兌	坤坎	離乾	震坤	艮巽	兌乾	坎坤	乾離	坤震	巽艮	乾兌	坤坎

수방흉(修方凶)

月	正	二	三	四	五	六	七	八	九	十	十一	十二
天官符	中	辰巽巳	甲震乙	未坤申	壬坎癸	丙離丁	丑艮寅	庚兌辛	戌乾亥	中	庚兌辛	戌乾亥
地官符	戌乾亥	中	辰巽巳	甲震乙	未坤申	壬坎癸	丙離丁	丑艮寅	庚兌辛	戌乾亥	中	庚兌辛
小月建	中	戌乾亥	庚兌辛	丑艮寅	丙離丁	壬坎癸	未坤申	甲震乙	辰巽巳	中	戌乾亥	庚兌辛
大月建	未坤申	壬坎癸	丙離丁	丑艮寅	庚兌辛	戌乾亥	中	辰巽巳	甲震乙	未坤申	壬坎癸	丙離丁
飛大煞	戌乾亥	中	辰巽巳	甲震乙	未坤申	壬坎癸	丙離丁	丑艮寅	庚兌辛	戌乾亥	中	庚兌辛

月	正	二	三	四	五	六	七	八	九	十	十一	十二
丙丁獨火	坤震	坎坤	離坎	艮離	兌艮	乾兌	中乾	中	巽中	震巽	坤震	坎坤
月游火	兌	艮	離	坎	坤	震	巽	中	乾	兌	艮	離
劫煞	亥	申	巳	寅	亥	辛	巳	寅	亥	辛	巳	寅
災煞	子	酉	午	卯	子	酉	午	卯	子	酉	午	卯
月煞	丑	戌	未	辰	丑	戌	未	辰	丑	戌	未	辰
月刑	巳	子	辰	申	午	丑	寅	酉	未	亥	卯	戌
月亥	巳	辰	卯	寅	丑	子	亥	戌	酉	申	未	午
月厭	戌	酉	申	未	午	巳	辰	夘	寅	丑	子	亥

4. 太歲丁酉 : 幹火枝金 · 納音屬火

개산입향수방길(開山立向修方吉)

歲德壬	歲德合丁	歲枝德寅
陽貴人亥	陰貴人酉	世祿午
歲馬亥	奏書坤	博士艮

삼원자백(三元紫白)

上元	一白坤	六白兌	八白離	九紫坎
中元	一白艮	六白巽	八白乾	九紫兌
下元	一白中	六白坎	八白震	九紫巽

개산황도(蓋山黃道)—貪狼離壬寅戌　　巨門乾甲
　　　　　　　　武曲坎癸申辰　　文曲艮丙

통천규(通天竅)—三合前方乾亥壬子癸丑　三合後方巽巳丙午丁未
　　（十二吉山宜巳酉丑亥卯未年月日時）

주마육임(走馬六壬)—神后甲卯　功曹巽巳　天罡丁未
　　　　　　　　勝光庚酉　傳送乾亥　河魁癸丑
　　（十二吉山宜巳酉丑亥卯未年月日時）

사리삼원(四利三元)—太陽戌　太陰子　龍德辰　福德午

개산입향수방흉(開山立向修方凶)—太歲酉　歲破卯　三煞寅卯辰
　　　　　　　　坐煞向煞甲乙庚辛　浮天空亡震庚

개산흉(開山凶)—年剋山家離壬丙乙山
　　　　　　陰府太歲乾離　六害戌　死符寅　灸退子

입향흉(立向凶)—巡山羅喉辛　病符申

수방흉(修方凶)—天官符申　地官符丑　大煞酉　大將軍午

力士乾　蠶室巽　　蠶官辰　蠶命巳

歲刑酉　黃幡丑　豹尾未　飛廉亥

喪門亥　弔客未　白虎巳　金神寅卯戌亥

獨火坤　五鬼未　破敗五鬼辰

개산입향수방길(開山立向修方吉)

月	正	二	三	四	五	六	七	八	九	十	十一	十二
天道	南	南西	北	西	北西	東	北	北東	南	東	南東	西
天德	丁	坤	壬	辛	乾	甲	癸	艮	丙	乙	巽	庚
天德合	壬		丁	丙		己	戊		辛	庚		乙
月德	丙	甲	壬	庚	丙	甲	壬	庚	丙	甲	壬	庚
月德合	辛	己	丁	乙	辛	己	丁	乙	辛	己	丁	乙
月空	壬	庚	丙	甲	壬	庚	丙	甲	壬	庚	丙	甲
陽貴人	中	巽	震	坤	坎	離	艮	兌	乾	中	坎	離
陰貴人	震	坤	坎	離	艮	兌	乾	中	坎	離	艮	兌
飛天祿	離	艮	兌	乾	中	坎	離	艮	兌	乾	中	巽
飛天馬	中	巽	震	坤	坎	離	艮	兌	乾	中	坎	離
月紫白 一白	兌	艮	離	坎	坤	震	巽	中	乾	兌	艮	離
月紫白 六白	震	巽	中	乾	兌	艮	離	坎	坤	震	巽	中
月紫白 八白	中	乾	兌	艮	離	坎	坤	震	巽	中	乾	兌
月紫白 九紫	乾	兌	艮	離	坎	坤	震	巽	中	乾	兌	艮

		立春	春分	立夏	夏至	立秋	秋分	立冬	冬至
三奇	乙	艮	震	巽	離	坤	兌	乾	坎
三奇	丙	離	巽	中	艮	坎	乾	中	坤
三奇	丁	坎	中	乾	兌	離	中	巽	震

第二部　用事宜忌

개산흉(開山凶)

月	正	二	三	四	五	六	七	八	九	十	十一	十二
月建	寅	卯	辰	巳	午	未	申	酉	戌	亥	子	丑
月破	申	酉	戌	亥	子	丑	寅	卯	辰	巳	午	未
月剋山家			離丙	壬乙	水山	土	震巳	艮				
陰府太歲	離乾	震坤	艮巽	兌乾	坎坤	乾離	坤震	巽艮	乾兌	坤坎	離乾	震坤

수방흉(修方凶)

月	正	二	三	四	五	六	七	八	九	十	十一	十二
天官符	未坤申	壬坎癸	丙離丁	丑艮寅	庚兌辛	戌乾亥	中	庚兌辛	戌乾亥	中	辰巽巳	甲震乙
地官符	戌乾亥	戌乾亥	中	辰巽巳	甲震乙	未坤申	壬坎癸	丙離丁	丑艮寅	庚兌辛	戌乾亥	中
小月建	丙離丁	壬坎癸	未坤申	甲震乙	辰巽巳	中	戌乾亥	庚兌辛	丑艮寅	丙離丁	壬坎癸	未坤申
大月建	丑艮寅	庚兌辛	戌乾亥	中	辰巽巳	甲震乙	未坤申	壬坎癸	丙離丁	丑艮寅	庚兌辛	戌乾亥
飛大煞	甲震乙	未坤申	壬坎癸	丙離丁	丑艮寅	庚兌辛	戌乾亥	中	庚兌辛	戌乾亥	中	辰巽巳

月	正	二	三	四	五	六	七	八	九	十	十一	十二
丙丁獨火	離坎	艮離	兌艮	乾兌	中乾	中	巽中	震巽	坤震	坎坤	離坎	艮離
月游火	乾	兌	艮	離	坎	坤	震	巽	中	乾	兌	艮
劫煞	亥	申	巳	寅	亥	辛	巳	寅	亥	辛	巳	寅
災煞	子	酉	午	卯	子	酉	午	卯	子	酉	午	卯
月煞	丑	戌	未	辰	丑	戌	未	辰	丑	戌	未	辰
月刑	巳	子	辰	申	午	丑	寅	酉	未	亥	卯	戌
月亥	巳	辰	卯	寅	丑	子	亥	戌	酉	申	未	午
月厭	戌	酉	申	未	午	巳	辰	卯	寅	丑	子	亥

第二部 用事宜忌

5. 太歲戊戌 : 幹土枝土 · 納音屬木

개산입향수방길(開山立向修方吉)

歲德戌　　歲德合癸　　歲枝德卯

陽貴人丑　陰貴人未　　世祿巳

歲馬申　　奏書坤　　　博士艮

삼원자백(三元紫白)

上元	一白震	六白艮	八白坎	九紫坤
中元	一白離	六白中	八白兌	九紫艮
下元	一白乾	六白坤	八白巽	九紫中

개산황도(蓋山黃道)—貪狼坎癸申辰　　巨門坤乙

武曲離壬寅戌　　文曲兌丁巳丑

통천규(通天竅)—三合前方乾亥壬子癸丑　三合後方巽巳丙午丁未

(十二吉山宜寅午戌申子辰年月日時)

주마육임(走馬六壬)—神后艮寅　　功曹乙辰　天罡丙午

勝光坤申　　傳送辛戌　河魁壬子

(十二吉山宜寅午戌申子辰年月日時)

사리삼원(四利三元)—太陽亥　　太陰丑　　龍德巳　　福德未

개산입향수방흉(開山立向修方凶)—太歲戌　　歲破辰　　三煞亥子丑

坐煞向煞甲乙庚辛　浮天空亡坤乙

개산흉(開山凶)—年剋山家甲寅辰巽戌坎辛申丑癸坤庚未山

陰府太歲坤震　六害酉　　死符卯　　灸退酉

입향흉(立向凶)—巡山羅喉乾　病符酉

수방흉(修方凶)—天官符巳　地官符寅　大煞午　大將軍午

力士_乾　蠶室_巽　　蠶官_辰　蠶命_巳

歲刑_未　黃幡_戌　　豹尾_辰　飛廉_子

喪門_子　弔客_申　　白虎_午　金神_{申酉子丑}

獨火_乾　五鬼_午　　破敗五鬼_離

개산입향수방길(開山立向修方吉)

	月	正	二	三	四	五	六	七	八	九	十	十一	十二
天道		南	南西	北	西	北西	東	北	北東	南	東	南東	西
天德		丁	坤	壬	辛	乾	甲	癸	艮	丙	乙	巽	庚
天德合		壬		丁	丙		己	戊		辛	庚		乙
月德		丙	甲	壬	庚	丙	甲	壬	庚	丙	甲	壬	庚
月德合		辛	己	丁	乙	辛	己	丁	乙	辛	己	丁	乙
月空		壬	庚	丙	甲	壬	庚	丙	甲	壬	庚	丙	甲
陽貴人		兌	乾	中	巽	震	坤	坎	離	艮	兌	乾	中
陰貴人		坎	離	艮	兌	乾	中	坎	離	艮	兌	乾	中
飛天祿		艮	兌	乾	中	坎	離	艮	兌	乾	中	巽	震
飛天馬		坤	坎	離	艮	兌	乾	中	坎	離	艮	兌	乾
月紫白	一白	坎	坤	震	巽	中	乾	兌	艮	離	坎	坤	震
	六白	乾	兌	艮	離	坎	坤	震	巽	中	乾	兌	艮
	八白	艮	離	坎	坤	震	巽	中	乾	兌	艮	離	坎
	九紫	離	坎	坤	震	巽	中	乾	兌	艮	離	坎	坤

		立春	春分	立夏	夏至	立秋	秋分	立冬	冬至
三奇	乙	兌	坤	震	坎	震	艮	兌	離
	丙	艮	震	巽	離	坤	兌	乾	坎
	丁	離	巽	中	艮	坎	乾	中	坤

개산흉(開山凶)

月	正	二	三	四	五	六	七	八	九	十	十一	十二
月建	寅	卯	辰	巳	午	未	申	酉	戌	亥	子	丑
月破	申	酉	戌	亥	子	丑	寅	卯	辰	巳	午	未
月剋山家	震巳	艮	離丙	壬乙			水山	土	震巳	艮		
陰府太歲	艮巽	兌乾	坎坤	乾離	坤震	巽艮	乾兌	坤坎	離乾	震坤	艮巽	兌乾

수방흉(修方凶)

月	正	二	三	四	五	六	七	八	九	十	十一	十二
天官符	丑艮寅	庚兌辛	戌乾亥	中	庚兌辛	戌乾亥	中	辰巽巳	甲震乙	未坤申	壬坎癸	丙離丁
地官符	中	庚兌辛	戌乾亥	中	辰巽巳	甲震乙	未坤申	壬坎癸	丙離丁	丑艮寅	庚兌辛	戌乾亥
小月建	中	戌乾亥	庚兌辛	丑艮寅	丙離丁	壬坎癸	未坤申	甲震乙	辰巽巳	中	戌乾亥	庚兌辛
大月建	中	辰巽巳	甲震乙	未坤申	壬坎癸	丙離丁	丑艮寅	庚兌辛	戌乾亥	中	辰巽巳	甲震乙
飛大煞	丙離丁	丑艮寅	庚兌辛	戌乾亥	中	庚兌辛	戌乾亥	中	辰巽巳	甲震乙	未坤申	壬坎癸

月	正	二	三	四	五	六	七	八	九	十	十一	十二
丙丁獨火	兌艮	乾兌	中乾	中	巽中	震巽	坤震	坎坤	離坎	艮離	兌艮	乾兌
月游火	乾	兌	艮	離	坎	坤	震	巽	中	乾	兌	艮
劫煞	亥	申	巳	寅	亥	辛	巳	寅	亥	辛	巳	寅
災煞	子	酉	午	卯	子	酉	午	卯	子	酉	午	卯
月煞	丑	戌	未	辰	丑	戌	未	辰	丑	戌	未	辰
月刑	巳	子	辰	申	午	丑	寅	酉	未	亥	卯	戌
月害	巳	辰	卯	寅	丑	子	亥	戌	酉	申	未	午
月厭	戌	酉	申	未	午	巳	辰	卯	寅	丑	子	亥

第二部 用事宜忌

6. 太歲己亥 : 幹土枝水·納音屬木

개산입향수방길(開山立向修方吉)

歲德甲　　　歲德合己　　歲枝德辰

陽貴人子　　陰貴人申　　世祿午

歲馬巳　　　奏書乾　　　博士巽

삼원자백(三元紫白)

上元	一白巽	六白離	八白坤	九紫震
中元	一白坎	六白乾	八白艮	九紫離
下元	一白兌	六白震	八白中	九紫乾

개산황도(蓋山黃道)―貪狼坎癸申辰　　巨門坤乙

武曲離壬寅戌　　文曲兌丁巳丑

통천규(通天竅)―三合前方巽巳丙午丁未　三合後方乾亥壬子癸丑

（十二吉山宜亥卯未巳酉丑年月日時）

주마육임(走馬六壬)―神后癸丑　　功曹甲卯　天罡巽巳

勝光丁未　　傳送庚酉　河魁乾亥

（十二吉山宜亥卯未巳酉丑年月日時）

사리삼원(四利三元)―太陽子　太陰寅　龍德午　福德申

개산입향수방흉(開山立向修方凶)―太歲亥　　歲破巳　三煞申酉戌

坐煞向煞庚辛甲乙 浮天空亡乾甲

개산흉(開山凶)―年剋山家震艮巳山

陰府太歲巽艮　六害申　死符辰　灸退午

입향흉(立向凶)―巡山羅喉壬　病符戌

수방흉(修方凶)―天官符寅 地官符卯　大煞卯　大將軍酉

力士艮　蠶室坤　蠶官未　蠶命申

歲刑亥　黃幡未　豹尾丑　飛廉丑

喪門丑　弔客酉　白虎未　金神午未申酉

獨火乾　五鬼巳　破敗五鬼坎

개산입향수방길(開山立向修方吉)

月	正	二	三	四	五	六	七	八	九	十	十一	十二
天道	南	南西	北	西	北西	東	北	北東	南	東	南東	西
天德	丁	坤	壬	辛	乾	甲	癸	長	丙	乙	巽	庚
天德合	壬		丁	丙		己	戊		辛	庚		乙
月德	丙	甲	壬	庚	丙	甲	壬	庚	丙	甲	壬	庚
月德合	辛	己	丁	乙	辛	己	丁	乙	辛	己	丁	乙
月空	壬	庚	丙	甲	壬	庚	丙	日	壬	庚	丙	甲
陽貴人	乾	中	巽	震	坤	坎	離	艮	兌	乾	中	坎
陰貴人	坤	坎	離	艮	兌	乾	中	坎	離	艮	兌	乾
飛天祿	離	艮	兌	乾	中	坎	離	艮	兌	乾	中	巽
飛天馬	艮	兌	乾	中	坎	離	艮	兌	乾	中	巽	震
月紫白　一白	巽	中	乾	兌	艮	離	坎	坤	震	巽	中	乾
月紫白　六白	離	坎	坤	震	巽	中	乾	兌	艮	離	坎	坤
月紫白　八白	坤	震	巽	中	乾	兌	艮	離	坎	坤	震	巽
月紫白　九紫	震	巽	中	乾	兌	艮	離	坎	坤	震	巽	中

三奇		立春	春分	立夏	夏至	立秋	秋分	立冬	冬至
	乙	兌	坤	震	坎	震	艮	兌	離
	丙	兌	坤	震	坎	震	艮	兌	離
	丁	艮	震	巽	離	坤	兌	乾	坎

개산흉(開山凶)

月	正	二	三	四	五	六	七	八	九	十	十一	十二
月建	寅	卯	辰	巳	午	未	申	酉	戌	亥	子	丑
月破	申	酉	戌	亥	子	丑	寅	卯	辰	巳	午	未
月剋山家	乾兌	亥丁	震巳	艮			水山	土	乾兌	亥丁	離丙	壬乙
陰府太歲	坎坤	乾離	坤震	巽艮	乾兌	坤坎	離乾	震坤	艮巽	兌乾	坎坤	乾離

수방흉(修方凶)

月	正	二	三	四	五	六	七	八	九	十	十一	十二
天官符	中	庚兌辛	戊乾亥	中	辰巽巳	甲震乙	未坤申	壬坎癸	丙離丁	丑艮寅	庚兌辛	戊乾亥
地官符	戊乾亥	中	庚兌辛	戊乾亥	中	辰巽巳	甲震乙	未坤申	壬坎癸	丙離丁	丑艮寅	庚兌辛
小月建	丙離丁	壬坎癸	未坤申	甲震乙	辰巽巳	中	戊乾亥	庚兌辛	丑艮寅	丙離丁	壬坎癸	未坤申
大月建	未坤申	壬坎癸	丙離丁	丑艮寅	庚兌辛	戊乾亥	中	辰巽巳	甲震乙	未坤申	壬坎癸	丙離丁
飛大煞	戊乾亥	中	庚兌辛	戊乾亥	中	辰巽巳	甲震乙	未坤申	壬坎癸	丙離丁	丑艮寅	庚兌辛

月	正	二	三	四	五	六	七	八	九	十	十一	十二
丙丁獨火	中乾	中	巽中	震巽	坤震	坎坤	離坎	艮離	兌艮	乾兌	中乾	中
月游火	坎	坤	震	巽	中	乾	兌	艮	離	坎	坤	震
劫煞	亥	申	巳	寅	亥	辛	巳	寅	亥	辛	巳	寅
災煞	子	酉	午	卯	子	酉	午	卯	子	酉	午	卯
月煞	丑	戌	未	辰	丑	戌	未	辰	丑	戌	未	辰
月刑	巳	子	辰	申	午	丑	寅	酉	未	亥	卯	戌
月亥	巳	辰	卯	寅	丑	子	亥	戌	酉	申	未	午
月厭	戌	酉	申	未	午	巳	辰	卯	寅	丑	子	亥

7. 太歲庚子 : 幹金枝水 · 納音屬土

개산입향수방길(開山立向修方吉)

歲德庚	歲德合乙	歲枝德巳
陽貴人丑	陰貴人未	世祿申
歲馬寅	奏書乾	博士巽

삼원자백(三元紫白)

上元	一白中	六白坎	八白震	九紫巽
中元	一白坤	六白兌	八白離	九紫坎
下元	一白艮	六白巽	八白乾	九紫兌

개산황도(蓋山黃道)—貪狼震庚亥未　　巨門兌丁巳丑

武曲巽辛　　文曲坤乙

통천규(通天竅)—三合前方艮寅甲卯乙辰　三合後方坤申庚酉辛戌

(十二吉山宜申子辰寅午戌年月日時)

주마육임(走馬六壬)—神后壬子　功曹艮寅　天罡乙辰

勝光丙午　傳送坤申　河魁辛戌

(十二吉山宜申子辰寅午戌年月日時)

사리삼원(四利三元)—太陽丑　太陰卯　龍德未　福德酉

개산입향수방흉(開山立向修方凶)—太歲子　歲破午　三煞巳午未

坐煞向煞丙丁壬癸　浮天空亡兌丁

개산흉(開山凶)—年剋山家乾亥兌丁山

陰府太歲乾兌巽艮　六害未　死符巳　灸退卯

입향흉(立向凶)—巡山羅喉癸　病符亥

수방흉(修方凶)—天官符亥　地官符辰　大煞子　大將軍酉

力士艮　蠶室坤　蠶官未　蠶命申

歲刑卯　黃幡辰　豹尾戌　飛廉申

喪門寅　弔客戌　白虎申　金神辰巳

獨火艮　五鬼辰　破敗五鬼兌

개산입향수방길(開山立向修方吉)

月	正	二	三	四	五	六	七	八	九	十	十一	十二
天道	南	南西	北	西	北西	東	北	北東	南	東	南東	西
天德	丁	坤	壬	辛	乾	甲	癸	艮	丙	乙	巽	庚
天德合	壬		丁	丙		己	戊		辛	庚		乙
月德	丙	甲	壬	庚	丙	甲	壬	庚	丙	甲	壬	庚
月德合	辛	己	丁	乙	辛	己	丁	乙	辛	己	丁	乙
月空	壬	庚	丙	甲	壬	庚	丙	甲	壬	庚	丙	甲
陽貴人	兌	乾	中	巽	震	坤	坎	離	艮	兌	乾	中
陰貴人	坎	離	艮	兌	乾	中	坎	離	艮	兌	乾	中
飛天祿	坤	坎	離	艮	兌	乾	中	坎	離	艮	兌	乾
飛天馬	中	坎	離	艮	兌	乾	中	巽	震	坤	坎	離
月紫白 一白	兌	艮	離	坎	坤	震	巽	中	乾	兌	艮	離
六白	震	巽	中	乾	兌	艮	離	坎	坤	震	巽	中
八白	中	乾	兌	艮	離	坎	坤	震	巽	中	乾	兌
九紫	乾	兌	艮	離	坎	坤	震	巽	中	乾	兌	艮

		立春	春分	立夏	夏至	立秋	秋分	立冬	冬至
三奇	乙	乾	坎	坤	坤	巽	離	艮	艮
	丙	兌	坤	震	坎	震	艮	兌	離
	丁	艮	震	巽	離	坤	兌	乾	坎

개산흉(開山凶)

月	正	二	三	四	五	六	七	八	九	十	十一	十二
月建	寅	卯	辰	巳	午	未	申	酉	戌	亥	子	丑
月破	申	酉	戌	亥	子	丑	寅	卯	辰	巳	午	未
月剋山家	乾兌	亥丁	震巳	艮	離丙	壬乙			乾兌	亥丁	水山	土
陰府太歲	坤震	巽艮	乾兌	坤坎	離乾	震坤	艮巽	兌乾	坎坤	乾離	坤震	巽艮

수방흉(修方凶)

月	正	二	三	四	五	六	七	八	九	十	十一	十二
天官符	中	辰巽巳	甲震乙	未坤申	壬坎癸	丙離丁	丑艮寅	庚兌辛	戌乾亥	中	庚兌辛	戌乾亥
地官符	庚兌辛	戌乾亥	中	庚兌辛	戌乾亥	中	辰巽巳	甲震乙	未坤申	壬坎癸	丙離丁	丑艮寅
小月建	中	戌乾亥	庚兌辛	丑艮寅	丙離丁	壬坎癸	未坤申	甲震乙	辰巽巳	中	戌乾亥	庚兌辛
大月建	丑艮寅	庚兌辛	戌乾亥	中	辰巽巳	甲震乙	未坤申	壬坎癸	丙離丁	丑艮寅	庚兌辛	戌乾亥
飛大煞	戌乾亥	中	辰巽巳	甲震乙	未坤申	壬坎癸	丙離丁	丑艮寅	庚兌辛	戌乾亥	中	庚兌辛

月	正	二	三	四	五	六	七	八	九	十	十一	十二
丙丁獨火	巽中	震巽	坤震	坎坤	離坎	艮離	兌艮	乾兌	中乾	中	巽中	震巽
月游火	艮	離	坎	坤	震	巽	中	乾	兌	艮	離	坎
劫煞	亥	申	巳	寅	亥	辛	巳	寅	亥	辛	巳	寅
災煞	子	酉	午	卯	子	酉	午	卯	子	酉	午	卯
月煞	丑	戌	未	辰	丑	戌	未	辰	丑	戌	未	辰
月刑	巳	子	辰	申	午	丑	寅	酉	未	亥	卯	戌
月亥	巳	辰	卯	寅	丑	子	亥	戌	酉	申	未	午
月厭	戌	酉	申	未	午	巳	辰	卯	寅	丑	子	亥

8. 太歲辛丑 : 幹金枝土·納音屬土

개산입향수방길(開山立向修方吉)

歲德丙　　歲德合辛　　歲枝德午

陽貴人寅　　陰貴人午　　世祿酉

歲馬亥　　奏書乾　　博士巽

삼원자백(三元紫白)

上元	一白乾	六白坤	八白巽	九紫中
中元	一白震	六白艮	八白坎	九紫坤
下元	一白離	六白中	八白兌	九紫艮

개산황도(蓋山黃道)—貪狼艮丙　　巨門巽辛

武曲兌丁巳丑　文曲離壬寅戌

통천규(通天竅)—三合前方乾亥壬子癸丑　三合後方巽巳丙午丁未

(十二吉山宜巳酉丑亥卯未年月日時)

주마육임(走馬六壬)—神后乾亥　功曹癸丑　天罡甲卯

勝光巽巳　傳送丁未　河魁庚酉

(十二吉山宜巳酉丑亥卯未年月日時)

사리삼원(四利三元)—太陽寅　太陰辰　龍德申　福德戌

개산입향수방흉(開山立向修方凶)—太歲丑　歲破未　三煞寅卯辰

坐煞向煞甲乙庚辛　浮天空亡艮丙

개산흉(開山凶)—年剋山家甲寅辰巽戌坎辛申丑癸坤庚未山

陰府太歲坤坎　六害午　死符午　炙退子

입향흉(立向凶)—巡山羅喉艮　病符子

수방흉(修方凶)—天官符申　地官符巳　大煞酉　大將軍酉

力士艮　　蠶室坤　　蠶官未　　蠶命申

歲刑戌　　黃幡丑　　豹尾未　　飛廉酉

喪門卯　　弔客亥　　白虎酉　　金神寅卯午未子丑

獨火辰　　五鬼卯　　破敗五鬼乾

개산입향수방길(開山立向修方吉)

月	正	二	三	四	五	六	七	八	九	十	十一	十二
天道	南	南西	北	西	北西	東	北	北東	南	東	南東	西
天德	丁	坤	壬	辛	乾	甲	癸	艮	丙	乙	巽	庚
天德合	壬		丁	丙		己	戊		辛	庚		乙
月德	丙	甲	壬	庚	丙	甲	壬	庚	丙	甲	壬	庚
月德合	辛	己	丁	乙	辛	己	丁	乙	辛	己	丁	乙
月空	壬	庚	丙	甲	壬	庚	丙	甲	壬	庚	丙	甲
陽貴人	中	坎	離	艮	兌	乾	中	巽	震	坤	坎	離
陰貴人	離	艮	兌	乾	中	坎	離	艮	兌	乾	中	巽
飛天祿	震	坤	坎	離	艮	兌	乾	中	坎	離	艮	兌
飛天馬	中	巽	震	坤	坎	離	艮	兌	乾	中	坎	離
月紫白 一白	坎	坤	震	巽	中	乾	兌	灵	離	坎	坤	震
月紫白 六白	乾	兌	艮	離	坎	坤	震	巽	中	乾	兌	艮
月紫白 八白	艮	離	坎	坤	震	巽	中	乾	兌	艮	離	坎
月紫白 九紫	離	坎	坤	震	巽	中	乾	兌	艮	離	坎	坤

三奇		立春	春分	立夏	夏至	立秋	秋分	立冬	冬至
	乙	中	離	坎	震	中	坎	離	兌
	丙	乾	坎	坤	坤	巽	離	艮	艮
	丁	兌	坤	震	坎	震	艮	兌	離

개산흉(開山凶)

月	正	二	三	四	五	六	七	八	九	十	十一	十二
月建	寅	卯	辰	巳	午	未	申	酉	戌	亥	子	丑
月破	申	酉	戌	亥	子	丑	寅	卯	辰	巳	午	未
月剋山家			乾兌	亥丁	離丙	壬乙	震巳	艮			水山	土山
陰府太歲	乾兌	坤坎	離乾	震坤	艮巽	兌乾	坎坤	乾離	坤震	巽艮	乾兌	坤坎

수방흉(修方凶)

月	正	二	三	四	五	六	七	八	九	十	十一	十二
天官符	未坤申	壬坎癸	丙離丁	丑艮寅	庚兌辛	戌乾亥	中	庚兌辛	戌乾亥	中	辰巽巳	甲震乙
地官符	丑艮寅	庚兌辛	戌乾亥	中	庚兌辛	戌乾亥	中	辰巽巳	甲震乙	未坤申	壬坎癸	丙離丁
小月建	丙離丁	壬坎癸	未坤申	甲震乙	辰巽巳	中	戌乾亥	庚兌辛	丑艮寅	丙離丁	壬坎癸	未坤申
大月建	中	辰巽巳	甲震乙	未坤申	壬坎癸	丙離丁	丑艮寅	庚兌辛	戌乾亥	中	辰巽巳	甲震乙
飛大煞	甲震乙	未坤申	壬坎癸	丙離丁	丑艮寅	庚兌辛	戌乾亥	中	庚兌辛	戌乾亥	中	辰巽巳

月	正	二	三	四	五	六	七	八	九	十	十一	十二
丙丁獨火	坤震	坎坤	離坎	艮離	兌艮	乾兌	中乾	中	巽中	震巽	坤震	坎坤
月游火	艮	離	坎	坤	震	巽	中	乾	兌	艮	離	坎
劫煞	亥	申	巳	寅	亥	辛	巳	寅	亥	辛	巳	寅
災煞	子	酉	午	卯	子	酉	午	卯	子	酉	午	卯
月煞	丑	戌	未	辰	丑	戌	未	辰	丑	戌	未	辰
月刑	巳	子	辰	申	午	丑	寅	酉	未	亥	卯	戌
月亥	巳	辰	卯	寅	丑	子	亥	戌	酉	申	未	午
月厭	戌	酉	申	未	午	巳	辰	卯	寅	丑	子	亥

9. 太歲壬寅 : 幹水枝木 · 納音屬金

개산입향수방길(開山立向修方吉)

歲德壬	歲德合丁	歲枝德未
陽貴人卯	陰貴人巳	世祿亥
歲馬申	奏書艮	博士坤

삼원자백(三元紫白)

上元	一白兌	六白震	八白震	九紫乾
中元	一白巽	六白離	八白離	九紫震
下元	一白坎	六白乾	八白乾	九紫離

개산황도(蓋山黃道)—貪狼艮丙　　巨門巽辛

武曲兌丁巳丑　文曲離壬寅戌

통천규(通天竅)—三合前方坤申庚酉辛戌　三合後方艮寅甲卯乙辰

(十二吉山宜寅午戌申子辰年月日時)

주마육임(走馬六壬)—神后辛戌　功曹壬子　天罡艮寅

勝光乙辰　傳送丙午　河魁坤申

(十二吉山宜寅午戌申子辰年月日時)

사리삼원(四利三元)—太陽卯　太陰巳　龍德酉　福德亥

개산입향수방흉(開山立向修方凶)—太歲寅　歲破申　三煞亥子丑

坐煞向煞壬癸丙丁 浮天空亡乾甲

개산흉(開山凶)—年剋山家二十四山竝無剋多至後剋乾亥兌丁山

陰府太歲離乾　六害巳　死符未　灸退酉

입향흉(立向凶)—巡山羅喉甲　病符丑

수방흉(修方凶)—天官符巳　地官符午　大煞午　大將軍子

第二部 用事宜忌

力士巽　　蠶室乾　　蠶官戌　　蠶命亥

歲刑巳　　黃幡戌　　豹尾辰　　飛廉亥

喪門辰　　弔客子　　白虎戌　　金神寅卯戌亥

獨火辰　　五鬼寅　　破敗五鬼巽

개산입향수방길(開山立向修方吉)

月	正	二	三	四	五	六	七	八	九	十	十一	十二
天道	南	南西	北	西	北西	東	北	北東	南	東	南東	西
天德	丁	坤	壬	辛	乾	甲	癸	艮	丙	乙	巽	庚
天德合	壬		丁	丙		己	戊		辛	庚		乙
月德	丙	甲	壬	庚	丙	甲	壬	庚	丙	甲	壬	庚
月德合	辛	己	丁	乙	辛	己	丁	乙	辛	己	丁	乙
月空	壬	庚	丙	甲	壬	庚	丙	甲	壬	庚	丙	甲
陽貴人	乾	中	坎	離	艮	兌	乾	中	巽	震	坤	坎
陰貴人	艮	兌	乾	中	坎	離	艮	兌	乾	中	巽	震
飛天祿	中	巽	震	坤	坎	離	艮	兌	乾	中	坎	離
飛天馬	坤	坎	離	艮	兌	乾	中	坎	離	艮	兌	乾
月紫白 一白	巽	中	乾	兌	艮	離	坎	坤	震	巽	中	乾
月紫白 六白	離	坎	坤	震	巽	中	乾	兌	艮	離	坎	坤
月紫白 八白	坤	震	巽	中	乾	兌	艮	離	坎	坤	震	巽
月紫白 九紫	震	巽	中	乾	兌	艮	離	坎	坤	震	巽	中

		立春	春分	立夏	夏至	立秋	秋分	立冬	冬至
三奇	乙	巽	艮	離	巽	乾	坤	坎	乾
三奇	丙	中	離	坎	震	中	坎	離	兌
三奇	丁	乾	坎	坤	坤	巽	離	艮	艮

개산흉(開山凶)

月	正	二	三	四	五	六	七	八	九	十	十一	十二
月建	寅	卯	辰	巳	午	未	申	酉	戌	亥	子	丑
月破	申	酉	戌	亥	子	丑	寅	卯	辰	巳	午	未
月剋山家			離 丙	壬 乙	水 山	土	震 巳	艮				
陰府太歲	離乾	震坤	艮巽	兌乾	坎坤	乾離	坤震	巽艮	乾兌	坤坎	離乾	震坤

수방흉(修方凶)

月	正	二	三	四	五	六	七	八	九	十	十一	十二
天官符	丑 艮 寅	庚 兌 辛	戌 乾 亥	中	庚 兌 辛	戌 乾 亥	中	辰 巽 巳	甲 震 乙	未 坤 申	壬 坎 癸	丙 離 丁
地官符	丙 離 丁	丑 艮 寅	庚 兌 辛	戌 乾 亥	中	庚 兌 辛	戌 乾 亥	中	辰 巽 巳	甲 震 乙	未 坤 申	壬 坎 癸
小月建	中	戌 乾 亥	庚 兌 辛	丑 艮 寅	丙 離 丁	壬 坎 癸	未 坤 申	甲 震 乙	辰 巽 巳	中	戌 乾 亥	庚 兌 辛
大月建	未 坤 申	壬 坎 癸	丙 離 丁	丑 艮 寅	庚 兌 辛	戌 乾 亥	中	辰 巽 巳	甲 震 乙	未 坤 申	壬 坎 癸	丙 離 丁
飛大煞	丙 離 丁	丑 艮 寅	庚 兌 辛	戌 乾 亥	中	庚 兌 辛	戌 乾 亥	中	辰 巽 巳	甲 震 乙	未 坤 申	壬 坎 癸

月	正	二	三	四	五	六	七	八	九	十	十一	十二
丙丁獨火	離坎	艮離	兌艮	乾兌	中乾	中	巽中	震巽	坤震	坎坤	離坎	艮離
月游火	震	巽	中	乾	兌	艮	離	坎	坤	震	巽	中
劫煞	亥	申	巳	寅	亥	辛	巳	寅	亥	辛	巳	寅
災煞	子	酉	午	卯	子	酉	午	卯	子	酉	午	卯
月煞	丑	戌	未	辰	丑	戌	未	辰	丑	戌	未	辰
月刑	巳	子	辰	申	午	丑	寅	酉	未	亥	卯	戌
月亥	巳	辰	卯	寅	丑	子	亥	戌	酉	申	未	午
月厭	戌	酉	申	未	午	巳	辰	卯	寅	丑	子	亥

10. 太歲癸卯 : 幹水枝木 · 納音屬金

개산입향수방길(開山立向修方吉)

歲德戌　　歲德合癸　　歲枝德申

陽貴人巳　　陰貴人卯　　世祿子

歲馬巳　　奏書艮　　博士坤

삼원자백(三元紫白)

上元	一白艮	六白巽	八白乾	九紫兌
中元	一白中	六白坎	八白震	九紫巽
下元	一白坤	六白兌	八白離	九紫坎

개산황도(蓋山黃道)—貪狼乾甲艮丙　　巨門離壬寅戌

武曲坤乙　　文曲巽辛

통천규(通天竅)—三合前方巽巳丙午丁未　三合後方乾亥壬子癸丑

(十二吉山宜亥卯未巳酉丑年月日時)

주마육임(走馬六壬)—神后庚酉　　功曹乾亥　天罡癸丑

勝光甲卯　　傳送巽巳　河魁丁未

(十二吉山宜亥卯未巳酉丑年月日時)

사리삼원(四利三元)—太陽辰　太陰午　龍德戌　福德子

개산입향수방흉(開山立向修方凶)—太歲卯　　歲破酉　三煞辛酉戌

坐煞向煞庚申甲乙 浮天空亡坤乙

개산흉(開山凶)—年剋山家乾亥兌丁山

陰府太歲震坤　六害辰　死符申　炙退午

입향흉(立向凶)—巡山羅喉乙　病符寅

수방흉(修方凶)—天官符寅 地官符未　大煞卯　大將軍子

力士巽　　蠶室乾　　蠶官戌　　蠶命亥

歲刑子　黃幡未　　豹尾丑　　飛廉巳

喪門巳　弔客丑　　白虎亥　　金神申酉子丑

獨火坎　五鬼丑　　破敗五鬼艮

개산입향수방길(開山立向修方吉)

月	正	二	三	四	五	六	七	八	九	十	十一	十二
天道	南	南西	北	西	北西	東	北	北東	南	東	南東	西
天德	丁	坤	壬	辛	乾	甲	癸	艮	丙	乙	巽	庚
天德合	壬		丁	丙		己	戊		辛	庚		乙
月德	丙	甲	壬	庚	丙	甲	壬	庚	丙	甲	壬	庚
月德合	辛	己	丁	乙	辛	己	丁	乙	辛	己	丁	乙
月空	壬	庚	丙	甲	壬	庚	丙	甲	壬	庚	丙	甲
陽貴人	艮	兌	乾	中	坎	離	艮	兌	乾	中	巽	震
陰貴人	乾	中	坎	離	艮	兌	乾	中	巽	震	坤	坎
飛天祿	乾	中	巽	震	坤	坎	離	艮	兌	乾	中	坎
飛天馬	艮	兌	乾	中	坎	離	艮	兌	乾	中	巽	震
月紫白 一白	兌	艮	離	坎	坤	震	巽	中	乾	兌	艮	離
月紫白 六白	震	巽	中	乾	兌	艮	離	坎	坤	震	巽	中
月紫白 八白	中	乾	兌	艮	離	坎	坤	震	巽	中	乾	兌
月紫白 九紫	乾	兌	艮	離	坎	坤	震	巽	中	乾	兌	艮

		立春	春分	立夏	夏至	立秋	秋分	立冬	冬至
三奇	乙	震	兌	艮	中	兌	震	坤	中
	丙	巽	艮	離	巽	乾	坤	坎	乾
	丁	中	離	坎	震	中	坎	離	兌

개산흉(開山凶)

月	正	二	三	四	五	六	七	八	九	十	十一	十二
月建	寅	卯	辰	巳	午	未	申	酉	戌	亥	子	丑
月破	申	酉	戌	亥	子	丑	寅	卯	辰	巳	午	未
月剋山家	震巳	艮	離丙	壬乙			水山	土	震巳	艮		
陰府太歲	艮巽	兌乾	坎坤	乾離	坤震	巽艮	乾兌	坤坎	離乾	震坤	艮巽	兌乾

수방흉(修方凶)

月	正	二	三	四	五	六	七	八	九	十	十一	十二
天官符	中	庚兌辛	戊乾亥	中	辰巽巳	甲震乙	未坤申	壬坎癸	丙離丁	丑艮寅	庚兌辛	戊乾亥
地官符	壬坎癸	丙離丁	丑艮寅	庚兌辛	戊乾亥	中	庚兌辛	戊乾亥	中	辰巽巳	甲震乙	未坤申
小月建	丙離丁	壬坎癸	未坤申	甲震乙	辰巽巳	中	戊乾亥	庚兌辛	丑艮寅	丙離丁	壬坎癸	未坤申
大月建	丑艮寅	庚兌辛	戊乾亥	中	辰巽巳	甲震乙	未坤申	壬坎癸	丙離丁	丑艮寅	庚兌辛	戊乾亥
飛大煞	戊乾亥	中	庚兌辛	戊乾亥	中	辰巽巳	甲震乙	未坤申	壬坎癸	丙離丁	丑艮寅	庚兌辛

月	正	二	三	四	五	六	七	八	九	十	十一	十二
丙丁獨火	兌艮	乾兌	中乾	中	巽中	震巽	坤震	坎坤	離坎	艮離	兌艮	乾兌
月游火	巽	中	乾	兌	艮	離	坎	坤	震	巽	中	乾
劫煞	亥	申	巳	寅	亥	辛	巳	寅	亥	辛	巳	寅
災煞	子	酉	午	卯	子	酉	午	卯	子	酉	午	卯
月煞	丑	戌	未	辰	丑	戌	未	辰	丑	戌	未	辰
月刑	巳	子	辰	申	午	丑	寅	酉	未	亥	卯	戌
月亥	巳	辰	卯	寅	丑	子	亥	戌	酉	申	未	午
月厭	戌	酉	申	未	午	巳	辰	卯	寅	丑	子	亥

欽定 **協紀辨方書**

欽定
四庫全書

協紀辨方書
卷 18

연표年表 5 · 갑진지계축甲辰至癸丑

제1장 갑진순(甲辰旬)

제1장. 甲辰旬

1. 太歲甲辰 : 幹木枝土 · 納音屬火

개산입향수방길(開山立向修方吉)

歲德甲　　歲德合己　　歲枝德酉

陽貴人未　陰貴人丑　　世祿寅

歲馬寅　　奏書辰　　　博士坤

삼원자백(三元紫白)

上元	一白離	六白中	八白兌	九紫艮
中元	一白乾	六白坤	八白巽	九紫中
下元	一白震	六白艮	八白坎	九紫坤

개산황도(蓋山黃道)—貪狼兌丁巳丑　　巨門震庚亥未

武曲艮丙　　　文曲坎癸申辰

통천규(通天竅)—三合前方艮寅甲卯乙辰　三合後方坤申庚酉辛戌

(十二吉山宜申子辰寅午戌年月日時)

주마육임(走馬六壬)—神后坤申　功曹辛戌　天罡壬子

勝光艮寅　傳送乙辰　河魁丙午

(十二吉山宜申子辰寅午戌年月日時)

사리삼원(四利三元)—太陽巳　太陰未　龍德亥　福德丑

개산입향수방흉(開山立向修方凶)—太歲辰　歲破戌　三煞巳午未

坐煞向煞丙丁壬癸　浮天空亡離壬

개산흉(開山凶)—年剋山家乾亥兌丁山

陰府太歲艮巽　六害卯　死符酉　灸退卯

입향흉(立向凶)—巡山羅喉巽　病符卯

수방흉(修方凶)—天官符亥　地官符申　大煞子　大將軍子

　　　力士巽　　蠶室乾　　　蠶官戌　　蠶命亥

　　　歲刑辰　　黃幡辰　　　豹尾戌　　飛廉午

　　　喪門午　　弔客寅　　　白虎子　　金神午未申酉

　　　獨火巽　　五鬼子　　　破敗五鬼巽

개산입향수방길(開山立向修方吉)

月	正	二	三	四	五	六	七	八	九	十	十一	十二
天道	南	南西	北	西	北西	東	北	北東	南	東	南東	西
天德	丁	坤	壬	辛	乾	甲	癸	艮	丙	乙	巽	庚
天德合	壬		丁	丙		己	戊		辛	庚		乙
月德	丙	甲	壬	庚	丙	甲	壬	庚	丙	甲	壬	庚
月德合	辛	己	丁	乙	辛	己	丁	乙	辛	己	丁	乙
月空	壬	庚	丙	甲	壬	庚	丙	甲	壬	庚	丙	甲
陽貴人	坎	離	艮	兌	乾	中	坎	離	艮	兌	乾	中
陰貴人	兌	乾	中	巽	震	坤	坎	離	艮	兌	乾	中
飛天祿	中	坎	離	艮	兌	乾	中	巽	震	坤	坎	離
飛天馬	中	坎	離	艮	兌	乾	中	巽	震	坤	坎	離
月紫白　一白	坎	坤	震	巽	中	乾	兌	艮	離	坎	坤	震
月紫白　六白	乾	兌	艮	離	坎	坤	震	巽	中	乾	兌	艮
月紫白　八白	艮	離	坎	坤	震	巽	中	乾	兌	艮	離	坎
月紫白　九紫	離	坎	坤	震	巽	中	乾	兌	艮	離	坎	坤

三奇		立春	春分	立夏	夏至	立秋	秋分	立冬	冬至
三奇	乙	震	兌	艮	中	兌	震	坤	中
三奇	丙	震	兌	艮	中	兌	震	坤	中
三奇	丁	巽	艮	離	巽	乾	坤	坎	乾

개산흉(開山凶)

月	正	二	三	四	五	六	七	八	九	十	十一	十二
月建	寅	卯	辰	巳	午	未	申	酉	戌	亥	子	丑
月破	申	酉	戌	亥	子	丑	寅	卯	辰	巳	午	未
月剋山家	乾兌	亥丁	震巳	艮			水山	土	乾兌	亥丁	離丙	壬乙
陰府太歲	坎坤	乾離	坤震	巽艮	乾兌	坤坎	離乾	震坤	艮巽	兌乾	坎坤	乾離

수방흉(修方凶)

月	正	二	三	四	五	六	七	八	九	十	十一	十二
天官符	中	辰巽巳	甲震乙	未坤申	壬坎癸	丙離丁	丑艮寅	庚兌辛	戌乾亥	中	庚兌辛	戌乾亥
地官符	未坤申	壬坎癸	丙離丁	丑艮寅	庚兌辛	戌乾亥	中	庚兌辛	戌乾亥	中	辰巽巳	甲震乙
小月建	中	戌乾亥	庚兌辛	丑艮寅	丙離丁	壬坎癸	未坤申	甲震乙	辰巽巳	中	戌乾亥	庚兌辛
大月建	中	辰巽巳	甲震乙	未坤申	壬坎癸	丙離丁	丑艮寅	庚兌辛	戌乾亥	中	辰巽巳	甲震乙
飛大煞	戌乾亥	中	辰巽巳	甲震乙	未坤申	壬坎癸	丙離丁	丑艮寅	庚兌辛	戌乾亥	中	庚兌辛

月	正	二	三	四	五	六	七	八	九	十	十一	十二
丙丁獨火	中乾	中	巽中	震巽	坤震	坎坤	離坎	艮離	兌艮	乾兌	中乾	中
月游火	巽	中	乾	兌	艮	離	坎	坤	震	巽	中	乾
劫煞	亥	申	巳	寅	亥	辛	巳	寅	亥	辛	巳	寅
災煞	子	酉	午	卯	子	酉	午	卯	子	酉	午	卯
月煞	丑	戌	未	辰	丑	戌	未	辰	丑	戌	未	辰
月刑	巳	子	辰	申	午	丑	寅	酉	未	亥	卯	戌
月亥	巳	辰	卯	寅	丑	子	亥	戌	酉	申	未	午
月厭	戌	酉	申	未	午	巳	辰	卯	寅	丑	子	亥

2. 太歲乙巳 : 幹木枝火 · 納音屬火

개산입향수방길(開山立向修方吉)

歲德庚	歲德合乙	歲枝德戌
陽貴人申	陰貴人子	世祿卯
歲馬亥	奏書巽	博士乾

삼원자백(三元紫白)

上元	一白坎	六白乾	八白艮	九紫離
中元	一白兌	六白震	八白中	九紫乾
下元	一白巽	六白離	八白坤	九紫震

개산황도(蓋山黃道)—貪狼兌丁巳丑　　巨門震庚亥未

武曲艮丙　　文曲坎癸申辰

통천규(通天竅)—三合前方乾亥壬子癸丑　三合後方巽巳丙午丁未

(十二吉山宜巳酉丑亥卯未年月日時)

주마육임(走馬六壬)—神后丁未　功曹庚酉　天罡乾亥

勝光癸丑　傳送甲卯　河魁巽巳

(十二吉山宜巳酉丑亥卯未年月日時)

사리삼원(四利三元)—太陽午　太陰申　龍德子　福德寅

개산입향수방흉(開山立向修方凶)—太歲巳　歲破亥　三煞寅卯辰

坐煞向煞甲乙庚辛　浮天空亡坎癸

개산흉(開山凶)—年剋山家甲寅辰巽戌坎辛申丑癸坤庚未山

陰府太歲兌乾　六害寅　死符戌　灸退子

입향흉(立向凶)—巡山羅喉丙　病符辰

수방흉(修方凶)—天官符寅　地官符酉　大煞酉　大將軍卯

力士坤　蠶室艮　蠶官丑　蠶命寅

歲刑申　黃幡丑　豹尾未　飛廉未

喪門未　弔客卯　白虎丑　金神辰巳

獨火巽　五鬼亥　破敗五鬼艮

개산입향수방길(開山立向修方吉)

月	正	二	三	四	五	六	七	八	九	十	十一	十二
天道	南	南西	北	西	北西	東	北	北東	南	東	南東	西
天德	丁	坤	壬	辛	乾	甲	癸	艮	丙	乙	巽	庚
天德合	壬		丁	丙		己	戊		辛	庚		乙
月德	丙	甲	壬	庚	丙	甲	壬	庚	丙	甲	壬	庚
月德合	辛	己	丁	乙	辛	己	丁	乙	辛	己	丁	乙
月空	壬	庚	丙	甲	壬	庚	丙	甲	壬	庚	丙	甲
陽貴人	坤	坎	離	艮	兌	乾	中	坎	離	艮	兌	乾
陰貴人	乾	中	巽	震	坤	坎	離	艮	兌	乾	中	坎
飛天祿	乾	中	坎	離	艮	兌	乾	中	巽	震	坤	坎
飛天馬	中	巽	震	坤	坎	離	艮	兌	乾	中	坎	離
月紫白 一白	巽	中	乾	兌	艮	離	坎	坤	震	巽	震	坤
月紫白 六白	離	坎	坤	震	巽	中	乾	兌	艮	離	坎	坤
月紫白 八白	坤	震	巽	中	乾	兌	艮	離	坎	坤	震	巽
月紫白 九紫	震	巽	中	乾	兌	艮	離	坎	坤	震	巽	中

		立春	春分	立夏	夏至	立秋	秋分	立冬	冬至
三奇	乙	坤	乾	兌	乾	艮	巽	震	巽
三奇	丙	震	兌	艮	中	兌	震	坤	中
三奇	丁	巽	艮	離	巽	乾	坤	坎	乾

第二部　用事宜忌

개산흉(開山凶)

月	正	二	三	四	五	六	七	八	九	十	十一	十二
月建	寅	卯	辰	巳	午	未	申	酉	戌	亥	子	丑
月破	申	酉	戌	亥	子	丑	寅	卯	辰	巳	午	未
月剋山家	乾兌	亥丁	震巳	艮	離丙	壬乙			乾兌	亥丁	水山	土山
陰府太歲	坤震	巽艮	乾兌	坤坎	離乾	震坤	艮巽	兌乾	坎坤	乾離	坤震	巽艮

수방흉(修方凶)

月	正	二	三	四	五	六	七	八	九	十	十一	十二
天官符	未坤申	壬坎癸	丙離丁	丑艮寅	庚兌辛	戌乾亥	中	庚兌辛	戌乾亥	中	辰巽巳	甲震乙
地官符	甲震乙	未坤申	壬坎癸	丙離丁	丑艮寅	庚兌辛	戌乾亥	中	庚兌辛	戌乾亥	中	辰巽巳
小月建	丙離丁	壬坎癸	未坤申	甲震乙	辰巽巳	中	戌乾亥	庚兌辛	丑艮寅	丙離丁	壬坎癸	未坤申
大月建	未坤申	壬坎癸	丙離丁	丑艮寅	庚兌辛	戌乾亥	中	辰巽巳	甲震乙	未坤申	壬坎癸	丙離丁
飛大煞	甲震乙	未坤申	壬坎癸	丙離丁	丑艮寅	庚兌辛	戌乾亥	中	庚兌辛	戌乾亥	中	辰巽巳

月	正	二	三	四	五	六	七	八	九	十	十一	十二
丙丁獨火	巽中	震巽	坤震	坎坤	離坎	艮離	兌艮	乾兌	中乾	中	巽中	震巽
月游火	離	坎	坤	震	巽	中	乾	兌	艮	離	坎	坤
劫煞	亥	申	巳	寅	亥	辛	巳	寅	亥	辛	巳	寅
災煞	子	酉	午	卯	子	酉	午	卯	子	酉	午	卯
月煞	丑	戌	未	辰	丑	戌	未	辰	丑	戌	未	辰
月刑	巳	子	辰	申	午	丑	寅	酉	未	亥	卯	戌
月亥	巳	辰	卯	寅	丑	子	亥	戌	酉	申	未	午
月厭	戌	酉	申	未	午	巳	辰	卯	寅	丑	子	亥

3. 太歲丙午 : 幹火枝火 · 納音屬水

개산입향수방길(開山立向修方吉)

歲德丙	歲德合辛	歲枝德亥
陽貴人酉	陰貴人亥	世祿巳
歲馬申	奏書巽	博士乾

삼원자백(三元紫白)

上元	一白坤	六白兌	八白離	九紫坎
中元	一白艮	六白巽	八白乾	九紫兌
下元	一白中	六白坎	八白震	九紫巽

개산황도(蓋山黃道)—貪狼巽辛　　巨門艮丙

武曲震庚亥未　文曲乾甲

통천규(通天竅)—三合前方坤申庚酉辛戌　三合後方艮寅甲卯乙辰

(十二吉山宜寅午戌申子辰年月日時)

주마육임(走馬六壬)—神后丙午　功曹坤申　天罡辛戌

勝光壬子　傳送艮寅　河魁乙辰

(十二吉山宜寅午戌申子辰年月日時)

사리삼원(四利三元)—太陽未　太陰酉　龍德丑　福德卯

개산입향수방흉(開山立向修方凶)—太歲午　歲破子　三煞亥子丑

坐煞向煞壬癸丙丁 浮天空亡巽辛

개산흉(開山凶)—年剋山家乾亥兌丁山

陰府太歲坎坤　六害丑　死符寅　灸退酉

입향흉(立向凶)—巡山羅睺丁　病符巳

수방흉(修方凶)—天官符巳 地官符戌　大煞午　大將軍卯

力士坤　　蠶室艮　　蠶官丑　　蠶命寅

歲刑午　　黃幡戌　　豹尾辰　　飛廉寅

喪門申　　弔客辰　　白虎寅　　金神寅卯午未子丑

獨火兌　　五鬼戌　　破敗五鬼坤

개산입향수방길(開山立向修方吉)

月	正	二	三	四	五	六	七	八	九	十	十一	十二
天道	南	南西	北	西	北西	東	北	北東	南	東	南東	西
天德	丁	坤	壬	辛	乾	甲	癸	艮	丙	乙	巽	庚
天德合	壬		丁	丙		己	戊		辛	庚		乙
月德	丙	甲	壬	庚	丙	甲	壬	庚	丙	甲	壬	庚
月德合	辛	己	丁	乙	辛	己	丁	乙	辛	己	丁	乙
月空	壬	庚	丙	甲	壬	庚	丙	甲	壬	庚	丙	甲
陽貴人	震	坤	坎	離	艮	兌	乾	中	坎	離	艮	兌
陰貴人	中	巽	震	坤	坎	離	艮	兌	乾	中	坎	離
飛天祿	艮	兌	乾	中	坎	離	艮	兌	乾	中	巽	震
飛天馬	坤	坎	離	艮	兌	乾	中	坎	離	艮	兌	乾
月紫白 一白	兌	艮	離	坎	坤	震	巽	中	乾	兌	艮	離
月紫白 六白	震	巽	中	乾	兌	艮	離	坎	坤	震	巽	中
月紫白 八白	中	乾	兌	艮	離	坎	坤	震	巽	中	乾	兌
月紫白 九紫	乾	兌	艮	離	坎	坤	震	巽	中	乾	兌	艮

		立春	春分	立夏	夏至	立秋	秋分	立冬	冬至
三奇	乙	坎	中	乾	兌	離	中	巽	震
	丙	坤	乾	兌	乾	艮	巽	震	巽
	丁	震	兌	艮	中	兌	震	坤	中

개산흉(開山凶)

月	正	二	三	四	五	六	七	八	九	十	十一	十二
月建	寅	卯	辰	巳	午	未	申	酉	戌	亥	子	丑
月破	申	酉	戌	亥	子	丑	寅	卯	辰	巳	午	未
月剋山家			乾兌	亥丁	離丙	壬乙	震巳	艮			水山	土
陰府太歲	乾兌	坤坎	離乾	震坤	艮巽	兌乾	坎坤	乾離	坤震	巽艮	乾兌	坤坎

수방흉(修方凶)

月	正	二	三	四	五	六	七	八	九	十	十一	十二
天官符	辰巽巳	庚兌辛	戌乾亥	中	庚兌辛	戌乾亥	中	辰巽巳	甲震乙	未坤申	壬坎癸	丙離丁
地官符	辰巽巳	甲震乙	未坤申	壬坎癸	丙離丁	丑艮寅	庚兌辛	戌乾亥	中	庚兌辛	戌乾亥	中
小月建	中	戌乾亥	庚兌辛	丑艮寅	丙離丁	壬坎癸	未坤申	甲震乙	辰巽巳	中	戌乾亥	庚兌辛
大月建	丑艮寅	庚兌辛	戌乾亥	中	辰巽巳	甲震乙	未坤申	壬坎癸	丙離丁	丑艮寅	庚兌辛	戌乾亥
飛大煞	丙離丁	丑艮寅	庚兌辛	戌乾亥	中	庚兌辛	戌乾亥	中	辰巽巳	甲震乙	未坤申	壬坎癸

月	正	二	三	四	五	六	七	八	九	十	十一	十二
丙丁獨火	坤震	坎坤	離坎	艮離	兌艮	乾兌	中乾	中	巽中	震巽	坤震	坎坤
月游火	坤	震	巽	中	乾	兌	艮	離	坎	坤	震	巽
劫煞	亥	申	巳	寅	亥	辛	巳	寅	亥	辛	巳	寅
災煞	子	酉	午	卯	子	酉	午	卯	子	酉	午	卯
月煞	丑	戌	未	辰	丑	戌	未	辰	丑	戌	未	辰
月刑	巳	子	辰	申	午	丑	寅	酉	未	亥	卯	戌
月亥	巳	辰	卯	寅	丑	子	亥	戌	酉	申	未	午
月厭	戌	酉	申	未	午	巳	辰	卯	寅	丑	子	亥

4. 太歲丁未 : 幹火枝土 · 納音屬水

개산입향수방길(開山立向修方吉)

歲德壬	歲德合丁	歲枝德子
陽貴人亥	陰貴人酉	世祿午
歲馬巳	奏書巽	博士乾

삼원자백(三元紫白)

上元	一白震	六白艮	八白坎	九紫坤
中元	一白離	六白中	八白兌	九紫艮
下元	一白乾	六白坤	八白巽	九紫中

개산황도(蓋山黃道)—貪狼坤乙　　巨門坎癸申辰

　　　　　　　　武曲乾甲　　文曲震庚亥未

통천규(通天竅)—三合前方巽巳丙午丁未　三合後方乾亥壬子癸丑

　　(十二吉山宜亥卯未巳酉丑年月日時)

주마육임(走馬六壬)—神后巽巳　　功曹丁未　　天罡庚酉

　　　　　　　　勝光乾亥　　傳送癸丑　　河魁甲卯

　　(十二吉山宜亥卯未巳酉丑年月日時)

사리삼원(四利三元)—太陽申　　太陰戌　　龍德寅　　福德辰

개산입향수방흉(開山立向修方凶)—太歲未　　歲破丑　　三煞申酉戌

　　　　　　　　坐煞向煞庚申甲乙　浮天空亡震庚

개산흉(開山凶)—年剋山家甲寅辰巽戌坎辛申丑癸坤庚未山

　　　　　　陰府太歲乾離　六害子　死符子　炙退午

입향흉(立向凶)—巡山羅睺坤　病符午

수방흉(修方凶)—天官符寅　地官符亥　大煞卯　大將軍卯

力士坤　蠶室艮　蠶官丑　蠶命寅

歲刑丑　黃幡未　豹尾丑　飛廉卯

喪門酉　弔客巳　白虎卯　金神寅卯戌亥

獨火離　五鬼酉　破敗五鬼震

개산입향수방길(開山立向修方吉)

月	正	二	三	四	五	六	七	八	九	十	十一	十二
天道	南	南西	北	西	北西	東	北	北東	南	東	南東	西
天德	丁	坤	壬	辛	乾	甲	癸	艮	丙	乙	巽	庚
天德合	壬		丁	丙		己	戊		辛	庚		乙
月德	丙	甲	壬	庚	丙	甲	壬	庚	丙	甲	壬	庚
月德合	辛	己	丁	乙	辛	己	丁	乙	辛	己	丁	乙
月空	壬	庚	丙	甲	壬	庚	丙	甲	壬	庚	丙	甲
陽貴人	中	巽	震	坤	坎	離	艮	兌	乾	中	坎	離
陰貴人	震	坤	坎	離	艮	兌	乾	中	坎	離	艮	兌
飛天祿	離	艮	兌	乾	中	坎	離	艮	兌	乾	中	巽
飛天馬	艮	兌	乾	中	坎	離	艮	兌	乾	中	巽	震
月紫白　一白	坎	坤	震	巽	中	乾	兌	艮	離	坎	坤	震
月紫白　六白	乾	兌	艮	離	坎	坤	震	巽	中	乾	兌	艮
月紫白　八白	艮	離	坎	坤	震	巽	中	乾	兌	艮	離	坎
月紫白　九紫	離	坎	坤	震	巽	中	乾	兌	艮	離	坎	坤

		立春	春分	立夏	夏至	立秋	秋分	立冬	冬至
三奇	乙	離	巽	中	艮	坎	乾	中	坤
	丙	坎	中	乾	兌	離	中	巽	震
	丁	坤	乾	兌	乾	艮	巽	震	巽

개산흉(開山凶)

月	正	二	三	四	五	六	七	八	九	十	十一	十二
月建	寅	卯	辰	巳	午	未	申	酉	戌	亥	子	丑
月破	申	酉	戌	亥	子	丑	寅	卯	辰	巳	午	未
月剋山家			離丙	壬乙	水山	土	震巳	艮				
陰府太歲	離乾	震坤	艮巽	兌乾	坎坤	乾離	坤震	巽艮	乾兌	坤坎	離乾	震坤

수방흉(修方凶)

月	正	二	三	四	五	六	七	八	九	十	十一	十二
天官符	中	庚兌辛	戊乾亥	中	辰巽巳	甲震乙	未坤申	壬坎癸	丙離丁	丑艮寅	庚兌辛	戊乾亥
地官符	中	辰巽巳	甲震乙	未坤申	壬坎癸	丙離丁	丑艮寅	庚兌辛	戊乾亥	中	庚兌辛	戊乾亥
小月建	丙離丁	壬坎癸	未坤申	甲震乙	辰巽巳	中	戊乾亥	庚兌辛	丑艮寅	丙離丁	壬坎癸	未坤申
大月建	中	辰巽巳	甲震乙	未坤申	壬坎癸	丙離丁	丑艮寅	庚兌辛	戊乾亥	中	辰巽巳	甲震乙
飛大煞	戊乾亥	中	庚兌辛	戊乾亥	中	辰巽巳	甲震乙	未坤申	壬坎癸	丙離丁	丑艮寅	庚兌辛

月	正	二	三	四	五	六	七	八	九	十	十一	十二
丙丁獨火	離坎	艮離	兌艮	乾兌	中乾	中	巽中	震巽	坤震	坎坤	離坎	艮離
月游火	坤	震	巽	中	乾	兌	艮	離	坎	坤	震	巽
劫煞	亥	申	巳	寅	亥	辛	巳	寅	亥	辛	巳	寅
災煞	子	酉	午	卯	子	酉	午	卯	子	酉	午	卯
月煞	丑	戌	未	辰	丑	戌	未	辰	丑	戌	未	辰
月刑	巳	子	辰	申	午	丑	寅	酉	未	亥	卯	戌
月亥	巳	辰	卯	寅	丑	子	亥	戌	酉	申	未	午
月厭	戌	酉	申	未	午	巳	辰	卯	寅	丑	子	亥

5. 太歲戊申 : 幹土枝金 · 納音屬土

개산입향수방길(開山立向修方吉)

歲德戊	歲德合癸	歲枝德丑
陽貴人丑	陰貴人未	世祿申
歲馬寅	奏書坤	博士艮

삼원자백(三元紫白)

上元	一白巽	六白離	八白坤	九紫震
中元	一白坎	六白乾	八白艮	九紫離
下元	一白兌	六白震	八白中	九紫乾

개산황도(蓋山黃道)—貪狼坤乙　　巨門坎癸申辰

　　　　　　武曲乾甲　　文曲震庚亥未

통천규(通天竅)—三合前方艮寅甲卯乙辰　三合後方坤申庚酉辛戌

　　(十二吉山宜申子辰寅午戌年月日時)

주마육임(走馬六壬)—神后乙辰　　功曹丙午　　天罡坤申

　　　　　　勝光辛戌　　傳送壬子　　河魁艮寅

　　(十二吉山宜申子辰寅午戌年月日時)

사리삼원(四利三元)—太陽酉　太陰亥　龍德卯　福德巳

개산입향수방흉(開山立向修方凶)—太歲申　歲破寅　三煞巳午未

　　　　　　　　坐煞向煞丙丁壬癸　浮天空亡坤乙

개산흉(開山凶)—年剋山家離壬丙乙山

　　　　　陰府太歲坤震　六害亥　死符丑　炙退卯

입향흉(立向凶)—巡山羅睺庚　病符未

수방흉(修方凶)—天官符亥　地官符子　大煞子　大將軍午

力士乾　　蠶室巽　　蠶官震　　蠶命巳

歲刑寅　　黃幡辰　　豹尾戌　　飛廉辰

喪門戌　　弔客午　　白虎辰　　金神申酉子丑

獨火離　　五鬼申　　破敗五鬼離

개산입향수방길(開山立向修方吉)

月	正	二	三	四	五	六	七	八	九	十	十一	十二
天道	南	南西	北	西	北西	東	北	北東	南	東	南東	西
天德	丁	坤	壬	辛	乾	甲	癸	艮	丙	乙	巽	庚
天德合	壬		丁	丙		己	戊		辛	庚		乙
月德	丙	甲	壬	庚	丙	甲	壬	庚	丙	甲	壬	庚
月德合	辛	己	丁	乙	辛	己	丁	乙	辛	己	丁	乙
月空	壬	庚	丙	甲	壬	庚	丙	甲	壬	庚	丙	甲
陽貴人	兌	乾	中	巽	震	坤	坎	離	艮	兌	乾	中
陰貴人	坎	離	艮	兌	乾	中	坎	離	艮	兌	乾	中
飛天祿	艮	兌	乾	中	坎	離	艮	兌	乾	中	巽	震
飛天馬	中	坎	離	艮	兌	乾	中	巽	震	坤	坎	離
月紫白 一白	巽	中	乾	兌	艮	離	坎	坤	震	巽	中	乾
月紫白 六白	離	坎	坤	震	巽	中	乾	兌	艮	離	坎	坤
月紫白 八白	坤	震	巽	中	乾	兌	艮	離	坎	坤	震	巽
月紫白 九紫	震	巽	中	乾	兌	艮	離	坎	坤	震	巽	中

三奇		立春	春分	立夏	夏至	立秋	秋分	立冬	冬至
	乙	艮	震	巽	離	坤	兌	乾	坎
	丙	離	巽	中	艮	坎	乾	中	坤
	丁	坎	中	乾	兌	離	中	巽	震

개산흉(開山凶)

月	正	二	三	四	五	六	七	八	九	十	十一	十二
月建	寅	卯	辰	巳	午	未	申	酉	戌	亥	子	丑
月破	申	酉	戌	亥	子	丑	寅	卯	辰	巳	午	未
月剋山家	震巳	艮	離丙	壬乙			水山	土	震巳	艮		
陰府太歲	艮巽	兌乾	坎坤	乾離	坤震	巽艮	乾兌	坤坎	離乾	震坤	艮巽	兌乾

수방흉(修方凶)

月	正	二	三	四	五	六	七	八	九	十	十一	十二
天官符	中	辰巽巳	甲震乙	未坤申	壬坎癸	丙離丁	丑艮寅	庚兌辛	戌乾亥	中	庚兌辛	戌乾亥
地官符	戌乾亥	中	辰巽巳	甲震乙	未坤申	壬坎癸	丙離丁	丑艮寅	庚兌辛	戌乾亥	中	庚兌辛
小月建	中	戌乾亥	庚兌辛	丑艮寅	丙離丁	壬坎癸	未坤申	甲震乙	辰巽巳	中	戌乾亥	庚兌辛
大月建	未坤申	壬坎癸	丙離丁	丑艮寅	庚兌辛	戌乾亥	中	辰巽巳	甲震乙	未坤申	壬坎癸	丙離丁
飛大煞	戌乾亥	中	辰巽巳	甲震乙	未坤申	壬坎癸	丙離丁	丑艮寅	庚兌辛	戌乾亥	中	庚兌辛

月	正	二	三	四	五	六	七	八	九	十	十一	十二
丙丁獨火	兌艮	乾兌	中乾	中	巽中	震巽	坤震	坎坤	離坎	艮離	兌艮	乾兌
月游火	兌	艮	離	坎	坤	震	巽	中	乾	兌	艮	離
劫煞	亥	申	巳	寅	亥	辛	巳	寅	亥	辛	巳	寅
災煞	子	酉	午	卯	子	酉	午	卯	子	酉	午	卯
月煞	丑	戌	未	辰	丑	戌	未	辰	丑	戌	未	辰
月刑	巳	子	辰	申	午	丑	寅	酉	未	亥	卯	戌
月亥	巳	辰	卯	寅	丑	子	亥	戌	酉	申	未	午
月厭	戌	酉	申	未	午	巳	辰	卯	寅	丑	子	亥

6. 太歲己酉 : 幹土枝金 · 納音屬土

개산입향수방길(開山立向修方吉)

歲德甲　　歲德合巳　　歲枝德寅

陽貴人子　陰貴人申　　世祿午

歲馬亥　　奏書坤　　　博士艮

삼원자백(三元紫白)

上元	一白中	六白坎	八白震	九紫巽
中元	一白坤	六白兌	八白離	九紫坎
下元	一白艮	六白巽	八白乾	九紫兌

개산황도(蓋山黃道)—貪狼離壬寅戌　　巨門乾甲

武曲坎癸申辰　　文曲艮丙

통천규(通天竅)—三合前方乾亥壬子癸丑　三合後方巽巳丙午丁未

(十二吉山宜巳酉丑亥卯未年月日時)

주마육임(走馬六壬)—神后甲卯　功曹巽巳　天罡丁未

勝光庚酉　傳送乾亥　河魁癸丑

(十二吉山宜巳酉丑亥卯未年月日時)

사리삼원(四利三元)—太陽戌　太陰子　龍德辰　福德午

개산입향수방흉(開山立向修方凶)—太歲酉　歲破卯　三煞寅卯辰

坐煞向煞甲乙庚辛　浮天空亡乾甲

개산흉(開山凶)—年剋山家二十四山竝無剋冬至後剋乾亥兌丁山

陰府太歲巽艮　六害戌　死符寅　炙退子

입향흉(立向凶)—巡山羅喉辛　病符申

수방흉(修方凶)—天官符申　地官符丑　大煞酉　大將軍午

力士乾　蠶室巽　蠶官辰　蠶命巳

歲刑酉　黃幡丑　豹尾未　飛廉亥

喪門亥　弔客未　白虎巳　金神午未申酉

獨火坤　五鬼未　破敗五鬼坎

개산입향수방길(開山立向修方吉)

月		正	二	三	四	五	六	七	八	九	十	十一	十二
天道		南	南西	北	西	北西	東	北	北東	南	東	南東	西
天德		丁	坤	壬	辛	乾	甲	癸	艮	丙	乙	巽	庚
天德合		壬		丁	丙		己	戊		辛	庚		乙
月德		丙	甲	壬	庚	丙	甲	壬	庚	丙	甲	壬	庚
月德合		辛	己	丁	乙	辛	己	丁	乙	辛	己	丁	乙
月空		壬	庚	丙	甲	壬	庚	丙	甲	壬	庚	丙	甲
陽貴人		乾	中	巽	震	坤	坎	離	艮	兌	乾	中	坎
陰貴人		坤	坎	離	艮	兌	乾	中	坎	離	艮	兌	乾
飛天祿		離	艮	兌	乾	中	坎	離	灵	兌	乾	中	巽
飛天馬		中	巽	震	坤	坎	離	艮	兌	乾	中	次	離
月紫白	一白	兌	艮	離	坎	坤	震	巽	中	乾	兌	灵	離
	六白	震	巽	中	乾	兌	艮	離	坎	坤	震	巽	中
	八白	中	乾	兌	艮	離	坎	坤	震	巽	中	乾	兌
	九紫	乾	兌	艮	離	坎	坤	震	巽	中	乾	兌	艮

		立春	春分	立夏	夏至	立秋	秋分	立冬	冬至
三奇	乙	艮	震	巽	離	坤	兌	乾	坎
	丙	艮	震	巽	離	坤	兌	乾	坎
	丁	離	巽	中	艮	坎	乾	中	坤

개산흉(開山凶)

月	正	二	三	四	五	六	七	八	九	十	十一	十二
月建	寅	卯	辰	巳	午	未	申	酉	戌	亥	子	丑
月破	申	酉	戌	亥	子	丑	寅	卯	辰	巳	午	未
月剋山家	乾兌	亥丁	震巳	艮			水山	土	乾兌	亥丁	離丙	壬乙
陰府太歲	坎坤	乾離	坤震	巽艮	乾兌	坤坎	離乾	震坤	艮巽	兌乾	坎坤	乾離

수방흉(修方凶)

月	正	二	三	四	五	六	七	八	九	十	十一	十二
天官符	未坤申	壬坎癸	丙離丁	丑艮寅	庚兌辛	戌乾亥	中	庚兌辛	戌乾亥	中	辰巽巳	甲震乙
地官符	庚兌辛	戌乾亥	中	辰巽巳	甲震乙	未坤申	壬坎癸	丙離丁	丑艮寅	庚兌辛	戌乾亥	中
小月建	丙離丁	壬坎癸	未坤申	甲震乙	辰巽巳	中	戌乾亥	庚兌辛	丑艮寅	丙離丁	壬坎癸	未坤申
大月建	丑艮寅	庚兌辛	戌乾亥	中	辰巽巳	甲震乙	未坤申	壬坎癸	丙離丁	丑艮寅	庚兌辛	戌乾亥
飛大煞	甲震乙	未坤申	壬坎癸	丙離丁	丑艮寅	庚兌辛	戌乾亥	中	庚兌辛	戌乾亥	中	辰巽巳

月	正	二	三	四	五	六	七	八	九	十	十一	十二
丙丁獨火	中乾	中	巽中	震巽	坤震	坎坤	離坎	艮離	兌艮	乾兌	中乾	中
月游火	乾	兌	艮	離	坎	坤	震	巽	中	乾	兌	艮
劫煞	亥	申	巳	寅	亥	辛	巳	寅	亥	辛	巳	寅
災煞	子	酉	午	卯	子	酉	午	卯	子	酉	午	卯
月煞	丑	戌	未	辰	丑	戌	未	辰	丑	戌	未	辰
月刑	巳	子	辰	申	午	丑	寅	酉	未	亥	卯	戌
月亥	巳	辰	卯	寅	丑	子	亥	戌	酉	申	未	午
月厭	戌	酉	申	未	午	巳	辰	卯	寅	丑	子	亥

7. 太歲庚戌 : 幹金枝土 · 納音屬金

개산입향수방길(開山立向修方吉)

歲德庚　　歲德合乙　　歲枝德卯

陽貴人丑　陰貴人未　　世祿申

歲馬申　　奏書坤　　　博士艮

삼원자백(三元紫白)

上元	一白乾	六白坤	八白巽	九紫中
中元	一白震	六白艮	八白坎	九紫坤
下元	一白離	六白中	八白兌	九紫艮

개산황도(蓋山黃道)—貪狼坎癸申辰　　巨門坤乙

　　　　　　武曲離壬寅戌　　文曲兌丁巳丑

통천규(通天竅)—三合前方坤申庚酉辛戌　三合後方艮寅甲卯乙辰

　　(十二吉山宜寅午戌申子辰年月日時)

주마육임(走馬六壬)—神后艮寅　功曹乙辰　天罡丙午

　　　　　　　　勝光坤申　傳送辛戌　河魁壬子

　　(十二吉山宜寅午戌申子辰年月日時)

사리삼원(四利三元)—太陽亥　太陰丑　龍德巳　福德未

개산입향수방흉(開山立向修方凶)—太歲戌　歲破辰　三煞亥子丑

　　　　　　　　坐煞向煞壬癸丙丁　浮天空亡兌丁

개산흉(開山凶)—年剋山家震艮巳山

　　　　　　陰府太歲兌乾　六害酉　死符卯　灸退酉

입향흉(立向凶)—巡山羅喉乾　病符酉

수방흉(修方凶)—天官符巳　地官符寅　大煞午　大將軍午

力士乾　蠶室巽　蠶官辰　蠶命巳

歲刑未　黃幡戌　豹尾辰　飛廉子

喪門子　弔客申　白虎午　金神辰巳

獨火乾　五鬼午　破敗五鬼兌

개산입향수방길(開山立向修方吉)

月	正	二	三	四	五	六	七	八	九	十	十一	十二
天道	南	南西	北	西	北西	東	北	北東	南	東	南東	西
天德	丁	坤	壬	辛	乾	甲	癸	灵	丙	乙	巽	庚
天德合	壬		丁	丙		己	戊		辛	庚		乙
月德	丙	甲	壬	庚	丙	甲	壬	庚	丙	甲	壬	庚
月德合	辛	己	丁	乙	辛	己	丁	乙	辛	己	丁	乙
月空	壬	庚	丙	甲	壬	庚	丙	甲	壬	庚	丙	甲
陽貴人	兌	乾	中	巽	震	坤	坎	離	艮	兌	乾	中
陰貴人	坎	離	艮	兌	乾	中	坎	離	艮	兌	乾	中
飛天祿	坤	坎	離	艮	兌	乾	中	次	離	艮	兌	乾
飛天馬	坤	坎	離	艮	兌	乾	中	次	離	艮	兌	乾
月紫白 一白	坎	坤	震	巽	中	乾	兌	灵	離	坎	冲	震
月紫白 六白	乾	兌	艮	離	坎	坤	震	巽	中	乾	兌	艮
月紫白 八白	艮	離	坎	坤	震	巽	中	乾	兌	艮	離	坎
月紫白 九紫	離	坎	坤	震	巽	中	乾	兌	艮	離	次	坤

三奇		立春	春分	立夏	夏至	立秋	秋分	立多	冬至
	乙	兌	坤	震	坎	震	艮	兌	離
	丙	艮	震	巽	離	坤	兌	乾	坎
	丁	離	巽	中	艮	坎	乾	中	坤

欽定四庫全書 協紀辨方書

개산흉(開山凶)

月	正	二	三	四	五	六	七	八	九	十	十一	十二
月建	寅	卯	辰	巳	午	未	申	酉	戌	亥	子	丑
月破	申	酉	戌	亥	子	丑	寅	卯	辰	巳	午	未
月剋山家	乾兌	亥丁	震巽	艮	離丙	壬乙			乾兌	亥丁	水山	土山
陰府太歲	坤震	巽艮	乾兌	坤坎	離乾	震坤	艮巽	兌乾	坎坤	乾離	坤震	巽艮

수방흉(修方凶)

月	正	二	三	四	五	六	七	八	九	十	十一	十二
天官符	丑艮寅	庚兌辛	戌乾亥	中	庚兌辛	戌乾亥	中	辰巽巳	甲震乙	未坤申	壬坎癸	丙離丁
地官符	中	庚兌辛	戌乾亥	中	辰巽巳	甲震乙	未坤申	壬坎癸	丙離丁	丑艮寅	庚兌辛	戌乾亥
小月建	中	戌乾亥	庚兌辛	丑艮寅	丙離丁	壬坎癸	未坤申	甲震乙	辰巽巳	中	戌乾亥	庚兌辛
大月建	中	辰巽巳	甲震乙	未坤申	壬坎癸	丙離丁	丑艮寅	庚兌辛	戌乾亥	中	辰巽巳	甲震乙
飛大煞	丙離丁	丑艮寅	庚兌辛	戌乾亥	中	庚兌辛	戌乾亥	中	辰巽巳	甲震乙	未坤申	壬坎癸

月	正	二	三	四	五	六	七	八	九	十	十一	十二
丙丁獨火	巽中	震巽	坤震	坎坤	離坎	艮離	兌艮	乾兌	中乾	中	巽中	震巽
月游火	乾	兌	艮	離	坎	坤	震	巽	中	乾	兌	艮
劫煞	亥	申	巳	寅	亥	辛	巳	寅	亥	辛	巳	寅
災煞	子	酉	午	卯	子	酉	午	卯	子	酉	午	卯
月煞	丑	戌	未	辰	丑	戌	未	辰	丑	戌	未	辰
月刑	巳	子	辰	申	午	丑	寅	酉	未	亥	卯	戌
月亥	巳	辰	卯	寅	丑	子	亥	戌	酉	申	未	午
月厭	戌	酉	申	未	午	巳	辰	卯	寅	丑	子	亥

8. 太歲辛亥 : 幹金枝水 · 納音屬金

개산입향수방길(開山立向修方吉)

歲德丙	歲德合辛	歲枝德辰
陽貴人寅	陰貴人午	世祿酉
歲馬巳	奏書乾	博士巽

삼원자백(三元紫白)

上元	一白兌	六白震	八白中	九紫乾
中元	一白巽	六白離	八白坤	九紫震
下元	一白坎	六白乾	八白艮	九紫離

개산황도(蓋山黃道)—貪狼坎癸申辰　　巨門坤乙

武曲離壬寅戌　　文曲兌丁巳丑

통천규(通天竅)—三合前方巽巳丙午丁未　三合後方乾亥壬子癸丑

(十二吉山宜亥卯未巳酉丑年月日時)

주마육임(走馬六壬)—神后癸丑　　功曹甲卯　天罡巽巳

勝光丁未　　傳送庚酉　河魁乾亥

(十二吉山宜亥卯未巳酉丑年月日時)

사리삼원(四利三元)—太陽子　太陰寅　龍德午　福德申

개산입향수방흉(開山立向修方凶)—太歲亥　歲破巳　三煞申酉戌

坐煞向煞庚申甲乙　浮天空亡艮丙

개산흉(開山凶)—年剋山家離壬丙乙山

陰府太歲坤坎　六害申　死符辰　灸退午

입향흉(立向凶)—巡山羅喉壬　病符戌

수방흉(修方凶)—天官符寅　地官符卯　大煞卯　大將軍酉

力士艮　　蠶室坤　　蠶官未　　蠶命申

歲刑亥　　黃幡未　　豹尾丑　　飛廉丑

喪門丑　　弔客酉　　白虎未　　金神寅卯午未子丑

獨火乾　　五鬼巳　　破敗五鬼乾

개산입향수방길(開山立向修方吉)

	月	正	二	三	四	五	六	七	八	九	十	十一	十二
天道		南	南西	北	西	北西	東	北	北東	南	東	南東	西
天德		丁	坤	壬	辛	乾	甲	癸	艮	丙	乙	巽	庚
天德合		壬		丁	丙		己	戊		辛	庚		乙
月德		丙	甲	壬	庚	丙	甲	壬	庚	丙	甲	壬	庚
月德合		辛	己	丁	乙	辛	己	丁	乙	辛	己	丁	乙
月空		壬	庚	丙	甲	壬	庚	丙	甲	壬	庚	丙	甲
陽貴人		中	坎	離	艮	兌	乾	中	巽	震	坤	坎	離
陰貴人		離	艮	兌	乾	中	坎	離	艮	兌	乾	中	巽
飛天祿		震	坤	坎	離	艮	兌	乾	中	坎	離	艮	兌
飛天馬		艮	兌	乾	中	坎	離	艮	兌	乾	中	巽	震
月紫白	一白	巽	中	乾	兌	艮	離	坎	坤	震	巽	中	乾
	六白	離	坎	坤	震	巽	中	乾	兌	艮	離	坎	坤
	八白	坤	震	巽	中	乾	兌	艮	離	坎	坤	震	巽
	九紫	震	巽	中	乾	兌	艮	離	坎	坤	震	巽	中

		立春	春分	立夏	夏至	立秋	秋分	立冬	冬至
三奇	乙	乾	坎	坤	坤	巽	離	艮	艮
	丙	兌	坤	震	坎	震	艮	兌	離
	丁	艮	震	巽	離	坤	兌	乾	坎

개산흉(開山凶)

月	正	二	三	四	五	六	七	八	九	十	十一	十二
月建	寅	卯	辰	巳	午	未	申	酉	戌	亥	子	丑
月破	申	酉	戌	亥	子	丑	寅	卯	辰	巳	午	未
月剋山家			乾兌	亥丁	離丙	壬乙	震巳	艮			水山	土山
陰府太歲	乾兌	坤坎	離乾	震坤	艮巽	兌乾	坎坤	乾離	坤震	巽艮	乾兌	坤坎

수방흉(修方凶)

月	正	二	三	四	五	六	七	八	九	十	十一	十二
天官符	中	庚兌辛	戊乾亥	中	辰巽巳	甲震乙	未坤申	壬坎癸	丙離丁	丑艮寅	庚兌辛	戊乾亥
地官符	戊乾亥	中	庚兌辛	戊乾亥	中	辰巽巳	甲震乙	未坤申	壬坎癸	丙離丁	丑艮寅	庚兌辛
小月建	丙離丁	壬坎癸	未坤申	甲震乙	辰巽巳	中	戊乾亥	庚兌辛	丑艮寅	丙離丁	壬坎癸	未坤申
大月建	未坤申	壬坎癸	丙離丁	丑艮寅	庚兌辛	戊乾亥	中	辰巽巳	甲震乙	未坤申	壬坎癸	丙離丁
飛大煞	戊乾亥	中	庚兌辛	戊乾亥	中	辰巽巳	甲震乙	未坤申	壬坎癸	丙離丁	丑艮寅	庚兌辛

月	正	二	三	四	五	六	七	八	九	十	十一	十二
丙丁獨火	坤震	坎坤	離坎	艮離	兌艮	乾兌	中乾	中	巽中	震巽	坤震	坎坤
月游火	坎	坤	震	巽	中	乾	兌	艮	離	坎	坤	震
劫煞	亥	申	巳	寅	亥	辛	巳	寅	亥	辛	巳	寅
災煞	子	酉	午	卯	子	酉	午	卯	子	酉	午	卯
月煞	丑	戌	未	辰	丑	戌	未	辰	丑	戌	未	辰
月刑	巳	子	辰	申	午	丑	寅	酉	未	亥	卯	戌
月亥	巳	辰	卯	寅	丑	子	亥	戌	酉	申	未	午
月厭	戌	酉	申	未	午	巳	辰	卯	寅	丑	子	亥

9. 太歲壬子 : 幹水枝水 · 納音屬木

개산입향수방길(開山立向修方吉)

歲德壬	歲德合丁	歲枝德巳
陽貴人卯	陰貴人巳	世祿亥
歲馬寅	奏書乾	博士巽

삼원자백(三元紫白)

上元	一白艮	六白巽	八白乾	九紫兌
中元	一白中	六白坎	八白震	九紫巽
下元	一白坤	六白兌	八白離	九紫坎

개산황도(蓋山黃道)—貪狼震庚亥未　巨門兌丁巳丑

　　　　　　　武曲巽巳　　文曲坤乙

통천규(通天竅)—三合前方艮寅甲卯乙辰　三合後方坤申庚酉辛戌

　　(十二吉山宜申子辰寅午戌年月日時)

주마육임(走馬六壬)—神后壬子　功曹艮寅　天罡乙辰

　　　　　　　勝光丙午　　傳送坤申　河魁辛戌

　　(十二吉山宜申子辰寅午戌年月日時)

사리삼원(四利三元)—太陽丑　太陰卯　龍德未　福德酉

개산입향수방흉(開山立向修方凶)—太歲子　歲破午　三煞巳午未

　　　　　　　坐煞向煞丙丁壬癸　浮天空亡乾甲

개산흉(開山凶)—年剋山家乾亥兌丁山

　　　　　　陰府太歲離乾　六害未　死符巳　炙退卯

입향흉(立向凶)—巡山羅喉癸　病符亥

수방흉(修方凶)—天官符亥　地官符辰　大煞子　大將軍酉

力士艮　　蠶室坤　　蠶官未　　蠶命申

歲刑卯　　黃幡辰　　豹尾戌　　飛廉申

喪門寅　　弔客戌　　白虎申　　金神寅卯戌亥

獨火艮　　五鬼辰　　破敗五鬼巽

개산입향수방길(開山立向修方吉)

月	正	二	三	四	五	六	七	八	九	十	十一	十二
天道	南	南西	北	西	北西	東	北	北東	南	東	南東	西
天德	丁	坤	壬	辛	乾	甲	癸	艮	丙	乙	巽	庚
天德合	壬		丁	丙		己	戊		辛	庚		乙
月德	丙	甲	壬	庚	丙	甲	壬	庚	丙	甲	壬	庚
月德合	辛	己	丁	乙	辛	己	丁	乙	辛	己	丁	乙
月空	壬	庚	丙	甲	壬	庚	丙	甲	壬	庚	丙	甲
陽貴人	乾	中	坎	離	艮	兌	乾	中	巽	震	坤	坎
陰貴人	艮	兌	乾	中	坎	離	艮	兌	乾	中	巽	震
飛天祿	中	巽	震	坤	坎	離	艮	兌	乾	中	坎	離
飛天馬	中	坎	離	艮	兌	乾	中	巽	震	坤	坎	離
月紫白 一白	兌	艮	離	坎	坤	震	巽	中	乾	兌	艮	離
月紫白 六白	震	巽	中	乾	兌	艮	離	坎	坤	震	巽	中
月紫白 八白	中	乾	兌	艮	離	坎	坤	震	巽	中	乾	兌
月紫白 九紫	乾	兌	艮	離	坎	坤	震	巽	中	乾	兌	艮

		立春	春分	立夏	夏至	立秋	秋分	立冬	冬至
三奇	乙	中	離	坎	震	中	坎	離	兌
	丙	乾	坎	坤	坤	巽	離	艮	艮
	丁	兌	坤	震	坎	震	艮	兌	離

欽定四庫全書 協紀辨方書

개산흉(開山凶)

月	正	二	三	四	五	六	七	八	九	十	十一	十二
月建	寅	卯	辰	巳	午	未	申	酉	戌	亥	子	丑
月破	申	酉	戌	亥	子	丑	寅	卯	辰	巳	午	未
月剋山家			離丙	壬乙	水山	土	震巳	艮				
陰府太歲	離乾	震坤	艮巽	兌乾	坎坤	乾離	坤震	巽艮	乾兌	坤坎	離乾	震坤

수방흉(修方凶)

月	正	二	三	四	五	六	七	八	九	十	十一	十二
天官符	中	辰巽巳	甲震乙	未坤申	壬坎癸	丙離丁	丑艮寅	庚兌辛	戌乾亥	中	庚兌辛	戌乾亥
地官符	庚兌辛	戌乾亥	中	庚兌辛	戌乾亥	中	辰巽巳	甲震乙	未坤申	壬坎癸	丙離丁	丑艮寅
小月建	中	戌乾亥	庚兌辛	丑艮寅	丙離丁	壬坎癸	未坤申	甲震乙	辰巽巳	中	戌乾亥	庚兌辛
大月建	丑艮寅	庚兌辛	戌乾亥	中	辰巽巳	甲震乙	未坤申	壬坎癸	丙離丁	丑艮寅	庚兌辛	戌乾亥
飛大煞	戌乾亥	中	辰巽巳	甲震乙	未坤申	壬坎癸	丙離丁	丑艮寅	庚兌辛	戌乾亥	中	庚兌辛

月	正	二	三	四	五	六	七	八	九	十	十一	十二
丙丁獨火	離坎	艮離	兌艮	乾兌	中乾	中	巽中	震巽	坤震	坎坤	離坎	艮離
月游火	艮	離	坎	坤	震	巽	中	乾	兌	艮	離	坎
劫煞	亥	申	巳	寅	亥	辛	巳	寅	亥	辛	巳	寅
災煞	子	酉	午	卯	子	酉	午	卯	子	酉	午	卯
月煞	丑	戌	未	辰	丑	戌	未	辰	丑	戌	未	辰
月刑	巳	子	辰	申	午	丑	寅	酉	未	亥	卯	戌
月亥	巳	辰	卯	寅	丑	子	亥	戌	酉	申	未	午
月厭	戌	酉	申	未	午	巳	辰	卯	寅	丑	子	亥

第二部 用事宜忌

10. 太歲癸丑 : 幹水枝土 · 納音屬木

개산입향수방길(開山立向修方吉)

歲德戌	歲德合癸	歲枝德午
陽貴人巳	陰貴人卯	世祿子
歲馬亥	奏書乾	博士巽

삼원자백(三元紫白)

上元	一白離	六白中	八白兌	九紫艮
中元	一白乾	六白坤	八白巽	九紫中
下元	一白震	六白艮	八白坎	九紫坤

개산황도(蓋山黃道)—貪狼艮丙　　巨門巽辛

武曲兌丁巳丑　文曲離壬寅戌

통천규(通天竅)—三合前方乾亥壬子癸丑　三合後方巽巳丙午丁未

(十二吉山宜巳酉丑亥卯未年月日時)

주마육임(走馬六壬)—神后乾亥　功曹癸丑　天罡甲卯

勝光巽巳　傳送丁未　河魁庚酉

(十二吉山宜申子辰寅午戌年月日時)

사리삼원(四利三元)—太陽寅　太陰辰　龍德申　福德戌

개산입향수방흉(開山立向修方凶)—太歲丑　歲破未　三煞寅卯辰

坐煞向煞甲乙庚辛　浮天空亡坤乙

개산흉(開山凶)—年剋山家甲寅辰巽戌坎辛申丑癸坤庚未山

陰府太歲震坤　六害午　死符午　灸退子

입향흉(立向凶)—巡山羅睺艮　病符子

수방흉(修方凶)—天官符申　地官符巳　大煞酉　大將軍酉

力士艮　蠶室坤　蠶官未　蠶命申

歲刑戌　黃幡丑　豹尾未　飛廉酉

喪門卯　弔客亥　白虎酉　金神申酉子丑

獨火辰　五鬼卯　破敗五鬼艮

개산입향수방길(開山立向修方吉)

月	正	二	三	四	五	六	七	八	九	十	十一	十二
天道	南	南西	北	西	北西	東	北	北東	南	東	南東	西
天德	丁	坤	壬	辛	乾	甲	癸	艮	丙	乙	巽	庚
天德合	壬		丁	丙		己	戊		辛	庚		乙
月德	丙	甲	壬	庚	丙	甲	壬	庚	丙	甲	壬	庚
月德合	辛	己	丁	乙	辛	己	丁	乙	辛	己	丁	乙
月空	壬	庚	丙	甲	壬	庚	丙	甲	壬	庚	丙	甲
陽貴人	艮	兌	乾	中	坎	離	艮	兌	乾	中	巽	震
陰貴人	乾	中	坎	離	艮	兌	乾	中	巽	震	坤	坎
飛天祿	乾	中	巽	震	坤	坎	離	艮	兌	乾	中	坎
飛天馬	中	巽	震	坤	坎	離	艮	兌	乾	中	坎	離
月紫白 一白	坎	坤	震	巽	中	乾	兌	艮	離	坎	坤	震
月紫白 六白	乾	兌	艮	離	坎	坤	震	巽	中	乾	兌	艮
月紫白 八白	艮	離	坎	坤	震	巽	中	乾	兌	艮	離	坎
月紫白 九紫	離	坎	坤	震	巽	中	乾	兌	艮	離	坎	坤

	立春	春分	立夏	夏至	立秋	秋分	立冬	冬至
三奇 乙	巽	艮	離	巽	乾	坤	坎	乾
三奇 丙	中	離	坎	震	中	坎	離	兌
三奇 丁	乾	坎	坤	坤	巽	離	艮	艮

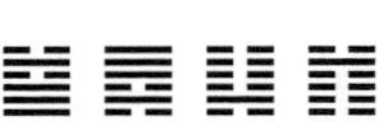

개산흉(開山凶)

月	正	二	三	四	五	六	七	八	九	十	十一	十二
月建	寅	卯	辰	巳	午	未	申	酉	戌	亥	子	丑
月破	申	酉	戌	亥	子	丑	寅	卯	辰	巳	午	未
月剋山家	震巳	艮	離丙	壬乙			水山	土	震巳	艮		
陰府太歲	艮巽	兌乾	坎坤	乾離	坤震	巽艮	乾兌	坤坎	離乾	震坤	艮巽	兌乾

수방흉(修方凶)

月	正	二	三	四	五	六	七	八	九	十	十一	十二
天官符	未坤申	壬坎癸	丙離丁	丑艮寅	庚兌辛	戌乾亥	中	庚兌辛	戌乾亥	中	辰巽巳	甲震乙
地官符	丑艮寅	庚兌辛	戌乾亥	中	庚兌辛	戌乾亥	中	辰巽巳	甲震乙	未坤申	壬坎癸	丙離丁
小月建	丙離丁	壬坎癸	未坤申	甲震乙	辰巽巳	中	戌乾亥	庚兌辛	丑艮寅	丙離丁	壬坎癸	未坤申
大月建	中	辰巽巳	甲震乙	未坤申	壬坎癸	丙離丁	丑艮寅	庚兌辛	戌乾亥	中	辰巽巳	甲震乙
飛大煞	甲震乙	未坤申	壬坎癸	丙離丁	丑艮寅	庚兌辛	戌乾亥	中	庚兌辛	戌乾亥	中	辰巽巳

月	正	二	三	四	五	六	七	八	九	十	十一	十二
丙丁獨火	兌艮	乾兌	中乾	中	巽中	震巽	坤震	坎坤	離坎	艮離	兌艮	乾兌
月游火	艮	離	坎	坤	震	巽	中	乾	兌	艮	離	坎
劫煞	亥	申	巳	寅	亥	辛	巳	寅	亥	辛	巳	寅
災煞	子	酉	午	卯	子	酉	午	卯	子	酉	午	卯
月煞	丑	戌	未	辰	丑	戌	未	辰	丑	戌	未	辰
月刑	巳	子	辰	申	午	丑	寅	酉	未	亥	卯	戌
月亥	巳	辰	卯	寅	丑	子	亥	戌	酉	申	未	午
月厭	戌	酉	申	未	午	巳	辰	卯	寅	丑	子	亥

欽定 協紀辨方書

協紀辨方書

卷 19

年表 6. 갑인지계해 甲寅즈癸亥

제1장 갑인순(甲寅旬)

제1장. 甲寅旬

1. 太歲甲寅 : 幹木枝木 · 納音屬水

개산입향수방길(開山立向修方吉)

歲德甲	歲德合己	歲枝德未
陽貴人未	陰貴人丑	世祿寅
歲馬申	奏書艮	博士坤

삼원자백(三元紫白)

上元	一白坎	六白乾	八白艮	九紫離
中元	一白兌	六白震	八白中	九紫乾
下元	一白巽	六白離	八白坤	九紫震

개산황도(蓋山黃道)―貪狼艮丙　　巨門巽辛

　　　　　　武曲兌丁巳丑　文曲離壬寅戌

통천규(通天竅)―三合前方坤申庚酉辛戌　三合後方艮寅甲卯乙辰

　　(十二吉山宜寅午戌申子辰年月日時)

주마육임(走馬六壬)―神后辛戌　功曹壬子　天罡艮寅

　　　　　　勝光乙辰　傳送丙午　河魁坤申

　　(十二吉山宜寅午戌申子辰年月日時)

사리삼원(四利三元)―太陽卯　太陰巳　龍德酉　福德亥

개산입향수방흉(開山立向修方凶)―太歲寅　歲破申　三煞亥子丑

　　　　　　　　坐煞向煞壬癸丙丁　浮天空亡離壬

개산흉(開山凶)―年剋山家離壬丙乙山

　　　　陰府太歲艮巽　六害巳　死符未　灸退酉

입향흉(立向凶)―巡山羅喉甲　病符丑

수방흉(修方凶)―天官符巳　地官符午　大煞子　大將軍子

力士巽　　蠶室乾　　　蠶官未　　蠶命亥

歲刑巳　　黃幡戌　　　豹尾戌　　飛廉戌

喪門辰　　弔客子　　　白虎申　　金神午未申酉

獨火辰　　五鬼寅　　　破敗五鬼巽

月	正	二	三	四	五	六	七	八	九	十	十一	十二
天道	南	南西	北	西	北西	東	北	北東	南	東	南東	西
天德	丁	坤	壬	辛	乾	甲	癸	艮	丙	乙	巽	庚
天德合	壬		丁	丙		己	戊		辛	庚		乙
月德	丙	甲	壬	庚	丙	甲	壬	庚	丙	甲	壬	庚
月德合	辛	己	丁	乙	辛	己	丁	乙	辛	己	丁	乙
月空	壬	庚	丙	甲	壬	庚	丙	甲	壬	庚	丙	甲
陽貴人	坎	離	艮	兌	乾	中	坎	離	艮	兌	乾	中
陰貴人	兌	乾	中	巽	震	坤	坎	離	艮	兌	乾	中
飛天祿	中	坎	離	艮	兌	乾	中	巽	震	坤	坎	離
飛天馬	坤	坎	離	艮	兌	乾	中	坎	離	艮	兌	乾
月紫白 一白	巽	中	乾	兌	艮	離	坎	坤	震	巽	中	乾
月紫白 六白	離	坎	坤	震	巽	中	乾	兌	艮	離	坎	坤
月紫白 八白	坤	震	巽	中	乾	兌	艮	離	坎	坤	震	巽
月紫白 九紫	震	巽	中	乾	兌	艮	離	坎	坤	震	巽	中

三奇	立春	春分	立夏	夏至	立秋	秋分	立冬	冬至
乙	巽	艮	離	巽	乾	坤	坎	乾
丙	巽	艮	離	巽	乾	坤	坎	乾
丁	中	離	坎	震	中	坎	離	兌

개산흉(開山凶)

月	正	二	三	四	五	六	七	八	九	十	十一	十二
月建	寅	卯	辰	巳	午	未	申	酉	戌	亥	子	丑
月破	申	酉	戌	亥	子	丑	寅	卯	辰	巳	午	未
月剋山家	乾兌	亥丁	震巳	艮			水山	土	乾兌	亥丁	離丙	壬乙
陰府太歲	坎坤	乾離	坤震	巽艮	乾兌	坤坎	離乾	震坤	艮巽	兌乾	坎坤	乾離

수방흉(修方凶)

月	正	二	三	四	五	六	七	八	九	十	十一	十二
天官符	丑艮寅	庚兌辛	戌乾亥	中	庚兌辛	戌乾亥	中	辰巽巳	甲震乙	未坤申	壬坎癸	丙離丁
地官符	丙離丁	丑艮寅	庚兌辛	戌乾亥	中	庚兌辛	戌乾亥	中	辰巽巳	甲震乙	未坤申	壬坎癸
小月建	中	戊乾亥	庚兌辛	丑艮寅	丙離丁	壬坎癸	未坤申	甲震乙	辰巽巳	中	戊乾亥	庚兌辛
大月建	未坤申	壬坎癸	丙離丁	丑艮寅	庚兌辛	戌乾亥	中	辰巽巳	甲震乙	未坤申	壬坎癸	丙離丁
飛大煞	丙離丁	丑艮寅	庚兌辛	戌乾亥	中	庚兌辛	戌乾亥	中	辰巽巳	甲震乙	未坤申	壬坎癸

月	正	二	三	四	五	六	七	八	九	十	十一	十二
丙丁獨火	中乾	中	巽中	震巽	坤震	坎坤	離坎	艮離	兌艮	乾兌	中乾	中
月游火	震	巽	中	乾	兌	艮	離	坎	坤	震	巽	中
劫煞	亥	申	巳	寅	亥	辛	巳	寅	亥	辛	巳	寅
災煞	子	酉	午	卯	子	酉	午	卯	子	酉	午	卯
月煞	丑	戌	未	辰	丑	戌	未	辰	丑	戌	未	辰
月刑	巳	子	辰	申	午	丑	寅	酉	未	亥	卯	戌
月害	巳	辰	卯	寅	丑	子	亥	戌	酉	申	未	午
月厭	戌	酉	申	未	午	巳	辰	卯	寅	丑	子	亥

2. 太歲乙卯 : 幹木枝木 · 納音屬水

개산입향수방길(開山立向修方吉)

歲德庚　　歲德合乙　　歲枝德申

陽貴人申　　陰貴人子　　世祿卯

歲馬巳　　奏書艮　　博士坤

삼원자백(三元紫白)

上元	一白坤	六白兌	八白離	九紫坎
中元	一白艮	六白巽	八白乾	九紫兌
下元	一白中	六白坎	八白震	九紫巽

개산황도(蓋山黃道)—貪狼乾甲艮丙　　巨門離壬寅戌

武曲坤乙　　文曲巽辛

통천규(通天竅)—三合前方巽巳丙午丁未　三合後方乾亥壬子癸丑

　(十二吉山宜亥卯未巳酉丑年月日時)

주마육임(走馬六壬)—神后庚酉　　功曹乾亥　天罡癸丑

勝光甲卯　　傳送巽巳　河魁丁未

　(十二吉山宜亥卯未巳酉丑年月日時)

사리삼원(四利三元)—太陽辰　太陰午　龍德戌　福德子

개산입향수방흉(開山立向修方凶)—太歲酉　歲破酉　三煞申酉戌

坐煞向煞庚申甲乙　浮天空亡坎癸

개산흉(開山凶)—年剋山家二十四山竝無剋冬至後剋乾亥兌丁山

陰府太歲兌乾　六害辰　死符申　灸退午

입향흉(立向凶)—巡山羅睺乙　病符寅

수방흉(修方凶)—天官符寅　地官符未　大煞卯　大將軍子

力士_巽　蠶室_乾　蠶官_戌　蠶命_亥

歲刑_子　黃幡_未　豹尾_丑　飛廉_巳

喪門_巳　弔客_丑　白虎_亥　金神_{辰巳}

獨火_坎　五鬼_丑　破敗五鬼_艮

개산입향수방길(開山立向修方吉)

月		正	二	三	四	五	六	七	八	九	十	十一	十二
天道		南	南西	北	西	北西	東	北	北東	南	東	南東	西
天德		丁	坤	壬	辛	乾	甲	癸	艮	丙	乙	巽	庚
天德合		壬		丁	丙		己	戊		辛	庚		乙
月德		丙	甲	壬	庚	丙	甲	壬	庚	丙	甲	壬	庚
月德合		辛	己	丁	乙	辛	己	丁	乙	辛	己	丁	乙
月空		壬	庚	丙	甲	壬	庚	丙	甲	壬	庚	丙	甲
陽貴人		坤	坎	離	艮	兌	乾	中	坎	離	艮	兌	乾
陰貴人		乾	中	坎	離	艮	兌	乾	中	巽	震	坤	坎
飛天祿		乾	中	坎	離	艮	兌	乾	中	巽	震	坤	坎
飛天馬		艮	兌	乾	中	坎	離	艮	兌	乾	中	巽	震
月紫白	一白	兌	艮	離	坎	坤	震	巽	中	乾	兌	艮	離
	六白	震	巽	中	乾	兌	艮	離	坎	坤	震	巽	中
	八白	中	乾	兌	艮	離	坎	坤	震	巽	中	乾	兌
	九紫	乾	兌	艮	離	坎	坤	震	巽	中	乾	兌	艮

		立春	春分	立夏	夏至	立秋	秋分	立冬	冬至
三奇	乙	震	兌	艮	中	兌	震	坤	中
	丙	巽	艮	離	巽	乾	坤	坎	乾
	丁	中	離	坎	震	中	坎	離	兌

개산흉(開山凶)

月	正	二	三	四	五	六	七	八	九	十	十一	十二
月建	寅	卯	辰	巳	午	未	申	酉	戌	亥	子	丑
月破	申	酉	戌	亥	子	丑	寅	卯	辰	巳	午	未
月剋山家	乾兌	亥丁	震巳	艮	離丙	壬乙			乾兌	亥丁	水山	土
陰府太歲	坤震	巽艮	乾兌	坤坎	離乾	震坤	艮巽	兌乾	坎坤	乾離	坤震	巽艮

수방흉(修方凶)

月	正	二	三	四	五	六	七	八	九	十	十一	十二
天官符	中	庚兌辛	戌乾亥	中	辰巽巳	甲震乙	未坤申	壬坎癸	丙離丁	丑艮寅	庚兌辛	戌乾亥
地官符	壬坎癸	丙離丁	丑艮寅	庚兌辛	戌乾亥	中	庚兌辛	戌乾亥	中	辰巽巳	甲震乙	未坤申
小月建	丙離丁	壬坎癸	未坤申	甲震乙	辰巽巳	中	戌乾亥	庚兌辛	丑艮寅	丙離丁	壬坎癸	未坤申
大月建	丑艮寅	庚兌辛	戌乾亥	中	辰巽巳	甲震乙	未坤申	壬坎癸	丙離丁	丑艮寅	庚兌辛	戌乾亥
飛大煞	戌乾亥	中	庚兌辛	戌乾亥	中	辰巽巳	甲震乙	未坤申	壬坎癸	丙離丁	丑艮寅	庚兌辛

月	正	二	三	四	五	六	七	八	九	十	十一	十二
丙丁獨火	巽中	震巽	坤震	坎坤	離坎	艮離	兌艮	乾兌	中乾	中	巽中	震巽
月游火	巽	中	乾	兌	艮	離	坎	坤	震	巽	中	乾
劫煞	亥	申	巳	寅	亥	辛	巳	寅	亥	辛	巳	寅
災煞	子	酉	午	卯	子	酉	午	卯	子	酉	午	卯
月煞	丑	戌	未	辰	丑	戌	未	辰	丑	戌	未	辰
月刑	巳	子	辰	申	午	丑	寅	酉	未	亥	卯	戌
月亥	巳	辰	卯	寅	丑	子	亥	戌	酉	申	未	午
月厭	戌	酉	申	未	午	巳	辰	卯	寅	丑	子	亥

3. 太歲丙辰 : 幹火枝土 · 納音屬土

개산입향수방길(開山立向修方吉)

歲德丙	歲德合辛	歲枝德酉
陽貴人酉	陰貴人亥	世祿巳
歲馬寅	奏書艮	博士坤

삼원자백(三元紫白)

上元	一白震	六白艮	八白坎	九紫坤
中元	一白離	六白中	八白兌	九紫艮
下元	一白乾	六白坤	八白巽	九紫中

개산황도(蓋山黃道)—貪狼兌丁巳丑　　巨門震庚亥未

　　　　　　　　武曲艮丙　　　文曲坎癸申辰

통천규(通天竅)—三合前方艮寅甲卯乙辰　三合後方坤申庚酉辛戌

　　(十二吉山宜申子辰寅午戌年月日時)

주마육임(走馬六壬)—神后坤申　功曹辛戌　天罡壬子

　　　　　　勝光艮寅　傳送乙辰　河魁丙午

　　(十二吉山宜申子辰寅午戌年月日時)

사리삼원(四利三元)—太陽丑　太陰卯　龍德未　福德酉

개산입향수방흉(開山立向修方凶)—太歲子　歲破午　三煞巳午未

　　　　　　　　　坐煞向煞丙丁壬癸　浮天空亡乾甲

개산흉(開山凶)—年剋山家乾亥兌丁山

　　　　　陰府太歲離乾　六害未　死符巳　灸退卯

입향흉(立向凶)—巡山羅喉癸　病符亥

수방흉(修方凶)—天官符亥　地官符辰　大煞子　大將軍酉

力士艮　蠶室坤　　蠶官未　蠶命申

歲刑卯　黃幡辰　　豹尾戌　飛廉申

喪門寅　弔客戌　　白虎申　金神寅卯戌亥

獨火艮　五鬼辰　　破敗五鬼巽

개산입향수방길(開山立向修方吉)

月	正	二	三	四	五	六	七	八	九	十	十一	十二
天道	南	南西	北	西	北西	東	北	北東	南	東	南東	西
天德	丁	坤	壬	辛	乾	甲	癸	艮	丙	乙	巽	庚
天德合	壬		丁	丙		己	戊		辛	庚		乙
月德	丙	甲	壬	庚	丙	甲	壬	庚	丙	甲	壬	庚
月德合	辛	己	丁	乙	辛	己	丁	乙	辛	己	丁	乙
月空	壬	庚	丙	甲	壬	庚	丙	甲	壬	庚	丙	甲
陽貴人	震	坤	坎	離	艮	兌	乾	中	坎	離	艮	兌
陰貴人	中	巽	震	坤	坎	離	艮	兌	乾	中	坎	離
飛天祿	艮	兌	乾	中	坎	離	艮	兌	乾	中	巽	震
飛天馬	中	坎	離	艮	兌	乾	中	巽	震	坤	坎	離
月紫白 一白	坎	坤	震	巽	中	乾	兌	艮	離	坎	坤	震
月紫白 六白	乾	兌	艮	離	坎	坤	震	巽	中	乾	兌	艮
月紫白 八白	艮	離	坎	坤	震	巽	中	乾	兌	艮	離	坎
月紫白 九紫	離	坎	坤	震	巽	中	乾	兌	艮	離	坎	坤

		立春	春分	立夏	夏至	立秋	秋分	立冬	冬至
三奇	乙	坤	乾	兌	乾	艮	巽	震	巽
	丙	震	兌	艮	中	兌	震	坤	中
	丁	巽	艮	離	巽	乾	坤	坎	乾

개산흉(開山凶)

月	正	二	三	四	五	六	七	八	九	十	十一	十二
月建	寅	卯	辰	巳	午	未	申	酉	戌	亥	子	丑
月破	申	酉	戌	亥	子	丑	寅	卯	辰	巳	午	未
月剋山家			乾兌	亥丁	離丙	壬乙	震巳	艮			水山	土
陰府太歲	乾兌	坤坎	離乾	震坤	艮巽	兌乾	坎坤	乾離	坤震	巽艮	乾兌	坤坎

수방흉(修方凶)

月	正	二	三	四	五	六	七	八	九	十	十一	十二
天官符	中	辰巽巳	甲震乙	未坤申	壬坎癸	丙離丁	丑艮寅	庚兌辛	戌乾亥	中	庚兌辛	戌乾亥
地官符	未坤申	壬坎癸	丙離丁	丑艮寅	庚兌辛	戌乾亥	中	庚兌辛	戌乾亥	中	辰巽巳	甲震乙
小月建	中	戌乾亥	庚兌辛	丑艮寅	丙離丁	壬坎癸	未坤申	甲震乙	辰巽巳	中	戌乾亥	庚兌辛
大月建	中	辰巽巳	甲震乙	未坤申	壬坎癸	丙離丁	丑艮寅	庚兌辛	戌乾亥	中	辰巽巳	甲震乙
飛大煞	戌乾亥	中	辰巽巳	甲震乙	未坤申	壬坎癸	丙離丁	丑艮寅	庚兌辛	戌乾亥	中	庚兌辛

月	正	二	三	四	五	六	七	八	九	十	十一	十二
丙丁獨火	坤震	坎坤	離坎	艮離	兌艮	乾兌	中乾	一	巽中	震巽	坤震	坎坤
月游火	巽	中	乾	兌	艮	離	坎	坤	震	巽	中	乾
劫煞	亥	申	巳	寅	亥	辛	巳	寅	亥	辛	巳	寅
災煞	子	酉	午	卯	子	酉	午	卯	子	酉	午	卯
月煞	丑	戌	未	辰	丑	戌	未	辰	丑	戌	未	辰
月刑	巳	子	辰	申	午	丑	寅	酉	未	亥	卯	戌
月亥	巳	辰	卯	寅	丑	子	亥	戌	酉	申	未	午
月厭	戌	酉	申	未	午	巳	辰	卯	寅	丑	子	亥

4. 太歲丁巳 : 幹火枝火 · 納音屬土

개산입향수방길(開山立向修方吉)

歲德壬	歲德合丁	歲枝德戌
陽貴人亥	陰貴人酉	世祿午
歲馬亥	奏書巽	博士乾

삼원자백(三元紫白)

上元	一白巽	六白離	八白坤	九紫震
中元	一白坎	六白乾	八白艮	九紫離
下元	一白兌	六白震	八白中	九紫乾

개산황도(蓋山黃道)—貪狼兌丁巳丑　　巨門震庚亥未

武曲艮丙　　文曲坎癸申辰

통천규(通天竅)—三合前方乾亥壬子癸丑　三合後方巽巳丙午丁未

(十二吉山宜巳酉丑亥卯未年月日時)

주마육임(走馬六壬)—神后丁未　功曹庚酉　天罡乾亥

勝光癸丑　傳送甲卯　河魁巽巳

(十二吉山宜巳酉丑亥卯未年月日時)

사리삼원(四利三元)—太陽午　太陰申　龍德子　福德寅

개산입향수방흉(開山立向修方凶)—太歲巳　歲破亥　三煞寅卯辰

坐煞向煞甲乙庚辛　浮天空亡震庚

개산흉(開山凶)—年剋山家震艮巳山

陰府太歲乾離　六害寅　死符戌　灸退子

입향흉(立向凶)—巡山羅睺丙　病符辰

수방흉(修方凶)—天官符申　地官符酉　大煞酉　大將軍卯

力士坤　蠶室艮　蠶官丑　蠶命寅

歲刑申　黃幡丑　豹尾未　飛廉未

喪門未　弔客卯　白虎丑　金神寅卯戌亥

獨火巽　五鬼亥　破敗五鬼震

개산입향수방길(開山立向修方吉)

月	正	二	三	四	五	六	七	八	九	十	十一	十二
天道	南	南西	北	西	北西	東	北	北東	南	東	南東	西
天德	丁	坤	壬	辛	乾	甲	癸	艮	丙	乙	巽	庚
天德合	壬		丁	丙		己	戊		辛	庚		乙
月德	丙	甲	壬	庚	丙	甲	壬	庚	丙	甲	壬	庚
月德合	辛	己	丁	乙	辛	己	丁	乙	辛	己	丁	乙
月空	壬	庚	丙	甲	壬	庚	丙	曰	壬	庚	丙	甲
陽貴人	中	巽	震	坤	坎	離	艮	兌	乾	中	坎	離
陰貴人	震	坤	坎	離	艮	兌	乾	一	坎	離	艮	兌
飛天祿	離	艮	兌	乾	中	坎	離	艮	兌	乾	中	巽
飛天馬	中	巽	震	坤	坎	離	艮	兌	乾	中	坎	離
月紫白 一白	巽	中	乾	兌	艮	離	坎	坤	震	巽	中	乾
月紫白 六白	離	坎	坤	震	巽	中	乾	兌	艮	離	坎	坤
月紫白 八白	坤	震	巽	中	乾	兌	艮	離	坎	坤	震	巽
月紫白 九紫	震	巽	中	乾	兌	艮	離	坎	坤	震	巽	中

		立春	春分	立夏	夏至	立秋	秋分	立冬	冬至
三奇	乙	坎	中	乾	兌	離	中	巽	震
三奇	丙	坤	乾	兌	乾	艮	巽	震	巽
三奇	丁	震	兌	艮	中	兌	震	坤	中

개산흉(開山凶)

月	正	二	三	四	五	六	七	八	九	十	十一	十二
月建	寅	卯	辰	巳	午	未	申	酉	戌	亥	子	丑
月破	申	酉	戌	亥	子	丑	寅	卯	辰	巳	午	未
月剋山家			離丙	壬乙	水山	土	震巳	艮				
陰府太歲	離乾	震坤	艮巽	兌乾	坎坤	乾離	坤震	巽艮	乾兌	坤坎	離乾	震坤

수방흉(修方凶)

月	正	二	三	四	五	六	七	八	九	十	十一	十二
天官符	未坤申	壬坎癸	丙離丁	丑艮寅	庚兌辛	戊乾亥	中	庚兌辛	戊乾亥	中	辰巽巳	甲震乙
地官符	甲震乙	未坤申	壬坎癸	丙離丁	丑艮寅	庚兌辛	戊乾亥	中	庚兌辛	戊乾亥	中	辰巽巳
小月建	丙離丁	壬坎癸	未坤申	甲震乙	辰巽巳	中	戊乾亥	庚兌辛	丑艮寅	丙離丁	壬坎癸	未坤申
大月建	未坤申	壬坎癸	丙離丁	丑艮寅	庚兌辛	戊乾亥	中	辰巽巳	甲震乙	未坤申	壬坎癸	丙離丁
飛大煞	甲震乙	未坤申	壬坎癸	丙離丁	丑艮寅	庚兌辛	戊乾亥	中	庚兌辛	戊乾亥	中	辰巽巳

月	正	二	三	四	五	六	七	八	九	十	十一	十二
丙丁獨火	離坎	艮離	兑艮	乾兑	中乾	中	巽中	震巽	坤震	坎坤	離坎	艮離
月游火	離	坎	坤	震	巽	中	乾	兑	艮	離	坎	坤
劫煞	亥	申	巳	寅	亥	辛	巳	寅	亥	辛	巳	寅
災煞	子	酉	午	卯	子	酉	午	卯	子	酉	午	卯
月煞	丑	戌	未	辰	丑	戌	未	辰	丑	戌	未	辰
月刑	巳	子	辰	申	午	丑	寅	酉	未	亥	卯	戌
月亥	巳	辰	卯	寅	丑	子	亥	戌	酉	申	未	午
月厭	戌	酉	申	未	午	巳	辰	卯	寅	丑	子	亥

第二部 用事宜忌

5. 太歲戊午 : 幹土枝火 · 納音屬火

개산입향수방길(開山立向修方吉)

歲德戊	歲德合癸	歲枝德寅
陽貴人丑	陰貴人未	世祿巳
歲馬申	奏書巽	博士乾

삼원자백(三元紫白)

上元	一白中	六白坎	八白震	九紫巽
中元	一白坤	六白兌	八白離	九紫坎
下元	一白艮	六白巽	八白乾	九紫兌

개산황도(蓋山黃道)—貪狼巽辛　　　巨門艮丙

　　　　武曲震庚亥未　文曲乾甲

통천규(通天竅)—三合前方坤申庚酉辛戌　三合後方艮寅甲卯乙辰

　　(十二吉山宜寅午戌申子辰年月日時)

주마육임(走馬六壬)—神后丙午　功曹坤申　天罡辛戌

　　　　勝光壬子　傳送艮寅　河魁乙辰

　　(十二吉山宜寅午戌申子辰年月日時)

사리삼원(四利三元)—太陽未　太陰酉　龍德丑　福德卯

개산입향수방흉(開山立向修方凶)—太歲午　歲破子　三煞亥子丑

　　　　坐煞向煞壬癸丙丁　浮天空亡坤乙

개산흉(開山凶)—年剋山家二十四山竝無剋多至後剋乾亥兌丁山

　　　　陰府太歲坤震　六害丑　死符亥　灸退酉

입향흉(立向凶)—巡山羅睺丁　病符巳

수방흉(修方凶)—天官符巳　地官符戌　大煞午　大將軍卯

力士坤　蠶室艮　蠶官五　蠶命寅

歲刑午　黃幡戌　豹尾辰　飛廉寅

喪門申　弔客辰　白虎寅　金神申酉子丑

獨火兌　五鬼戌　破敗五鬼離

개산입향수방길(開山立向修方吉)

月	正	二	三	四	五	六	七	八	九	十	十一	十二
天道	南	南西	北	西	北西	東	北	北東	南	東	南東	西
天德	丁	坤	壬	辛	乾	甲	癸	艮	丙	乙	巽	庚
天德合	壬		丁	丙		己	戊		辛	庚		乙
月德	丙	甲	壬	庚	丙	甲	壬	庚	丙	甲	壬	庚
月德合	辛	己	丁	乙	辛	己	丁	乙	辛	己	丁	乙
月空	壬	庚	丙	甲	壬	庚	丙	甲	壬	庚	丙	甲
陽貴人	兌	乾	中	巽	震	坤	坎	離	艮	兌	乾	中
陰貴人	坎	離	艮	兌	乾	中	坎	離	艮	兌	乾	中
飛天祿	艮	兌	乾	中	坎	離	艮	兌	乾	中	巽	震
飛天馬	坤	坎	離	艮	兌	乾	中	坎	離	艮	兌	乾
月紫白 一白	兌	艮	離	坎	坤	震	巽	中	乾	兌	艮	離
月紫白 六白	震	巽	中	乾	兌	艮	離	坎	坤	震	巽	中
月紫白 八白	中	乾	兌	艮	離	坎	坤	震	巽	中	乾	兌
月紫白 紫九	乾	兌	艮	離	坎	坤	震	巽	中	乾	兌	艮

三奇	立春	春分	立夏	夏至	立秋	秋分	立冬	冬至
乙	離	巽	中	艮	坎	乾	中	坤
丙	坎	中	乾	兌	離	中	巽	震
丁	坤	乾	兌	乾	艮	巽	震	巽

欽定四庫全書 協紀辨方書

개산흉(開山凶)

月	正	二	三	四	五	六	七	八	九	十	十一	十二
月建	寅	卯	辰	巳	午	未	申	酉	戌	亥	子	丑
月破	申	酉	戌	亥	子	丑	寅	卯	辰	巳	午	未
月剋山家	震巳	艮	離丙	壬乙			水山	土	震巳	艮		
陰府太歲	艮巽	兌乾	坎坤	乾離	坤震	巽艮	乾兌	坤坎	離乾	震坤	艮巽	兌乾

수방흉(修方凶)

月	正	二	三	四	五	六	七	八	九	十	十一	十二
天官符	丑艮寅	庚兌辛	戌乾亥	中	庚兌辛	戌乾亥	中	辰巽巳	甲震乙	未坤申	壬坎癸	丙離丁
地官符	辰巽巳	甲震乙	未坤申	壬坎癸	丙離丁	丑艮寅	庚兌辛	戌乾亥	中	庚兌辛	戌乾亥	中
小月建	中	戌乾亥	庚兌辛	丑艮寅	丙離丁	壬坎癸	未坤申	甲震乙	辰巽巳	中	戌乾亥	庚兌辛
大月建	丑艮寅	庚兌辛	戌乾亥	中	辰巽巳	甲震乙	未坤申	壬坎癸	丙離丁	丑艮寅	庚兌辛	戌乾亥
飛大煞	丙離丁	丑艮寅	庚兌辛	戌乾亥	中	庚兌辛	戌乾亥	中	辰巽巳	甲震乙	未坤申	壬坎癸

月	正	二	三	四	五	六	七	八	九	十	十一	十二
丙丁獨火	兌艮	乾兌	中乾	中	巽中	震巽	坤震	坎坤	離坎	艮離	兌艮	乾兌
月游火	坤	震	巽	中	乾	兌	艮	離	坎	坤	震	巽
劫煞	亥	申	巳	寅	亥	辛	巳	寅	亥	辛	巳	寅
災煞	子	酉	午	卯	子	酉	午	卯	子	酉	午	卯
月煞	丑	戌	未	辰	丑	戌	未	辰	丑	戌	未	辰
月刑	巳	子	辰	申	午	丑	寅	酉	未	亥	卯	戌
月害	巳	辰	卯	寅	丑	子	亥	戌	酉	申	未	午
月厭	戌	酉	申	未	午	巳	辰	卯	寅	丑	子	亥

6. 太歲己未 : 幹土枝土 · 納音屬火

개산입향수방길(開山立向修方吉)

歲德甲	歲德合己	歲枝德子
陽貴人子	陰貴人申	世祿午
歲馬巳	奏書巽	博士乾

삼원자백(三元紫白)

上元	一白乾	六白坤	八白巽	九紫中
中元	一白震	六白艮	八白坎	九紫坤
下元	一白離	六白中	八白兌	九紫艮

개산황도(蓋山黃道)—貪狼坤乙　　巨門坎癸申辰

　　　　　　　武曲乾甲　　文曲震庚亥未

통천규(通天竅)—三合前方巽巳丙午丁未　三合後方乾亥壬子癸丑

　　(十二吉山宜亥卯未巳酉丑年月日時)

주마육임(走馬六壬)—神后巽巳　功曹丁未　天罡庚酉

　　　　　　　勝光乾亥　傳送癸丑　河魁甲卯

　　(十二吉山宜亥卯未巳酉丑年月日時)

사리삼원(四利三元)—太陽申　太陰戌　龍德寅　福德辰

개산입향수방흉(開山立向修方凶)—太歲未　歲破丑　三煞申酉戌

　　　　　　　坐煞向煞庚申甲乙　浮天空亡乾甲

개산흉(開山凶)—年剋山家乾亥兌丁山

　　　　　陰府太歲巽艮　六害子　死符子　灸退午

입향흉(立向凶)—巡山羅喉坤　病符午

수방흉(修方凶)—天官符寅　地官符亥　大煞卯　大將軍卯

力士_坤　蠶室_艮　蠶官_丑　蠶命_寅

歲刑_丑　黃幡_未　豹尾_丑　飛廉_卯

喪門_酉　弔客_巳　白虎_卯　金神_{午未申酉}

獨火_離　五鬼_酉　破敗五鬼_坎

개산입향수방길(開山立向修方吉)

月	正	二	三	四	五	六	七	八	九	十	十一	十二
天道	南	南西	北	西	北西	東	北	北東	南	東	南東	西
天德	丁	坤	壬	辛	乾	甲	癸	艮	丙	乙	巽	庚
天德合	壬		丁	丙		己	戊		辛	庚		乙
月德	丙	甲	壬	庚	丙	甲	壬	庚	丙	甲	壬	庚
月德合	辛	己	丁	乙	辛	己	丁	乙	辛	己	丁	乙
月空	壬	庚	丙	甲	壬	庚	丙	甲	壬	庚	丙	甲
陽貴人	乾	中	巽	震	坤	坎	離	艮	兌	乾	中	坎
陰貴人	坤	坎	離	艮	兌	乾	中	坎	離	艮	兌	乾
飛天祿	離	艮	兌	乾	中	坎	離	艮	兌	乾	中	巽
飛天馬	艮	兌	乾	中	坎	離	艮	兌	乾	中	巽	震
月紫白 一白	坎	坤	震	巽	中	乾	兌	艮	離	坎	坤	震
月紫白 六白	乾	兌	艮	離	坎	坤	震	巽	中	乾	兌	艮
月紫白 八白	艮	離	坎	坤	震	巽	中	乾	兌	艮	離	坎
月紫白 紫九	離	坎	坤	震	巽	中	乾	兌	艮	離	坎	坤

	立春	春分	立夏	夏至	立秋	秋分	立冬	冬至
三奇 乙	離	巽	中	艮	坎	乾	中	坤
三奇 丙	離	巽	中	艮	坎	乾	中	坤
三奇 丁	坎	中	乾	兌	離	中	巽	震

개산흉(開山凶)

月	正	二	三	四	五	六	七	八	九	十	十一	十二
月建	寅	卯	辰	巳	午	未	申	酉	戌	亥	子	丑
月破	申	酉	戌	亥	子	丑	寅	卯	辰	巳	午	未
月剋山家	乾兌	亥丁	震巽巳	艮			水山	土山	乾兌	亥丁	離丙	壬乙
陰府太歲	坎坤	乾離	坤震	巽艮	乾兌	坤坎	離乾	震坤	艮巽	兌乾	坎坤	乾離

수방흉(修方凶)

月	正	二	三	四	五	六	七	八	九	十	十一	十二
天官符	中	庚兌辛	戌乾亥	中	辰巽巳	甲震乙	未坤申	壬坎癸	丙離丁	丑艮寅	庚兌辛	戌乾亥
地官符	中	辰巽巳	甲震乙	未坤申	壬坎癸	丙離丁	丑艮寅	庚兌辛	戌乾亥	中	戌乾亥	庚兌辛
小月建	丙離丁	壬坎癸	未坤申	甲震乙	辰巽巳	中	戌乾亥	庚兌辛	丑艮寅	丙離丁	壬坎癸	未坤申
大月建	中	辰巽巳	甲震乙	未坤申	壬坎癸	丙離丁	丑艮寅	庚兌辛	戌乾亥	中	辰巽巳	甲震乙
飛大煞	戌乾亥	中	庚兌辛	戌乾亥	中	辰巽巳	甲震乙	未坤申	壬坎癸	丙離丁	丑艮寅	庚兌辛

月	正	二	三	四	五	六	七	八	九	十	十一	十二
丙丁獨火	中乾	中	巽中	震巽	坤震	坎坤	離坎	艮離	兌艮	乾兌	中乾	中
月游火	坤	震	巽	中	乾	兌	艮	離	坎	坤	震	巽
劫煞	亥	申	巳	寅	亥	辛	巳	冥	亥	辛	巳	寅
災煞	子	酉	午	卯	子	酉	午	卯	子	酉	午	卯
月煞	丑	戌	未	辰	丑	戌	未	辰	丑	戌	未	辰
月刑	巳	子	辰	申	午	丑	寅	酉	未	亥	卯	戌
月亥	巳	辰	卯	寅	丑	子	亥	戌	酉	申	未	午
月厭	戌	酉	申	未	午	巳	辰	卯	寅	丑	子	亥

7. 太歲庚申 : 幹金枝金 · 納音屬木

개산입향수방길(開山立向修方吉)

歲德庚　　歲德合乙　　歲枝德丑

陽貴人丑　　陰貴人未　　世祿申

歲馬寅　　奏書坤　　博士艮

삼원자백(三元紫白)

上元	一白兌	六白震	八白中	九紫乾
中元	一白巽	六白離	八白坤	九紫震
下元	一白坎	六白乾	八白艮	九紫離

개산황도(蓋山黃道)—貪狼坤乙　　巨門坎癸申辰

武曲乾甲　　文曲震庚亥未

통천규(通天竅)—三合前方艮寅甲卯乙辰　三合後方坤申庚酉辛戌

(十二吉山宜申子辰寅午戌年月日時)

주마육임(走馬六壬)—神后乙丑　　功曹丙午　　天罡坤申

勝光辛戌　　傳送壬子　　河魁艮寅

(十二吉山宜申子辰寅午戌年月日時)

사리삼원(四利三元)—太陽酉　太陰亥　龍德卯　福德巳

개산입향수방흉(開山立向修方凶)—太歲申　歲破寅　三煞巳午未

坐煞向煞丙丁壬癸　浮天空亡兌丁

개산흉(開山凶)—年剋山家離壬丙乙山

陰府太歲乾兌　六害亥　死符丑　炙退卯

입향흉(立向凶)—巡山羅睺庚　病符未

수방흉(修方凶)—天官符亥　地官符子　大煞子　大將軍午

力士乾　　蠶室巽　　蠶官辰　　蠶命巳

歲刑寅　　黃幡辰　　豹尾戌　　飛廉辰

喪門戌　　弔客午　　白虎辰　　金神辰巳

獨火離　　五鬼申　　破敗五鬼兌

개산입향수방길(開山立向修方吉)

月	正	二	三	四	五	六	七	八	九	十	十一	十二
天道	南	南西	北	西	北西	東	北	北東	南	東	南東	西
天德	丁	坤	壬	辛	乾	甲	癸	艮	丙	乙	巽	庚
天德合	壬		丁	丙		己	戊		辛	庚		乙
月德	丙	甲	壬	庚	丙	甲	壬	庚	丙	甲	壬	庚
月德合	辛	己	丁	乙	辛	己	丁	乙	辛	己	丁	乙
月空	壬	庚	丙	甲	壬	庚	丙	甲	壬	庚	丙	甲
陽貴人	兌	乾	中	巽	震	坤	坎	離	艮	兌	乾	中
陰貴人	坎	離	艮	兌	乾	中	坎	離	艮	兌	乾	中
飛天祿	坤	坎	離	艮	兌	乾	中	次	離	艮	兌	乾
飛天馬	中	坎	離	艮	兌	乾	中	巽	震	坤	坎	離

月紫白		正	二	三	四	五	六	七	八	九	十	十一	十二
	一白	巽	中	乾	兌	艮	離	坎	冲	震	巽	中	乾
	六白	離	坎	坤	震	巽	中	乾	兌	艮	離	坎	坤
	八白	坤	震	巽	中	乾	兌	艮	離	坎	坤	震	巽
	紫九	震	巽	中	乾	兌	艮	離	坎	坤	震	巽	中

三奇		立春	春分	立夏	夏至	立秋	秋分	立冬	冬至
	乙	艮	震	巽	離	坤	兌	乾	坎
	丙	離	巽	中	艮	坎	乾	中	坤
	丁	坎	中	乾	兌	離	中	巽	震

개산흉(開山凶)

月	正	二	三	四	五	六	七	八	九	十	十一	十二
月建	寅	卯	辰	巳	午	未	申	酉	戌	亥	子	丑
月破	申	酉	戌	亥	子	丑	寅	卯	辰	巳	午	未
月剋山家	乾兌	亥丁	震巳	艮	離丙	壬乙			乾兌	亥丁	水山	土山
陰府太歲	坤震	巽艮	乾兌	坤坎	離乾	震坤	艮巽	兌乾	坎坤	乾離	坤震	巽艮

수방흉(修方凶)

月	正	二	三	四	五	六	七	八	九	十	十一	十二
天官符	中	辰巽巳	甲震乙	未坤申	壬坎癸	丙離丁	丑艮寅	庚兌辛	戌乾亥	中	庚兌辛	戌乾亥
地官符	戌乾亥	中	辰巽巳	甲震乙	未坤申	壬坎癸	丙離丁	丑艮寅	庚兌辛	戌乾亥	中	庚兌辛
小月建	中	戌乾亥	庚兌辛	丑艮寅	丙離丁	壬坎癸	未坤申	甲震乙	辰巽巳	中	戌乾亥	庚兌辛
大月建	未坤申	壬坎癸	丙離丁	丑艮寅	庚兌辛	戌乾亥	中	辰巽巳	甲震乙	未坤申	壬坎癸	丙離丁
飛大煞	戌乾亥	中	辰巽巳	甲震乙	未坤申	壬坎癸	丙離丁	丑艮寅	庚兌辛	戌乾亥	中	庚兌辛

月	正	二	三	四	五	六	七	八	九	十	十一	十二
丙丁獨火	巽中	震巽	坤震	坎坤	離坎	艮離	兌艮	乾兌	中乾	中	巽中	震巽
月游火	兌	艮	離	坎	坤	震	巽	中	乾	兌	艮	離
劫煞	亥	申	巳	寅	亥	辛	巳	寅	亥	辛	巳	寅
災煞	子	酉	午	卯	子	酉	午	卯	子	酉	午	卯
月煞	丑	戌	未	辰	丑	戌	未	辰	丑	戌	未	辰
月刑	巳	子	辰	申	午	丑	寅	酉	未	亥	卯	戌
月亥	巳	辰	卯	寅	丑	子	亥	戌	酉	申	未	午
月厭	戌	酉	申	未	午	巳	辰	卯	寅	丑	子	亥

第二部 用事宜忌

8. 太歲辛酉 : 幹金枝金 · 納音屬木

개산입향수방길(開山立向修方吉)

歲德丙	歲德合辛	歲枝德寅
陽貴人寅	陰貴人午	世祿酉
歲馬亥	奏書坤	博士艮

삼원자백(三元紫白)

上元	一白艮	六白巽	八白乾	九紫兌
中元	一白中	六白坎	八白震	九紫巽
下元	一白坤	六白兌	八白離	九紫坎

개산황도(蓋山黃道)—貪狼離壬寅戌　　巨門乾甲

武曲坎癸申辰　　文曲艮丙

통천규(通天竅)—三合前方乾亥壬子癸丑　三合後方巽巳丙午丁未

(十二吉山宜巳酉丑亥卯未年月日時)

주마육임(走馬六壬)—神后甲卯　功曹巽巳　天罡丁未

勝光庚酉　傳送乾亥　河魁癸丑

(十二吉山宜巳酉丑亥卯未年月日時)

사리삼원(四利三元)—太陽戌　太陰子　龍德辰　福德午

개산입향수방흉(開山立向修方凶)—太歲酉　歲破卯　三煞寅卯辰

坐煞向煞甲乙庚辛　浮天空亡艮丙

개산흉(開山凶)—年剋山家二十四山竝無剋冬至後剋乾亥兌丁山

陰府太歲坤坎　六害戌　死符寅　灸退子

입향흉(立向凶)—巡山羅睺辛　病符申

수방흉(修方凶)—天官符申　地官符丑　大煞酉　大將軍午

力士乾　蠶室巽　　蠶官辰　蠶命巳

歲刑酉　黃幡丑　豹尾未　飛廉亥

喪門亥　弔客未　白虎巳　金神寅卯午未子丑

獨火坤　五鬼未　破敗五鬼乾

개산입향수방길(開山立向修方吉)

月	正	二	三	四	五	六	七	八	九	十	十一	十二
天道	南	南西	北	西	北西	東	北	北東	南	東	南東	西
天德	丁	坤	壬	辛	乾	甲	癸	艮	丙	乙	巽	庚
天德合	壬		丁	丙		己	戊		辛	庚		乙
月德	丙	甲	壬	庚	丙	甲	壬	庚	丙	甲	壬	庚
月德合	辛	己	丁	乙	辛	己	丁	乙	辛	己	丁	乙
月空	壬	庚	丙	甲	壬	庚	丙	甲	壬	庚	丙	甲
陽貴人	中	坎	離	艮	兌	乾	中	巽	震	坤	坎	離
陰貴人	離	艮	兌	乾	中	坎	離	艮	兌	乾	中	巽
飛天祿	震	坤	坎	離	艮	兌	乾	中	坎	離	艮	兌
飛天馬	中	巽	震	坤	坎	離	艮	兌	乾	中	坎	離
月紫白　一白	兌	艮	離	坎	坤	震	巽	中	乾	兌	艮	離
月紫白　六白	震	巽	中	乾	兌	艮	離	坎	坤	震	巽	中
月紫白　八白	中	乾	兌	艮	離	坎	坤	震	巽	中	乾	兌
月紫白　紫九	乾	兌	艮	離	坎	坤	震	巽	中	乾	兌	艮

三奇		立春	春分	立夏	夏至	立秋	秋分	立冬	冬至
	乙	兌	坤	震	坎	震	艮	兌	離
	丙	艮	震	巽	離	坤	兌	乾	坎
	丁	離	巽	中	艮	坎	乾	中	坤

개산흉(開山凶)

月	正	二	三	四	五	六	七	八	九	十	十一	十二
月建	寅	卯	辰	巳	午	未	申	酉	戌	亥	子	丑
月破	申	酉	戌	亥	子	丑	寅	卯	辰	巳	午	未
月剋山家			乾兌	亥丁	離丙	壬乙	震巳	艮			水山	土山
陰府太歲	乾兌	坤坎	離乾	震坤	艮巽	兌乾	坎坤	乾離	坤震	巽艮	乾兌	坤坎

수방흉(修方凶)

月	正	二	三	四	五	六	七	八	九	十	十一	十二
天官符	未坤申	壬坎癸	丙離丁	丑艮寅	庚兌辛	戌乾亥	中	庚兌辛	戌乾亥	中	辰巽巳	甲震乙
地官符	庚兌辛	戌乾亥	中	辰巽巳	甲震乙	未坤申	壬坎癸	丙離丁	丑艮寅	庚兌辛	戌乾亥	中
小月建	丙離丁	壬坎癸	未坤申	甲震乙	辰巽巳	中	戌乾亥	庚兌辛	丑艮寅	丙離丁	壬坎癸	未坤申
大月建	丑艮寅	庚兌辛	戌乾亥	中	辰巽巳	甲震乙	未坤申	壬坎癸	丙離丁	丑艮寅	庚兌辛	戌乾亥
飛大煞	甲震乙	未坤申	壬坎癸	丙離丁	丑艮寅	庚兌辛	戌乾亥	中	庚兌辛	戌乾亥	中	辰巽巳

月	正	二	三	四	五	六	七	八	九	十	十一	十二
丙丁獨火	坤震	坎坤	離坎	艮離	兌艮	乾兌	中乾	中	巽中	震巽	坤震	坎坤
月游火	乾	兌	艮	離	坎	坤	震	巽	中	乾	兌	艮
劫煞	亥	申	巳	寅	亥	辛	巳	寅	亥	辛	巳	寅
災煞	子	酉	午	卯	子	酉	午	卯	子	酉	午	卯
月煞	丑	戌	未	辰	丑	戌	未	辰	丑	戌	未	辰
月刑	巳	子	辰	申	午	丑	寅	酉	未	亥	卯	戌
月亥	巳	辰	卯	寅	丑	子	亥	戌	酉	申	未	午
月厭	戌	酉	申	未	午	巳	辰	卯	寅	丑	子	亥

9. 太歲壬戌 : 幹水枝土 · 納音屬水

개산입향수방길(開山立向修方吉)

歲德壬　　歲德合丁　　歲枝德卯

陽貴人卯　　陰貴人巳　　世祿亥

歲馬申　　奏書坤　　博士艮

삼원자백(三元紫白)

上元	一白離	六白中	八白兌	九紫艮
中元	一白乾	六白坤	八白巽	九紫中
下元	一白震	六白艮	八白坎	九紫坤

개산황도(蓋山黃道)—貪狼坎癸申辰　　巨門坤乙

武曲離壬寅戌　　文曲兌丁巳丑

통천규(通天竅)—三合前方坤申庚酉辛戌　三合後方艮寅甲卯乙辰

(十二吉山宜**寅午戌申子辰**年月日時)

주마육임(走馬六壬)—神后艮寅　功曹乙辰　天罡丙午

勝光坤申　傳送辛戌　河魁壬子

(十二吉山宜**寅午戌申子辰**年月日時)

사리삼원(四利三元)—太陽亥　太陰丑　龍德巳　福德未

개산입향수방흉(開山立向修方凶)—太歲戌　歲破辰　三煞亥子丑

坐煞向煞壬癸丙丁　浮天空亡乾甲

개산흉(開山凶)—年剋山家甲寅辰巽戌坎辛申丑癸坤庚未山

陰府太歲離乾　六害酉　死符卯　灸退酉

입향흉(立向凶)—巡山羅喉乾　病符酉

수방흉(修方凶)—天官符巳　地官符巳　大煞午　大將軍午

力士乾　　蠶室巽　　蠶官辰　　蠶命巳

歲刑未　　黄幡戌　　豹尾午　　飛廉子

喪門子　　弔客申　　白虎午　　金神寅卯戌亥

獨火乾　　五鬼午　　破敗五鬼巽

개산입향수방길(開山立向修方吉)

	月	正	二	三	四	五	六	七	八	九	十	十一	十二
天道		南	南西	北	西	北西	東	北	北戻	南	東	南東	西
天德		丁	坤	壬	辛	乾	甲	癸	艮	丙	乙	巽	庚
天德合		壬		丁	丙		己	戊		辛	庚		乙
月德		丙	甲	壬	庚	丙	甲	壬	庚	丙	甲	壬	庚
月德合		辛	己	丁	乙	辛	己	丁	乙	辛	己	丁	乙
月空		壬	庚	丙	甲	壬	庚	丙	甲	壬	庚	丙	甲
陽貴人		乾	中	坎	離	艮	兌	乾	中	巽	震	坤	坎
陰貴人		艮	兌	乾	中	坎	離	艮	兌	乾	中	巽	震
飛天祿		中	巽	震	坤	坎	離	艮	兌	乾	中	坎	離
飛天馬		坤	坎	離	艮	兌	乾	中	坎	離	艮	兌	乾
月紫白	一白	坎	坤	震	巽	中	乾	兌	艮	離	坎	坤	震
月紫白	六白	乾	兌	艮	離	坎	坤	震	巽	中	乾	兌	艮
月紫白	八白	艮	離	坎	坤	震	巽	中	乾	兌	艮	離	坎
月紫白	紫九	離	坎	坤	震	巽	中	乾	兌	艮	離	坎	坤

		立春	春分	立夏	夏至	立秋	秋分	立冬	冬至
三奇	乙	乾	坎	坤	坤	巽	離	艮	艮
三奇	丙	兌	坤	震	坎	震	艮	兌	離
三奇	丁	艮	震	巽	離	坤	兌	乾	坎

개산흉(開山凶)

月	正	二	三	四	五	六	七	八	九	十	十一	十二
月建	寅	卯	辰	巳	午	未	申	酉	戌	亥	子	丑
月破	申	酉	戌	亥	子	丑	寅	卯	辰	巳	午	未
月剋山家			離丙	壬乙	水山	土	震巳	艮				
陰府太歲	離乾	震坤	艮巽	兌乾	坎坤	乾離	坤震	巽艮	乾兌	坤坎	離乾	震坤

수방흉(修方凶)

月	正	二	三	四	五	六	七	八	九	十	十一	十二
天官符	丑艮寅	庚兌辛	戌乾亥	中	庚兌辛	戌乾亥	中	辰巽巳	甲震乙	未坤申	壬坎癸	丙離丁
地官符	中	庚兌辛	戌乾亥	中	辰巽巳	甲震乙	未坤申	壬坎癸	丙離丁	丑艮寅	庚兌辛	戌乾亥
小月建	中	戌乾亥	庚兌辛	丑艮寅	丙離丁	壬坎癸	未坤申	甲震乙	辰巽巳	中	戌乾亥	庚兌辛
大月建	中	辰巽巳	甲震乙	未坤申	壬坎癸	丙離丁	丑艮寅	庚兌辛	戌乾亥	中	辰巽巳	甲震乙
飛大煞	丙離丁	丑艮寅	庚兌辛	戌乾亥	中	庚兌辛	戌乾亥	中	辰巽巳	甲震乙	未坤申	壬坎癸

月	正	二	三	四	五	六	七	八	九	十	十一	十二
丙丁獨火	離坎	艮離	兌艮	乾兌	中乾	中	巽中	震巽	坤震	坎坤	離坎	艮離
月游火	乾	兌	艮	離	坎	坤	震	巽	中	乾	兌	艮
劫煞	亥	申	巳	寅	亥	辛	巳	寅	亥	辛	巳	寅
災煞	子	酉	午	卯	子	酉	午	卯	子	酉	午	卯
月煞	丑	戌	未	辰	丑	戌	未	辰	丑	戌	未	辰
月刑	巳	子	辰	申	午	丑	寅	酉	未	亥	卯	戌
月亥	巳	辰	卯	寅	丑	子	亥	戌	酉	申	未	午
月厭	戌	酉	申	未	午	巳	辰	卯	寅	丑	子	亥

10. 太歲癸亥 · 幹水枝水 · 納音屬水

개산입향수방길(開山立向修方吉)

歲德戊	歲德合癸	歲枝德辰
陽貴人巳	陰貴人卯	世祿子
歲馬巳	奏書乾	博士巽

삼원자백(三元紫白)

上元	一白坎	六白乾	八白艮	九紫離
中元	一白兌	六白震	八白中	九紫乾
下元	一白巽	六白離	八白坤	九紫震

개산황도(蓋山黃道)—貪狼坎癸申辰　　巨門坤乙

　　　　　　　武曲離壬寅戌　　文曲兌丁巳丑

통천규(通天竅)—三合前方巽巳丙午丁未　三合後方乾亥壬子癸丑

　　(十二吉山宜亥卯未巳酉丑年月日時)

주마육임(走馬六壬)—神后癸丑　　功曹甲卯　天罡巽巳

　　　　　　　勝光丁未　　傳送庚酉　河魁乾亥

　　(十二吉山宜亥卯未巳酉丑年月日時)

사리삼원(四利三元)—太陽子　太陰寅　龍德午　福德申

개산입향수방흉(開山立向修方凶)—太歲亥　歲破巳　三煞申酉戌

　　　　　　　坐煞向煞庚申甲乙 浮天空亡坤乙

개산흉(開山凶)—年剋山家震艮巳山

　　　　　　陰府太歲震坤　六害申　死符辰　灸退午

입향흉(立向凶)—巡山羅喉壬　病符戌

수방흉(修方凶)—天官符寅　地官符卯　大煞卯　大將軍酉

力士_艮　蠶室_坤　　蠶官_未　蠶命_申

歲刑_亥　黃幡_未　　豹尾_丑　飛廉_丑

喪門_丑　弔客_酉　　白虎_未　金神_{申酉子丑}

獨火_乾　五鬼_巳　　破敗五鬼_艮

개산입향수방길(開山立向修方吉)

<table>
<tr><td>月</td><td>正</td><td>二</td><td>三</td><td>四</td><td>五</td><td>六</td><td>七</td><td>八</td><td>九</td><td>十</td><td>十一</td><td>十二</td></tr>
<tr><td>天道</td><td>南</td><td>南西</td><td>北</td><td>西</td><td>北西</td><td>東</td><td>北</td><td>北東</td><td>南</td><td>東</td><td>南東</td><td>西</td></tr>
<tr><td>天德</td><td>丁</td><td>坤</td><td>壬</td><td>辛</td><td>乾</td><td>甲</td><td>癸</td><td>艮</td><td>丙</td><td>乙</td><td>巽</td><td>庚</td></tr>
<tr><td>天德合</td><td>壬</td><td></td><td>丁</td><td>丙</td><td></td><td>己</td><td>戊</td><td></td><td>辛</td><td>庚</td><td></td><td>乙</td></tr>
<tr><td>月德</td><td>丙</td><td>甲</td><td>壬</td><td>庚</td><td>丙</td><td>甲</td><td>壬</td><td>庚</td><td>丙</td><td>甲</td><td>壬</td><td>庚</td></tr>
<tr><td>月德合</td><td>辛</td><td>己</td><td>丁</td><td>乙</td><td>辛</td><td>己</td><td>丁</td><td>乙</td><td>辛</td><td>己</td><td>丁</td><td>乙</td></tr>
<tr><td>月空</td><td>壬</td><td>庚</td><td>丙</td><td>甲</td><td>壬</td><td>庚</td><td>丙</td><td>甲</td><td>壬</td><td>庚</td><td>丙</td><td>甲</td></tr>
<tr><td>陽貴人</td><td>艮</td><td>兌</td><td>乾</td><td>中</td><td>坎</td><td>離</td><td>艮</td><td>兌</td><td>乾</td><td>中</td><td>巽</td><td>震</td></tr>
<tr><td>陰貴人</td><td>乾</td><td>中</td><td>坎</td><td>離</td><td>艮</td><td>兌</td><td>乾</td><td>中</td><td>巽</td><td>震</td><td>坤</td><td>坎</td></tr>
<tr><td>飛天祿</td><td>乾</td><td>中</td><td>巽</td><td>震</td><td>坤</td><td>坎</td><td>離</td><td>艮</td><td>兌</td><td>乾</td><td>中</td><td>坎</td></tr>
<tr><td>飛天馬</td><td>艮</td><td>兌</td><td>乾</td><td>中</td><td>坎</td><td>離</td><td>艮</td><td>兌</td><td>乾</td><td>中</td><td>巽</td><td>震</td></tr>
<tr><td rowspan="4">月紫白</td><td>一白</td><td>巽</td><td>中</td><td>乾</td><td>兌</td><td>艮</td><td>離</td><td>坎</td><td>坤</td><td>震</td><td>巽</td><td>中</td><td>乾</td></tr>
<tr><td>六白</td><td>離</td><td>坎</td><td>坤</td><td>震</td><td>巽</td><td>中</td><td>乾</td><td>兌</td><td>艮</td><td>離</td><td>坎</td><td>坤</td></tr>
<tr><td>八白</td><td>坤</td><td>震</td><td>巽</td><td>中</td><td>乾</td><td>兌</td><td>艮</td><td>離</td><td>坎</td><td>坤</td><td>震</td><td>巽</td></tr>
<tr><td>紫九</td><td>震</td><td>巽</td><td>中</td><td>乾</td><td>兌</td><td>艮</td><td>離</td><td>坎</td><td>坤</td><td>震</td><td>巽</td><td>中</td></tr>
</table>

<table>
<tr><td></td><td></td><td>立春</td><td>春分</td><td>立夏</td><td>夏至</td><td>立秋</td><td>秋分</td><td>立冬</td><td>冬至</td></tr>
<tr><td rowspan="3">三奇</td><td>乙</td><td>中</td><td>離</td><td>坎</td><td>震</td><td>中</td><td>坎</td><td>離</td><td>兌</td></tr>
<tr><td>丙</td><td>乾</td><td>坎</td><td>坤</td><td>坤</td><td>巽</td><td>離</td><td>艮</td><td>艮</td></tr>
<tr><td>丁</td><td>兌</td><td>坤</td><td>震</td><td>坎</td><td>震</td><td>艮</td><td>兌</td><td>離</td></tr>
</table>

개산흉(開山凶)

月	正	二	三	四	五	六	七	八	九	十	十一	十二
月建	寅	卯	辰	巳	午	未	申	酉	戌	亥	子	丑
月破	申	酉	戌	亥	子	丑	寅	卯	辰	巳	午	未
月剋山家	震巳	艮	離丙	壬乙			水山	土山	震巳	艮		
陰府太歲	艮巽	兌乾	坎坤	乾離	坤震	巽艮	乾兌	坤坎	離乾	震坤	艮巽	兌乾

수방흉(修方凶)

月	正	二	三	四	五	六	七	八	九	十	十一	十二
天官符	中	庚兌辛	戌乾亥	中	辰巽巳	甲震乙	未坤申	壬坎癸	丙離丁	丑艮寅	庚兌辛	戌乾亥
地官符	戌乾亥	中	庚兌辛	戌乾亥	中	辰巽巳	甲震乙	未坤申	壬坎癸	丙離丁	丑艮寅	庚兌辛
小月建	丙離丁	壬坎癸	未坤申	甲震乙	辰巽巳	中	戌乾亥	庚兌辛	丑艮寅	丙離丁	壬坎癸	未坤申
大月建	未坤申	壬坎癸	丙離丁	丑艮寅	庚兌辛	戌乾亥	中	辰巽巳	甲震乙	未坤申	壬坎癸	丙離丁
飛大煞	戌乾亥	中	庚兌辛	戌乾亥	中	辰巽巳	甲震乙	未坤申	壬坎癸	丙離丁	丑艮寅	庚兌辛

月	正	二	三	四	五	六	七	八	九	十	十一	十二
丙丁獨火	兌艮	乾兌	中乾	中	巽中	震巽	坤震	坎坤	離坎	艮離	兌艮	乾兌
月游火	坎	坤	震	巽	中	乾	兌	艮	離	坎	坤	震
劫煞	亥	申	巳	寅	亥	辛	巳	寅	亥	辛	巳	寅
災煞	子	酉	午	卯	子	酉	午	卯	子	酉	午	卯
月煞	丑	戌	未	辰	丑	戌	未	辰	丑	戌	未	辰
月刑	巳	子	辰	申	午	丑	寅	酉	未	亥	卯	戌
月亥	巳	辰	卯	寅	丑	子	亥	戌	酉	申	未	午
月厭	戌	酉	申	未	午	巳	辰	卯	寅	丑	子	亥

欽定　協紀辨方書

欽定
四庫全書

協紀辨方書

卷 20

月表 1・正月 月表

제1장. 월표(月表) 개설(槪說)

1. 월표 총론

1년은 12달이고 한 달에는 60갑자일이 들어갈 수 있으므로 신살(神煞)도 달(月)을 따라 전환해야 한다.

대개 한 달은 30일로 하지만, 그것은 초하룻날에 만나는 삭회(朔會)로 정상적인 주기를 따라 장부(章蔀)*를 나누어 놓았을 때 그러하고, 택일법에서는 60갑자를 모두 만날 수 있으므로 60갑자를 모두 처리해 놓아야 하기 때문이다.

그러므로 이곳에는 월이나 일진(日辰)을 따라 배치되는 길흉신살(吉凶神煞)을 분리하여 아래에 배열시켜 놓았으니, 일의 종류에 따라서 펼쳐보기만 하면 일목요연하게 알 수 있도록 월표를 작성하여 놓았다.

*장부(章蔀) ; 장부(章部). 중국의 고대 역법(曆法) 19년이 1장(章)으로, 4장(章)이 1부(部) 가 된다.

제2장. 正月

1. 正月 개황(槪況)

正 月	甲己年 建丙寅	乙庚年 建戊寅	丙辛年 建庚寅	丁壬年 建壬寅	戊癸年 建甲寅

正月	입춘절 立春節 천도남행 天道南行	맹년孟年 (寅申巳亥)			중년仲年 (子午卯酉)			계년季年 (辰戌丑未)		
		白	白	白	赤	碧	黃	綠	紫	黑
		紫	黑	綠	白	白	白	碧	黃	赤
		黃	赤	碧	黑	綠	紫	白	白	白

천덕(天德) 丁, 월덕(月德) 丙, 월공(月空) 壬, 천덕합(天德合) 壬, 월덕합(月德合) 辛, 의수(宜修), 조취토造取土).

우수(雨水) 정월中, 일전(日躔) 해궁(亥宮) 위(爲) 正月 장(將), 의용(宜用) 甲·丙·庚·壬時.

월건(月建) 寅, 월파(月破) 申, 월염(月厭) 戌, 월형(月刑) 巳, 월해(月害) 巳, 겁살(劫煞) 亥, 재살(災煞) 子, 월살(月煞) 丑, 기수조(忌修造), 취토(取土).

입춘 전 1일 4절(絶), 후 7일 왕망(往亡).
초 7일 장성(長星), 21일 단성(短星).

2. 正月 갑자순(甲子旬)

甲子海中金義開日 갑자해중금의개일	
吉神	天恩, 母倉, 時陽, 生氣, 益後, 靑龍.
凶神	災煞, 天火, 四忌, 八龍, 復日.
宜	祭祀, 入學, 沐浴.
忌	冠帶, 結婚姻, 納采問名, 嫁娶, 進人口, 求醫療病, 經絡, 醞釀, 開倉庫, 出貨財, 伐木, 畋獵, 取魚, 破土, 安葬, 啓攢.

乙丑海中金制閉日 을축해중금제폐일	
吉神	天恩, 續世, 明堂.
凶神	月煞, 月虛, 血支, 天賊, 五虛, 土符, 歸忌, 血忌.
宜 / 忌	諸事不宜.

丙寅鑪中火義建日 병인노중화의건일	
吉神	月德, 天恩, 月恩, 四相, 王日, 天倉, 不將, 要安, 五合, 鳴吠對.
凶神	月建, 小時, 土府, 往亡, 天刑.
宜	會親友, 結婚姻, 納采問名, 解除, 裁衣, 豎柱上梁, 立券, 交易, 納財, 開倉庫, 出貨財, 牧養, 納畜, 安葬, 啓攢.
忌	祭祀, 上冊受封, 上表章, 出行, 上官赴任, 臨政親民, 嫁娶, 進人口, 移徙, 求醫療病, 築隄防, 修造動土, 修倉庫, 修置産室, 開渠穿井, 安確磑, 補垣, 修飾垣牆, 平治道塗, 破屋壞垣, 伐木, 捕捉, 畋獵, 取魚, 栽種, 破土.

<table>
<tr><td colspan="2" align="center">丁卯鑪中火義除日 정묘노중화의제일</td></tr>
<tr><td>吉神</td><td>天德, 天恩, 四相, 官日, 吉期, 不將, 玉宇, 五合, 鳴吠對.</td></tr>
<tr><td>凶神</td><td>大時, 大敗, 咸池, 朱雀.</td></tr>
<tr><td>宜</td><td>祭祀, 析福, 求嗣, 上冊受封, 上表章, 襲爵受封, 會親友, 出行, 上官赴任, 臨政親民, 結婚姻, 納采問名, 嫁娶, 移徙, 解除, 沐浴, 整手足甲, 求醫療病, 裁衣, 修造動土, 豎柱上梁, 修倉庫, 立券, 交易, 納財, 開倉庫, 出貨財, 掃舍宇, 栽種, 牧養, 納畜, 破土, 安葬, 啓攢</td></tr>
<tr><td>忌</td><td>剃頭, 穿井, 畋獵, 取魚.</td></tr>
</table>

<table>
<tr><td colspan="2" align="center">戊辰大林木專滿日 무진대림목전만일</td></tr>
<tr><td>吉神</td><td>天恩, 守日, 天巫, 福德, 六儀, 金堂, 金匱.</td></tr>
<tr><td>凶神</td><td>厭對, 招搖, 九空, 九坎, 九焦.</td></tr>
<tr><td>宜</td><td>祭祀, 祈福, 上冊受對, 上表章, 會親友, 裁衣, 經絡.</td></tr>
<tr><td>忌</td><td>襲爵受封, 上官赴任, 臨政親民, 結婚姻, 納采問名, 嫁娶, 進人口, 求醫療病, 修倉庫, 鼓鑄, 開市, 立券, 交易, 納財, 開倉庫, 出貨財, 補垣塞穴, 取魚, 乘船渡水, 栽種</td></tr>
</table>

<table>
<tr><td colspan="2" align="center">己巳大林木義平日 기사대림목의평일</td></tr>
<tr><td>吉神</td><td>相日, 寶光.</td></tr>
<tr><td>凶神</td><td>天罡, 死神, 月刑, 月害, 遊禍, 五虛, 重日.</td></tr>
<tr><td>宜</td><td>平治道塗.</td></tr>
<tr><td>忌</td><td>祈福, 求嗣, 上冊受封, 上表章, 襲爵受封, 會親友, 冠帶, 出行, 上官赴任, 臨政親民, 結婚姻, 納采問名, 嫁娶, 進人口, 移徙, 安床, 解除, 剃頭, 整手足甲, 求醫療病, 裁衣, 築隄防, 修造動土, 豎柱上梁, 修倉庫, 鼓鑄, 經絡, 醞釀, 開市, 立券, 交易, 納財, 開倉庫, 出貨財, 修置産室, 開渠穿井, 安確磑, 補垣塞穴, 修飾垣牆, 破屋壞垣, 栽種, 牧養, 納畜, 破土, 安葬, 啓攢.</td></tr>
</table>

<table>
<tr><td colspan="2" align="center">庚午路傍土伐定日 경오노방토벌정일</td></tr>
<tr><td>吉神</td><td>時德, 民日, 三合, 臨日, 天馬, 時陰, 鳴吠.</td></tr>
<tr><td>凶神</td><td>死氣, 地囊, 白虎.</td></tr>
<tr><td>宜</td><td>祭祀, 析福, 求嗣, 上冊受封, 上表章, 襲爵受封, 會親友, 冠帶, 出行, 上官赴任, 臨政親民, 結婚姻, 納采問名, 嫁娶, 進人口, 移徙, 裁衣, 豎柱上梁, 醞釀, 開市, 立券 交易, 納財, 開倉庫, 出貨財, 牧養, 納畜, 安葬.</td></tr>
<tr><td>忌</td><td>解除, 求醫療病, 築隄防, 修造動土, 修倉庫, 苫蓋, 經絡, 修置産室, 開渠穿井, 安確磑, 補垣, 修飾垣牆, 平治道塗, 破屋壞垣, 栽種, 破土.</td></tr>
</table>

辛未路傍土義執日 신미노방토의집일

吉神	月德合, 敬安, 玉堂.
凶神	小耗.
宜	祭祀, 祈福, 求嗣, 上冊受封, 上表章, 襲爵受封, 會親友, 出行, 上官赴任, 臨政親民, 結婚姻, 納采問名, 嫁娶, 移徙, 解除, 裁衣, 修造動土, 豎柱上梁, 修倉庫, 捕捉, 栽種, 牧養, 納畜, 安葬.
忌	求醫療病, 醞釀, 畋獵, 取魚.

壬申劍鋒金義破日 임신검봉금의파일

吉神	天德合, 月空, 驛馬, 天后, 普護, 解神, 除神, 鳴吠.
凶神	月破, 大耗, 五離, 天牢.
宜	祭祀, 解除, 沐浴, 求醫療病, 掃舍字, 破屋壞垣.
忌	祈福, 求嗣, 上冊受封, 上表章, 襲爵受封, 會親友, 冠帶, 出行, 上官赴任, 臨政親民, 結婚姻, 納采問名, 嫁娶, 進人口, 移徙, 安床, 剃頭, 整手足甲, 裁衣, 築隄防, 修造動土, 豎柱上梁, 修倉庫, 鼓鑄, 經絡, 醞釀, 開市, 立券, 交易, 納財, 開倉庫, 出貨財, 修置産室, 開渠穿井, 安碓磑, 補垣塞穴, 修飾垣牆, 伐木, 畋獵, 取魚, 栽種, 牧養, 納畜, 安葬, 啓攢.

癸酉劍鋒金義危日 계유검봉금의위일	
吉神	陰德, 福生, 除神, 鳴吠.
凶神	天吏, 致死, 五虛, 五離, 元武.
宜	祭祀, 沐浴, 剃頭, 整手足甲, 掃舍宇, 取魚, 破土, 安葬
忌	祈福, 求嗣, 上冊受封, 上表章, 襲爵受封, 會親友, 冠帶, 出行, 上官赴任, 臨政親民, 結婚姻, 納采問名, 嫁娶, 進人口, 移徙, 安床, 解除, 求醫療病, 築隄防, 修造動土, 豎柱上梁, 修倉庫, 開市, 立券, 交易, 納財, 開倉庫, 出貨財, 修置産室, 栽種, 牧養, 納畜.

3. 正月 갑술순(甲戌旬)

甲戌山頭火制成日 갑술산두화제성일	
吉神	陽德, 三合, 天喜, 天醫, 司命.
凶神	月厭, 地火, 四擊, 大煞, 復日, 大會.
宜 忌	諸事不宜.

乙亥山頭火義收日 을해산두화의수일	
吉神	母倉, 天願, 六合, 五富, 聖心.
凶神	河魁, 劫煞, 四窮, 八龍, 重日, 勾陳.
宜	祭祀, 祈福, 求嗣, 上冊受封, 上表章, 襲爵受封, 會親友, 出行, 上官赴任, 臨政親民, 結婚姻, 納采問名, 進人口, 移徙, 沐浴, 裁衣, 修造動土, 豎柱上梁, 修倉庫, 經絡, 醞釀, 開市, 立券, 交易, 納財, 開倉庫, 出貨財, 捕捉, 取魚, 牧養, 納畜.
忌	求醫療病, 伐木, 畋獵, 取魚, 乘船渡水.

<table>
<tr><td colspan="2" align="center">丙子澗下水伐開日 병자간하수벌개일</td></tr>
<tr><td>吉神</td><td>月德, 母倉, 月恩, 四相, 時陽, 生氣, 不將, 益後, 靑龍, 鳴吠對</td></tr>
<tr><td>凶神</td><td>災煞, 天火, 觸水龍</td></tr>
<tr><td>宜</td><td>祭祀, 祈福, 求嗣, 上冊受封, 上表章, 襲爵受封, 會親友, 入學, 出行, 上官赴任, 臨政親民, 結婚姻, 納采問名, 嫁娶, 移徙, 解除, 沐浴, 裁衣, 修造動土, 豎柱上梁, 修倉庫, 開市, 納財, 開倉庫, 出貨財, 修置産室, 開渠穿井, 安碓磑, 栽種, 牧養, 納畜</td></tr>
<tr><td>忌</td><td>求醫療病, 伐木, 畋獵, 取魚, 乘船渡水</td></tr>
</table>

<table>
<tr><td colspan="2" align="center">丁丑澗下水寶閉日 정축간하수보폐일</td></tr>
<tr><td>吉神</td><td>天德, 四相, 不將, 續世, 明堂.</td></tr>
<tr><td>凶神</td><td>月煞, 月虛, 血支, 天賊, 五虛, 八風, 土符, 歸忌, 血忌.</td></tr>
<tr><td>宜</td><td>祭祀.</td></tr>
<tr><td>忌</td><td>祈福, 求嗣, 上冊受封, 上表章, 襲爵受封, 會親友, 冠帶, 出行, 上官赴任, 臨政親民, 結婚姻, 納采問名, 嫁娶, 進人口, 移徙, 遠迴, 安床, 解除, 整手足甲, 求醫療病, 療目, 針刺, 裁衣, 築隄防, 修造動土, 豎柱上梁, 修倉庫, 鼓鑄, 經絡, 醞釀, 開市, 立券, 交易, 納財, 開倉庫, 出貨財, 修置産室, 開渠穿井, 安碓磑, 補垣塞穴, 修飾垣牆, 平治道塗, 破屋壞垣, 畋獵, 取魚, 栽種, 牧養, 納畜, 破土, 安葬, 啓攢.</td></tr>
</table>

戊寅城頭土伐建日 무인성두토벌건일	
吉神	天赦, 王日, 天倉, 要安, 五合.
凶神	月建, 小時, 土府, 往亡, 天刑.
宜	會親友, 結婚姻, 納采問名, 解除, 裁衣, 豎柱上梁, 立券, 交易, 納財, 牧養, 納畜, 安葬.
忌	祭祀, 上冊受封, 上表章, 出行, 上官赴任, 臨政親民, 嫁娶, 進人口, 移徙, 求醫療病, 築隄防, 修造動土, 修倉庫, 修置產室, 開渠穿井, 安碓磑, 補垣, 修飾垣牆, 平治道塗, 破屋壞垣, 伐木, 捕捉, 畋獵, 取魚, 栽種, 破土.

己卯城頭土伐除日 기묘성두토벌제일	
吉神	天恩, 官日, 吉期, 不將, 玉宇, 五合
凶神	大時, 大敗, 咸池, 朱雀
宜	襲爵受封, 會親友, 出行, 上官赴任, 臨政親民, 結婚姻, 嫁娶, 解除, 沐浴, 剃頭, 整手足甲, 求醫療病, 立券, 交易, 掃舍宇.
忌	穿井.

庚辰白鑞金義滿日 경진백랍금의만일	
吉神	天恩, 守日, 天巫, 福德, 六儀, 金堂, 金匱.
凶神	厭對, 招搖, 九空, 九坎, 九焦.
宜	祭祀, 祈福, 上冊受封, 上表章, 會親友, 裁衣.
忌	襲爵受封, 上官赴任, 臨政親民, 結婚姻, 納采問名, 嫁娶, 進人口, 求醫療病, 修倉庫, 鼓鑄, 經絡, 開市, 立券, 交易, 納財, 開倉庫, 出貨財, 補垣塞穴, 取魚, 乘船渡水, 栽種.

<table>
<tr><td colspan="2" align="center">辛巳白鑞金伐平日 신사백랍금벌평일</td></tr>
<tr><td>吉神</td><td>月德合, 天恩, 相日, 寶光.</td></tr>
<tr><td>凶神</td><td>天罡, 死神, 月刑, 月害, 遊禍, 五虛, 重日.</td></tr>
<tr><td>宜</td><td>祭祀, 平治道塗.</td></tr>
<tr><td>忌</td><td>祈福, 求嗣, 出行, 解除, 剃頭, 整手足甲, 求醫療病, 醞釀, 畋獵, 取魚.</td></tr>
</table>

<table>
<tr><td colspan="2" align="center">壬午楊柳木制定日 김오양류목제정일</td></tr>
<tr><td>吉神</td><td>天德合, 月空, 天恩, 時德, 民日, 三合, 臨日, 天馬, 時陰, 鳴吠.</td></tr>
<tr><td>凶神</td><td>死氣, 白虎.</td></tr>
<tr><td>宜</td><td>祭祀, 祈福, 求嗣, 上冊受封, 上表章, 襲爵受封, 會親友, 冠帶, 出行, 上官赴任, 臨政親民, 結婚姻, 納采問名, 嫁娶, 進人口, 移徙, 解除, 裁衣, 修造動土, 豎柱上梁, 修倉庫, 經絡, 醞釀, 開市, 立券, 交易, 納財, 開倉庫, 出貨財, 安確磑, 栽種, 牧養, 納畜, 破土, 安葬.</td></tr>
<tr><td>忌</td><td>求醫療病, 苫蓋, 開渠, 畋獵, 取魚.</td></tr>
</table>

<table>
<tr><td colspan="2" align="center">癸未楊柳木伐執日 계미양류목벌집일</td></tr>
<tr><td>吉神</td><td>天恩, 敬安, 玉堂.</td></tr>
<tr><td>凶神</td><td>小耗, 觸水龍.</td></tr>
<tr><td>宜</td><td>會親友 捕捉.</td></tr>
<tr><td>忌</td><td>求醫療病, 修倉庫, 開市, 立券, 交易, 納財, 開倉庫, 出貨財, 取魚, 乘船渡水.</td></tr>
</table>

4. 正月 갑신순(甲申旬)

<table>
<tr><td colspan="2" align="center">甲申井泉水伐破日 갑신정천수벌파일</td></tr>
<tr><td>吉神</td><td>驛馬, 天后, 普護, 解神, 除神, 鳴吠.</td></tr>
<tr><td>凶神</td><td>月破, 大耗, 復日, 五離, 天牢.</td></tr>
<tr><td>宜</td><td>祭祀, 解除, 沐浴, 求醫療病, 掃舍宇, 破屋壞垣.</td></tr>
<tr><td>忌</td><td>祈福, 求嗣, 上冊受封, 上表章, 襲爵受封, 會親友, 冠帶, 出行, 上官赴任, 臨政親民, 結婚姻, 納采問名, 嫁娶, 進人口, 移徙, 安床, 剃頭, 整手足甲. 裁衣, 築隄防, 修造動土, 豎柱上梁, 修倉庫, 鼓鑄, 經絡, 醞釀, 開市. 立券, 交易, 納財, 開倉庫, 出貨財, 修置產室, 開渠穿井, 安碓磑, 補垣塞穴, 修飾垣牆, 伐木, 栽種, 牧養, 納畜, 破土, 安葬, 啓攢.</td></tr>
</table>

<table>
<tr><td colspan="2" align="center">乙酉井泉水伐危日 을유정천수벌위일</td></tr>
<tr><td>吉神</td><td>陰德, 福生, 除神, 鳴吠.</td></tr>
<tr><td>凶神</td><td>天吏, 致死, 五虛, 五離, 元武.</td></tr>
<tr><td>宜</td><td>祭祀, 沐浴, 剃頭, 整手足甲, 掃舍宇, 取魚, 破土, 安葬.</td></tr>
<tr><td>忌</td><td>祈福, 求嗣, 上冊受封, 上表章, 襲爵受封, 會親友, 冠帶, 出行, 上官赴任, 臨政親民, 結婚姻, 納采問名, 嫁娶, 進人口, 移徙, 安床, 解除, 求醫療病, 築隄防, 修造動土, 豎柱上梁, 修倉庫, 開市, 立券, 交易, 納財, 開倉庫, 出貨財, 修置產室, 栽種, 牧養, 納畜.</td></tr>
</table>

<table>
<tr><td colspan="2" align="center">丙戌屋上土寶成日 병술옥상토보성일</td></tr>
<tr><td>吉神</td><td>月德, 月恩, 四相, 陽德, 三合, 天喜, 天醫, 司命.</td></tr>
<tr><td>凶神</td><td>月厭, 地火, 四擊, 大煞.</td></tr>
<tr><td>宜</td><td>祭祀, 祈福, 求嗣, 上冊受封, 上表章, 會親友, 入學, 進人口, 解除, 裁衣, 築隄防, 修造動土 豎柱上梁, 修倉庫, 經絡, 醞釀, 開市, 立券, 交易, 納財, 開倉庫, 出貨財, 安碓磑, 牧養, 納畜, 安葬.</td></tr>
<tr><td>忌</td><td>出行, 上官赴任, 臨政親民, 結婚姻, 納采問名, 嫁娶, 移徙, 遠迴, 求醫療病, 畋獵, 取魚, 栽種.</td></tr>
</table>

<table>
<tr><td colspan="2" align="center">丁亥屋上土伐收日 정해옥상토벌수일</td></tr>
<tr><td>吉神</td><td>天德, 母倉, 四相, 六合, 五富, 不將, 聖心.</td></tr>
<tr><td>凶神</td><td>河魁, 劫煞, 重日, 勾陳.</td></tr>
<tr><td>宜</td><td>祭祀, 祈福, 求嗣, 上冊受封, 上表章, 襲爵受封, 會親友, 出行, 上官赴任, 臨政親民, 結婚姻, 納采問名, 進人口, 移徙, 解除, 沐浴, 裁衣, 修造動土, 豎柱上梁, 修倉庫, 經絡, 醞釀, 開市, 立券, 交易, 納財, 開倉庫, 出貨財, 捕捉, 栽種, 牧養, 納畜.</td></tr>
<tr><td>忌</td><td>嫁娶, 剃頭, 求醫療病, 畋獵, 取魚.</td></tr>
</table>

<table>
<tr><td colspan="2" align="center">戊子霹靂火制開日 무자벽력화제개일</td></tr>
<tr><td>吉神</td><td>母倉, 時陽, 生氣, 益後, 靑龍.</td></tr>
<tr><td>凶神</td><td>災煞, 天火.</td></tr>
<tr><td>宜</td><td>祭祀, 入學, 沐浴.</td></tr>
<tr><td>忌</td><td>冠帶, 結婚姻, 納采問名, 嫁娶 進人口, 求醫療病, 經絡, 醞釀, 伐木, 畋獵, 取魚, 破土, 安葬, 啓攢.</td></tr>
</table>

<table>
<tr><td colspan="2" align="center">己丑霹靂火專閉日 기축벽력화전폐일</td></tr>
<tr><td>吉神</td><td>不將, 續世, 明堂.</td></tr>
<tr><td>凶神</td><td>月煞, 月虛, 血支, 天賊, 五虛, 土符, 歸忌, 血忌.</td></tr>
<tr><td>宜
忌</td><td align="center">諸事不宜.</td></tr>
</table>

<table>
<tr><td colspan="2" align="center">庚寅松柏木制建日 경인송백목제건일</td></tr>
<tr><td>吉神</td><td>王日, 天倉, 不將, 要安, 五合, 鳴吠對.</td></tr>
<tr><td>凶神</td><td>月建, 小時, 土府, 往亡, 天刑.</td></tr>
<tr><td>宜</td><td>會親友, 裁衣, 立券, 交易, 納財, 納畜.</td></tr>
<tr><td>忌</td><td>祭祀, 祈福, 求嗣, 上冊受封, 上表章, 出行, 上官赴任, 臨政親民, 結婚姻, 納采問名, 嫁娶, 進人口, 移徙, 解除, 剃頭, 整手足甲, 求醫療病, 築隄防, 修造動土, 豎柱上梁, 修倉庫, 經絡, 開倉庫, 出貨財, 修置産室, 開渠穿井, 安碓磑, 補垣, 修飾垣牆, 平治道塗, 破屋壞垣, 伐木, 捕捉, 畋獵, 取魚, 栽種, 破土, 安葬, 啓攢.</td></tr>
</table>

<table>
<tr><td colspan="2" align="center">辛卯松柏木制除日 신묘송백목제제일</td></tr>
<tr><td>吉神</td><td>月德合, 官日, 吉期, 不將, 玉宇, 五合, 鳴吠對.</td></tr>
<tr><td>凶神</td><td>大時, 大敗, 咸池, 朱雀.</td></tr>
<tr><td>宜</td><td>祭祀, 祈福, 求嗣, 上冊受封, 上表章, 襲爵受封, 會親友, 出行, 上官赴任, 臨政親民, 結婚姻, 納采問名, 嫁娶, 移徙, 解除, 沐浴, 剃頭, 整手足甲, 求醫療病, 裁衣, 修造動土, 豎柱上梁, 修倉庫, 立券, 交易, 掃舍宇, 栽種, 牧養, 納畜, 破土, 安葬, 啓攢.</td></tr>
<tr><td>忌</td><td>醞釀, 穿井, 畋獵, 取魚.</td></tr>
</table>

<table>
<tr><td colspan="2" align="center">壬辰長流水伐滿日 일진장류수벌만일</td></tr>
<tr><td>吉神</td><td>天德合, 月空, 守日, 天巫, 福德, 六儀, 金堂, 金匱.</td></tr>
<tr><td>凶神</td><td>厭對, 招搖, 九空, 九坎, 九焦.</td></tr>
<tr><td>宜</td><td>祭祀, 祈福, 求嗣, 上冊受封, 上表章, 襲爵受封, 會親友, 出行, 上官赴任, 臨政親民, 結婚姻, 納采問名, 嫁娶, 進人口, 移徙, 解除, 求醫療病, 裁衣, 修造動土, 豎柱上梁, 修倉庫, 經絡, 開市, 立券, 交易, 納財, 開倉庫, 出貨財, 牧養, 納畜, 安葬.</td></tr>
<tr><td>忌</td><td>鼓鑄, 開渠, 補垣塞穴, 畋獵, 取魚, 乘船渡水, 栽種.</td></tr>
</table>

<table>
<tr><td colspan="2" align="center">癸巳長流水制平日 계사장류수제평일</td></tr>
<tr><td>吉神</td><td>相日, 寶光.</td></tr>
<tr><td>凶神</td><td>天罡, 死神, 月刑, 月害, 遊禍, 五虛, 重日.</td></tr>
<tr><td>宜</td><td>平治道塗.</td></tr>
<tr><td>忌</td><td>祈福, 求嗣, 上冊受封, 上表章, 襲爵受封, 會親友, 冠帶, 出行, 上官赴任, 臨政親民, 結婚姻, 納采問名, 嫁娶, 進人口, 移徙, 安床, 解除, 剃頭, 整手足甲, 求醫療病, 裁衣, 築隄防, 修造動土, 豎柱上梁, 修倉庫, 鼓鑄, 經絡, 醞釀, 開市, 立券, 交易, 納財, 開倉庫, 出貨財, 修置産室, 開渠穿井, 安碓磑, 補垣塞穴, 修飾垣牆, 破屋壞垣, 栽種, 牧養, 納畜, 破土, 安葬, 啓攢.</td></tr>
</table>

5. 正月 갑오순(甲午旬)

甲午砂石金寶定日 갑오사석금보정일	
吉神	時德, 民日, 三合, 臨日, 天馬, 時陰, 鳴吠.
凶神	死氣, 復日, 白虎.
宜	祭祀, 祈福, 求嗣, 上冊受封, 上表章, 襲爵受封, 會親友, 冠帶, 出行, 上官赴任, 臨政親民, 結婚姻, 納采問名, 嫁娶, 進人口, 移徙, 裁衣, 修造動土, 豎柱上梁, 修倉庫, 經絡, 醞釀, 開市, 立券, 交易, 納財, 安確磑, 牧養, 納畜.
忌	解除, 求醫療病, 苫蓋, 開倉庫, 出貨財, 修置産室, 栽種, 破土, 安葬, 啓攢.

乙未砂石金制執日 을미사석금제집일	
吉神	敬安, 玉堂.
凶神	小耗, 五墓.
宜	捕捉, 取魚.
忌	冠帶, 出行, 上官赴任, 臨政親民, 結婚姻, 納采問名, 嫁娶, 進人口, 移徙, 安床, 解除, 求醫療病, 修造動土, 豎柱上梁, 修倉庫, 開市, 立券, 交易, 納財, 開倉庫, 出貨財, 修置産室, 栽種, 牧養, 納畜, 破土, 安葬, 啓攢.

丙申山下火制破日 병신산하화제파일	
吉神	月德, 月恩, 四相, 驛馬, 天后, 普護, 解神, 除神, 鳴吠.
凶神	月破, 大耗, 五離, 天牢.
宜	祭祀, 解除, 沐浴, 求醫療病, 掃舍宇, 破屋壞垣.
忌	祈福, 求嗣, 上冊受封, 上表章, 襲爵受封, 會親友, 冠帶, 出行, 上官赴任, 臨政親民, 結婚姻, 納采問名, 嫁娶, 進人口, 移徙, 安床, 剃頭, 整手足甲, 裁衣, 築隄防, 修造動土, 豎柱上梁, 修倉庫, 鼓鑄, 經絡, 醞釀, 開市, 立券, 交易, 納財, 開倉庫, 出貨財, 修置産室, 開渠穿井, 安確磑, 補垣塞穴, 修飾垣牆, 伐木, 畋獵, 取魚, 栽種, 牧養, 納畜, 破土, 安葬, 啓攢.

<table>
<tr><td colspan="2" align="center">丁酉山下火制危日 정유산하화제위일</td></tr>
<tr><td>吉神</td><td>天德, 四相, 陰德, 福生, 除神, 鳴吠.</td></tr>
<tr><td>凶神</td><td>天吏, 致死, 五虛, 五離, 元武.</td></tr>
<tr><td>宜</td><td>祭祀, 祈福, 求嗣, 上冊受封, 上表章, 襲爵受封, 出行, 上官赴任, 臨政親民, 結婚姻, 納采問名, 嫁娶, 移徙, 安床, 解除, 沐浴, 整手足甲, 修造動土, 豎柱上梁, 修倉庫, 納財, 開倉庫, 出貨財, 掃舍宇, 栽種, 牧養, 納畜, 破土, 安葬.</td></tr>
<tr><td>忌</td><td>會親友, 剃頭, 求醫療病, 畋獵, 取魚.</td></tr>
</table>

<table>
<tr><td colspan="2" align="center">戊戌平地木專成日 무술평지목전성일</td></tr>
<tr><td>吉神</td><td>陽德, 三合, 天喜, 天醫, 司命.</td></tr>
<tr><td>凶神</td><td>月厭, 地火, 四擊, 大煞.</td></tr>
<tr><td>宜</td><td>入學.</td></tr>
<tr><td>忌</td><td>祈福, 求嗣, 上冊受封, 上表章, 襲爵受封, 會親友, 冠帶, 出行, 上官赴任, 臨政親民, 結婚姻, 納采問名, 嫁娶, 進人口, 移徙, 遠迴, 安床, 解除, 剃頭, 整手足甲, 求醫療病, 裁衣, 築隄防, 修造動土, 豎柱上梁, 修倉庫 鼓鑄, 經絡, 醞釀, 開市, 立券, 交易, 納財, 開倉庫, 出貨財, 修置產室, 開渠穿井, 安碓磑, 補垣塞穴, 修飾垣牆, 平治道塗, 破屋壞垣, 伐木, 栽種, 牧養, 納畜, 破土, 安葬, 啓攢.</td></tr>
</table>

<table>
<tr><td colspan="2" align="center">己亥平地木制收日 기하평지목계수일</td></tr>
<tr><td>吉神</td><td>母倉, 六合, 五富, 不將, 聖心.</td></tr>
<tr><td>凶神</td><td>河魁, 劫煞, 重日, 勾陳,</td></tr>
<tr><td>宜</td><td>祭祀, 祈福, 會親友, 結婚姻, 進人口, 沐浴, 經絡, 醞釀, 開市, 立券, 交易, 納財, 開倉庫, 出貨財, 捕捉, 取魚 栽種, 牧養, 納畜.</td></tr>
<tr><td>忌</td><td>嫁娶, 求醫療病, 破土, 安葬, 啓攢.</td></tr>
</table>

<table>
<tr><td colspan="2" align="center">庚子壁上土寶開日 경자벽상토보개일</td></tr>
<tr><td>吉神</td><td>母倉, 時陽, 生氣, 不將, 益後, 靑龍, 鳴吠對.</td></tr>
<tr><td>凶神</td><td>災煞, 天火, 地囊.</td></tr>
<tr><td>宜</td><td>祭祀, 沐浴.</td></tr>
<tr><td>忌</td><td>冠帶, 結婚姻, 納采問名, 進人口, 求醫療病, 築隄防, 修造動土, 修倉庫, 經絡, 醞釀, 修置産室, 開渠穿井, 安碓磑, 補垣, 修飾垣牆, 平治道塗, 破屋壞垣, 伐木, 畋獵, 取魚, 栽種, 破土.</td></tr>
</table>

<table>
<tr><td colspan="2" align="center">辛丑壁上土義閉日 신축벽상토의폐일</td></tr>
<tr><td>吉神</td><td>月德合, 不將, 續世, 明堂.</td></tr>
<tr><td>凶神</td><td>月煞, 月虛, 血支, 天賊, 五虛, 土符, 歸忌, 血忌.</td></tr>
<tr><td>宜</td><td>祭祀.</td></tr>
<tr><td>忌</td><td>祈福, 求嗣, 上冊受封, 上表章, 襲爵受封, 會親友, 冠帶, 出行, 上官赴任, 臨政親民, 結婚姻, 納采問名, 嫁娶, 進人口, 移徙, 遠迴, 安床, 解除, 剃頭, 整手足甲, 求醫療病, 療目, 針刺, 裁衣, 築隄防, 修造動土, 豎柱上梁, 修倉庫, 鼓鑄, 經絡, 醞釀, 開市, 立券, 交易, 納財, 開倉庫, 出貨財, 修置産室, 開渠穿井, 安碓磑, 補垣塞穴, 修飾垣牆, 平治道塗, 破屋壞垣, 畋獵, 取魚, 栽種, 牧養, 納畜, 破土, 安葬, 啓攢.</td></tr>
</table>

<table>
<tr><td colspan="2" align="center">壬寅金箔金寶建日 임인금박금보건일</td></tr>
<tr><td>吉神</td><td>天德合, 月空, 王日, 天倉, 要安, 五合, 鳴吠對.</td></tr>
<tr><td>凶神</td><td>月建, 小時, 土府, 往亡, 天刑.</td></tr>
<tr><td>宜</td><td>會親友, 結婚姻, 納采問名, 解除, 裁衣, 豎柱上梁, 立券, 交易, 納財, 牧養. 納畜, 安葬, 啓攢.</td></tr>
<tr><td>忌</td><td>祭祀, 上冊受封, 上表章, 出行, 上官赴任, 臨政親民, 嫁娶, 進人口, 移徙, 求醫療病, 築隄防, 修造動土, 修倉庫, 修置産室, 開渠穿井, 安碓磑, 補垣塞穴, 修飾垣牆, 平治道塗, 破屋壞垣, 伐木, 捕捉, 畋獵, 取魚 栽種, 破土.</td></tr>
</table>

癸卯金箔金寶除日 계묘금박금보제일	
吉神	官日, 吉期, 玉宇, 五合, 鳴吠對
凶神	大時, 大敗, 咸池, 朱雀.
宜	襲爵受封, 會親友, 出行, 上官赴任, 臨政親民, 結婚姻, 解除, 沐浴, 剃頭, 整手足甲, 求醫療病, 立券, 交易, 掃舍宇, 破土, 啓攢.
忌	穿井.

6. 正月 갑진순(甲辰旬)

甲辰覆燈火制滿日 갑진복등화제만일	
吉神	守日, 天巫, 福德, 六儀, 金堂, 金匱.
凶神	厭對, 招搖, 九空, 九坎, 九焦, 復日.
宜	祭祀, 祈福, 上冊受封, 上表章, 會親友, 裁衣, 經絡.
忌	襲爵受封, 上官赴任, 臨政親民, 結婚姻, 納采問名, 嫁娶, 進人口, 求醫療病. 修倉庫, 鼓鑄, 開市, 立券, 交易, 納財, 開倉庫, 出貨財, 補垣塞穴, 取魚. 乘船渡水, 栽種, 破土, 安葬, 啓攢.

乙巳覆燈火寶平日 을사복등화보평일	
吉神	相日, 寶光.
凶神	天罡, 死神, 月刑, 月害, 遊禍, 五虛, 重日.
宜	平治道塗.
忌	祈福, 求嗣, 上冊受封, 上表章, 襲爵受封, 會親友, 冠帶, 出行, 上官赴任, 臨政親民, 結婚姻, 納采問名, 嫁娶, 進人口, 移徙, 安床, 解除, 剃頭, 整手足甲, 求醫療病, 裁衣, 築隄防, 修造動土, 豎柱上梁, 修倉庫, 鼓鑄, 經絡, 醞釀, 開市 立券, 交易, 納財, 開倉庫, 出貨財, 修置産室, 開渠穿井, 安碓磑, 補垣塞穴, 修飾垣牆, 破屋壞垣, 栽種, 牧養, 納畜, 破土, 安葬, 啓攢.

<table>
<tr><td colspan="2" align="center">丙午天河水專定日병오천하수전정일</td></tr>
<tr><td>吉神</td><td>月德, 月恩, 四相, 時德, 民日, 三合, 臨日, 天馬, 時陰, 鳴吠.</td></tr>
<tr><td>凶神</td><td>死氣, 白虎.</td></tr>
<tr><td>宜</td><td>祭祀, 祈福, 求嗣, 上冊受封, 上表章, 襲爵受封, 會親友, 冠帶, 出行, 上官赴任, 臨政親民, 結婚姻, 納采問名, 嫁娶, 進人口, 移徙, 解除, 裁衣, 修造動土, 豎柱上梁, 修倉庫, 經絡, 醞釀, 開市, 立券, 交易, 納財, 開倉庫, 出貨財, 安碓磑, 栽種, 牧養, 納畜, 破土, 安葬.</td></tr>
<tr><td>忌</td><td>求醫療病, 苫蓋, 畋獵, 取魚.</td></tr>
</table>

<table>
<tr><td colspan="2" align="center">丁未天河水寶執日정미천하수보집일</td></tr>
<tr><td>吉神</td><td>天德, 四相, 敬安, 玉堂.</td></tr>
<tr><td>凶神</td><td>小耗, 八專.</td></tr>
<tr><td>宜</td><td>祭祀, 析福, 求嗣, 上冊受封, 上表章, 襲爵受封, 會親友, 出行, 上官赴任, 臨政親民, 移徙, 解除, 裁衣, 修造動土, 豎柱上梁, 修倉庫, 納財, 開倉庫, 出貨財, 捕捉, 栽種, 牧養, 納畜, 安葬.</td></tr>
<tr><td>忌</td><td>結婚姻, 納采問名, 嫁娶, 剃頭, 求醫療病, 畋獵, 取魚.</td></tr>
</table>

<table>
<tr><td colspan="2" align="center">戊申大驛土寶破日무신대역토보파일</td></tr>
<tr><td>吉神</td><td>驛馬, 天后, 普護, 解神, 除神.</td></tr>
<tr><td>凶神</td><td>月破, 大耗, 五離, 天牢.</td></tr>
<tr><td>宜</td><td>祭祀, 解除, 沐浴, 求醫療病, 掃舍宇, 破屋壞垣.</td></tr>
<tr><td>忌</td><td>祈福, 求嗣, 上冊受封, 上表章, 襲爵受封, 會親友, 冠帶, 出行, 上官赴任, 臨政親民, 結婚姻, 納采問名, 嫁娶, 進人口, 移徙, 安床, 剃頭, 整手足甲, 裁衣, 築隄防, 修造動土, 豎柱上梁, 修倉庫, 鼓鑄, 經絡, 醞釀, 開市, 立券, 交易, 納財, 開倉庫, 出貨財, 修置産室, 開渠穿井, 安碓磑, 補垣塞穴, 修飾垣牆, 伐木, 栽種, 牧養, 納畜, 破土, 安葬, 啓攢.</td></tr>
</table>

<table>
<tr><td colspan="2" align="center">己酉大驛土寶危日 기유대역토보위일</td></tr>
<tr><td>吉神</td><td>天恩, 陰德, 福生, 除神, 鳴吠.</td></tr>
<tr><td>凶神</td><td>天吏, 致死, 五虛, 五離, 元武.</td></tr>
<tr><td>宜</td><td>祭祀, 沐浴, 剃頭, 整手足甲, 掃舍宇, 取魚, 破土, 安葬.</td></tr>
<tr><td>忌</td><td>祈福, 求嗣, 上冊受封, 上表章, 襲爵受封, 會親友, 冠帶, 出行, 上官赴任, 臨政親民, 結婚姻, 納采問名, 嫁娶, 進人口, 移徙, 安床, 解除, 求醫療病, 築隄防, 修造動土, 豎柱上梁, 修倉庫, 開市, 立券, 交易, 納財, 開倉庫, 出貨財, 修置産室, 栽種, 牧養, 納畜.</td></tr>
</table>

<table>
<tr><td colspan="2" align="center">庚戌釵釧金義成日 경술차천금의성일</td></tr>
<tr><td>吉神</td><td>天恩, 陽德, 三合, 天喜, 天醫, 司命.</td></tr>
<tr><td>凶神</td><td>月厭, 地火, 四擊, 大煞, 陰錯.</td></tr>
<tr><td>宜</td><td>入學.</td></tr>
<tr><td>忌</td><td>祈福, 求嗣, 上冊受封, 上表章, 襲爵受封, 會親友, 冠帶, 出行, 上官赴任, 臨政親民, 結婚姻, 納采問名, 嫁娶, 進人口, 移徙, 遠迴, 安床, 解除, 剃頭, 整手足甲, 求醫療病, 裁衣, 築隄防, 修造動土, 豎柱上梁, 修倉庫, 鼓鑄, 經絡, 醞釀, 開市, 立券, 交易, 納財, 開倉庫, 出貨財, 修置産室, 開渠穿井, 安碓磑, 補垣塞穴, 修飾垣牆, 平治道塗, 破屋壞垣, 伐木, 栽種, 牧養, 納畜, 破土, 安葬, 啓攢.</td></tr>
</table>

<table>
<tr><td colspan="2" align="center">辛亥釵釧金寶收日신해차천금보수일</td></tr>
<tr><td>吉神</td><td>月德合, 天恩, 母倉, 六合, 五富, 不將, 聖心.</td></tr>
<tr><td>凶神</td><td>河魁, 劫煞, 重日, 勾陳.</td></tr>
<tr><td>宜</td><td>祭祀, 祈福, 求嗣, 上冊受封, 上表章, 襲爵受封, 會親友, 出行, 上官赴任, 臨政親民, 結婚姻, 納采問名, 進人口, 移徙, 解除, 沐浴, 裁衣, 修造動土, 豎柱上梁, 修倉庫, 經絡, 開市, 立券, 交易, 納財, 開倉庫, 出貨財, 捕捉, 栽種, 牧養, 納畜.</td></tr>
<tr><td>忌</td><td>嫁娶, 求醫療病, 醞釀, 畋獵, 取魚.</td></tr>
</table>

<table>
<tr><td colspan="2" align="center">壬子桑柘木專開日임자상자목전개일</td></tr>
<tr><td>吉神</td><td>天德合, 月空, 天恩, 母倉, 時陽, 生氣, 益後, 青龍, 鳴吠對.</td></tr>
<tr><td>凶神</td><td>災煞, 天火, 四耗.</td></tr>
<tr><td>宜</td><td>祭祀, 祈福, 求嗣, 上冊受封, 上表章, 襲爵受封, 會親友, 入學, 出行, 上官赴任, 臨政親民, 結婚姻, 納采問名, 嫁娶, 移徙, 解除, 沐浴, 裁衣, 修造動土, 豎柱上梁, 修倉庫, 開市, 納財, 修置産室, 安確磑, 栽種, 牧養, 納畜.</td></tr>
<tr><td>忌</td><td>求醫療病, 開渠, 伐木, 畋獵, 取魚.</td></tr>
</table>

<table>
<tr><td colspan="2" align="center">癸丑桑柘木伐閉日계축상자목벌폐일</td></tr>
<tr><td>吉神</td><td>天恩, 續世, 明堂.</td></tr>
<tr><td>凶神</td><td>月煞, 月虛, 血支, 天賊, 五虛, 土符, 歸忌, 血忌, 八專, 觸水龍.</td></tr>
<tr><td>宜</td><td rowspan="2" align="center">諸事不宜.</td></tr>
<tr><td>忌</td></tr>
</table>

7. 正月 갑인순(甲寅旬)

<table>
<tr><td colspan="2" align="center">甲寅大溪水專建日갑인대계수전건일</td></tr>
<tr><td>吉神</td><td>王日, 天倉, 要安, 五合, 鳴吠對.</td></tr>
<tr><td>凶神</td><td>月建, 小時, 土府, 往亡, 復日, 八專, 天刑, 陽錯.</td></tr>
<tr><td>宜</td><td>會親友, 裁衣, 立券, 交易, 納財, 納畜.</td></tr>
<tr><td>忌</td><td>祭祀, 祈福, 求嗣, 上冊受封, 上表章, 出行, 上官赴任, 臨政親民, 結婚姻, 納采問名, 嫁娶, 進人口, 移徙, 解除, 剃頭, 整手足甲, 求醫療病, 築隄防, 修造動土, 豎柱上梁, 修倉庫, 開倉庫, 出貨財, 修置産室, 開渠穿井, 安碓磑, 補垣, 修飾垣牆, 平治道塗, 破屋壞垣, 伐木, 捕捉, 畋獵, 取魚, 栽種, 破土, 安葬, 啓攢.</td></tr>
</table>

<table>
<tr><td colspan="2" align="center">乙卯大溪水專除日을묘대계수전제일</td></tr>
<tr><td>吉神</td><td>官日, 吉期, 玉宇, 五合, 鳴吠對.</td></tr>
<tr><td>凶神</td><td>大時, 大敗, 咸池, 朱雀.</td></tr>
<tr><td>宜</td><td>襲爵受封, 會親友, 出行, 上官赴任, 臨政親民, 結婚姻, 解除, 沐浴, 剃頭, 整手足甲, 求醫療病, 立券, 交易, 掃舍宇, 破土, 啓攢.</td></tr>
<tr><td>忌</td><td>穿井, 栽種.</td></tr>
</table>

<table>
<tr><td colspan="2" align="center">丙辰沙中土寶滿日병진사중토보만일</td></tr>
<tr><td>吉神</td><td>月德, 月恩, 四相, 守日, 天巫, 福德, 六儀, 金堂, 金匱.</td></tr>
<tr><td>凶神</td><td>厭對, 招搖, 九空, 九坎, 九焦.</td></tr>
<tr><td>宜</td><td>祭祀, 祈福, 求嗣, 上冊受封, 上表章, 襲爵受封, 會親友, 出行, 上官赴任, 臨政親民, 結婚姻, 納采問名, 嫁娶, 進人口, 移徙, 解除, 求醫療病, 裁衣, 修造動土, 豎柱上梁, 修倉庫, 經洛, 開市, 立券, 交易, 納財, 開倉庫, 出貨財, 牧養, 納畜, 安葬.</td></tr>
<tr><td>忌</td><td>鼓鑄, 補垣塞穴, 畋獵, 取魚, 乘船渡水, 栽種.</td></tr>
</table>

<table>
<tr><td colspan="2" align="center">丁巳沙中土專平日 정사사중토전평일</td></tr>
<tr><td>吉神</td><td>天德, 四相, 相日, 寶光.</td></tr>
<tr><td>凶神</td><td>罡, 死神, 月刑, 月害, 遊禍, 五虛, 八風, 重日.</td></tr>
<tr><td>宜</td><td>祭祀, 平治道塗.</td></tr>
<tr><td>忌</td><td>祈福, 求嗣, 出行, 解除, 剃頭, 整手足甲, 求醫療病, 畋獵, 取魚.</td></tr>
</table>

<table>
<tr><td colspan="2" align="center">戊午天上火義定日 무오천상화의정일</td></tr>
<tr><td>吉神</td><td>時德, 民日, 三合, 臨日, 天馬, 時陰.</td></tr>
<tr><td>凶神</td><td>死氣, 白虎.</td></tr>
<tr><td>宜</td><td>祭祀, 祈福, 求嗣, 上冊受封, 上表章, 襲爵受封, 會親友, 冠帶, 出行, 上官赴任, 臨政親民, 結婚姻, 納采問名, 嫁娶, 進人口, 移徙, 裁衣, 修造動土, 豎柱上梁, 修倉庫, 經絡, 醞釀, 開市, 立券, 交易, 納財, 開倉庫, 出貨財, 安碓磑, 牧養, 納畜.</td></tr>
<tr><td>忌</td><td>解除, 求醫療病, 苫蓋, 修置産室, 栽種.</td></tr>
</table>

<table>
<tr><td colspan="2" align="center">己未天上火專執日 기미천상화전집일</td></tr>
<tr><td>吉神</td><td>敬安, 玉堂.</td></tr>
<tr><td>凶神</td><td>小耗, 八專.</td></tr>
<tr><td>宜</td><td>捕捉, 取魚.</td></tr>
<tr><td>忌</td><td>結婚姻, 納采問名, 嫁娶, 求醫療病, 修倉庫, 開市, 立券, 交易, 納財, 開倉庫, 出貨財.</td></tr>
</table>

庚申石榴木專破日 츠신석류목전파일

吉神	驛馬, 天后, 普護, 解神, 除神, 鳴吠.
凶神	月破, 大耗, 四廢, 五離, 八專, 天牢.
宜	諸事不宜.
忌	

辛酉石榴木專危日 신유석류목전위일

吉神	月德合, 陰德, 福生, 除神, 鳴吠.
凶神	天吏, 致死, 四廢, 五虛, 五離, 元武, 三陰.
宜	諸事不宜.
忌	

壬戌大海水伐成日 임슬대해수벌성일

吉神	天德合, 月空, 陽德, 三合, 天喜, 天醫, 司命.
凶神	月厭, 地火, 四擊, 大煞.
宜	祭祀, 祈福, 求嗣, 上冊受封, 上表章, 會親友, 入學, 進人口, 解除, 裁衣, 築隄防, 修造動土, 豎柱上梁, 修倉庫, 經絡, 醞釀, 開市, 立券, 交易, 納財, 安碓磑, 牧養, 納畜, 安葬.
忌	出行, 上官赴任, 臨政親民, 結婚姻, 納采問名, 嫁娶, 移徙, 遠迴, 求醫療病, 開渠, 畋獵, 取魚, 栽種.

癸亥大海水專收日 계해대해수전수일	
吉神	母倉, 六合, 五富, 聖心.
凶神	河魁, 劫煞, 重日, 勾陳.
宜	祭祀, 沐浴.
忌	嫁娶, 求醫療病, 破土, 安葬, 啓攢.

위의 60간지는 월건(月建)이 인(寅)일 때의 것이니, 입춘(立春)에서 우수(雨水) 말까지이다. 그 신살의 길흉을 용사(用事)에 따라 마땅함(宜)과 꺼림(忌)을 표로 만들어 놓았으니 활용할 것이다.

協紀辨方書

卷 21

月表2・二月 月表

제1장 二月

제1장. 二月

1. 二月 개황(概況)

二月	甲己年 建丁卯	乙庚年 建己卯	丙辛年 建辛卯	丁壬年 建癸卯	戊癸年 建乙卯

二月	경칩절 驚蟄節 천도서남행 天道西南行	맹년孟年 (寅申巳亥)			중년仲年 (子午卯酉)			계년季年 (辰戌丑未)		
		紫	黃	赤	白	黑	綠	碧	白	白
		白	白	碧	黃	赤	紫	黑	綠	白
		綠	白	黑	白	碧	白	赤	紫	黃

천덕(天德) 坤, 월덕(月德) 甲, 월덕합(月德合) 己, 월공(月空) 庚.
의수조(宜修造), 취토(取土).

춘분 2월 中, 일전(日躔) 술궁戌宮 위(爲) 2월 장(將), 의용(宜用)
艮·巽·坤·乾時.

월건(月建) 卯, 월파(月破) 酉, 월염(月厭) 酉, 월형(月刑) 子, 월해
(月害) 辰, 겁살(劫煞) 申, 재살(災煞) 酉, 월살(月煞) 戌, 기수조(忌
修造), 취토(取土).

경칩 후 14일 왕망(往亡), 춘분 전 1일 사리(四離).
초 4일 장성(長星), 19일 단성(短星).

2. 二月 甲子旬

<table>
<tr><td colspan="2" align="center">甲子海中金義收日 갑자해중금의수일</td></tr>
<tr><td>吉神</td><td>月德, 天恩, 母倉, 陽德, 司命.</td></tr>
<tr><td>凶神</td><td>天罡, 月刑, 大時, 大敗, 咸池힌지, 天賊, 四忌, 八龍.</td></tr>
<tr><td>宜</td><td>祭祀, 沐浴, 捕捉.</td></tr>
<tr><td>忌</td><td>祈福, 求嗣, 上冊受封, 上表章, 襲爵受封, 會親友, 冠帶, 出行, 上官赴任, 臨政親民, 結婚姻, 納采問名, 嫁娶, 進人口, 移徙, 安床, 解除, 剃頭, 整手足甲, 求醫療病, 裁衣, 築隄防, 修造動土, 豎柱上梁, 修倉庫, 鼓鑄, 經絡, 醞釀, 開市, 立券, 交易, 納財, 開倉庫, 出貨財, 修置産室, 開渠穿井, 安確磑, 補垣塞穴, 修飾垣牆, 破屋壞垣, 畋獵, 取魚, 乘船渡水, 栽種, 牧養, 納畜, 破土, 安葬, 啓攢.</td></tr>
</table>

<table>
<tr><td colspan="2" align="center">乙丑海中金制開日 을축해중금저개일</td></tr>
<tr><td>吉神</td><td>天恩, 時陽, 生氣, 天倉, 不將, 敬安.</td></tr>
<tr><td>凶神</td><td>五虛, 九空, 九坎, 九焦, 復日, 勾陳.</td></tr>
<tr><td>宜</td><td>祭祀, 祈福, 求嗣, 上冊受封, 上表章, 襲爵受封, 會親友, 入學, 出行, 上官赴任, 臨政親民, 嫁娶, 移徙, 解除, 求醫療病, 裁衣, 修造動土, 豎柱上梁, 修置産室, 開渠穿井, 安確磑, 牧養, 納畜.</td></tr>
<tr><td>忌</td><td>冠帶, 進人口, 修倉庫, 鼓鑄, 開市, 立券, 交易, 納財, 開倉庫, 出貨財, 補垣塞穴, 伐木, 畋獵 取魚, 乘船渡水, 栽種, 破土, 安葬, 啓攢.</td></tr>
</table>

<table>
<tr><td colspan="2">丙寅鑪中火義閉日병인노중화의폐일</td></tr>
<tr><td>吉神</td><td>天恩, 四相, 王日, 五富, 不將, 普護, 五合, 靑龍, 鳴吠對.</td></tr>
<tr><td>凶神</td><td>遊禍, 血支, 歸忌.</td></tr>
<tr><td>宜</td><td>裁衣, 築隄防, 修倉庫, 經絡, 醞釀, 立券, 交易, 納財, 補垣塞穴, 栽種, 牧養, 納財, 破土, 啓攢.</td></tr>
<tr><td>忌</td><td>祭祀, 祈福, 求嗣, 上冊受封, 上表章, 襲爵受封, 會親友, 出行, 上官赴任, 臨政親民, 結婚姻, 納采問名, 嫁娶, 進人口, 移徙, 遠迴, 安床, 解除, 求醫療病, 療目, 針刺, 修造動土, 豎柱上梁, 開市, 開倉庫, 出貨財, 修置産室, 開渠穿井.</td></tr>
</table>

<table>
<tr><td colspan="2">丁卯鑪中火義建日정묘노중화의건일</td></tr>
<tr><td>吉神</td><td>天恩, 月德, 四相, 官日, 六儀, 福生, 五合, 明堂, 鳴吠對.</td></tr>
<tr><td>凶神</td><td>月建, 小時, 土府, 厭對, 招搖.</td></tr>
<tr><td>宜</td><td>祭祀, 祈福, 求嗣, 襲爵受封, 會親友, 出行, 上官赴任, 臨政親民, 結婚姻, 納采問名, 移徙, 解除, 求醫療病, 裁衣, 豎柱上梁, 立券, 交易, 納財, 開倉庫, 出貨財, 牧養, 啓攢.</td></tr>
<tr><td>忌</td><td>嫁娶, 剃頭, 築隄防, 修造動土, 修倉庫, 修置産室, 開渠穿井, 安碓磑, 補垣, 修飾垣牆, 平治道塗, 破屋壞垣, 伐木, 取魚, 乘船渡水, 栽種, 破土.</td></tr>
</table>

<table>
<tr><td colspan="2">戊辰大林木專除日무진대림목전제일</td></tr>
<tr><td>吉神</td><td>天恩, 守日, 吉期.</td></tr>
<tr><td>凶神</td><td>月害, 天刑.</td></tr>
<tr><td>宜</td><td>襲爵受封, 出行, 上官赴任, 臨政親民, 解除, 沐浴, 剃頭, 整手足甲, 掃舍宇.</td></tr>
<tr><td>忌</td><td>祈福, 求嗣, 上冊受封, 上表章, 會親友, 結婚姻, 納采問名, 嫁娶, 進人口, 求醫療病, 修倉庫, 經絡, 醞釀, 開市, 立券, 交易, 納財, 開倉庫, 出貨財, 修置産室, 牧養, 納畜, 破土, 安葬, 啓攢.</td></tr>
</table>

<table>
<tr><td colspan="2" align="center">己巳大林木義滿日 기사대림목의만일</td></tr>
<tr><td>吉神</td><td>月德合, 相日, 驛馬, 天后, 天巫, 福德, 聖心.</td></tr>
<tr><td>凶神</td><td>五虛, 土符, 大煞, 往亡, 重日, 未雀.</td></tr>
<tr><td>宜</td><td>祭祀, 祈福, 求嗣, 會親友, 結婚姻, 納采問名, 解除, 裁衣, 豎柱上梁, 經絡, 開市, 立券, 交易, 納財, 開倉庫, 出貨財, 牧養, 納畜.</td></tr>
<tr><td>忌</td><td>上冊受封, 上表章, 出行, 上官赴任, 臨政親民, 嫁娶, 進人口, 移徙, 求醫療病, 築隄防, 修造動土, 修倉庫, 修置産室, 開渠穿井, 安碓磑, 補垣, 修飾垣牆, 平治道塗, 破屋壞垣, 捕捉, 畋獵, 取魚, 栽種, 破土.</td></tr>
</table>

<table>
<tr><td colspan="2" align="center">庚午路傍土伐平日 경오노방토벌평일</td></tr>
<tr><td>吉神</td><td>月空, 時德, 民日, 益後, 金匱, 鳴吠.</td></tr>
<tr><td>凶神</td><td>河魁, 死神, 天吏, 致死.</td></tr>
<tr><td>宜</td><td>祭祀, 修飾垣牆, 平治道塗.</td></tr>
<tr><td>忌</td><td>祈福, 求嗣, 上冊受封, 上表章, 襲爵受封, 會親友, 冠帶, 出行, 上官赴任, 臨政親民, 結婚姻, 納采問名, 嫁娶, 進人口, 移徙, 安床, 解除, 求醫療病, 裁衣, 築隄防, 修造動土, 豎柱上梁, 修倉庫, 鼓鑄, 苫蓋, 經絡, 醞釀, 開市, 立券, 交易, 納財, 開倉庫, 出貨財, 修置産室, 開渠穿井, 栽種, 牧養, 納畜, 破土, 安葬, 啓攢.</td></tr>
</table>

<table>
<tr><td colspan="2" align="center">辛未路傍土義定日 신미노방토의정일</td></tr>
<tr><td>吉神</td><td>陰德, 三合, 時陰, 續世, 寶光.</td></tr>
<tr><td>凶神</td><td>死氣, 血忌.</td></tr>
<tr><td>宜</td><td>祭祀, 祈福, 求嗣, 會親友, 冠帶, 結婚姻, 納采問名, 嫁娶, 進人口, 裁衣, 修造動土, 豎柱上梁, 修倉庫, 經絡, 立券, 交易, 納財, 納畜.</td></tr>
<tr><td>忌</td><td>解除, 求醫療病, 針刺침자, 醞釀, 修置産室, 栽種.</td></tr>
</table>

<table>
<tr><td colspan="2" align="center">壬申劍鋒金義執日 임신검봉금의집일</td></tr>
<tr><td>吉神</td><td>天馬, 要安, 解神, 除神, 鳴吠.</td></tr>
<tr><td>凶神</td><td>劫煞, 小耗, 五離, 白虎.</td></tr>
<tr><td>宜</td><td>沐浴, 掃舍宇, 捕捉, 取魚.</td></tr>
<tr><td>忌</td><td>祈福, 求嗣, 上冊受封, 上表章, 襲爵受封, 會親友, 冠帶, 出行, 上官赴任, 臨政親民, 結婚姻, 納采問名, 嫁娶, 進人口, 移徙, 安床, 解除, 剃頭, 整手足甲, 求醫療病, 裁衣, 築隄防, 修造動土, 豎柱上梁, 修倉庫, 鼓鑄, 經絡, 醞釀, 開市, 立券, 交易, 納財, 開倉庫, 出貨財, 修置産室, 開渠穿井, 安碓磑, 補垣塞穴, 修飾垣牆, 破屋壞垣, 栽種, 牧養, 納畜, 破土, 安葬, 啓攢.</td></tr>
</table>

<table>
<tr><td colspan="2" align="center">癸酉劍鋒金義破日 계유검봉금의파일</td></tr>
<tr><td>吉神</td><td>玉宇, 除神, 玉堂, 鳴吠.</td></tr>
<tr><td>凶神</td><td>月破, 大耗, 災煞, 天火, 月厭, 地火, 五虛, 五離.</td></tr>
<tr><td>宜
忌</td><td align="center">諸事不宜.</td></tr>
</table>

3. 二月 甲戌旬

<table>
<tr><td colspan="2" align="center">甲戌山頭火制危日 갑술산두화제위일</td></tr>
<tr><td>吉神</td><td>月德, 天願, 六合, 金堂.</td></tr>
<tr><td>凶神</td><td>煞, 月虛, 四擊, 天牢</td></tr>
<tr><td>宜</td><td>祭祀, 祈福, 求嗣, 上冊受封, 上表章, 襲爵受封, 會親友, 出行, 上官赴任, 臨政親民, 結婚姻, 納采問名, 嫁娶, 進人口, 移徙, 安床, 解除, 裁衣, 修造動土, 豎柱上梁, 修倉庫, 經絡, 醞釀, 開市, 立券, 交易, 納財, 栽種, 牧養, 納畜, 安葬.</td></tr>
</table>

<table>
<tr><td colspan="2" align="center">乙亥山頭火義成日을해산두화의성일</td></tr>
<tr><td>吉神</td><td>母倉, 三合, 臨日, 天喜, 天醫, 不將.</td></tr>
<tr><td>凶神</td><td>四窮, 八龍, 復日, 重日, 元武.</td></tr>
<tr><td>宜</td><td>上冊受封, 上表章, 襲爵受封, 會親友, 入學, 出行, 上官赴任, 臨政親民, 移徙, 沐浴, 求醫療病, 裁衣, 築隄防, 修造動土, 豎柱上梁, 經絡, 醞釀, 安碓磑, 牧養, 納畜.</td></tr>
<tr><td>忌</td><td>結婚姻, 納采問名, 嫁娶, 進人口, 修倉庫, 開市, 立券, 交易, 納財, 開倉庫. 出貨財, 栽種, 破土. 安葬, 啓攢.</td></tr>
</table>

<table>
<tr><td colspan="2" align="center">丙子澗下水伐收日병자간하수벌수일</td></tr>
<tr><td>吉神</td><td>母倉, 四相, 陽德, 不將, 司命, 鳴吠對</td></tr>
<tr><td>凶神</td><td>天罡, 月刑, 大時, 大敗, 咸池, 天賊, 觸水龍</td></tr>
<tr><td>宜
忌</td><td align="center">諸事不宜.</td></tr>
</table>

<table>
<tr><td colspan="2" align="center">丁丑澗下水寶開日정축간하수보개일</td></tr>
<tr><td>吉神</td><td>月恩, 四相, 時陽, 生氣, 天倉, 不將, 敬安.</td></tr>
<tr><td>凶神</td><td>五虛, 八風, 九空, 九坎, 九焦, 勾陳.</td></tr>
<tr><td>宜</td><td>祭祀, 祈福, 求嗣, 上冊受封, 上表章, 襲爵受封, 會親友, 入學, 出行, 上官赴任, 臨政親民, 結婚姻, 納采問名, 嫁娶, 移徙, 解除, 求醫療病, 裁衣, 修造動土, 豎柱上梁, 修置產室, 開渠穿井, 安碓磑, 牧養, 納畜.</td></tr>
<tr><td>忌</td><td>冠帶, 進人口, 剃頭, 修倉庫, 鼓鑄, 開市, 立券, 交易, 納財, 開倉庫, 出貨財, 補垣塞穴, 伐木, 畋獵, 取魚, 乘船渡水, 栽種.</td></tr>
</table>

戊寅城頭土伐閉日무인성두토벌폐일

吉神	天赦, 王日, 五富, 普護, 五合, 靑龍.
凶神	遊禍, 血支, 歸忌.
宜	裁衣, 築隄防, 修倉庫, 經絡, 醞釀, 立券, 交易, 納財, 補垣塞穴, 栽種, 牧養, 納畜, 安葬.
忌	祭祀, 祈福, 求嗣, 移徙, 遠迴, 解除, 求醫療病, 療目, 針刺, 畋獵, 取魚.

己卯城頭土伐建日기묘성두토벌건일

吉神	月德合, 天恩, 官日, 六儀, 福生, 五合, 明堂.
凶神	月建, 小時, 土府, 厭對, 招搖, 小會.
宜 忌	諸事不宜.

庚辰白鑞金義除日경진백랍금의제일

吉神	月空, 天恩, 守日, 吉期.
凶神	月害, 天刑.
宜	襲爵受封, 出行, 上官赴任, 臨政親民, 解除, 沐浴, 剃頭, 整手足甲, 掃舍宇.
忌	祈福, 求嗣, 上冊受封, 上表章, 會親友, 結婚姻, 納采問名, 嫁娶, 進人口, 求醫療病, 修倉庫, 經絡, 醞釀, 開市, 立券, 交易, 納財, 開倉庫, 出貨財, 修置産室, 牧養, 納畜, 破土, 安葬, 啓攢.

	辛巳白鑞金伐滿日 신사백랍금벌만일
吉神	天恩, 相日, 驛馬, 天后, 天巫, 福德, 聖心.
凶神	五虛, 土符, 大煞, 往亡, 重日, 朱雀.
宜	祭祀, 祈福, 會親友, 裁衣, 經絡, 開市, 立券, 交易 納財.
忌	上冊受封, 上表章, 襲爵受封, 出行, 上官赴任, 臨政親民 結婚姻, 納采問名, 嫁娶, 進人口, 移徙, 求醫療病, 築隄防, 修造動土, 修倉庫, 醞釀, 開倉庫, 出貨財, 修置産室, 開渠穿井, 安碓磑, 補垣, 修飾垣牆, 平治道塗, 破屋壞垣, 捕捉, 畋獵, 取魚, 栽種, 破土, 安葬, 啓攢.

	壬午楊柳木制平日 임오양류목제평일
吉神	天恩, 時德, 民日, 益後, 金匱, 鳴吠.
凶神	河魁, 死神, 天吏, 致死.
宜	祭祀, 修飾垣牆, 平治道塗.
忌	祈福, 求嗣, 上冊受封, 上表章, 襲爵受封, 會親友, 冠帶, 出行, 上官赴任, 臨政親民, 結婚姻, 納采問名, 嫁娶, 進人口, 移徙, 安床, 解除, 求醫療病, 裁衣, 築隄防, 修造動土, 豎柱上梁, 修倉庫, 鼓鑄, 苫蓋, 經絡, 醞釀, 開市, 立券, 交易, 納財, 開倉庫, 出貨財, 修置産室, 開渠穿井, 栽種, 牧養, 納畜, 破土, 安葬, 啓攢.

	癸未楊柳木伐定日 계미양류목벌정일
吉神	天恩, 陰德, 三合, 時陰, 續世, 寶光.
凶神	死氣, 血忌, 觸水龍.
宜	祭祀, 祈福, 求嗣, 會親友, 冠帶, 結婚姻, 納采問名, 嫁娶, 進人口, 裁衣, 修造動土, 豎柱上梁, 修倉庫, 經絡, 醞釀, 立券, 交易, 納財, 安碓磑, 納畜.
忌	解除, 求醫療病, 針刺, 修置産室, 取魚 乘船渡水, 栽種.

4. 二月 甲申旬

甲申井泉水伐執日 갑신정천수벌집일	
吉神	月德, 天馬, 要安, 解神, 除神, 鳴吠.
凶神	劫煞, 小耗, 五離, 白虎.
宜	祭祀, 沐浴, 掃舍宇, 捕捉.
忌	安床, 求醫療病, 修倉庫, 開市, 立券, 交易, 納財, 開倉庫, 出貨財, 畋獵, 取魚.

乙酉井泉水伐破日 을유정천수벌파일	
吉神	玉宇, 除神, 玉堂, 鳴吠.
凶神	月破, 大耗, 災煞, 天火, 月厭, 地火, 五虛, 復日, 五離, 大會.
宜	諸事不宜.
忌	

丙戌屋上土寶危日 병술옥상토보위일	
吉神	四相, 六合, 不將, 金堂.
凶神	月煞, 月虛, 四擊, 天窄.
宜	祭祀, 取魚.
忌	上冊受封, 上表章, 求醫療病.

第二部 用事宜忌

丁亥屋上土伐成日 정하옥상토벌성일

吉神	母倉, 月恩, 四相, 三合, 臨日, 天喜, 天醫, 不將.
凶神	重日, 元武.
宜	祭祀, 祈福, 求嗣, 上冊受封, 上表章, 襲爵受封, 會親友, 入學, 出行, 上官赴任, 臨政親民, 結婚姻, 納采問名, 進人口, 移徙, 解除, 裁衣, 築隄防, 修造動土, 豎柱上梁, 修倉庫, 經絡, 醞釀, 納財, 開倉庫, 出貨財, 安確磑, 栽種, 牧養, 納畜重日, 元武.
忌	嫁娶, 剃頭, 破土, 安葬, 啓攢.

戊子霹靂火制收日 무자벽력화제수일

吉神	母倉, 陽德, 司命.
凶神	天罡, 月刑, 大時, 大敗, 咸池, 天賊.
宜	諸事不宜.
忌	

己丑霹靂火專開日 기축벽력화전개일

吉神	月德合, 時陽, 生氣, 天倉, 不將, 敬安
凶神	五虛, 九空, 九坎, 九焦, 勾陳
宜	祭祀, 祈福, 求嗣, 上冊受封, 上表章, 襲爵受封, 會親友, 入學, 出行, 上官赴任, 臨政親民, 結婚姻, 納采問名, 嫁娶, 進人口, 移徙, 解除, 求醫療病, 裁衣, 修造動土, 豎柱上梁, 修倉庫, 開市, 納財, 修置産室, 開渠穿井, 安確磑, 牧養, 納畜
忌	冠帶, 鼓鑄, 補垣塞穴, 伐木, 畋獵, 取魚, 乘船渡水, 栽種

<table>
<tr><td colspan="2" align="center">庚寅松柏木制閉日 경인송백목제폐일</td></tr>
<tr><td>吉神</td><td>月空, 王日, 五富, 不將, 普護, 五合, 靑龍, 鳴吠對.</td></tr>
<tr><td>凶神</td><td>遊禍, 血支, 歸忌.</td></tr>
<tr><td>宜</td><td>裁衣, 築隄防, 醞釀, 立券, 交易, 納財, 補垣塞穴, 栽種, 牧養, 納畜, 破土. 啓攢.</td></tr>
<tr><td>忌</td><td>祭祀, 祈福, 求嗣, 上冊受封, 上表章, 襲爵受封, 會親友, 出行, 上官赴任, 臨政親民, 結婚姻, 納采問名, 嫁娶, 進人口, 移徙, 遠迴, 安床, 解除, 求醫療病, 療目, 針刺, 修造動土, 豎柱上梁, 經絡, 開市, 開倉庫, 出貨財, 修置産室, 開渠穿井.</td></tr>
</table>

<table>
<tr><td colspan="2" align="center">辛卯松柏本制建日 신묘송백본제건일</td></tr>
<tr><td>吉神</td><td>官日, 六儀, 福生, 五合, 明堂, 鳴吠對.</td></tr>
<tr><td>凶神</td><td>月建, 小時, 土府, 厭對, 招搖.</td></tr>
<tr><td>宜</td><td>祭祀, 襲爵受封, 會親友, 出行, 上官赴任, 臨政親民, 立券, 交易.</td></tr>
<tr><td>忌</td><td>祈福, 求嗣, 上冊受封, 上表章 結婚姻, 納采問名, 嫁娶, 解除, 剃頭, 整手足甲, 求醫療病, 築隄防, 修造動土, 豎柱上梁, 修倉庫, 醞釀, 開倉庫, 出貨財, 修置産室, 開渠穿井, 安確磑, 補垣, 修飾垣牆, 平治道塗, 破屋壞垣, 伐木, 取魚, 乘船渡水, 栽種, 破土, 安葬, 啓攢.</td></tr>
</table>

<table>
<tr><td colspan="2" align="center">壬辰長流水伐除日 임진장류수벌제일</td></tr>
<tr><td>吉神</td><td>守日, 吉期</td></tr>
<tr><td>凶神</td><td>月害, 天刑</td></tr>
<tr><td>宜</td><td>襲爵受封, 出行, 上官赴任, 臨政親民, 解除, 沐浴, 剃頭, 整手足甲, 掃舍宇</td></tr>
<tr><td>忌</td><td>祈福, 求嗣, 上冊受封, 上表章, 會親友, 結婚姻, 納采問名, 嫁娶, 進人口, 求醫療病, 修倉庫, 經絡, 醞釀, 開市, 立券, 交易, 納財, 開倉庫, 出貨財, 修置産室, 開渠, 牧養, 納畜, 破土, 安葬, 啓攢</td></tr>
</table>

癸巳 長流水 制滿日 계사·장류수제만일	
吉神	相日, 驛馬, 天后, 天巫, 福德, 聖心.
凶神	五虛, 土符, 大煞, 往亡, 重日, 朱雀.
宜	祭祀, 祈福, 會親友, 裁衣, 經絡, 開市, 立券, 交易, 納財.
忌	上冊受封, 上表章, 襲爵受封, 出行, 上官赴任, 臨政親民, 結婚姻, 納采問名. 嫁娶, 進人口, 移徙, 求醫療病, 築隄防, 修造動土, 修倉庫, 開倉庫, 出貨財, 修置産室, 開渠穿井, 安碓磑, 補垣, 修飾垣牆, 平治道塗, 破屋壞垣 捕捉, 畋獵, 取魚, 栽種, 破土, 安葬, 啓攢.

5. 二月 甲午旬

甲午 砂石金 寶平日 갑오사석금보평일	
吉神	月德, 時德, 民日, 益後, 金匱, 鳴吠.
凶神	河魁, 死神, 天吏, 致死.
宜	祭祀, 修飾垣牆, 平治道塗.
忌	求醫療病, 苫蓋, 開倉庫, 出貨財, 畋獵, 取魚.

乙未 砂石金 制定日 을미 사석금계정일	
吉神	陰德, 三合, 時陰, 續世, 寶光.
凶神	死氣, 五墓, 地囊, 血忌, 復日.
宜	祭祀, 祈福, 求嗣, 會親友, 裁衣, 經絡, 醞釀, 納財.
忌	冠帶, 出行, 上官赴任, 臨政親民, 結婚姻, 納采問名, 嫁娶, 進人口, 移徙, 安床, 解除, 求醫療病, 針刺, 築隄防, 修造動土, 豎柱上梁, 修倉庫, 開市, 立券, 交易, 修置産室, 開渠穿井, 安碓磑, 補垣, 修飾垣牆, 平治道塗, 破屋壞垣, 栽種, 牧養, 納畜, 破土, 安葬, 啓攢.

<table>
<tr><td colspan="2" align="center">丙申山下火制執日병신산하화제집일</td></tr>
<tr><td>吉神</td><td>四相, 天馬, 要安, 解神, 除神, 鳴吠.</td></tr>
<tr><td>凶神</td><td>劫煞, 小耗, 五離, 白虎.</td></tr>
<tr><td>宜</td><td>祭祀, 沐浴, 掃舍宇, 捕捉, 取魚.</td></tr>
<tr><td>忌</td><td>祈福, 求嗣, 上冊受封, 上表章, 襲爵受封, 會親友, 冠帶, 出行, 上官赴任, 臨政親民, 結婚姻, 納采問名, 嫁娶, 進人口, 移徙, 安床, 解除, 剃頭, 整手足甲, 求醫療病, 裁衣, 築隄防, 修造動土, 豎柱上梁, 修倉庫, 鼓鑄, 經絡, 醞釀, 開市, 立券, 交易, 納財, 開倉庫, 出貨財, 修置産室, 開渠穿井, 安碓磑, 補垣塞穴, 修飾垣牆, 破屋壞垣, 栽種, 牧養, 納畜, 破土, 安葬, 啓攢.</td></tr>
</table>

<table>
<tr><td colspan="2" align="center">丁酉山下火制破日정유산하화제파일</td></tr>
<tr><td>吉神</td><td>月恩, 四相, 玉宇, 除神, 玉堂, 鳴吠.</td></tr>
<tr><td>凶神</td><td>月破, 大耗, 災煞, 天火, 月厭, 地火, 五虛, 五離.</td></tr>
<tr><td>宜
忌</td><td align="center">諸事不宜.</td></tr>
</table>

<table>
<tr><td colspan="2" align="center">戊戌平地木專危日무술평지목전위일</td></tr>
<tr><td>吉神</td><td>六合, 金堂.</td></tr>
<tr><td>凶神</td><td>月煞, 月虛, 四擊, 天牢.</td></tr>
<tr><td>宜</td><td>取魚.</td></tr>
<tr><td>忌</td><td>祈福, 求嗣, 上冊受封, 上表章, 襲爵受封, 出行, 上官赴任, 臨政親民, 解除, 剃頭, 整手足甲, 求醫療病, 裁衣, 築隄防, 修造動土, 豎柱上梁, 修倉庫, 鼓鑄, 修置産室, 開渠穿井, 安碓磑, 補垣塞穴, 修飾垣牆, 破屋壞垣, 栽種, 牧養.</td></tr>
</table>

<table>
<tr><td colspan="2" align="center">己亥平地木制成日 기해평지목제성일</td></tr>
<tr><td>吉神</td><td>月德合, 母倉, 三合, 臨日, 天喜, 天醫, 不將.</td></tr>
<tr><td>凶神</td><td>重日, 元武.</td></tr>
<tr><td>宜</td><td>祭祀, 祈福, 求嗣, 上冊受封, 上表章, 襲爵受封, 會親友, 入學, 出行, 上官赴任, 臨政親民, 結婚姻, 納吳問名, 進人口, 移徙, 解除, 沐浴, 求醫療病, 裁衣, 築隄防, 修造動土, 豎柱上梁, 修倉庫, 經絡, 醞釀, 開市, 立券, 交易, 納財, 安碓磑, 栽種, 牧養, 納畜.</td></tr>
<tr><td>忌</td><td>嫁娶, 畋獵, 取魚.</td></tr>
</table>

<table>
<tr><td colspan="2" align="center">庚子壁上土寶收日 경자-벽상토보수일</td></tr>
<tr><td>吉神</td><td>月空, 母倉, 陽德, 不將, 司命, 鳴吠對.</td></tr>
<tr><td>凶神</td><td>天罡, 月刑, 大時, 大敗, 咸池, 天賊.</td></tr>
<tr><td>宜</td><td rowspan="2" align="center">諸事不宜.</td></tr>
<tr><td>忌</td></tr>
</table>

<table>
<tr><td colspan="2" align="center">辛丑壁上土義開日 신축벽상토의개일</td></tr>
<tr><td>吉神</td><td>時陽, 生氣, 天倉, 敬安.</td></tr>
<tr><td>凶神</td><td>五虛, 九空, 九坎, 九焦, 勾陳.</td></tr>
<tr><td>宜</td><td>祭祀, 祈福, 求嗣, 上冊受封, 上表章, 襲爵受封, 會親友, 入學, 出行, 上官赴任, 臨政親民, 移徙, 解除, 求醫療病, 裁衣, 修造動土, 豎柱上梁, 修置産室, 開渠穿井, 安碓磑, 牧養, 納畜.</td></tr>
<tr><td>忌</td><td>冠帶, 進人口, 修倉庫, 鼓鑄, 醞釀, 開市, 立券, 交易, 納財, 開倉庫, 出貨財, 補垣塞穴, 伐木, 畋獵, 取魚, 乘船渡水, 栽種.</td></tr>
</table>

<table>
<tr><td colspan="2" align="center">壬寅金箔金寶閉日 임인금박금보폐일</td></tr>
<tr><td>吉神</td><td>王日, 五富, 普護, 五合, 靑龍, 鳴吠對.</td></tr>
<tr><td>凶神</td><td>遊禍, 血支, 歸忌.</td></tr>
<tr><td>宜</td><td>裁衣, 築隄防, 經絡, 醞釀, 立券, 交易, 納財, 補垣塞穴, 栽種, 牧養, 納畜. 破土, 啓攢.</td></tr>
<tr><td>忌</td><td>祭祀, 祈福, 求嗣, 上冊受封, 上表章, 襲爵受封, 會親友, 出行, 上官赴任, 臨政親民, 結婚姻, 納采問名, 嫁娶, 進人口, 移徙, 遠迴, 安床, 解除, 求醫療病, 療目, 針刺, 修造動土, 豎柱上梁, 開市, 開倉庫, 出貨財, 修置産室, 開渠穿井.</td></tr>
</table>

<table>
<tr><td colspan="2" align="center">癸卯金箔金寶建日 계묘금박금보건일</td></tr>
<tr><td>吉神</td><td>官日, 六儀, 福生, 五合, 明堂, 鳴吠對.</td></tr>
<tr><td>凶神</td><td>月建, 小時, 土府, 厭對, 招搖.</td></tr>
<tr><td>宜</td><td>祭祀, 襲爵受封, 會親友, 出行, 上官赴任, 臨政親民, 立券, 交易.</td></tr>
<tr><td>忌</td><td>祈福, 求嗣, 上冊受對, 上表章, 結婚姻, 納采問名, 嫁娶, 解除, 剃頭, 整手足甲, 求醫療病, 築隄防, 修造動土, 豎柱上梁, 修倉庫, 開倉庫, 出貨財, 修置産室, 開渠穿井, 安碓磑, 補垣, 修飾垣牆, 平治道塗, 破屋壞垣, 伐木, 取魚, 乘船渡水, 栽種, 破土, 安葬, 啓攢.</td></tr>
</table>

6. 二月 甲辰旬

甲辰覆燈火制除日갑진복등화제제일

吉神	月德, 守日, 吉期.
凶神	月害, 天刑.
宜	祭祀, 祈福, 求嗣, 上冊受封, 上表章, 襲爵受封, 會親友, 出行, 上官赴任, 臨政親民, 結婚姻, 納采問名, 嫁娶, 移徙, 解除, 沐浴, 剃頭, 整手足甲, 裁衣, 修造動土, 豎柱上梁, 修倉庫, 掃舍字, 栽種, 牧養, 納畜, 安葬.
忌	求醫療病, 開倉庫, 出貨財, 畋獵, 取魚.

乙巳覆燈火寶滿日을사복등화코만일

吉神	相日, 驛馬, 天后, 天巫, 福德, 聖心.
凶神	五虛, 土符, 大煞, 往亡, 復日, 重彐, 朱雀.
宜	祭祀, 祈福, 會親友, 裁衣, 經絡, 開市, 立券, 交易, 納財.
忌	上冊受封, 上表章, 襲爵受封, 出行, 上官赴任, 臨政親民, 結婚姻, 納采問名, 嫁娶, 進人口, 移徙, 求醫療病, 築隄防, 修造動土, 修倉庫, 開倉庫, 出貨財, 修置產室, 開渠穿井, 安碓磑, 補垣, 修飾垣牆, 平治道塗, 破屋壞垣, 捕捉, 畋獵, 取魚, 栽種, 破土, 安葬, 啓攢.

丙午天河水專平日병오천하수전평

吉神	四相, 時德, 民日, 益後, 金匱, 鳴吠.
凶神	河魁, 死神, 天吏, 致死.
宜	祭祀, 修飾垣牆, 平治道塗.
忌	祈福, 求嗣, 上冊受封, 上表章, 襲爵受封, 會親友, 冠帶, 出行, 上官赴任, 臨政親民, 結婚姻, 納采問名, 嫁娶, 進人口, 移徙, 安床, 解除, 求醫療病, 裁衣, 築隄防, 修造動土, 豎柱上梁, 修倉庫, 鼓鑄, 苫蓋, 經絡, 醞釀, 開市, 立券, 交易, 納財, 開倉庫, 出貨財, 修置產室, 開渠穿井, 栽種, 牧養, 納畜, 破土, 安葬, 啓攢.

丁未天河水寶定日 정미천하수보정일	
吉神	月恩, 四相, 陰德, 三合, 時陰, 續世, 寶光.
凶神	死氣, 血忌, 八專.
宜	祭祀, 祈福, 求嗣, 襲爵受封, 會親友, 冠帶, 出行, 上官赴任, 臨政親民, 進人口, 移徙, 裁衣, 修造動土, 豎柱上梁, 修倉庫, 經絡, 醞釀, 立券, 交易, 納財, 開倉庫, 出貨財, 安碓磑, 牧養, 納畜.
忌	結婚姻, 納采問名, 嫁娶, 解除, 剃頭, 求醫療病, 針刺, 修置産室, 栽種.

戊申大驛土寶執日 무신대역토보집일	
吉神	天馬, 要安, 解神, 除神.
凶神	劫煞, 小耗, 五離, 白虎.
宜	沐浴, 掃舍宇, 捕捉, 取魚.
忌	祈福, 求嗣, 上冊受封, 上表章, 襲爵受封, 會親友, 冠帶, 出行, 上官赴任, 臨政親民. 結婚姻, 納采問名, 嫁娶, 進人口, 移徙, 安床, 解除, 剃頭, 整手足甲, 求醫療病, 裁衣, 築隄防, 修造動土, 豎柱上梁, 修倉庫, 鼓鑄, 經絡, 醞釀, 開市, 立券, 交易, 納財, 開倉庫, 出貨財, 修置産室, 開渠穿井, 安碓磑, 補垣塞穴, 修飾垣牆, 破屋壞垣, 栽種, 牧養, 納畜, 破土, 安葬, 啓攢.

己酉大驛土寶破日 기유대역토보파일	
吉神	月德合, 天恩, 玉宇, 除神, 玉堂, 鳴吠.
凶神	月破, 大煞, 災煞, 天火, 月厭, 地火, 五虛, 五離, 陰道衝陽.
宜	諸事不宜.
忌	

<table>
<tr><td colspan="2" align="center">庚戌釵釧金義危日 경술차천금의위일</td></tr>
<tr><td>吉神</td><td>月空, 天恩, 六合, 不將, 金堂.</td></tr>
<tr><td>凶神</td><td>月煞, 月虛, 四擊, 天牢.</td></tr>
<tr><td>宜</td><td>取魚.</td></tr>
<tr><td>忌</td><td>祈福, 求嗣, 襲爵受封, 出行, 上官赴任, 臨政親民, 解除, 剃頭, 整手足甲, 求醫療病, 裁衣, 築隄防, 修造動土, 豎柱上梁, 修倉庫, 鼓鑄, 經絡, 修置産室, 開渠穿井, 安碓磑, 補垣塞穴, 修飾垣牆, 破屋壞垣, 栽種, 牧養.</td></tr>
</table>

<table>
<tr><td colspan="2" align="center">辛亥釵釧金寶成日 신해차천금보성일</td></tr>
<tr><td>吉神</td><td>天恩, 母倉, 三合, 臨日, 天喜, 天醫.</td></tr>
<tr><td>凶神</td><td>重日, 元武.</td></tr>
<tr><td>宜</td><td>上冊受封, 上表章, 襲爵受封, 會親友, 入學, 出行, 上官赴任, 臨政親民, 結婚姻, 納采問名, 進人口, 移徙, 沐浴, 求醫療病, 裁衣, 築隄防, 修造動土, 豎柱上梁, 修倉庫, 經絡, 開市, 立劵, 交易, 納財, 安碓磑, 栽種, 牧養, 納畜.</td></tr>
<tr><td>忌</td><td>嫁娶, 醞釀, 破土, 安葬, 啓攢.</td></tr>
</table>

<table>
<tr><td colspan="2" align="center">壬子桑柘木專收日 임자상자목전수일</td></tr>
<tr><td>吉神</td><td>天恩, 母倉, 陽德, 司命, 鳴吠對.</td></tr>
<tr><td>凶神</td><td>天罡, 月刑, 大時, 大敗, 咸池, 天賊, 四耗.</td></tr>
<tr><td>宜</td><td rowspan="2" align="center">諸事不宜.</td></tr>
<tr><td>忌</td></tr>
</table>

癸丑桑柘木伐開日 계축상자목벌개일	
吉神	天恩, 時陽, 生氣, 天倉, 敬安.
凶神	五虛, 九空, 九坎, 九焦, 地囊, 八專, 觸水龍, 勾陳.
宜	祭祀, 祈福, 求嗣, 上冊受封, 上表章, 襲爵受封, 會親友, 入學, 出行, 上官赴任, 臨政親民, 移徙, 解除, 求醫療病, 裁衣, 豎柱上梁, 牧養, 納畜.
忌	冠帶, 結婚姻, 納采問名, 嫁娶, 進人口, 築隄防, 修造動土, 修倉庫, 鼓鑄, 開市, 立券, 交易, 納財, 開倉庫, 出貨財, 修置産室, 開渠穿井, 安確磑, 補垣塞穴, 修飾垣牆, 平治道塗, 破屋壞垣, 伐木, 畋獵, 取魚, 乘船渡水, 栽種, 破土.

7. 二月 甲寅旬

甲寅大溪水專閉日 갑인대계수전폐일	
吉神	月德, 王日, 五富, 普護, 五合, 靑龍, 鳴吠對.
凶神	遊禍, 血支, 歸忌, 八專.
宜	裁衣, 築隄防, 修倉庫, 經絡, 醞釀, 立券, 交易, 納財, 補垣塞穴, 栽種, 牧養, 納畜, 破土, 安葬, 啓攢.
忌	祭祀, 祈福, 求嗣, 結婚姻, 納采問名, 嫁娶, 移徙, 遠迴, 解除, 求醫療病, 療目, 針刺, 畋獵, 取魚.

乙卯大溪水專建日 을묘대계수전건일	
吉神	官日, 六儀, 福生, 五合, 明堂, 鳴吠對
凶神	月建, 小時, 土府, 厭對, 招搖, 復日, 陽錯.
宜	祭祀, 襲爵受封, 會親友, 出行, 上官赴任, 臨政親民, 裁衣, 立券, 交易
忌	祈福, 求嗣, 上冊受封, 上表章, 結婚姻, 納采問名, 嫁娶, 解除, 剃頭, 整手足甲, 求醫療病, 築隄防, 修造動土, 豎柱上梁, 修倉庫, 開倉庫, 出貨財, 修置産室, 開渠穿井, 安確磑, 補垣, 修飾垣牆, 平治道塗, 破屋壞垣, 伐木, 取魚, 乘船渡水, 栽種, 破土, 安葬, 啓攢

<table>
<tr><td colspan="2" align="center">丙辰沙中土寶除日 병진사중토보제일</td></tr>
<tr><td>吉神</td><td>四相, 守日, 吉期.</td></tr>
<tr><td>凶神</td><td>月害, 天刑.</td></tr>
<tr><td>宜</td><td>祭祀, 襲爵受封, 出行, 上官赴任, 臨政親民, 移徙, 解除, 沐浴, 剃頭, 整手足甲, 裁衣, 修造動土, 豎柱上梁, 掃舍宇, 栽種.</td></tr>
<tr><td>忌</td><td>祈福, 求嗣, 上冊受封, 上表章, 會親友, 結婚姻, 納采問名, 嫁娶, 進人口, 求醫療病, 修倉庫, 經絡, 醞釀, 開市, 立券, 交易, 納財, 開倉庫, 出貨財, 修置産室, 牧養. 納畜, 破土, 安葬, 啓攢.</td></tr>
</table>

<table>
<tr><td colspan="2" align="center">丁巳沙中土專滿日 정사사중토전만일</td></tr>
<tr><td>吉神</td><td>月恩, 四相, 相日, 驛馬, 天后, 天巫, 福德, 聖心.</td></tr>
<tr><td>凶神</td><td>五虛, 八風, 土符, 大煞, 往亡, 重日, 朱雀.</td></tr>
<tr><td>宜</td><td>祭祀, 祈福, 求嗣, 會親友, 結婚姻, 納采問名, 解除, 裁衣, 豎柱上梁, 經絡, 開市, 立券, 交易, 納財, 牧養.</td></tr>
<tr><td>忌</td><td>上冊受封, 上表章, 出行, 上官赴任, 臨政親民, 嫁娶, 進人口, 移徙, 剃頭, 求醫療病, 築隄防, 修造動土, 修倉庫, 開倉庫, 出貨財, 修置産室, 開渠穿井, 安碓磑, 補垣, 修飾垣牆, 平治道塗, 破屋壞垣, 捕捉, 畋獵, 取魚, 乘船渡水, 栽種, 破土, 安葬, 啓攢.</td></tr>
</table>

<table>
<tr><td colspan="2" align="center">戊午天上火義平日무오천상화의평일</td></tr>
<tr><td>吉神</td><td>時德, 民日, 益後, 金匱.</td></tr>
<tr><td>凶神</td><td>河魁, 死神, 天吏, 致死.</td></tr>
<tr><td>宜</td><td>祭祀, 修飾垣牆, 平治道塗.</td></tr>
<tr><td>忌</td><td>祈福, 求嗣, 上冊受封, 上表章, 襲爵受封, 會親友, 冠帶, 出行, 上官赴任, 臨政親民. 結婚姻, 納采問名, 嫁娶, 進人口, 移徙, 安床, 解除, 求醫療病, 裁衣, 築隄防, 修造動土, 豎柱上梁, 修倉庫, 鼓鑄, 苫蓋, 經絡, 醞釀, 開市. 立券, 交易, 納財, 開倉庫, 出貨財, 修置産室, 開渠穿井, 栽種, 牧養, 納畜, 破土, 安葬, 啓攢.</td></tr>
</table>

<table>
<tr><td colspan="2" align="center">己未天上火專定日기미천상화전정일</td></tr>
<tr><td>吉神</td><td>月德合, 陰德, 三合, 時陰, 續世, 寶光.</td></tr>
<tr><td>凶神</td><td>死氣, 血忌, 八專.</td></tr>
<tr><td>宜</td><td>祭祀, 祈福, 求嗣, 上冊受封, 上表章, 襲爵受封, 會親友, 冠帶, 出行, 上官赴任, 臨政親民, 進人口, 移徙, 解除, 裁衣, 修造動土, 豎柱上梁, 修倉庫, 經絡, 醞釀, 立券, 交易, 納財, 安碓磑, 栽種, 牧養, 納畜, 安葬.</td></tr>
<tr><td>忌</td><td>結婚姻, 納采問名, 嫁娶, 求醫療病, 針刺, 畋獵, 取魚</td></tr>
</table>

庚申石榴木專執日 경신석류목전집일	
吉神	月空, 天馬, 要安, 解神, 除神, 鳴吠.
凶神	劫煞, 小耗, 四廢, 五離, 八專, 白虎.
宜	沐浴, 掃舍宇, 捕捉, 取魚.
忌	祈福, 求嗣, 上冊受封, 上表章, 襲爵受封, 會親友, 冠帶, 出行, 上官赴任, 臨政親民, 結婚姻, 納采問名, 嫁娶, 進人口, 移徙, 安床, 解除, 剃頭, 整手足甲, 求醫療病, 裁衣, 築隄防, 修造動土, 豎柱上梁, 修倉庫, 鼓鑄, 經絡, 醞釀, 開市, 立券, 交易, 納財, 開倉庫, 出貨財, 修置產室, 開渠穿井, 安碓磑, 補垣塞穴, 修飾垣牆, 破屋壞垣, 栽種, 牧養, 納畜, 破土, 安葬, 啓攢.

辛酉石榴木專破日 신유석류목전파일	
吉神	玉宇, 除神, 玉堂, 鳴吠.
凶神	月破, 大耗, 災煞, 天火, 月厭, 地火, 四廢, 五虛, 五離, 陰錯.
宜 / 忌	諸事不宜.

壬戌大海水伐危日 임술대해수벌위일	
吉神	六合, 金堂.
凶神	月煞, 月虛, 四擊, 天牢.
宜	取魚.
忌	祈福, 求嗣, 上冊受封, 上表章, 襲爵受封, 出行, 上官赴任, 臨政親民, 解除. 剃頭, 整手足甲, 求醫療病, 裁衣, 築隄防, 修造動土, 豎柱上梁, 修倉庫, 鼓鑄, 修置產室, 開渠穿井, 安碓磑, 補垣塞穴, 修飾垣牆, 破屋壞垣, 栽種, 牧養.

癸亥大海水專成日 계해대해수전성일	
吉神	母倉, 三合, 臨日, 天喜, 天醫.
凶神	重日, 元武.
宜	沐浴.
忌	嫁娶, 破土, 安葬, 啓攢.

이상의 **60**간지는 월건(月建)이 묘(卯)일 때의 것이니, 경칩 (驚蟄)에서 춘분(春分) 말까지이다. 그 신살의 길흉을 용사 (用事)에 따라 마땅함(宜)과 꺼림(忌)을 표로 만들어 놓았으 니 활용할 것이다.

協紀辨方書

卷 22

月表 3・三月 月表

제1장 三月

제1장 三月

1. 三月 개황(概況)

三月	甲己年 建戊辰	乙庚年 建庚辰	丙辛年 建壬辰	丁壬年 建甲辰	戊癸年 建丙辰

三月	청명절 淸明節 천도북행 天道北行	맹년孟年 (寅申巳亥)		중년仲年 (子午卯酉)		계년季年 (辰戌丑未)		
		白	綠	白	黃	白	碧	黑	赤	紫
		赤	紫	黑	綠	白	白	白	碧	黃
		碧	黃	白	紫	黑	赤	白	白	綠

천덕(天德) 壬, 월덕(月德) 壬, 월공(月空) 丙, 천덕합(天德合) 丁, 월덕합(月德合) 丁, 의수조(宜修造), 취토(取土).

곡우(穀雨)　3월中.　일전재유궁위삼월장(日躔在爲三月酉宮爲將), 의용(宜用) 癸·乙·丁·辛時.

월건(月建) 辰, 월파(月破) 戌, 월염(月厭) 申, 월형(月刑) 辰, 월해(月害) 卯, 겁살(劫煞) 巳, 재살(災煞) 午, 월살(月煞) 未, 기수조(忌修造), 동토(動土).

초 1일 장성(長星) 16일 단성(短星), 청명(淸明) 後 21일 왕망(往亡).

토왕용사(土王用事) 後 기수조(忌修造), 취토(取土), 巳午日 첨(添)모창(母倉).

2. 三月 甲子旬

<table>
<tr><td colspan="2" align="center">甲子海中金義成日 갑자해중금의성일</td></tr>
<tr><td>吉神</td><td>天恩, 母倉, 三合, 天喜, 天醫, 天倉, 不將, 聖心.</td></tr>
<tr><td>凶神</td><td>四忌, 八龍, 地囊, 歸忌, 天牢.</td></tr>
<tr><td>宜</td><td>祭祀, 祈福, 襲爵受封, 會親友, 入學, 出行, 上官赴任, 臨政親民, 進人口, 沐浴, 求醫療病, 裁衣, 豎柱上梁, 經絡, 醞釀, 開市, 立券, 交易, 納財, 牧養, 納畜.</td></tr>
<tr><td>忌</td><td>結婚姻, 納采問名, 嫁娶, 移徙, 遠迴, 築隄防, 修造動土, 修倉庫, 開倉庫, 出貨財, 修置産室, 開渠穿井, 安碓磑, 補垣, 修飾垣牆, 平治道塗, 破屋壞垣. 栽種, 破土, 安葬.</td></tr>
</table>

<table>
<tr><td colspan="2" align="center">乙丑海中金制收日 을축해중금제수일</td></tr>
<tr><td>吉神</td><td>天恩, 不將, 益後.</td></tr>
<tr><td>凶神</td><td>河魁, 五虛 元武.</td></tr>
<tr><td>宜</td><td>祭祀, 進人口, 納財, 捕捉, 取魚, 紋畜.</td></tr>
<tr><td>忌</td><td>祈福, 求嗣, 上冊受封, 上表章, 襲爵受封, 會親友, 冠帶, 出行, 上官赴任, 臨政親民, 結婚姻, 納采問名, 嫁娶, 移徙, 安床, 解除, 求醫療病, 裁衣, 築隄防, 修造動土, 豎柱上梁, 修倉庫, 鼓鑄, 經絡, 醞釀, 開市, 立券, 交易, 開倉庫, 出貨財, 修置産室, 開渠穿井, 栽種, 破土, 安葬, 啓攢.</td></tr>
</table>

<table>
<tr><td colspan="2" align="center">丙寅鑪中火義開日병인노중화의개일</td></tr>
<tr><td>吉神</td><td>月空, 天恩, 四相, 陽德, 王日, 驛馬, 天后, 時陽, 生氣, 六儀, 續世, 五合, 司命, 鳴吠對.</td></tr>
<tr><td>凶神</td><td>厭對, 招搖, 血忌.</td></tr>
<tr><td>宜</td><td>上冊受封, 上表章, 襲爵受封, 會親友, 入學, 出行, 上官赴任, 臨政親民, 結婚姻, 納采問名, 移徙, 解除, 求醫療病, 裁衣, 修造動土, 豎柱上梁, 開市, 立券, 交易, 納財, 開倉庫, 出貨財, 修置産室, 開渠穿井, 安確磑, 栽種, 牧養.</td></tr>
<tr><td>忌</td><td>祭祀, 嫁娶, 針刺, 伐木, 畋獵, 取魚, 乘船渡水.</td></tr>
</table>

<table>
<tr><td colspan="2" align="center">丁卯鑪中火義閉日정묘노중화의폐일</td></tr>
<tr><td>吉神</td><td>天德合, 月德合, 天恩, 四相, 官日, 要安, 五合, 鳴吠對.</td></tr>
<tr><td>凶神</td><td>月害, 天吏, 致死, 血支, 勾陳.</td></tr>
<tr><td>宜</td><td>祭祀, 裁衣, 補垣塞穴.</td></tr>
<tr><td>忌</td><td>剃頭, 求醫療病, 療目, 針刺, 穿井, 畋獵, 取魚.</td></tr>
</table>

<table>
<tr><td colspan="2" align="center">戊辰大林木專建日무진대림목전건일</td></tr>
<tr><td>吉神</td><td>天恩, 守日, 玉宇, 靑龍.</td></tr>
<tr><td>凶神</td><td>月建, 小時, 土府, 月刑, 五墓, 復日, 小會, 單陰.</td></tr>
<tr><td>宜</td><td rowspan="2" align="center">諸事不宜.</td></tr>
<tr><td>忌</td></tr>
</table>

<table>
<tr><td colspan="2">己巳大林木義除日 기사대림목의제일</td></tr>
<tr><td>吉神</td><td>陰德, 相日, 吉期, 五富, 金堂, 明堂.</td></tr>
<tr><td>凶神</td><td>劫煞, 五虛, 重日.</td></tr>
<tr><td>宜</td><td>沐浴, 掃舍宇.</td></tr>
<tr><td>忌</td><td>祈福, 求嗣, 上冊受封, 上表章, 會親友, 冠帶, 出行, 結婚姻, 納采問名, 嫁娶, 進人口, 移徙, 安床, 求醫療病, 裁衣, 築隄防, 修造動土, 豎柱上梁, 修倉庫, 鼓鑄, 修置産室, 開渠穿井, 安碓磑, 補垣塞穴, 修飾垣牆, 破屋壞垣, 破土, 安葬, 啓攢.</td></tr>
</table>

<table>
<tr><td colspan="2">庚午路傍上伐滿日 경오노방상벌관일</td></tr>
<tr><td>吉神</td><td>月恩, 時德, 民日, 天巫, 福德, 鳴吠.</td></tr>
<tr><td>凶神</td><td>災煞, 天火, 大煞, 天刑.</td></tr>
<tr><td>宜</td><td>祭祀.</td></tr>
<tr><td>忌</td><td>祈福, 求嗣, 上冊受封, 上表章, 襲爵受封, 會親友, 冠帶, 出行, 上官赴任, 臨政親民, 結婚姻, 納采問名, 嫁娶, 進人口, 移徙, 安床, 解除, 剃頭, 整手足甲, 求醫療病, 裁衣, 築隄防, 修造動土, 豎柱上梁, 修倉庫, 鼓鑄, 苫蓋, 經絡, 醞釀, 開市, 立券, 交易, 納財, 開倉庫, 出貨財, 修置産室, 開渠穿井, 安碓磑, 補垣塞穴, 修飾垣牆, 破屋壞垣, 栽種, 牧養, 納畜, 破土, 安葬, 啓攢.</td></tr>
</table>

辛未路傍土義平日 신미노방토의평일	
吉神	
凶神	天罡, 死神, 月煞, 月虛, 朱雀.
宜	諸事不宜.
忌	

壬申劍鋒金義定日 임신검봉금의정일	
吉神	天德, 月德, 三合, 臨日, 時陰, 敬安, 除神, 金匱, 鳴吠.
凶神	月厭, 地火, 死氣, 往亡, 五離, 孤辰.
宜	祭祀, 沐浴, 掃舍宇.
忌	上冊受封, 上表章, 出行, 上官赴任, 臨政親民, 結婚姻, 納采問名, 嫁娶, 進人口, 移徙, 遠迴, 安床, 求醫療病, 開渠, 伐木, 捕捉, 畋獵, 取魚, 栽種.

癸酉劍鋒金義執日 계유검봉금의집일	
吉神	六合, 普護, 除神, 寶光, 鳴吠.
凶神	大時, 大敗, 咸池, 小耗, 五虛, 土符, 五離.
宜	祭祀, 祈福, 結婚姻, 嫁娶, 進人口, 解除, 沐浴, 剃頭, 整手足甲, 求醫療病, 經絡, 醞釀, 掃舍宇, 捕捉, 取魚, 納畜, 安葬.
忌	會親友, 築隄防, 修造動土, 修倉庫, 開市, 立券, 交易, 納財, 開倉庫, 出貨財, 修置產室, 開渠穿井, 安碓磑, 補垣, 修飾垣牆, 平治道塗, 破屋壞垣, 栽種, 破土.

3. 三月 甲戌旬

甲戌山頭火制破日갑술산두화제파일

吉神	天馬, 不將, 福生, 解神.
凶神	月破, 大耗, 四擊, 九空, 九坎, 九焦, 白虎.
宜	祭祀, 解除, 沐浴, 求醫療病, 破屋壞垣.
忌	祈福, 求嗣, 上冊受封, 上表章, 襲爵受封, 會親友, 冠帶, 出行, 上官赴任, 臨政親民, 結婚姻, 納釆問名, 嫁娶, 進人口, 移徙, 安床, 剃頭, 整手足甲, 裁衣, 築隄防, 修造動土, 豎柱上梁, 修倉庫, 鼓鑄, 經絡, 醞釀, 開市, 立券. 交易, 納財, 開倉庫, 出貨財, 修置産室, 開渠穿井, 安碓磑, 補垣塞穴, 修飾垣牆, 伐木, 取魚, 乘船渡水, 栽種, 牧養, 納畜, 破土, 安葬, 啓攢.

乙亥山頭火義危日을해산두화의위일

吉神	母倉, 不將, 玉堂.
凶神	遊禍, 天賊, 四窮, 八龍, 重日.
宜	安床, 沐浴, 取魚, 牧養, 納畜.
忌	祈福, 求嗣, 出行, 結婚姻, 納采問名, 嫁娶, 進人口, 解除, 求醫療病, 修倉庫, 開市, 立券, 交易, 納財, 開倉庫, 出貨財, 栽種, 破土, 安葬, 啓攢.

丙子澗下水伐成日 병자간하수벌성일

吉神	月空, 母倉, 四相, 三合, 天喜, 天醫, 天倉, 不將, 聖心, 鳴吠對.
凶神	歸忌, 觸水龍, 天牢.
宜	祭祀, 祈福, 求嗣, 上表章, 襲爵受封, 會親友, 入學, 出行, 上官赴任, 臨政親民, 結婚姻, 納采問名, 嫁娶, 進人口, 解除, 沐浴, 求醫療病, 裁衣, 築隄防, 修造動土, 豎柱上梁, 修倉庫, 經絡, 醞釀, 開市, 立券, 交易, 納財, 開倉庫, 出貨財, 安碓磑, 栽種, 牧養, 納畜, 破土, 啓攢.
忌	移徙, 遠迴, 取魚, 乘船渡水.

丁丑澗下水寶收日 정축간하수보수일

吉神	天德合, 月德合, 四相, 不將, 益後.
凶神	河魁, 五虛, 八風, 元武.
宜	祭祀, 祈福, 求嗣, 上冊受封, 上表章, 襲爵受封, 會親友, 出行, 上官赴任, 臨政親民, 結婚姻, 納采問名, 嫁娶, 進人口, 移徙, 解除, 裁衣, 修造動土, 豎柱上梁, 修倉庫, 納財, 開倉庫, 出貨財, 捕捉, 栽種, 牧養, 納畜, 安葬.
忌	冠帶, 剃頭, 求醫療病, 畋獵, 取魚.

戊寅城頭土伐開日 무인성두토벌개일

吉神	天赦, 陽德, 王日, 驛馬, 天后, 時陽, 生氣, 六儀, 續世, 五合, 司命.
凶神	厭對, 招搖, 血忌, 復日.
宜	上冊受封, 上表章, 襲爵受封, 會親友, 入學, 出行, 上官赴任, 臨政親民, 結婚姻, 納采問名, 嫁娶, 移徙, 解除, 求醫療病, 裁衣, 修造動土, 豎柱上梁, 修倉庫, 開市, 立券, 交易, 修置産室, 開渠穿井, 安碓磑, 栽種, 牧養, 納畜.
忌	祭祀, 針刺, 伐木, 畋獵, 取魚.

己卯城頭土伐閉日기묘성두토벌폐일	
吉神	天恩, 官日, 要安, 五合.
凶神	月害, 天吏, 致死, 血友, 勾陳.
宜	補垣塞穴.
忌	祈福, 求嗣, 上冊受封, 上表章, 襲爵受封, 會親友, 冠帶, 出行, 上官赴任, 臨政親民, 結婚姻, 納采問名, 嫁娶, 進人口, 移徙, 安床, 解除, 求醫療病, 療目, 針刺, 築隄防, 修造動土, 豎柱上梁, 修倉庫, 經絡, 醞釀, 開市, 立券, 交易, 納財, 開倉庫, 出貨財, 修置産室, 開渠穿井, 栽種, 牧養, 納畜, 破土, 安葬, 啓攢.

庚辰白鑞金義建日경진백랍금의건일	
吉神	天恩, 月恩, 守日, 玉宇, 青龍.
凶神	月建, 小時, 土府, 月刑, 陰位.
宜 / 忌	諸事不宜.

辛巳白鑞金伐除日신사백랍금벌제일	
吉神	天恩, 陰德, 相日, 吉期, 五富, 金堂, 明堂.
凶神	劫煞, 五虛, 重日.
宜	沐浴, 掃舍宇.
忌	祈福, 求嗣, 上冊受封, 上表章, 冠帶, 出行, 結婚姻, 納采問名, 嫁娶, 進人口, 移徙, 安床, 求醫療病, 裁衣, 築隄防, 修造動土, 豎柱上梁, 修倉庫, 鼓鑄, 醞釀, 修置産室, 開渠穿井, 安確磑, 補垣塞穴, 修飾垣牆, 破屋壞垣, 破土, 安葬, 啓攢.

<table>
<tr><td colspan="2" align="center">壬午楊柳木制滿日임오양류목제만일</td></tr>
<tr><td>吉神</td><td>天德, 月德, 天恩, 時德, 民日, 天巫, 福德, 鳴吠.</td></tr>
<tr><td>凶神</td><td>災煞, 天火, 地囊, 大煞, 天刑.</td></tr>
<tr><td>宜</td><td>祭祀, 祈福, 求嗣, 上冊受封, 上表章, 襲爵受封, 會親友, 出行, 上官赴任, 臨政親民, 結婚姻, 納采問名, 嫁娶, 進人口, 移徙, 解除, 裁衣, 豎柱上梁, 經絡, 開市, 立券, 交易, 納財, 開倉庫, 出貨財, 牧養, 納畜, 安葬.</td></tr>
<tr><td>忌</td><td>求醫療病, 築隄防, 修造動土, 修倉庫, 苫蓋, 修置産室, 開渠穿井, 安碓磑, 補垣, 修飾垣牆, 平治道塗, 破屋壞垣, 畋獵, 取魚, 栽種, 破土.</td></tr>
</table>

<table>
<tr><td colspan="2" align="center">癸未楊柳木伐平日계미양류목벌평일</td></tr>
<tr><td>吉神</td><td>天恩.</td></tr>
<tr><td>凶神</td><td>天罡, 死神, 月煞, 月虛, 觸水龍, 朱雀.</td></tr>
<tr><td>宜</td><td rowspan="2" align="center">諸事不宜.</td></tr>
<tr><td>忌</td></tr>
</table>

4. 三月 甲申旬

<table>
<tr><td colspan="2" align="center">甲申井泉水伐定日갑신정천수벌정일</td></tr>
<tr><td>吉神</td><td>三合, 臨日, 時陰, 敬安, 除神, 金匱, 鳴吠.</td></tr>
<tr><td>凶神</td><td>月厭, 地火, 死氣, 往亡, 五離, 行狠.</td></tr>
<tr><td>宜</td><td>沐浴, 掃舍宇.</td></tr>
<tr><td>忌</td><td>祈福, 求嗣, 上冊受封, 上表章, 襲爵受封, 會親友, 冠帶, 出行, 上官赴任, 臨政親民, 結婚姻, 納采問名, 嫁娶, 進人口, 移徙, 遠迴, 安床, 解除, 剃頭, 整手足甲, 求醫療病, 裁衣, 築隄防, 修造動土, 豎柱上梁, 修倉庫, 鼓鑄, 經絡, 醞釀, 開市, 立券, 交易, 納財, 開倉庫, 出貨財, 修置産室, 開渠穿井. 安碓磑, 補垣塞穴, 修飾垣牆, 平治道塗, 破屋壞垣, 伐木, 捕捉, 畋獵, 取魚, 栽種, 牧養, 納畜, 破土, 安葬, 啓攢.</td></tr>
</table>

<table>
<tr><td colspan="2" align="center">乙酉井泉水伐執日을유정천수벌집일</td></tr>
<tr><td>吉神</td><td>天願, 六合, 不將, 普護, 除神, 寶光, 鳴吠.</td></tr>
<tr><td>凶神</td><td>大時, 大敗, 咸池, 小耗, 五虛, 土符, 五離.</td></tr>
<tr><td>宜</td><td>祭祀, 祈福, 求嗣, 上冊受封, 上表章, 襲爵受封, 出行, 上官赴任, 臨政親民, 結婚姻, 納采問名, 嫁娶, 進人口, 移徙, 解除, 沐浴, 剃頭, 整手足甲, 求醫療病, 裁衣, 豎柱上梁, 經絡, 醞釀, 開市, 立券, 交易, 納財, 掃舍宇, 捕捉, 取魚, 牧養, 納畜, 安葬.</td></tr>
<tr><td>忌</td><td>會親友, 築隄防, 修造動土, 修倉庫, 修置産室, 開渠穿井, 安確磑, 補垣, 修飾垣牆, 平治道塗, 破屋壞垣, 栽種, 破土.</td></tr>
</table>

<table>
<tr><td colspan="2" align="center">丙戌屋上土寶破日병술옥상토브파일</td></tr>
<tr><td>吉神</td><td>月空, 四相, 天馬, 不將, 福生, 解神.</td></tr>
<tr><td>凶神</td><td>月破, 大耗, 四擊, 九空, 九坎, 九焦, 白虎.</td></tr>
<tr><td>宜</td><td>祭祀, 解除, 沐浴, 求醫療病, 破屋壞垣.</td></tr>
<tr><td>忌</td><td>祈福, 求嗣, 上冊受封, 上表章, 襲爵受封, 會親友, 冠帶, 出行, 上官赴任, 臨政親民, 結婚姻, 納采問名, 嫁娶, 進人口, 移徙, 安床, 剃頭, 整手足甲, 裁衣, 築隄防, 修造動土, 豎柱上梁, 修倉庫, 鼓鑄, 經絡, 醞釀, 開市, 立券, 交易, 納財, 開倉庫, 出貨財, 修置産室, 開渠穿井, 安確磑, 補垣塞穴, 修飾垣牆, 伐木, 取魚, 乘船渡水, 栽種, 牧養, 納畜, 破土, 安葬, 啓攢.</td></tr>
</table>

<table>
<tr><td colspan="2" align="center">丁亥屋上土伐危日 정해옥상토벌위일</td></tr>
<tr><td>吉神</td><td>天德合, 月德合, 母倉, 四相, 不將, 玉堂.</td></tr>
<tr><td>凶神</td><td>遊禍, 天賊, 重日.</td></tr>
<tr><td>宜</td><td>祭祀, 上冊受封, 上表章, 襲爵受封, 會親友, 上官赴任, 臨政親民, 結婚姻, 納采問名, 移徙, 安床, 沐浴, 裁衣, 修造動土, 豎柱上梁, 納財, 栽種, 牧養, 納畜.</td></tr>
<tr><td>忌</td><td>祈福, 求嗣, 出行, 嫁娶, 解除, 剃頭, 求醫療病, 修倉庫, 開倉庫, 出貨財, 畋獵, 取魚.</td></tr>
</table>

<table>
<tr><td colspan="2" align="center">戊子霹靂火制成日 무자벽력화제성일</td></tr>
<tr><td>吉神</td><td>母倉, 三合, 天喜, 天醫, 天倉, 聖心.</td></tr>
<tr><td>凶神</td><td>歸忌, 復日, 天牢.</td></tr>
<tr><td>宜</td><td>祭祀, 祈福, 襲爵受封, 會親友, 入學, 出行, 上官赴任, 臨政親民, 結婚姻, 納采問名, 嫁娶, 進人口, 沐浴, 求醫療病, 裁衣, 築隄防, 修造動土, 豎柱上梁, 修倉庫, 經絡, 醞釀, 開市, 立券, 交易, 納財, 安碓磑, 栽種, 牧養, 納畜.</td></tr>
<tr><td>忌</td><td>移徙, 遠迴, 破土, 安葬, 啓攢.</td></tr>
</table>

<table>
<tr><td colspan="2" align="center">己丑霹靂火專收日 기축벽력화전수일</td></tr>
<tr><td>吉神</td><td>不將, 益後.</td></tr>
<tr><td>凶神</td><td>河魁, 五虛, 元武.</td></tr>
<tr><td>宜</td><td>祭祀, 進人口, 納財, 捕捉, 取魚, 納畜.</td></tr>
<tr><td>忌</td><td>祈福, 求嗣, 上冊受封, 上表章, 襲爵受封, 會親友, 冠帶, 出行, 上官赴任, 臨政親民, 結婚姻, 納采問名, 嫁娶, 移徙, 安床, 解除, 求醫療病, 裁衣, 築隄防, 修造動土, 豎柱上梁, 修倉庫, 鼓鑄, 經絡, 醞釀, 開市, 立券, 交易, 開倉庫, 出貨財, 修置産室, 開渠穿井, 破土, 安葬, 啓攢.</td></tr>
</table>

<table>
<tr><td colspan="2" align="center">庚寅松柏木制開日 경인송백목제개일</td></tr>
<tr><td>吉神</td><td>月恩, 陽德, 王日, 驛馬, 天后, 時陽, 生氣, 六儀, 續世, 五合, 司命, 鳴吠對.</td></tr>
<tr><td>凶神</td><td>厭對, 招搖, 血忌.</td></tr>
<tr><td>宜</td><td>上冊受封, 上表章, 襲爵受封, 會親友, 入學, 出行, 上官赴任, 臨政親民, 結婚姻, 納采問名, 移徙, 解除, 求醫療病, 裁衣, 修造動土, 豎柱上梁, 開市, 立券, 交易, 納財, 開倉庫, 出貨財, 修置産室, 開渠穿井, 安碓磑, 栽種, 牧養.</td></tr>
<tr><td>忌</td><td>祭祀, 嫁娶, 針刺, 經絡, 伐木, 畋獵, 取魚, 乘船渡水.</td></tr>
</table>

<table>
<tr><td colspan="2" align="center">辛卯松柏木制閉日 신묘송백목제폐일</td></tr>
<tr><td>吉神</td><td>官日, 要安, 五合, 鳴吠對.</td></tr>
<tr><td>凶神</td><td>月害, 天吏, 致死, 血支, 勾陳.</td></tr>
<tr><td>宜</td><td>補垣塞穴.</td></tr>
<tr><td>忌</td><td>祈福, 求嗣, 上冊受封, 上表章, 襲爵受封, 會親友, 冠帶, 出行, 上官赴任, 臨政親民, 結婚姻, 納采問名, 嫁娶, 進人口, 移徙, 安床, 解除, 求醫療病, 療目, 針刺, 築隄防, 修造動土, 豎柱上梁, 修倉庫, 經絡, 醞釀, 開市, 立券, 交易, 納財, 開倉庫, 出貨財, 修置産室, 開渠穿井, 栽種, 牧養, 納畜, 破土, 安葬, 啓攢.</td></tr>
</table>

<table>
<tr><td colspan="2" align="center">壬辰長流水伐建日 임진장류수벌건일</td></tr>
<tr><td>吉神</td><td>天德, 月德, 守日, 玉宇, 青龍.</td></tr>
<tr><td>凶神</td><td>月建, 小時, 土府, 月刑.</td></tr>
<tr><td>宜</td><td>祭祀.</td></tr>
<tr><td>忌</td><td>求醫療病, 築隄防, 修造動土, 修倉庫, 修置産室, 開渠穿井, 安碓磑, 補垣, 修飾垣牆, 平治道塗, 破屋壞垣, 伐木, 畋獵, 取魚, 栽種, 破土.</td></tr>
</table>

癸巳長流水制除日 계사장류수제제일	
吉神	陰德, 相日, 吉期, 五富, 金堂, 明堂.
凶神	劫煞, 五虛, 重日.
宜	沐浴, 掃舍宇.
忌	祈福, 求嗣, 上冊受封, 上表章, 會親友, 冠帶, 出行, 結婚姻, 納采問名, 嫁娶, 進人口, 移徙, 安床, 求醫療病, 裁衣, 築隄防, 修造動土, 豎柱上梁, 修倉庫, 鼓鑄, 修置產室, 開渠穿井, 安碓磑, 補垣塞穴, 修飾垣牆, 破屋壞垣, 破土, 安葬, 啓攢.

5. 三月 甲午旬

甲午砂石金寶滿日 갑오사석금보만일	
吉神	時德, 民日, 天巫, 福德, 鳴吠.
凶神	災煞, 天火, 大煞, 天刑.
宜	祭祀.
忌	祈福, 求嗣, 上冊受封, 上表章, 襲爵受封, 會親友, 冠帶, 出行, 上官赴任, 臨政親民 結婚姻, 納采問名, 嫁娶, 進人口, 移徙, 安床, 解除, 剃頭, 整手足甲, 求醫療病, 裁衣, 築隄防, 修造動土, 豎柱上梁, 修倉庫, 鼓鑄, 苫蓋, 經絡, 醞釀, 開市, 立券, 交易, 納財, 開倉庫, 出貨財, 修置產室, 開渠穿井, 安碓磑, 補垣塞穴, 修飾垣牆, 破屋壞垣, 栽種, 牧養, 納畜, 破土, 安葬, 啓攢.

乙未砂石金制平日 을미사석금제평일	
吉神	
凶神	天罡, 死神, 月煞, 月虛, 朱雀.
宜	諸事不宜.
忌	

<table>
<tr><td colspan="2" align="center">丙申山下火制定日 병신산하화제정일</td></tr>
<tr><td>吉神</td><td>月空, 四相, 三合, 臨日, 時陰, 敬安, 除神. 金匱, 鳴吠.</td></tr>
<tr><td>凶神</td><td>月厭, 地火, 死氣, 往亡, 五離, 了戾.</td></tr>
<tr><td>宜</td><td>祭祀, 沐浴, 掃舍宇.</td></tr>
<tr><td>忌</td><td>祈福, 求嗣, 上冊受封, 上表章, 襲爵受封, 會親友, 冠帶, 出行, 上官赴任, 臨政親民, 結婚姻, 納采問名, 嫁娶, 進人口, 移徙, 遠迴, 安床, 解除, 剃頭, 整手足甲. 求醫療病, 裁衣, 築隄防, 修造動土, 豎柱上梁, 修倉庫, 鼓鑄, 經絡, 醞釀, 開市, 立券, 交易, 納財, 開倉庫, 出貨財, 修置産室, 開渠穿井. 安確磑, 補垣塞穴, 修飾垣牆, 平治道塗, 破屋壞垣, 伐木, 捕捉, 畋獵, 取魚, 栽種, 牧養, 納畜, 破土, 安葬, 啓攢.</td></tr>
</table>

<table>
<tr><td colspan="2" align="center">丁酉山下火制執日 정유산하화제 집일</td></tr>
<tr><td>吉神</td><td>天德合, 月德合, 四相, 六合, 不將, 普護, 除神, 寶光, 鳴吠.</td></tr>
<tr><td>凶神</td><td>大時, 大敗, 咸池, 小耗, 五虛, 土符, 五離.</td></tr>
<tr><td>宜</td><td>祭祀, 祈福, 求嗣, 上冊受封, 上表章, 襲爵受封, 出行, 上官赴任, 臨政親民. 結婚姻, 納采問名, 嫁娶, 進人口, 移徙, 解除, 沐浴, 整手足甲, 求醫療病, 裁衣, 豎柱上梁, 經絡, 醞釀, 立券, 交易, 納財, 開倉庫, 出貨財, 掃舍宇. 捕捉, 牧養, 納畜, 安葬.</td></tr>
<tr><td>忌</td><td>會親友, 剃頭, 築隄防, 修造動土, 修倉庫, 修置産室, 開渠穿井, 安確磑, 補垣, 修飾垣牆, 平治道塗, 破屋壞垣, 畋獵, 取魚, 栽種, 破土.</td></tr>
</table>

戊戌平地木專破日무술평지목전파일

吉神	天馬, 福生, 解神
凶神	月破, 大耗, 四擊, 九空, 九坎, 九焦, 復日, 白虎.
宜	祭祀, 解除, 沐浴, 求醫療病, 破屋壞垣.
忌	祈福, 求嗣, 上冊受封, 上表章, 襲爵受封, 會親友, 冠帶, 出行, 上官赴任, 臨政親民, 結婚姻, 納采問名, 嫁娶, 進人口, 移徙, 安床, 剃頭, 整手足甲, 裁衣, 築隄防, 修造動土, 豎柱上梁, 修倉庫, 鼓鑄, 經絡, 醞釀, 開市, 立券, 交易, 納財, 開倉庫, 出貨財, 修置産室, 開渠穿井, 安碓磑, 補垣塞穴, 修飾垣牆, 伐木, 取魚, 乘船渡水, 栽種, 牧養, 納畜, 破土, 安葬, 啓攢.

己亥平地木制危日기해평지목제위일

吉神	母倉, 不將, 玉堂.
凶神	遊禍, 天賊, 重日.
宜	安床, 沐浴, 納財, 取魚, 栽種, 牧養, 納畜.
忌	祈福, 求嗣, 出行, 嫁娶, 解除, 求醫療病, 修倉庫, 開倉庫, 出貨財, 破土, 安葬, 啓攢.

庚子壁上土寶成日경자벽상토보성일

吉神	母倉, 月恩, 三合, 天喜, 天醫, 九倉구창, 聖心, 鳴吠對.
凶神	歸忌, 天牢.
宜	祭祀, 祈福, 求嗣, 襲爵受封, 會親友, 入學, 出行, 上官赴任, 臨政親民, 結婚姻, 納采問名, 嫁娶, 進人口, 解除, 沐浴, 求醫療病, 裁衣, 築隄防, 修造動土, 豎柱上梁, 修倉庫, 醞釀, 開市, 立券, 交易, 納財, 開倉庫, 出貨財, 安碓磑, 栽種, 牧養, 納畜, 破土, 啓攢.
忌	移徙, 遠迴, 經絡.

辛丑壁上土義收日 신축벽상토의수일	
吉神	益後.
凶神	河魁, 五虛, 元武.
宜	祭祀, 進人口, 納財 捕捉, 取魚, 納畜.
忌	祈福, 求嗣, 上冊受封, 上表章, 襲爵受封, 會親友, 冠帶, 出行, 上官赴任, 臨政親民, 結婚姻, 納采問名. 嫁娶, 移徙, 安床, 解除, 求醫療病, 裁衣, 築隄防, 修造動土, 豎柱上梁, 修倉庫, 鼓鑄, 經絡, 醞釀, 開市, 立券, 交易, 開倉庫, 出貨財, 修置産室, 開渠穿井, 破土, 安葬, 啓攢.

壬寅金箔金寶開日 임인금박금보개일	
吉神	天德, 月德, 陽德, 王日, 驛馬, 天后, 時陽, 生氣, 六儀, 續世, 五合, 司命, 鳴吠對.
凶神	厭對, 招搖, 血忌.
宜	上冊受封, 上表章, 襲爵受封, 會親友, 入學, 出行, 上官赴任, 臨政親民, 結婚姻, 納采問名, 嫁娶, 移徙, 解除, 求醫療病, 裁衣, 修造動土, 豎柱上梁, 修倉庫, 開市, 立券, 交易, 修置産室, 安碓磑, 栽種 牧養, 納畜.
忌	祭祀, 針刺, 開渠, 伐木, 畋獵, 取魚.

癸卯金箔金寶閉日 계묘금박금보폐일	
吉神	官日, 要安, 五合, 鳴吠對.
凶神	月害, 天吏, 致死, 血支, 勾陳.
宜	補垣塞穴.
忌	祈福, 求嗣, 上冊受封, 上表章, 襲爵受封, 會親友, 冠帶, 出行, 上官赴任, 臨政親民, 結婚姻, 納采問名, 嫁娶, 進人口, 移徙, 安床, 解除, 求醫療病, 療目, 針刺, 築隄防, 修造動土, 豎柱上梁, 修倉庫, 經絡, 醞釀, 開市, 立券, 交易, 納財, 開倉庫, 出貨財, 修置産室, 開渠穿井, 栽種, 牧養, 納畜, 破土, 安葬, 啓攢.

6. 三月 甲辰旬

<table>
<tr><td colspan="2" align="center">甲辰覆燈火制建日 갑진복등화제건일</td></tr>
<tr><td>吉神</td><td>守日, 玉宇, 靑龍.</td></tr>
<tr><td>凶神</td><td>月建, 小時, 土府, 月刑, 陽錯.</td></tr>
<tr><td>宜</td><td></td></tr>
<tr><td>忌</td><td>祈福, 求嗣, 上冊受封, 上表章, 襲爵受封, 會親友, 冠帶, 出行, 上官赴任, 臨政親民, 結婚姻, 納采問名, 嫁娶, 進人口, 移徙, 安床, 解除, 剃頭, 整手足甲, 求醫療病, 裁衣, 築隄防, 修造動土, 豎柱上梁, 修倉庫, 鼓鑄, 經絡, 醞釀, 開市, 立券, 交易, 納財, 開倉庫, 出貨財, 修置産室, 開渠穿井, 安碓磑, 補垣塞穴, 修飾垣牆, 平治道塗, 破屋壞垣, 伐木, 栽種, 牧養, 納畜, 破土, 安葬, 啓攢.</td></tr>
</table>

<table>
<tr><td colspan="2" align="center">乙巳覆燈火寶除日 을사복등화보제일</td></tr>
<tr><td>吉神</td><td>陰德, 相日, 吉期, 五富, 金堂, 明堂.</td></tr>
<tr><td>凶神</td><td>劫煞, 五虛, 重日.</td></tr>
<tr><td>宜</td><td>沐浴, 掃舍宇.</td></tr>
<tr><td>忌</td><td>祈福, 求嗣, 上冊受封, 上表章, 會親友, 冠帶, 出行, 結婚姻, 納采問名, 嫁娶, 進人口, 移徙, 安床, 求醫療病, 裁衣, 築隄防, 修造動土, 豎柱上梁, 修倉庫, 鼓鑄, 修置産室, 開渠穿井, 安碓磑, 補垣塞穴, 修飾垣牆, 破屋壞垣, 栽種, 破土, 安葬, 啓攢.</td></tr>
</table>

<table>
<tr><td colspan="2" align="center">丙午天河水專滿日병오천하수전만일</td></tr>
<tr><td>吉神</td><td>月空, 四相, 時德, 民日, 天巫, 福德, 鳴吠.</td></tr>
<tr><td>凶神</td><td>災煞, 天火, 大煞, 天刑.</td></tr>
<tr><td>宜</td><td>祭祀.</td></tr>
<tr><td>忌</td><td>祈福, 求嗣, 上冊受封, 上表章, 襲爵受封, 會親友, 冠帶, 出行, 上官赴任, 臨政親民, 結婚姻, 納采問名, 嫁娶, 進人口, 移徙, 安床, 解除, 剃頭, 整手足甲, 求醫療病, 裁衣, 築隄防, 修造動土, 豎柱上梁, 修倉庫, 鼓鑄, 苫蓋, 經絡, 醞釀, 開市, 立券, 交易, 納財, 開倉庫, 出貨財, 修置産室, 開渠穿井. 安碓磑, 補垣塞穴, 修飾垣牆, 破屋壞垣, 栽種, 牧養, 納畜, 破土, 安葬, 啓攢.</td></tr>
</table>

<table>
<tr><td colspan="2" align="center">丁未天河水寶平日정미천하수보평일</td></tr>
<tr><td>吉神</td><td>天德合, 月德合, 四相.</td></tr>
<tr><td>凶神</td><td>天罡, 死神, 月煞, 月虛, 八專, 朱雀.</td></tr>
<tr><td>宜</td><td>祭祀, 平治道塗.</td></tr>
<tr><td>忌</td><td>祈福, 求嗣, 上冊受封, 上表章, 襲爵受封, 會親友, 冠帶, 出行, 上官赴任, 臨政親民, 結婚姻, 納采問名, 嫁娶, 進人口, 移徙, 安床, 解除, 剃頭, 整手足甲, 求醫療病, 裁衣, 築隄防, 修造動土, 豎柱上梁, 修倉庫, 鼓鑄, 經絡, 醞釀, 開市, 立券, 交易, 納財, 開倉庫, 出貨財, 修置産室, 開渠穿井, 安碓磑, 補垣塞穴, 修飾垣牆, 破屋壞垣, 畋獵, 取魚. 栽種, 牧養, 納畜, 破土, 安葬, 啓攢.</td></tr>
</table>

<table><tr><td colspan="2" align="center">戊申大驛土寶定日무신대역토보정일</td></tr></table>	
吉神	三合, 臨日, 時陰, 敬安, 除神, 金匱.
凶神	月厭, 地火, 死氣, 往亡, 復日, 五離, 孤辰.
宜	沐浴, 掃舍宇.
忌	祈福, 求嗣, 上冊受封, 上表章, 襲爵受封, 會親友, 冠帶, 出行, 上官赴任, 臨政親民, 結婚姻, 納采問名, 嫁娶, 進人口, 移徙, 遠迴, 安床, 解除, 剃頭, 整手足甲, 求醫療病, 裁衣, 築隄防, 修造動土, 豎柱上梁, 修倉庫, 鼓鑄, 經絡, 醞釀, 開市, 立券, 交易, 納財, 開倉庫, 出貨財, 修置産室, 開渠穿井. 安碓磑, 補垣塞穴, 修飾垣牆, 平治道塗, 破屋壞垣, 伐木, 捕捉, 畋獵, 取魚, 栽種, 牧養, 納畜, 破土, 安葬, 啓攢.

<table><tr><td colspan="2" align="center">己酉大驛土寶執日기유대역토보집일</td></tr></table>	
吉神	天恩, 六合, 不將, 普護, 除神, 寶光, 鳴吠.
凶神	大時, 大敗, 咸池, 小耗, 五虛, 土符, 五離.
宜	祭祀, 祈福, 結婚姻, 嫁娶, 進人口, 解除, 沐浴, 剃頭, 整手足甲, 求醫療病, 經絡, 醞釀, 掃舍宇, 捕捉, 取魚, 納畜, 安葬.
忌	會親友, 築隄防, 修造動土, 修倉庫, 開市, 立券, 交易, 納財, 開倉庫, 出貨財, 修置産室, 開渠穿井, 安碓磑, 補垣, 修飾垣牆, 平治道塗, 破屋壞垣, 栽種, 破土.

<table>
<tr><td colspan="2" align="center">庚戌釵釧金義破日 경술차천금으파일</td></tr>
<tr><td>吉神</td><td>天恩, 月恩, 天馬, 福生, 解神.</td></tr>
<tr><td>凶神</td><td>月破, 大耗, 四擊, 九空, 九坎, 九焦, 白虎.</td></tr>
<tr><td>宜</td><td>祭祀, 解除, 沐浴, 求醫療病, 破屋壞垣.</td></tr>
<tr><td>忌</td><td>祈福, 求嗣, 上冊受封, 上表章, 襲爵受封, 會親友, 冠帶, 出行, 上官赴任, 臨政親民, 結婚姻, 納采問名, 嫁娶, 進人口, 移徙, 安床, 剃頭, 整手足甲, 裁衣, 築隄防, 修造動土, 豎柱上梁, 修倉庫, 鼓鑄, 經絡, 醞釀, 開市, 立券, 交易, 納財, 開倉庫, 出貨財, 修置産室, 開渠穿井. 安碓磑, 補垣塞穴, 修飾垣牆, 伐木, 取魚, 乘船渡水, 栽種, 牧養, 納畜, 破土, 安葬, 啓攢.</td></tr>
</table>

<table>
<tr><td colspan="2" align="center">辛亥釵釧金寶危日 신해차천금보위일</td></tr>
<tr><td>吉神</td><td>天恩, 母倉, 玉堂.</td></tr>
<tr><td>凶神</td><td>遊禍, 天賊, 重日.</td></tr>
<tr><td>宜</td><td>會親友, 安床, 沐浴, 納財, 取魚, 栽種, 牧養, 納畜.</td></tr>
<tr><td>忌</td><td>祈福, 求嗣, 出行, 嫁娶, 解除, 求醫療病, 修倉庫, 醞釀, 開倉庫, 出貨財, 破土, 安葬, 啓攢.</td></tr>
</table>

<table>
<tr><td colspan="2" align="center">壬子桑柘木專成日 임자상자목전성일</td></tr>
<tr><td>吉神</td><td>天德, 月德, 天恩, 母倉, 三合, 天喜, 天醫, 天倉, 聖心, 鳴吠對.</td></tr>
<tr><td>凶神</td><td>四耗, 歸忌, 天牢.</td></tr>
<tr><td>宜</td><td>祭祀, 祈福, 求嗣, 上冊受封, 上表章, 襲爵受封, 會親友, 入學, 出行, 上官赴任, 臨政親民, 結婚姻, 納采問名, 嫁娶, 進人口, 解除, 沐浴, 求醫療病, 裁衣, 築隄防, 修造動土, 豎柱上梁, 修倉庫, 經絡, 醞釀, 開市, 立券, 交易, 納財, 安碓磑, 栽種, 牧養, 納畜, 破土, 安葬, 啓攢.</td></tr>
<tr><td>忌</td><td>移徙, 遠迴, 開渠, 畋獵, 取魚.</td></tr>
</table>

<table>
<tr><td colspan="2" align="center">癸丑桑柘木伐收日 계축상자목벌수일</td></tr>
<tr><td>吉神</td><td>天恩, 益後.</td></tr>
<tr><td>凶神</td><td>河魁, 五虛, 八專, 觸水龍, 元武.</td></tr>
<tr><td>宜</td><td>祭祀, 進人口, 納財, 捕捉, 納畜.</td></tr>
<tr><td>忌</td><td>祈福, 求嗣, 上冊受封, 上表章, 襲爵受封, 會親友, 冠帶, 出行, 上官赴任, 臨政親民, 結婚姻, 納采問名, 嫁娶, 進人口, 移徙, 安床, 解除, 求醫療病, 裁衣, 築隄防, 修造動土, 豎柱上梁, 修倉庫, 鼓鑄, 經絡, 醞釀, 開市, 立券, 交易, 納財, 開倉庫, 出貨財, 修置産室, 開渠穿井, 取魚, 乘船渡水, 破土, 安葬, 啓攢.</td></tr>
</table>

7. 三月 甲寅旬

<table>
<tr><td colspan="2" align="center">甲寅大溪水專開日 갑인대계수전개일</td></tr>
<tr><td>吉神</td><td>陽德, 王日, 驛馬, 天后, 時陽, 生氣, 六儀, 續世, 五合, 司命, 鳴吠對.</td></tr>
<tr><td>凶神</td><td>厭對, 招搖, 血忌, 八專.</td></tr>
<tr><td>宜</td><td>上冊受封, 上表章, 襲爵受封, 會親友, 入學, 出行, 上官赴任, 臨政親民, 移徙, 解除, 求醫療病, 裁衣, 修造動土, 豎柱上梁, 開市, 立券, 交易, 修置産室, 開渠穿井, 安碓磑, 栽種, 牧養.</td></tr>
<tr><td>忌</td><td>祭祀, 結婚姻, 納采問名, 嫁娶, 針刺, 開倉庫, 出貨財, 伐木, 畋獵, 取魚, 乘船渡水.</td></tr>
</table>

<table>
<tr><td colspan="2" align="center">乙卯大溪水專閉日 을묘대계수전폐일</td></tr>
<tr><td>吉神</td><td>官日, 要安, 五合, 鳴吠對.</td></tr>
<tr><td>凶神</td><td>月害, 天吏, 致死, 血支, 勾陳.</td></tr>
<tr><td>宜</td><td>補垣塞穴.</td></tr>
<tr><td>忌</td><td>祈福, 求嗣, 上策受封, 上表章, 襲爵受封, 會親友, 冠帶, 出行, 上官赴任, 臨政親民, 結婚姻, 納采問名, 嫁娶, 進人口, 移徙, 安床, 解除, 求醫療病, 療目, 針刺, 築隄防, 修造動土, 豎柱上梁, 修倉庫, 經絡, 醞釀, 開市, 立券, 交易, 納財, 開倉庫, 出貨財, 修置産室, 開渠穿井, 栽種, 牧養, 納畜, 破土, 安葬, 啓攢.</td></tr>
</table>

<table>
<tr><td colspan="2" align="center">丙辰沙中土寶建日 병진사중토보건일</td></tr>
<tr><td>吉神</td><td>月空, 四相, 守日, 玉宇, 靑龍.</td></tr>
<tr><td>凶神</td><td>月建, 小時, 土府, 月刑.</td></tr>
<tr><td>宜</td><td>祭祀.</td></tr>
<tr><td>忌</td><td>祈福, 求嗣, 上策受封, 上表章, 襲爵受封, 會親友, 冠帶, 出行, 上官赴任, 臨政親民, 結婚姻, 納采問名, 嫁娶, 進人口, 移徙, 安床, 解除, 剃頭, 整手足甲, 求醫療病, 裁衣, 築隄防, 修造動土, 豎柱上梁, 修倉庫, 鼓鑄, 經絡, 醞釀, 開市, 立券, 交易, 納財, 開倉庫, 出貨財, 修置産室, 開渠穿井, 安碓磑, 補垣塞穴, 修飾垣牆, 平治道塗, 破屋壞垣, 伐木, 栽種, 牧養, 納畜, 破土, 安葬, 啓攢.</td></tr>
</table>

<table>
<tr><td colspan="2" align="center">丁巳沙中土專除日 정사사중토전제일</td></tr>
<tr><td>吉神</td><td>天德合, 月德合, 四相, 陰德, 相日, 吉期, 五富, 金堂, 明堂.</td></tr>
<tr><td>凶神</td><td>劫煞, 五虛, 八風, 重日.</td></tr>
<tr><td>宜</td><td>祭祀, 祈福, 求嗣, 上冊受封, 上表章, 襲爵受封, 會親友, 上官赴任, 臨政親民, 結婚姻, 納采問名, 嫁娶, 移徙, 解除, 沐浴, 整手足甲, 裁衣, 修造動土, 豎柱上梁, 修倉庫, 經絡, 醞釀, 開市, 立券, 交易, 納財, 開倉庫, 出貨財, 掃舍宇, 栽種, 牧養, 納畜.</td></tr>
<tr><td>忌</td><td>出行, 剃頭, 求醫療病, 畋獵, 取魚.</td></tr>
</table>

<table>
<tr><td colspan="2" align="center">戊午天上火義滿日무오천상화의만일</td></tr>
<tr><td>吉神</td><td>時德, 民日, 天巫, 福德.</td></tr>
<tr><td>凶神</td><td>災煞, 天火, 大煞, 復日, 天刑.</td></tr>
<tr><td>宜</td><td>祭祀.</td></tr>
<tr><td>忌</td><td>祈福, 求嗣, 上策受封, 上表章, 襲爵受封, 會親友, 冠帶, 出行, 上官赴任, 臨政親民, 結婚姻, 納采問名, 嫁娶, 進人口, 移徙, 安床, 解除, 剃頭, 整手足甲, 求醫療病, 裁衣, 築隄防, 修造動土, 豎柱上梁, 修倉庫, 鼓鑄, 苫蓋, 經絡, 醞釀, 開市, 立券, 交易, 納財, 開倉庫, 出貨財, 修置産室, 開渠穿井, 安碓磑, 補垣塞穴, 修飾垣牆, 破屋壞垣, 栽種, 牧養, 納畜, 破土, 安葬, 啓攢.</td></tr>
</table>

<table>
<tr><td colspan="2" align="center">己未天上火專平日기미천상화전평일</td></tr>
<tr><td>吉神</td><td></td></tr>
<tr><td>凶神</td><td>天罡, 死神, 月煞, 月虛, 八專, 朱雀.</td></tr>
<tr><td>宜
忌</td><td align="center">諸事不宜.</td></tr>
</table>

<table>
<tr><td colspan="2" align="center">庚申石榴木專定日경신석류목전정일</td></tr>
<tr><td>吉神</td><td>月恩, 三合, 臨日, 時陰, 敬安, 除神, 金匱, 鳴吠.</td></tr>
<tr><td>凶神</td><td>月厭, 地火, 死氣, 四廢사폐, 往亡, 五離, 八專, 孤辰, 陰錯</td></tr>
<tr><td>宜</td><td>祭祀, 沐浴, 掃舍宇.</td></tr>
<tr><td>忌</td><td>祈福, 求嗣, 上冊受封, 上表章, 襲爵受封, 會親友, 冠帶, 出行, 上官赴任, 臨政親民, 結婚姻, 納采問名, 嫁娶, 進人口, 移徙, 遠迴, 安床, 解除, 剃頭. 整手足甲, 求醫療病, 裁衣, 築隄防, 修造動土, 豎柱上梁, 修倉庫, 鼓鑄, 經絡, 醞釀, 開市, 立券, 交易, 納財, 開倉庫, 出貨財, 修置産室, 開渠穿井. 安碓磑, 補垣塞穴, 修飾垣牆, 平治道塗, 破屋壞垣, 伐木, 捕捉, 畋獵, 取魚, 栽種, 牧養, 納畜, 破土, 安葬, 啓攢.</td></tr>
</table>

<table>
<tr><td colspan="2" align="center">辛酉石榴木專執日 신유석류목전집일</td></tr>
<tr><td>吉神</td><td>六合, 普護, 除神, 寶光, 鳴吠.</td></tr>
<tr><td>凶神</td><td>大時, 大敗, 咸池, 小耗, 四廢, 五虛, 土符, 五離.</td></tr>
<tr><td>宜</td><td>祭祀, 沐浴, 剃頭, 整手足甲, 掃舍宇, 捕捉.</td></tr>
<tr><td>忌</td><td>祈福, 求嗣, 上冊受封, 上表章, 襲爵受封, 會親友, 冠帶, 出行, 上官赴任, 臨政親民, 結婚姻, 納采問名, 嫁娶, 進人口, 移徙, 安床, 解除, 求醫療病, 裁衣, 築隄防, 修造動土, 豎柱上梁, 修倉庫, 鼓鑄, 經絡, 醞釀, 開市, 立券, 交易, 納財, 開倉庫, 出貨財, 修置産室, 開渠穿井, 安碓磑, 補垣塞穴, 修飾垣牆, 平治道塗, 破屋壞垣, 取魚, 乘船渡水, 栽種, 牧養, 納畜, 破土, 安葬, 啓攢.</td></tr>
</table>

<table>
<tr><td colspan="2" align="center">壬戌大海水伐破日 임술대해수벌파일</td></tr>
<tr><td>吉神</td><td>天德, 月德, 天馬, 福生, 解神.</td></tr>
<tr><td>凶神</td><td>月破, 大耗, 四擊, 九空, 九坎, 九焦, 白虎.</td></tr>
<tr><td>宜</td><td>祭祀, 解除, 沐浴, 求醫療病, 破屋壞垣.</td></tr>
<tr><td>忌</td><td>祈福, 求嗣, 上冊受封, 上表章, 襲爵受封, 會親友, 冠帶, 出行, 上官赴任, 臨政親民, 結婚姻, 納采問名, 嫁娶, 進人口, 移徙, 安床, 剃頭, 整手足甲, 裁衣, 築隄防, 修造動土, 豎柱上梁, 修倉庫, 鼓鑄, 經絡, 醞釀, 開市, 立券, 交易, 納財, 開倉庫, 出貨財, 修置産室, 開渠穿井, 安碓磑, 補垣塞穴, 修飾垣牆, 伐木, 畋獵, 取魚, 乘船渡水, 栽種, 牧養, 納畜, 破土, 安葬, 啓攢.</td></tr>
</table>

癸亥大海水專危日 계해대해수전위일	
吉神	母倉, 玉堂.
凶神	遊禍, 天賊, 重日.
宜	沐浴.
忌	祈福, 求嗣, 出行, 嫁娶, 解除, 求醫療病, 修倉庫, 開倉庫, 出貨財, 破土, 安葬, 啓攢.

이상의 **60**간지는 월건(月建)이 진(辰)일 때의 것이니 청명 (淸明)에서 곡우(穀雨) 말까지이다. 그 신살의 길흉을 용사 (用事)에 따라 마땅함(宜)과 꺼림(忌)을 표로 만들어 놓았으 니 활용할 것이다.

欽定 四庫全書

協紀辨方書

巻 23

月表 4・四月 月表

제1장 四月

제1장. 四月

1. 四月 개황(槪況)

四月	甲己年 建己巳	乙庚年 建辛巳	丙辛年 建癸巳	丁壬年 建乙巳	戊癸年 建丁巳

四月	입하절 立夏節 천도서행 天道西行	맹년孟年 (寅申巳亥)			중년仲年 (子午卯酉)			계년季年 (辰戌丑未)		
		赤	碧	黃	綠	紫	黑	白	白	白
		白	白	白	碧	黃	赤	紫	黑	綠
		黑	綠	紫	白	白	白	黃	赤	碧

천덕(天德) 辛, 천덕합(天德合) 丙, 월덕(月德) 庚, 월공(月空) 甲, 월덕합(月德合) 乙, 의수조(宜修造), 취토(取土).

소만(小滿) 4월 中, 일전(日躔) 신궁(申宮) 위(爲) 4월 장(將), 의용(宜用) 甲・丙・庚・壬時.

월건(月建) 巳, 월파(月破) 亥, 월염(月厭) 未, 월형(月刑) 申, 월해(月害) 寅, 겁살(劫煞) 寅, 재살(災煞) 卯, 월살(月煞) 辰, 기수조(忌修造), 취토(取土).

입하(立夏) 전 1일 사절(四絶) 後 8일 왕망(往亡).
초 9일 장성(長星), 25일 단성(短星).

2. 四月 甲子旬

<table>
<tr><td colspan="2" align="center">甲子海中金義危日갑자해중금의위일</td></tr>
<tr><td>吉神</td><td>月空, 天恩, 天馬, 不將.</td></tr>
<tr><td>凶神</td><td>天吏, 致死, 五虛, 白虎.</td></tr>
<tr><td>宜</td><td>會親友, 沐浴.</td></tr>
<tr><td>忌</td><td>祈福, 求嗣, 上冊受封, 上表章, 襲爵受封, 冠帶, 出行, 上官赴任, 臨政親民, 結婚姻, 納采問名, 嫁娶, 進人口, 移徙, 安床, 解除, 求醫療病, 築隄防, 修造動土, 豎柱上梁, 修倉庫, 開市, 立券, 交易, 納財, 開倉庫, 出貨財, 修置産室, 栽種, 牧養, 納畜.</td></tr>
</table>

<table>
<tr><td colspan="2" align="center">乙丑海中金制成日을축해중금제성일</td></tr>
<tr><td>吉神</td><td>月德合, 天恩, 三合, 臨日, 天喜, 天醫, 六儀, 玉堂.</td></tr>
<tr><td>凶神</td><td>厭對, 招搖, 四擊, 歸忌.</td></tr>
<tr><td>宜</td><td>祭祀, 祈福, 求嗣, 上冊受封, 上表章, 襲爵受封, 會親友, 入學, 出行, 上官赴任, 臨政親民, 結婚姻, 納采問名, 嫁娶, 進人口, 解除, 求醫療病, 裁衣, 築隄防, 修造動土, 豎柱上梁, 修倉庫, 經絡, 醞釀, 開市, 立券, 交易, 納財, 安碓磑, 牧養, 納畜, 安葬.</td></tr>
<tr><td>忌</td><td>冠帶, 移徙, 遠迴, 畋獵, 取魚, 栽種.</td></tr>
</table>

<table>
<tr><td colspan="2" align="center">丙寅鑪中火義收日병인노중화의수일</td></tr>
<tr><td>吉神</td><td>天德合, 天恩, 母倉, 敬安, 五合, 鳴吠對.</td></tr>
<tr><td>凶神</td><td>天罡, 劫煞, 月害, 土符, 復日, 天牢.</td></tr>
<tr><td>宜</td><td>上冊受封, 上表章, 襲爵受封, 會親友, 出行, 上官赴任, 臨政親民, 結婚姻, 納采問名, 嫁娶, 進人口, 移徙, 解除, 裁衣, 豎柱上梁, 立券, 交易, 納財, 捕捉, 牧養, 納畜.</td></tr>
<tr><td>忌</td><td>祭祀, 求醫療病, 築隄防, 修造動土, 修倉庫, 修置産室, 開渠穿井, 安碓磑, 補垣, 修飾垣牆, 平治道塗, 破屋壞垣, 畋獵, 取魚, 栽種, 破土.</td></tr>
</table>

<table>
<tr><td colspan="2" align="center">丁卯鑪中火義開日 정묘노중화의개일</td></tr>
<tr><td>吉神</td><td>天恩, 母倉, 陰德, 時陽, 生氣, 普護, 五合, 鳴吠對.</td></tr>
<tr><td>凶神</td><td>災煞, 天火, 元武.</td></tr>
<tr><td>宜</td><td>祭祀, 入學.</td></tr>
<tr><td>忌</td><td>剃頭, 求醫療病, 經絡, 醞釀, 穿井, 伐木, 畋獵, 取魚.</td></tr>
</table>

<table>
<tr><td colspan="2" align="center">戊辰大林木專閉日 무진대림목전폐일</td></tr>
<tr><td>吉神</td><td>天恩, 四相, 時德, 陽德, 福生, 司命.</td></tr>
<tr><td>凶神</td><td>月煞, 月虛, 血支, 五虛, 絶陰.</td></tr>
<tr><td>宜</td><td rowspan="2" align="center">諸事不宜.</td></tr>
<tr><td>忌</td></tr>
</table>

<table>
<tr><td colspan="2" align="center">己巳大林木義建日 기사대림목의건일</td></tr>
<tr><td>吉神</td><td>月恩, 四相, 王日.</td></tr>
<tr><td>凶神</td><td>月建, 小時, 土府, 重日, 勾陳, 小會, 純陽순양, 陽錯.</td></tr>
<tr><td>宜</td><td rowspan="2" align="center">諸事不宜.</td></tr>
<tr><td>忌</td></tr>
</table>

<table>
<tr><td colspan="2" align="center">庚午路傍土伐除日경오노방토벌제일</td></tr>
<tr><td>吉神</td><td>月德, 官日, 吉期, 聖心, 靑龍, 鳴吠.</td></tr>
<tr><td>凶神</td><td>大時, 大敗, 咸池.</td></tr>
<tr><td>宜</td><td>祭祀, 祈福, 求嗣, 上冊受封, 上表章, 襲爵受封, 會親友, 出行, 上官赴任, 臨政親民, 結婚姻, 納采問名, 嫁娶, 移徙, 解除, 沐浴, 剃頭, 整手足甲, 求醫療病, 裁衣, 修造動土, 豎柱上梁, 修倉庫, 掃舍宇, 栽種, 牧養, 納畜, 破土, 安葬.</td></tr>
<tr><td>忌</td><td>苫蓋, 經絡, 畋獵, 取魚.</td></tr>
</table>

<table>
<tr><td colspan="2" align="center">辛未路傍土義滿日신미 노방토의만일</td></tr>
<tr><td>吉神</td><td>天德, 守日, 天巫, 福德, 益後, 明堂.</td></tr>
<tr><td>凶神</td><td>天德, 守日, 天巫, 福德, 益後, 明堂.</td></tr>
<tr><td>宜</td><td>祭祀.</td></tr>
<tr><td>忌</td><td>冠帶, 出行, 上官赴任, 臨政親民, 結婚姻, 納采問名, 嫁娶, 移徙, 遠迴, 求醫療病, 鼓鑄, 醞釀, 補垣塞穴, 伐木, 畋獵, 取魚, 乘船渡水, 栽種.</td></tr>
</table>

<table>
<tr><td colspan="2" align="center">壬申劍鋒金義平日임신검봉금의평일</td></tr>
<tr><td>吉神</td><td>相日, 六合, 五富, 續世, 除神, 鳴吠.</td></tr>
<tr><td>凶神</td><td>河魁, 死神, 月刑, 遊禍, 五虛, 血忌, 五離, 天刑.</td></tr>
<tr><td>宜</td><td>祭祀, 沐浴, 掃舍宇, 平治道塗.</td></tr>
<tr><td>忌</td><td>祈福, 求嗣, 上冊受封, 上表章, 出行, 安床, 解除, 求醫療病, 針刺, 裁衣, 築隄防, 修造動土, 豎柱上梁, 修倉庫, 鼓鑄, 修置産室, 開渠穿井, 安碓磑, 補垣塞穴, 破屋壞垣.</td></tr>
</table>

癸酉劍鋒金義定日 계유검봉금의정일	
吉神	民日, 三合, 時陰, 要安, 除神, 鳴吠.
凶神	死氣, 五離, 朱雀.
宜	襲爵受封, 冠帶, 出行, 上官赴任, 臨政親民, 結婚姻, 納采問名, 嫁娶, 進人口, 移徙, 沐浴, 剃頭, 整手足甲, 裁衣, 修造動土, 豎柱上梁, 修倉庫, 經絡, 醞釀, 開市, 立券, 交易, 納財, 安確磑, 掃舍宇, 牧養, 納畜, 破土, 安葬.
忌	會親友, 解除, 求醫療病, 修置産室, 栽種.

3. 四月 甲戌旬

甲戌山頭火制執日 갑술산두화제집일	
吉神	月空, 不將, 玉宇, 解神, 金匱.
凶神	小耗, 天賊.
宜	上表章, 嫁娶, 解除, 沐浴, 剃頭, 整手足甲, 求醫療病, 捕捉.
忌	出行, 修倉庫, 開市, 立券, 交易, 納財, 開倉庫, 出貨財.

乙亥山頭火義破日 을해산두화의파일	
吉神	月德合, 驛馬, 天后, 天倉, 不將, 金堂, 寶光.
凶神	月破, 大耗, 往亡, 重日.
宜	祭祀, 解除, 沐浴, 破屋壞垣.
忌	祈福, 求嗣, 上冊受封, 上表章, 襲爵受封, 會親友, 冠帶, 出行, 上官赴任, 臨政親民, 結婚姻, 納采問名, 嫁娶, 進人口, 移徙, 安床, 剃頭, 整手足甲, 求醫療病, 裁衣, 築隄防, 修造動土, 豎柱上梁, 修倉庫, 鼓鑄, 經絡, 醞釀, 開市, 立券, 交易, 納財, 開倉庫, 出貨財, 修置産室, 開渠穿井, 安確磑, 補垣塞穴, 修飾垣牆, 伐木, 捕捉, 畋獵, 取魚, 栽種, 牧養, 納畜, 破土, 安葬. 啓攢.

<table>
<tr><td colspan="2" align="center">丙子澗下水伐危日 병자간하수벌위일</td></tr>
<tr><td>吉神</td><td>天德合, 天馬, 不將, 鳴吠對.</td></tr>
<tr><td>凶神</td><td>天吏, 致死, 四忌, 七鳥, 五虛, 復日, 觸水龍, 白虎.</td></tr>
<tr><td>宜</td><td>祭祀, 祈福, 求嗣, 上冊受封, 上表章, 襲爵受封, 會親友, 出行, 上官赴任, 臨政親民, 移徙, 安床, 解除, 沐浴, 裁衣, 修造動土, 豎柱上梁, 修倉庫, 栽種, 牧養, 納畜.</td></tr>
<tr><td>忌</td><td>結婚姻, 納采問名, 嫁娶, 求醫療病, 畋獵, 取魚, 乘船渡水, 安葬.</td></tr>
</table>

<table>
<tr><td colspan="2" align="center">丁丑澗下水寶成日 정축간하수보성일</td></tr>
<tr><td>吉神</td><td>三合, 臨日, 天喜, 天醫, 六儀, 玉堂.</td></tr>
<tr><td>凶神</td><td>厭對, 招搖, 四擊, 歸忌.</td></tr>
<tr><td>宜</td><td>上冊受封, 上表章, 襲爵受封, 會親友, 入學, 出行, 上官赴任, 臨政親民, 結婚姻, 納采問名, 進人口, 求醫療病, 裁衣, 築隄防, 修造動土, 豎柱上梁, 修倉庫, 經絡, 醞釀, 開市, 立券, 交易, 納財, 納畜.</td></tr>
<tr><td>忌</td><td>冠帶, 嫁娶, 移徙, 遠迴, 剃頭, 取魚, 乘船渡水.</td></tr>
</table>

<table>
<tr><td colspan="2" align="center">戊寅珹頭土伐收日 무인성두토벌수일</td></tr>
<tr><td>吉神</td><td>母倉, 四相, 敬安, 五合</td></tr>
<tr><td>凶神</td><td>天罡, 劫煞, 月害, 土符, 天牢</td></tr>
<tr><td>宜</td><td>捕捉</td></tr>
<tr><td>忌</td><td>祭祀, 祈福, 求嗣, 上冊受封, 上表章, 襲爵受封, 會親友, 冠帶, 出行, 上官赴任, 臨政親民, 結婚姻, 納采問名, 嫁娶, 進人口, 移徙, 安床, 解除, 剃頭, 整手足甲, 求醫療病, 裁衣, 築隄防, 修造動土, 豎柱上梁, 修倉庫, 鼓鑄, 經絡, 醞釀, 開市, 立券, 交易, 納財, 開倉庫, 出貨財, 修置産室, 開渠穿井, 安碓磑, 補垣塞穴, 修飾垣牆, 平治道塗, 破屋壞垣, 栽種, 牧養, 納畜, 破土, 安葬, 啓攢</td></tr>
</table>

己卯城頭土伐開日기묘성두토벌개일

吉神	天恩, 母倉, 月恩, 四相, 陰德, 時陽, 生氣, 普護, 五合.
凶神	災煞, 天火, 地囊, 元武.
宜	祭祀, 入學.
忌	求醫療病, 築隄防, 修造動土, 修倉庫, 修置産室, 開渠穿井, 安確磑, 補垣, 修飾垣牆, 平治道塗, 破屋壞垣, 伐木, 畋獵, 取魚, 栽種, 破土, 安葬, 啓攢.

庚辰白鑞金義閉日경진백랍금의폐일

吉神	月德, 天恩, 時德, 陽德, 福生, 司命.
凶神	月煞, 月虛, 血支, 五虛.
宜	祭祀.
忌	祈福, 求嗣, 上冊受封, 上表章, 襲爵受封, 會親友, 冠帶, 出行, 上官赴任, 臨政親民, 結婚姻, 納采問名, 嫁娶, 進人口, 移徙, 安床, 解除, 剃頭, 整手足甲, 求醫療病, 療目, 針刺, 裁衣, 築隄防, 修造動土, 豎柱上梁, 修倉庫, 鼓鑄, 經絡, 醞釀, 開市, 立券, 交易, 納財, 開倉庫, 出貨財, 修置産室, 開渠穿井, 安確磑, 補垣塞穴, 修飾垣牆, 破屋壞垣, 畋獵, 取魚, 栽種, 牧養, 納畜, 破土, 安葬, 啓攢.

辛巳白鑞金伐建日신사백랍금벌건일

吉神	天德, 天恩, 王日.
凶神	月建, 小時, 土府, 重日, 勾陳.
宜	祭祀, 祈福, 求嗣, 上冊受封, 上表章, 襲爵受封, 會親友, 上官赴任, 臨政親民, 結婚姻, 納采問名, 嫁娶, 移徙, 解除, 求醫療病, 裁衣, 豎柱上梁, 牧養, 納畜.
忌	出行, 築隄防, 修造動土, 修倉庫, 醞釀, 修置産室, 開渠穿井, 安確磑, 補垣, 修飾垣牆, 平治道塗, 破屋壞垣, 伐木, 畋獵, 取魚, 栽種, 破土.

<table>
<tr><td colspan="2" align="center">壬午楊柳木制除日 임ㅇ양류목제제일</td></tr>
<tr><td>吉神</td><td>天恩, 官日, 吉期, 聖心, 靑龍, 鳴吠.</td></tr>
<tr><td>凶神</td><td>大時, 大敗, 咸池.</td></tr>
<tr><td>宜</td><td>祭祀, 祈福, 襲爵受封, 會親友, 出行, 上官赴任, 臨政親民, 解除, 沐浴, 剃頭, 整手足甲, 求醫療病, 掃舍宇, 破土, 安葬.</td></tr>
<tr><td>忌</td><td>苫蓋, 開渠.</td></tr>
</table>

<table>
<tr><td colspan="2" align="center">癸未陽柳木伐滿日 계미양류목벌만일</td></tr>
<tr><td>吉神</td><td>天恩, 守日, 天巫, 福德, 益後, 明堂</td></tr>
<tr><td>凶神</td><td>月厭, 地火, 九空, 九坎, 九焦, 大煞, 觸水龍, 孤辰</td></tr>
<tr><td>宜</td><td>祭祀</td></tr>
<tr><td>忌</td><td>祈福, 求嗣, 上冊受封, 上表章, 襲爵受封, 會親友, 冠帶, 出行, 上官赴任, 臨政親民, 結婚姻, 納采問名, 嫁娶, 進人口, 移徙, 遠迴, 安床, 解除, 剃頭, 整手足甲, 求醫療病, 裁衣, 築隄防, 修造動土, 豎柱上梁, 修倉庫, 鼓鑄, 經絡, 醞釀, 開市, 立券, 交易, 納財, 開倉庫, 出貨財, 修置産室, 開渠穿井. 安碓磑, 補垣塞穴, 修飾垣牆, 平治道塗, 破屋壞垣, 伐木, 取魚, 乘船渡水, 栽種, 牧養, 納畜, 破土, 安葬, 啓攢.</td></tr>
</table>

4. 四月 甲申旬

<table>
<tr><td colspan="2" align="center">甲申井泉水伐平日 갑신정천수벌평일</td></tr>
<tr><td>吉神</td><td>月空, 相日, 六合, 五富, 不將, 續世, 除神, 鳴吠.</td></tr>
<tr><td>凶神</td><td>河魁, 死神, 月刑, 遊禍, 五虛, 八風, 血忌, 五離, 天刑.</td></tr>
<tr><td>宜</td><td>祭祀, 沐浴, 掃舍宇, 平治道塗.</td></tr>
<tr><td>忌</td><td>祈福, 求嗣, 出行, 安床, 解除, 求醫療病, 針刺, 裁衣, 築隄防, 修造動土, 豎柱上梁, 修倉庫, 鼓鑄, 開倉庫, 出貨財, 修置産室, 開渠穿井, 安碓磑, 補垣塞穴, 破屋壞垣, 取魚, 乘船渡水.</td></tr>
</table>

<table>
<tr><td colspan="2" align="center">乙酉井泉水伐定日 을유정천수벌정일</td></tr>
<tr><td>吉神</td><td>月德合, 民日, 三合, 時陰, 不將, 要安, 除神, 鳴吠.</td></tr>
<tr><td>凶神</td><td>死氣, 五離, 朱雀.</td></tr>
<tr><td>宜</td><td>祭祀, 祈福, 求嗣, 上冊受封, 上表章, 襲爵受封, 冠帶, 出行, 上官赴任, 臨政親民, 結婚姻, 納采問名, 嫁娶, 進人口, 移徙, 解除, 沐浴, 剃頭, 整手足甲, 裁衣, 修造動土, 豎柱上梁, 修倉庫, 經絡, 醞釀, 開市, 立券, 交易, 納財, 安碓磑, 掃舍宇, 牧養, 納畜, 破土, 安葬.</td></tr>
<tr><td>忌</td><td>會親友, 求醫療病, 畋獵, 取魚, 栽種.</td></tr>
</table>

<table>
<tr><td colspan="2" align="center">丙戌屋上土寶執日 병술옥상토보집일</td></tr>
<tr><td>吉神</td><td>天德合, 不將, 玉宇, 解神, 金匱.</td></tr>
<tr><td>凶神</td><td>小耗, 天賊, 五墓, 復日.</td></tr>
<tr><td>宜</td><td>祭祀, 祈福, 求嗣, 上冊受封, 上表章, 襲爵受封, 會親友, 沐浴, 剃頭, 整手足甲, 裁衣, 捕捉.</td></tr>
<tr><td>忌</td><td>冠帶, 出行, 上官赴任, 臨政親民, 結婚姻, 納采問名, 嫁娶, 進人口, 移徙, 安床, 解除, 求醫療病, 修造動土, 豎柱上梁, 修倉庫, 開市, 立券, 交易, 開倉庫, 出貨財, 修置産室, 畋獵, 取魚, 栽種, 牧養, 納畜, 破土, 安葬, 啓攢.</td></tr>
</table>

<table>
<tr><td colspan="2" align="center">丁亥屋上土伐破日 정해옥상토벌파일</td></tr>
<tr><td>吉神</td><td>驛馬, 天后, 天倉, 不將, 金堂, 寶光.</td></tr>
<tr><td>凶神</td><td>月破, 大耗, 四窮, 七鳥, 往亡, 重日.</td></tr>
<tr><td>宜</td><td>沐浴, 破屋壞垣.</td></tr>
<tr><td>忌</td><td>祈福, 求嗣, 上冊受封, 上表章, 襲爵受封, 會親友, 冠帶, 出行, 上官赴任, 臨政親民, 結婚姻, 納采問名, 嫁娶, 進人口, 移徙, 安床, 剃頭, 整手足甲, 求醫療病, 裁衣, 築隄防, 修造動土, 豎柱上梁, 修倉庫, 鼓鑄, 經絡, 醞釀, 開市, 立券, 交易, 納財, 開倉庫, 出貨財, 修置産室, 開渠穿井, 安碓磑, 捕垣塞穴, 修飾垣牆, 伐木, 捕捉, 畋獵, 取魚, 栽種, 牧養, 納畜, 破土, 安葬. 啓攢</td></tr>
</table>

<table>
<tr><td colspan="2" align="center">戊子霹靂火制危日 무자벽력화제위일</td></tr>
<tr><td>吉神</td><td>四相, 天馬, 不將.</td></tr>
<tr><td>凶神</td><td>天吏, 致死, 五虛, 白虎.</td></tr>
<tr><td>宜</td><td>祭祀, 會親友, 沐浴, 裁衣.</td></tr>
<tr><td>忌</td><td>祈福, 求嗣, 上冊受封, 上表章, 襲爵受封, 冠帶, 出行, 上官赴任, 臨政親民, 結婚姻, 納采問名, 嫁娶, 進人口, 移徙, 安床, 解除, 求醫療病, 築隄防, 修造動土, 豎柱上梁, 修倉庫, 開市, 立券, 交易, 納財, 開倉庫, 出貨財, 修置産室, 栽種, 牧養, 納畜.</td></tr>
</table>

<table>
<tr><td colspan="2" align="center">己丑霹靂火專成日 기축벽력화전성일</td></tr>
<tr><td>吉神</td><td>月恩, 四相, 三合, 臨日, 天喜, 天醫, 六儀, 玉堂</td></tr>
<tr><td>凶神</td><td>厭對, 招搖, 四擊, 歸忌</td></tr>
<tr><td>宜</td><td>祭祀, 祈福, 求嗣, 上冊受封, 上表章, 襲爵受封, 會親友, 入學, 出行, 上官赴任, 臨政親民, 結婚姻, 納采問名, 進人口, 解除, 求醫療病, 裁衣, 築隄防, 修造動土, 豎柱上梁, 修倉庫, 經絡, 醞釀, 開市, 立券, 交易, 納財, 開倉庫, 出貨財, 安碓磑, 栽種, 牧養, 納畜.</td></tr>
<tr><td>忌</td><td>冠帶, 嫁娶, 移徙, 遠迴, 取魚, 乘船渡水.</td></tr>
</table>

庚寅松柏木制收日 경인송백목제수일

吉神	月德, 母倉, 敬安, 五合, 鳴吠對.
凶神	天罡, 劫煞, 月害, 土符, 天牢.
宜	上冊受封, 上表章, 襲爵受封, 會親友, 出行, 上官赴任, 臨政親民, 結婚姻, 納采問名, 嫁娶, 進人口, 移徙, 解除, 裁衣, 豎柱上梁, 立券, 交易, 納財, 捕捉, 牧養, 納畜, 安葬, 啓攢.
忌	祭祀, 求醫療病, 築隄防, 修造動土, 修倉庫, 經絡, 修置産室, 開渠穿井, 安碓磑, 補垣, 修飾垣牆, 平治道塗, 破屋壞垣, 畋獵, 取魚, 栽種, 破土.

辛卯松柏木制開日 신묘송백목제개일

吉神	天德, 母倉, 陰德, 時陽, 生氣, 普護, 五合, 鳴吠對.
凶神	災煞, 天火, 元武.
宜	祭祀, 祈福, 求嗣, 上冊受封, 上表章, 襲爵受封, 會親友, 入學, 出行, 上官赴任, 臨政親民, 結婚姻, 納采問名, 嫁娶, 移徙, 解除, 裁衣, 修造動土, 豎柱上梁, 修倉庫, 開市, 立券, 交易, 納財, 修置産室, 安碓磑, 栽種, 牧養, 納畜.
忌	求醫療病, 醞釀, 豎柱上梁, 伐木, 畋獵, 取魚.

壬辰長流水伐閉日 임진장류수벌폐일

吉神	時德, 陽德, 福生, 司命.
凶神	月煞, 月虛, 血支, 五虛.
宜	諸事不宜.
忌	

<table>
<tr><td colspan="2" align="center">癸巳長流水制建日 계사장류수제건일</td></tr>
<tr><td>吉神</td><td>王日.</td></tr>
<tr><td>凶神</td><td>月建, 小時, 土府, 重日, 勾陳.</td></tr>
<tr><td>宜</td><td>襲爵受封, 會親友, 上官赴任, 臨政親民, 裁衣.</td></tr>
<tr><td>忌</td><td>祈福, 求嗣, 上冊受封, 上表章, 出行, 結婚姻, 納采問名, 解除, 剃頭, 整手足甲, 求醫療病, 築隄防, 修造動土, 豎柱上梁, 修倉庫, 開倉庫, 出貨財, 修置産室, 開渠穿井, 安碓磑, 補垣, 修飾垣牆, 平治道塗, 破屋壞垣, 伐木, 栽種, 破土, 安葬, 啓攢.</td></tr>
</table>

5. 四月 甲午旬

<table>
<tr><td colspan="2" align="center">甲午砂石金寶除日 갑오사석금보제일</td></tr>
<tr><td>吉神</td><td>月空, 天赦, 官日, 吉期, 聖心, 青龍, 鳴吠.</td></tr>
<tr><td>凶神</td><td>大時, 大敗, 咸池.</td></tr>
<tr><td>宜</td><td>祭祀, 祈福, 求嗣, 上冊受封, 上表章, 襲爵受封, 會親友, 出行, 上官赴任, 臨政親民, 結婚姻, 納采問名, 嫁娶, 移徙, 解除, 沐浴, 剃頭, 整手足甲, 求醫療病, 裁衣, 修造動土, 豎柱上梁, 掃舍宇, 栽種, 牧養, 納畜, 破土, 安葬.</td></tr>
<tr><td>忌</td><td>苫蓋, 開倉庫, 出貨財, 畋獵, 取魚.</td></tr>
</table>

<table>
<tr><td colspan="2" align="center">乙未砂石金制滿日 을미사석금제만일</td></tr>
<tr><td>吉神</td><td>月德合, 守日, 天巫, 福德, 益後, 明堂.</td></tr>
<tr><td>凶神</td><td>月厭, 地火, 九空, 九坎, 九焦, 大煞, 行狼.</td></tr>
<tr><td>宜</td><td>祭祀.</td></tr>
<tr><td>忌</td><td>冠帶, 出行, 上官赴任, 臨政親民, 結婚姻, 納采問名, 嫁娶, 移徙, 遠迴, 求醫療病, 鼓鑄, 補垣塞穴, 伐木, 畋獵, 取魚, 乘船渡水, 栽種.</td></tr>
</table>

<table>
<tr><td colspan="2" align="center">丙申山下火制平日병신산하화제평일</td></tr>
<tr><td>吉神</td><td>天德合, 天願, 相日, 六合, 五富, 不將, 續世, 除神, 鳴吠.</td></tr>
<tr><td>凶神</td><td>河魁, 死神, 月刑, 遊禍, 五虛, 血忌, 復日, 五離, 天刑.</td></tr>
<tr><td>宜</td><td>祭祀, 上冊受封, 上表章, 襲爵受封, 會親友, 出行, 上官赴任, 臨政親民, 結婚姻, 納采問名, 嫁娶, 進人口, 移徙, 沐浴, 剃頭, 整手足甲, 裁衣, 修造動土, 豎柱上梁, 修倉庫, 經絡, 醞釀, 開市, 立券, 交易, 納財, 開倉庫, 出貨財, 掃舍宇, 修飾垣牆, 平治道塗, 栽種, 牧養, 納畜.</td></tr>
<tr><td>忌</td><td></td></tr>
</table>

<table>
<tr><td colspan="2" align="center">丁酉山下火制定日정유산하화제정일</td></tr>
<tr><td>吉神</td><td>民日, 三合, 時陰, 不將, 要安, 除神, 鳴吠.</td></tr>
<tr><td>凶神</td><td>死氣, 五離, 朱雀.</td></tr>
<tr><td>宜</td><td>襲爵受封, 冠帶, 出行, 上官赴任, 臨政親民, 結婚姻, 納采問名, 嫁娶, 進人口, 移徙, 沐浴, 整手足甲, 裁衣, 修造動土, 豎柱上梁, 修倉庫, 經絡, 醞釀. 開市, 立券, 交易, 納財, 安碓磑, 掃舍宇, 牧養, 納畜, 破土, 安葬.</td></tr>
<tr><td>忌</td><td>會親友, 解除, 剃頭, 求醫療病, 修置産室, 栽種.</td></tr>
</table>

<table>
<tr><td colspan="2" align="center">戊戌平地木專執日무술평지목전집일</td></tr>
<tr><td>吉神</td><td>四相, 不將, 玉宇, 解神, 金匱.</td></tr>
<tr><td>凶神</td><td>小耗, 天賊.</td></tr>
<tr><td>宜</td><td>祭祀, 祈福, 求嗣, 上表章, 襲爵受封, 會親友, 上官赴任, 臨政親民, 結婚姻. 納采問名, 嫁娶, 移徙, 解除, 沐浴, 剃頭, 整手足甲, 求醫療病, 裁衣, 修造動土, 豎柱上梁, 捕捉, 栽種, 牧養.</td></tr>
<tr><td>忌</td><td>出行, 修倉庫, 開市, 立券, 父易, 納財, 開倉庫, 出貨財.</td></tr>
</table>

<table>
<tr><th colspan="2">己亥平地木制破日 기해평지목제파일</th></tr>
<tr><td>吉神</td><td>月恩, 四相, 驛馬, 天后, 天倉, 金堂, 寶光.</td></tr>
<tr><td>凶神</td><td>月破, 大耗, 往亡, 重日.</td></tr>
<tr><td>宜</td><td>祭祀, 解除, 沐浴, 破屋壞垣.</td></tr>
<tr><td>忌</td><td>祈福, 求嗣, 上冊受封, 上表章, 襲爵受封, 會親友, 冠帶, 出行, 上官赴任, 臨政親民, 結婚姻, 納采問名, 嫁娶, 進人口, 移徙, 安床, 剃頭, 整手足甲, 求醫療病, 裁衣, 築隄防, 修造動土, 豎柱上梁, 修倉庫, 鼓鑄, 經絡, 醞釀, 開市, 立券, 交易, 納財, 開倉庫, 出貨財, 修置産室, 開渠穿井, 安碓磑, 補垣塞穴, 修飾垣牆, 伐木, 捕捉, 畋獵, 取魚, 栽種, 牧養, 納畜, 破土, 安葬, 啓攢.</td></tr>
</table>

<table>
<tr><th colspan="2">庚子壁上土寶危日 경자벽상토보위일</th></tr>
<tr><td>吉神</td><td>月德, 天馬, 鳴吠對.</td></tr>
<tr><td>凶神</td><td>天吏, 致死, 五虛, 白虎.</td></tr>
<tr><td>宜</td><td>祭祀, 祈福, 求嗣, 上冊受封, 上表章, 襲爵受封, 會親友, 出行, 上官赴任, 臨政親民, 結婚姻, 納采問名, 嫁娶, 移徙, 安床, 解除, 沐浴, 裁衣, 修造動土, 豎柱上梁, 修倉庫, 栽種, 牧養, 納畜, 破土, 安葬, 啓攢.</td></tr>
<tr><td>忌</td><td>求醫療病, 經絡, 畋獵, 取魚.</td></tr>
</table>

<table>
<tr><th colspan="2">辛丑壁上土義成日 신축벽상토의성일</th></tr>
<tr><td>吉神</td><td>天德, 三合, 臨日, 天喜, 天醫, 六儀, 玉堂.</td></tr>
<tr><td>凶神</td><td>厭對, 招搖, 四擊, 歸忌.</td></tr>
<tr><td>宜</td><td>祭祀, 祈福, 求嗣, 上冊受封, 上表章, 襲爵受封, 會親友, 入學, 出行, 上官赴任, 臨政親民, 結婚姻, 納采問名, 嫁娶, 進人口, 解除, 求醫療病, 裁衣, 築隄防, 修造動土, 豎柱上梁, 修倉庫, 經絡, 開市, 立券, 交易, 納財, 安碓磑, 栽種, 牧養, 納畜, 安葬.</td></tr>
<tr><td>忌</td><td>冠帶, 移徙, 遠迴, 醞釀, 畋獵, 取魚.</td></tr>
</table>

壬寅金箔金寶收日 임인금박금보수일	
吉神	母倉, 敬安, 五合, 鳴吠對.
凶神	天罡, 劫煞, 月害, 土符, 天牢.
宜	捕捉.
忌	祭祀, 祈福, 求嗣, 上冊受封, 上表章, 襲爵受封, 會親友, 冠帶, 出行, 上官赴任, 臨政親民, 結婚姻, 納采問名, 嫁娶, 進人口, 移徙, 安床, 解除, 剃頭. 整手足甲, 求醫療病, 裁衣, 築隄防, 修造動土, 豎柱上梁, 修倉庫, 鼓鑄, 經絡, 醞釀, 開市, 立券, 交易, 納財, 開倉庫, 出貨財, 修置産室, 開渠穿井. 安碓磑, 補垣塞穴, 修飾垣牆, 平治道塗, 破屋壞垣, 栽種, 牧養, 納畜, 破土, 安葬, 啓攢.

癸卯金箔金寶開日 계묘금박금보개일	
吉神	母倉, 陰德, 時陽, 生氣, 普護, 五合, 鳴鳴對.
凶神	災煞, 天火, 元武.
宜	祭祀, 入學.
忌	求醫療病, 經絡, 醞釀, 穿井, 伐木, 畋獵, 取魚.

6. 四月 甲辰旬

甲辰覆燈火制閉日 갑진복등화제폐일	
吉神	月空, 時德, 陽德, 福生, 司命.
凶神	月煞, 月處, 血支, 五虛, 八風.
宜	
忌	諸事不宜.

乙巳覆燈火寶建日을사복등화보건일	
吉神	月德合, 王日.
凶神	月建, 小時, 土府, 重日, 勾陳.
宜	祭祀, 祈福, 求嗣, 上冊受封, 上表章, 襲爵受封, 會親友, 上官赴任, 臨政親民, 結婚姻, 納采問名, 嫁娶, 移徙, 解除, 求醫療病, 裁衣, 豎檢上梁, 牧養, 納畜.
忌	出行, 築隄防, 修造動土, 修倉庫, 修置産室, 開渠穿井, 安碓磑, 補垣, 修飾垣牆, 平治道塗, 破屋壞垣, 伐木, 畋獵, 取魚, 栽種, 破土.

丙午天河水專除日병오천하수전제일		
吉神	天德合, 官日, 吉期, 聖心, 靑龍, 鳴吠.	
凶神	大時, 大敗, 咸池, 復日, 歲薄.	
宜	祭祀, 沐浴, 掃舍宇.	
忌	祈福, 求嗣, 上冊受封, 上表章, 襲爵受封, 冠帶, 出行, 上官赴任, 臨政親民, 結婚姻, 納采問名, 嫁娶, 進人口, 移徙, 安床, 解除, 求醫療病, 築隄防, 修造動土, 豎柱上梁, 修倉庫, 苫蓋, 開市, 立券, 交易, 納財, 開倉庫, 出貨財, 修置産室, 畋獵, 取魚, 乘船渡水, 栽種, 牧養, 納畜, 破土, 安葬, 啓攢.	

<table>
<tr><td colspan="2" align="center">丁未天河水寶滿日정미천하수보만일</td></tr>
<tr><td>吉神</td><td>守日, 天巫, 福德, 益後, 明堂.</td></tr>
<tr><td>凶神</td><td>月厭, 地火, 九空, 九坎, 九焦, 大煞, 八專, 了戾, 陰錯.</td></tr>
<tr><td>宜</td><td>祭祀.</td></tr>
<tr><td>忌</td><td>祈福, 求嗣, 上冊受封, 上表章, 襲爵受封, 會親友, 冠帶, 出行, 上官赴任, 臨政親民, 結婚姻, 納采問名, 嫁娶, 進人口, 移徙, 遠迴, 安床, 解除, 剃頭, 整手足甲, 求醫療病, 裁衣, 築隄防, 修造動土, 豎柱上梁, 修倉庫, 鼓鑄, 經絡, 醞釀, 開市, 立券, 交易, 納財, 開倉庫, 出貨財, 修置産室, 開渠穿井, 安確磑, 補垣塞穴, 修飾垣牆, 平治道塗, 破屋壞垣, 伐木, 取魚, 乘船渡水, 栽種, 牧養, 納畜, 破土, 安葬, 啓攢.</td></tr>
</table>

<table>
<tr><td colspan="2" align="center">戊申大驛土寶平日무신대역토보평일</td></tr>
<tr><td>吉神</td><td>四相, 相日, 六合, 五富, 不將, 續世, 除神</td></tr>
<tr><td>凶神</td><td>河魁, 死神, 月刑, 遊禍, 五虛, 血忌, 五離, 天刑</td></tr>
<tr><td>宜</td><td>祭祀, 沐浴, 掃舍宇, 平治道塗</td></tr>
<tr><td>忌</td><td>祈福, 求嗣, 上冊受封, 上表章, 安床, 求醫療病, 針刺</td></tr>
</table>

<table>
<tr><td colspan="2" align="center">己酉大驛土寶定日기유대역토보정일</td></tr>
<tr><td>吉神</td><td>天恩, 月恩, 四相, 民日, 三合, 時陰, 要安, 除神, 鳴吠.</td></tr>
<tr><td>凶神</td><td>死氣, 地囊, 五離, 朱雀.</td></tr>
<tr><td>宜</td><td>祭祀, 祈福, 求嗣, 襲爵受封, 冠帶, 出行, 上官赴任, 臨政親民, 結婚姻, 納采問名, 嫁娶, 進人口, 移徙, 沐浴, 剃頭, 整手足甲, 裁衣, 豎柱上梁, 經絡, 醞釀, 開市, 立券, 交易, 納財, 開倉庫, 出貨財, 掃舍宇, 牧養, 納畜, 安葬.</td></tr>
<tr><td>忌</td><td>會親友, 解除, 求醫療病, 築隄防, 修造動土, 修倉庫, 修置産室, 開渠穿井, 安確磑, 補垣, 修飾垣牆, 平治道塗, 破屋壞垣, 栽種, 破土.</td></tr>
</table>

庚戌釵釧金義執日 경술차천금의집일	
吉神	月德, 天恩, 玉宇, 解神, 金匱.
凶神	小耗, 天賊.
宜	祭祀, 祈福, 求嗣, 上冊受封, 上表章, 襲爵受封, 會親友, 上官越任, 臨政親民, 結婚姻, 納采問名, 嫁娶, 移徙, 解除, 沐浴, 剃頭, 整手足甲, 求醫療病, 裁衣, 修造動土, 豎柱上梁, 捕捉, 栽種, 牧養, 納畜, 安葬.
忌	出行, 修倉庫, 經絡, 開倉庫, 出貨財, 畋獵, 取魚.

辛亥釵釧金寶破日 신해차천금보파일	
吉神	天德, 天恩, 驛馬, 天后, 天倉, 金堂, 寶光.
凶神	月破, 大耗, 往亡, 重日.
宜	祭祀, 解除, 沐浴, 破屋壞垣.
忌	祈福, 求嗣, 上冊受封, 上表章, 襲爵受封, 會親友, 冠帶, 出行, 上官赴任, 臨政親民, 結婚姻, 納采問名, 嫁娶, 進人口, 移徙, 安床, 剃頭, 整手足甲, 求醫療病, 裁衣, 築隄防, 修造動土, 豎柱上梁, 修倉庫, 鼓鑄, 經絡, 醞釀, 開市, 立券, 交易, 納財, 開倉庫, 出貨財, 修置産室, 開渠穿井, 安碓磑, 補垣塞穴, 修飾垣牆, 伐木, 捕捉, 畋獵, 取魚, 栽種, 牧養, 納畜, 破土, 安葬, 啓攢.

壬子桑柘水專危日 임자상자수전위일	
吉神	天恩, 天馬, 鳴吠對
凶神	天吏, 致死, 四廢, 五虛, 白虎
宜	沐浴
忌	祈福, 求詞, 上冊受封, 上表章, 襲爵受封, 會親友, 冠帶, 出行, 上官赴任, 臨政親民, 結婚姻, 納采問名, 嫁娶, 進人口, 移徙, 安床, 解除, 求醫療病, 裁衣, 築隄防, 修造動土, 豎柱上梁, 修倉庫, 鼓鑄, 經絡, 醞釀, 開市, 立券. 交易, 納財, 開倉庫, 出貨財, 修置産室, 開渠穿井, 安碓磑, 補垣塞穴, 修飾垣牆, 栽種, 牧養, 納畜, 破土, 安葬, 啓攢

<table>
<tr><td colspan="2" align="center">癸丑桑柘木伐成日 계축상자목벌성일</td></tr>
<tr><td>吉神</td><td>天恩, 三合, 臨日, 天喜, 天醫, 六儀, 玉堂.</td></tr>
<tr><td>凶神</td><td>厭對, 招搖, 四擊, 歸忌, 八專, 觸水龍.</td></tr>
<tr><td>宜</td><td>上冊受封, 上表章, 襲爵受封, 會親友, 入學, 出行, 上官赴任, 臨政親民, 進人口, 求醫療病, 裁衣, 築隄防, 修造動土, 豎柱上梁, 修倉庫, 經絡, 醞釀, 開市, 立券, 交易, 納財, 安碓磑, 納畜.</td></tr>
<tr><td>忌</td><td>冠帶, 結婚姻, 納采問名, 嫁娶, 移徙, 遠迴, 取魚, 乘船渡水.</td></tr>
</table>

7. 四月 甲寅旬

<table>
<tr><td colspan="2" align="center">甲寅大溪水專收日 갑인대계수전수일</td></tr>
<tr><td>吉神</td><td>月空, 母倉, 敬安, 五合, 鳴吠對.</td></tr>
<tr><td>凶神</td><td>天罡, 劫煞, 月害, 土符, 八專, 天牢.</td></tr>
<tr><td>宜</td><td>捕捉.</td></tr>
<tr><td>忌</td><td>祭祀, 祈福, 求嗣, 上冊受封, 上表章, 襲爵受封, 會親友, 冠帶, 出行, 上官赴任, 臨政親民, 結婚姻, 納采問名, 嫁娶, 進人口, 移徙, 安床, 解除, 剃頭, 整手足甲, 求醫療病, 裁衣, 築隄防, 修造動土, 豎柱上梁, 修倉庫, 鼓鑄, 經絡, 醞釀, 開市, 立券, 交易, 納財, 開倉庫, 出貨財, 修置産室, 開渠穿井, 安碓磑, 補垣塞穴, 修飾垣牆, 平治道塗, 破屋壞垣, 栽種, 牧養, 納畜, 破土, 安葬, 啓攢.</td></tr>
</table>

<table>
<tr><td colspan="2" align="center">乙卯大溪水專開日 을묘대계수전개일</td></tr>
<tr><td>吉神</td><td>月德合, 母倉, 陰德, 時陽, 生氣, 普護, 五合, 鳴吠對.</td></tr>
<tr><td>凶神</td><td>災煞, 天火, 四耗, 元武.</td></tr>
<tr><td>宜</td><td>祭祀, 祈福, 求嗣, 上冊受封, 上表章, 襲爵受封, 會親友, 入學, 出行, 上官赴任, 臨政親民, 結婚姻, 納采問名, 嫁娶, 移徙, 解除, 裁衣, 修造動土, 豎柱上梁, 修倉庫, 開市, 立券, 交易, 納財, 修置産室, 安碓磑, 牧養, 納畜.</td></tr>
<tr><td>忌</td><td>求醫療病, 穿井, 伐木, 畋獵, 取魚, 栽種.</td></tr>
</table>

<table>
<tr><td colspan="2" align="center">丙辰沙中土寶閉日 병진샤중토보폐일</td></tr>
<tr><td>吉神</td><td>天德合, 時德, 陽德, 福生, 司命.</td></tr>
<tr><td>凶神</td><td>月黨, 月虛, 血支, 五虛, 復日.</td></tr>
<tr><td>宜</td><td>祭祀.</td></tr>
<tr><td>忌</td><td>祈福, 求嗣, 上冊受封, 上表章, 襲爵受封, 會親友, 冠帶, 出行, 上官赴任, 臨政親民, 結婚姻, 納采問名, 嫁娶, 進人口, 移徙, 安床, 解除, 剃頭, 整手足甲, 求醫療病, 療目, 針刺, 裁衣, 築隄防, 修造動土, 豎柱上梁, 修倉庫, 鼓鑄, 經絡, 醞釀, 開市, 立券, 交易, 納財, 開倉庫, 出貨財, 修置産室, 開渠穿井, 安碓磑, 補垣塞穴, 修飾垣牆, 破屋壞垣, 畋獵, 取魚, 栽種, 牧養, 納畜, 破土, 安葬, 啓攢.</td></tr>
</table>

<table>
<tr><td colspan="2" align="center">丁巳沙中土專建日 정사사중토전건일</td></tr>
<tr><td>吉神</td><td>王日.</td></tr>
<tr><td>凶神</td><td>月建, 小時, 土府, 重日, 勾陳, 陽錯.</td></tr>
<tr><td>宜</td><td>襲爵受封, 會親友, 上官赴任, 臨政親民, 裁衣.</td></tr>
<tr><td>忌</td><td>祈福, 求嗣, 上冊受封, 上表章, 出行, 結婚姻, 納采問名, 解除, 剃頭, 整手足甲, 求醫療病, 築隄防, 修造動土, 豎柱上梁, 修倉庫, 開倉庫, 出貨財, 修置産室, 開渠穿井, 安碓磑, 補垣, 修飾垣牆, 平治道塗, 破屋壞垣, 伐木, 栽種, 破土, 安葬, 啓攢.</td></tr>
</table>

<table>
<tr><td colspan="2" align="center">戊午天上火義除日무오천상화의제일</td></tr>
<tr><td>吉神</td><td>四相, 官日, 吉期, 聖心, 靑龍.</td></tr>
<tr><td>凶神</td><td>大時, 大敗, 咸池, 歲薄.</td></tr>
<tr><td>宜</td><td>祭祀, 沐浴, 掃舍宇.</td></tr>
<tr><td>忌</td><td>祈福, 求嗣, 上冊受封, 上表章, 襲爵受封, 冠帶, 出行, 上官赴任, 臨政親民, 結婚姻, 納采問名, 嫁娶, 進人口, 移徙, 安床, 解除, 求醫療病, 裁衣, 築隄防, 修造動土, 豎柱上梁, 修倉庫, 苫蓋, 開市, 立券, 交易, 納財, 開倉庫. 出貨財, 修置産室, 取魚, 乘船渡水, 栽種, 牧養, 納畜.</td></tr>
</table>

<table>
<tr><td colspan="2" align="center">己未天上火專滿日기미천상화전만일</td></tr>
<tr><td>吉神</td><td>月恩, 四相, 守日, 天巫, 福德, 益後, 明堂.</td></tr>
<tr><td>凶神</td><td>月厭, 地火, 九空, 九坎, 九焦, 大煞, 八專, 孤辰, 陰錯.</td></tr>
<tr><td>宜</td><td>祭祀.</td></tr>
<tr><td>忌</td><td>祈福, 求嗣, 上冊受封, 上表章, 襲爵受封, 會親友, 冠帶, 出行, 上官赴任, 臨政親民, 結婚姻, 納采問名, 嫁娶, 進人口, 移徙, 遠迴, 安床, 解除, 剃頭, 整手足甲, 求醫療病, 裁衣, 築隄防, 修造動土, 豎柱上梁, 修倉庫, 鼓鑄, 經絡, 醞釀, 開市, 立券, 交易, 納財, 開倉庫, 出貨財, 修置産室, 開渠穿井, 安碓磑, 補垣塞穴, 修飾垣牆, 平治道塗, 破屋壞垣, 伐木, 取魚, 乘船渡水, 栽種, 牧養, 納畜, 破土, 安葬, 啓攢.</td></tr>
</table>

庚申石榴木專平日 경신석류목전평일	
吉神	月德, 相日, 六合, 五富, 續世, 除神, 鳴吠.
凶神	河魁, 死神, 月刑, 遊禍, 五虛, 血忌, 五離, 八專, 天刑.
宜	祭祀, 上冊受封, 上表章, 襲爵受封, 會親友, 出行, 上官赴任, 臨政親民, 進人口, 移徙, 沐浴, 剃頭, 整手足甲, 裁衣, 修造動土, 豎柱上梁, 修倉庫, 醞釀, 開市, 立券, 交易, 納財, 開倉庫, 出貨財, 掃舍宇, 修飾垣牆, 平治道塗, 栽種, 牧養, 納畜, 破土, 安葬.
忌	祈福, 求嗣, 結婚姻, 納采問名, 嫁娶, 安床, 解除, 求醫療病, 針刺, 經絡, 畋獵, 取魚.

辛酉石榴木專定日 신유석류목전정일	
吉神	天德, 民日, 三合, 時陰, 要安, 除神, 鳴吠.
凶神	死氣, 五離, 朱雀.
宜	祭祀, 祈福, 求嗣, 上冊受封, 上表章, 襲爵受封, 冠帶, 出行, 上官赴任, 臨政親民, 結婚姻, 納采問名, 嫁娶, 進人口, 移徙, 解除, 沐浴, 剃頭, 整手足甲, 裁衣, 修造動土, 豎柱上梁, 修倉庫, 經絡, 開市, 立券, 交易, 納財, 安碓磑, 掃舍宇, 栽種, 牧養, 納畜, 破土, 安葬.
忌	會親民, 求醫療病, 醞釀, 畋獵, 取魚.

壬戌大海水伐執日 임술대해수벌집일	
吉神	玉宇, 解神, 金匱.
凶神	小耗, 天賊.
宜	上表章, 解除, 沐浴, 剃頭, 整手足甲, 求醫療病, 捕捉.
忌	出行, 修倉庫, 開市, 立券, 交易, 納財, 開倉車, 出貨財, 開渠.

癸亥大海水專破日 계해대해수전파일	
吉神	驛馬, 天后, 天倉, 金堂, 寶光.
凶神	月破, 大耗, 四廢, 往亡, 重日, 陰陽交破
宜 忌	諸事不宜.

이상의 60간지는 월건(月建)이 묘(卯)일 때의 것이니, 경칩 (驚蟄)에서 춘분(春分) 말(末)까지다. 그 신살의 길흉을 용사 (用事)에 따라 마땅함(宜)과 꺼림(忌)을 표로 만들어 놓았으 니 활용할 것이다.

欽定흠정 四庫全書사고전서

協紀辨方書협기변방서 〈제2부〉

★

초판 인쇄일 / 2018년 04월 17일
초판 발행일 / 2018년 04월 23일

★

지은이 / 이정里程 김동규金東奎
펴낸이 / 金東求
펴낸데 / 圖書出版 明文堂(창립 1923년 10월 1일)
서울특별시 종로구 윤보선길 61(안국동)
우체국 010579-01-000682
☎ (영업) 733-3039, 734-4798
　　(편집) 733-4748
　　FAX. 734-9209
e-mail : mmdbook1@hanmail.net
등록 1977. 11. 19. 제 1-148호

★

ISBN　979-11-88020-50-8　　　14150
　　　　979-11-88020-48-5 (세트)

★

낙장이나 파본은 구입하신 서점에서 교환해 드립니다.

★

값 25,000 원